Arturo Lezcano

O PAÍS INVISIBLE

A epopea atlántica da diáspora galega

Libros del K.O.

PRIMEIRA EDICIÓN: outubro de 2025

San Bernardo 97-99, entreplanta 8
28015 Madrid

ISBN: 979-13-87839-20-8
DEPÓSITO LEGAL: M-20021-2025
CÓDIGOS BIC: JFFN, 1DSEL, 1K
DESEÑO DA CAPA E MAPAS DE INTERIORES: Artur Galocha
FOTOS DAS CAPAS: A foto do mar na versión en castelán é de Lino Escurís e Nieves Facorro dende o faro de Corrubedo, en Galicia. A foto da nube da versión en galego é de Artur Galocha dende o número 1618 de S st. Northwest, en Washington DC, Estados Unidos. A cor empregada para a capa corresponde a unha foto do ceo tirada por Arturo Lezcano na praia de Ipanema, Rio de Janeiro, Brasil.
MAQUETACIÓN: María O'Shea
CORRECCIÓN: Tati Mancebo
IMPRESIÓN: Kadmos

O papel empregado para a impresión deste libro foi elaborado a partir de madeira procedente de bosques e plantacións tratados cos máis altos estándares de sostibilidade, o que garante unha xestión dos recursos responsable co medio ambiente e as persoas.

IMPRESO EN ESPAÑA - PRINTED IN SPAIN

As tipografías son League Gothic e Baskerville.

A miña nai Viruca e miña avoa Lila

ÍNDICE

«Éste vaise i aquél vaise,
e todos, todos se van.
Galicia, sin homes quedas
que te poidan traballar.
Tes, en cambio, orfos e orfas
e campos de soledad,
e nais que non teñen fillos
e fillos que non tén pais»

ROSALÍA DE CASTRO

«La emigración es un bien y en eso está lo malo»

JULIO CAMBA

«Go to the end of the world, you'll find a Gallego»

JOHN DOS PASSOS

Para acompañar a lectura deste libro, o autor elaborou unha listaxe musical con máis de cen cancións relacionadas (e máis ou menos ordenadas) coas historias que aquí se contan. Podédela escoitar escaneando este código QR.

BATIDO DE MAMEY

—Ti naciches grazas a Fidel.

Batía no miolo o retrouso tantas veces escoitado na casa mentres cavilaba acompañando o abaneo do coche, a xanela aberta, o bafo quente na cara e o recendo de trópico a entrar polo nariz. Atravesaba a estrada Central de Cuba, un camiño poeirento contornado por chairas de terra vermella e palmeiras. Arrincara tres horas antes no Vedado, na Habana, e de súpeto xurdiu un carreiro de entrada a unha vila pequena, de dez rúas por cada lado, chamada Perico. Era a hora da sesta e non se vía unha alma, só uns cans sen dono, algún ciclista desganado e un grupiño de rapaces a xogaren ao béisbol, aquí pelota. Máis aló, a inelutable praza central latinoamericana, coa súa igrexa e c as súas árbores frondosas, tanto ten estar na Pampa, no Cuzco ou en Cartagena de Indias. Ou na provincia cubana de Matanzas. Diso tamén vai o colonialismo.

Aquela viaxe á illa tiña un propósito racional —o lecer, logo dunha cobertura esixente nas selvas venezolanas— e un inconsciente: quería ver a miña vida no espello. Cuba é, para calquera persoa galega, unha palabra presente dende o berce, que ecoa nas cancións e nos ditos, que aparece en forma de chapeu ou de *guayabera* no armario do avó, ou en albums e cartas familiares, como foi o meu caso.

O tío Salvador —en realidade tío da miña avoa Nonila, Lila para nós, pero xa se sabe que abreviamos os parentescos igual que os nomes— emigrara en 1924 dende Portocamba, a nosa aldea de atinado nome (o porto do río Camba), en Castrelo do Val, Ourense. Portocamba quedaba illada pola neve antes e despois da construción das liñas férreas, que deu traballo aos mozos chamados carrilanos, e despois matounos pola silicose: o mal das vías. Non había moito máis que facer, así que a única saída era o barco. O tío Salvador, farto de vender en Verín carbón vexetal que el mesmo elaboraba, liscou para a Habana.

Case non lía nin escribía, pero nuns poucos anos amoreou unha pequena fortuna. Despois foi atropelado pola Revolución, xubilouse antes de tempo e morreu nos anos noventa cunha perna amputada e coa tristura daqueles que, ao faceren as contas coa vida, imaxinan que sería de min se tivese feito isto e non o outro. En Perico ficou Adela, súa muller, o derradeiro elo da familia coa illa prometida. Ata aquel lugar afastado levoume un arrouto manifestado con clareza uns días antes. Coma o mundo enteiro facía daquela e agora só se fai en Cuba, chameina dende unha cabina ao teléfono da súa casa.

—Adela, son o fillo da Viruca, estou en Venezuela e vou para alá estes días. Quedo na Habana, non sei se darei chegado a Peric…

—…aquí agardo por ti —dixo con ton de nai.

Vina cando viraba cara á rúa Camilo Cienfuegos. Estaba na porta, dándolle ao pé na randeeira, canda a súa irmá. Ao me ver, axiña se puxeron de pé e Adela berrou o meu nome. Despois comeume a bicos. Nunca a vira, pero todo parecía unha escena cotiá. Cheiraba, de feito, á avoa Lila, aínda que iso non tivese sentido ningún. Falaba toda espelida aos seus noventa anos, pouco máis de metro e medio de vestido estampado e pel pintalgada de manchas solares. Sen soltar o brazo meteume na sala da casa, de planta baixa e feitura modesta e agradable. Nun intre saíu coma un raio cara ao cuarto e volveu con dous tomos pesados. Eran albums de fotos.

—Ten isto, vas ver —dixo, e deixounos no meu colo—. E acouga que che vou traer algo para que probes.

Cando abrín o primeiro álbum non acreditei. Eran fotos miñas duns meses atrás, que nin vira. Velaí estaba o espello e a miña imaxe reflectida nel. Nesas reapareceu Adela cun vaso a rebordar dun líquido mesto, laranxa, case beis.

—É batido de mamey. A froita máis rica que temos. É da nosa árbore do patio de atrás.

Botei o primeiro grolo e alí quedou, aloxado na gorxa para sempre, coma o eco serodio dunha vida pasada. Volvín á realidade da sala sumido nunha sensación estraña xunto a unha parente descoñecida e próxima ao mesmo tempo.

—E estas fotos, Adela?

—Túa nai manda sempre fotos de toda a familia.

Non somos poucos: cinco fillos e moitos netos, pero miña nai, Viruca, teimou en manter intacto o cordón umbilical coa que podía ter sido a súa propia vida. Esoutra vida imaxinaria puido comezar o 30 de outubro de 1957. Ese día finou seu pai, meu avó Antonio. Miña nai tiña catorce anos.

—Meu pai sabía que morría. Nós non. —cóntame no sofá da súa casa, na Coruña, de fronte a unha fiestra enorme pendurada sobre a baía do Orzán, a Torre de Hércules ao fondo—. Antonio fumaba moito e tiña cancro de larinxe, así que lle escribiu unha carta ao tío Salvador, a áncora familiar na diáspora. «Nena, bótame esta carta no correo», díxome xa acamado —lembra miña nai—. Eu non a lin, pero agora sei o que poñía.

Morreu o Antonio e quedaron soas na vida a Viruca e a Lila; unha adolescente e unha muller de aldea de corenta e sete anos que nunca traballara fóra da familia. Cinco días despois apareceron cen dólares na casa: a resposta que chegaba dende A Habana á carta de meu avó. A primeira de moitas.

—Salvador dáballe os cartos na Habana a un piloto de Cubana de Aviación, e este mandábaos despois de Madrid a Ourense. Cando chegaban, miña nai ía á *bolsa negra*, un negocio de troco clandestino para as remesadas da emigración que levaba un tipo na rúa Hernán Cortés. Así iamos aforrando algo.

Agora foi miña nai quen desapareceu da sala e regresou cun cartafol. Un cheiro a papel seco e tinta alagou o cuarto cando a abriu. Dentro había unha carta de decembro de 1957, coa cabeceira deseñada do negocio do tío, unha conserveira chamada Cubamar.

> Benquerida Nonila:
>
> Veño de recibir neste momento a túa carta do 4 do actual na que me dás a triste noticia do pasamento de Antonio, q.e.p.d. (...) Moito che hei de agradecer que me contestes estas preguntas que che vou facer e non estimes pola miña parte unha indiscreción que vai encamiñada pola miña boa fe cara a vós. Cales son os vosos medios de vida aí? Que pensas facer? Pensas quedar aí ou pensas marchar a Portocamba, aquela terra onde vin por primeira vez a luz? Teño a miña admiración e o respecto do máis fondo da miña alma, pero Nonila, ti e eu coñecemos de perto o que aquilo pode dar. Querería serche máis explícito, entrementres conta seguro, Deus mediante, coa miña axuda mensual. Un abrazo do voso Salvador.

En cartas sucesivas prometeu viaxar en canto fose posible para buscarlles solucións. A miña avoa lía e sabía facer contas básicas, pero non había perspectiva de traballo. Miña nai, esperta e aplicada, quería seguir os estudos. No verán de 1958 houbo reencontro en Ourense.

—El veu para levarnos con el á Habana —agora fala de súpeto en voz baixa—. Aquilo estaba axitado, pero a situación era moito mellor que aquí. E estaba cheo de galegos. Lila negábase. «Cómo vou pasar o mar? De ningún xeito», laiábase. Andaba enloitada dos pés á cabeza, igual ca min: dous anos de negro e un de alivio, combinando brancos e grises. Eu tería marchado co tío para alí, pero non houbo maneira. Vendo os receos da avoa e sabendo que só me quedaba un ano para completar a secundaria, falou así: «Remata e marchade o verán que vén. Total, é so un curso máis». Eu pasei o ano pensando en Cuba e na vida que me esperaba. As películas que argallaba na miña cabeza non eran normais. Imaxina o que significaba para min A Habana. O tío sempre traía agasallos imposibles: unha cámara fotográfica, unha máquina de escribir, un xogo de pluma e bolígrafo Parker, medias de cristal, unha enagua de crinolina e tule con volantes que comprara en El Encanto —os grandes almacéns fundados por asturianos, xermolo de El Corte Inglés e Galerías Preciados—. Mandoume o anel que aínda teño, de ouro branco cun brillante que levei durante moitos anos. A xente ollaba para min na rúa, todas aquelas riquezas que vestía. E eu pensaba: se isto é o que me trae, o que alá haberá! Tiña que ser o paraíso, non existía outra cousa mellor, a illa bonita, miña *Cubita bella* como dicía o tío. Contaba as horas para marchar. Eu xa estaba aló dalgún xeito.

Pero contra a metade de curso algo aconteceu. O 8 de xaneiro de 1959 entraron na Habana os barbudos da guerrilla de Sierra Maestra, logo dunha semana triunfal percorrendo a illa. Os emigrantes, o tío Salvador tamén, enchíanse de ilusión primeiro e recuaban un chisco máis tarde. Por se acaso, agardade un pouco, dicía a primeira carta. E a segunda. E a terceira. O verán pasou. Aguantade un pouco máis a ver que pasa, dicían as seguintes cartas. E a nena Viruca, unha moza xa, non chegou viaxar, porque as expropiacións afectaron a economía do tío.

—Nunca falou de política. Prefería resumilo ao seu xeito: «Pasei de ser chofer a despois telo eu e agora volvo ir en guagua».

Miña nai rematou o bacharelato en Ourense, estudou Maxisterio e coñeceu a meu pai, co que casou e tivo un fillo atrás do outro. Todos escoitamos sempre que nacimos «grazas a Fidel». A min nunca se me foi a idea da cachola, como tampouco marchou endexamais o sabor daquel batido de mamey.

CHANQUETE: A BANDEIRA

O porto da Coruña esperta enfeitado co abrente nun domingo de 1957. Vai despedir o transatlántico Juan de Garay, con destino a Buenos Aires e escalas no Rio de Janeiro, Santos e Montevideo. 387 pasaxeiros e as súas familias van chegando dende primeira hora da mañá ao peirao de Méndez Núñez. Entregan as maletas e os baúis para elevalos co guindastre ata o barco. Pasan entón á alfándega, onde lles selan os pasaportes e cumprimentan o resto de trámites. Entre o xentío altérnanse esparexidos uniformes policiais, militares, eclesiásticos.

O teito de nubes de outono envolve a cidade en algodóns. Ás nove e media, un cura —novo, con entradas, sotana rigorosa— dá misa nese mesmo local, fronte a un crucifixo e o xugo e as frechas da Falanxe. Outro confesa sen confesionario, sentado nunha cadeira, a un mozo axeonllado. Ao rematar, o coro Cántigas da Terra eleva as súas voces ao unísono mentres a solista recita o poema de Rosalía de Castro *Adiós ríos, adiós fontes*. Pingan as bágoas no pavillón que dá acceso ao peirao. Do outro lado da porta apiñóanse centos de persoas. De traxe os homes, algúns con gabardina de época, chapeu e gravata os máis podentes; boina e paraugas os máis humildes. As mulleres con saia recta e zapatos negros, coma o pano da cabeza. Diferéncianse as xeracións pola indumentaria: as avoas de loito rigoroso; as mozas con foulard colorido e abrigo aberto de lapelas; as nenas con traxe claro. Todos están cansos: levan días a prepararen a viaxe das súas vidas. E aínda quedan un par de horas antes de embarcar.

A comunicación marítima con Centroamérica e o Caribe non se interrompe dende hai décadas. Só nese mes saíran o Montserrat, o Begoña, o Covadonga. Pero agora volve funcionar a liña con Buenos Aires, centralizada en Vigo nos anos anteriores, e a ocasión non a quere perder ninguén: o alcalde, o cónsul arxentino, o comandante de mariña, un delegado ministerial de Información e Turismo, todos homes, convidados polo capitán Scaglianini, arxentino de pais italianos e sogros galegos, perfecto reflexo da época. Abonda o xel fixador, tamén as lentes de sol opacas e bigotiños de toda caste. Dende o barco, os tripulantes só ven o peirao acugulado de cabeciñas.

«Aquí só hai silencio», pensa Manuel Ferrol, o fotógrafo contratado pola Comisión Católica de Emigración para retratar a saída. Traballa cunha Rolleiflex, unha cámara con forma de cubo negro que tira fotos desde o peito sen que os retratados o poidan advertir. Lévaa pendurada do pescozo baixo o abrigo, e camiña entre a xente coma se estivese a mirar a camisa de esguello, cando en realidade é o visor da cámara. Fai foco movendo o índice esquerdo sobre unha roda, mentres coa man dereita manexa os discos da velocidade e o diafragma. Carga o carrete coa manivela e dispara co botón, tamén discreto, na parte inferior do cubo. O resultado é unha imaxe espontánea, crúa como a realidade que o arrodea. Máis adiante atopa outro fotógrafo compondo un retrato de grupo, bambeando o brazo para que se xunten. Adultos, adolescentes, nenos, varios deles con gaitas: unha imaxe para toda a vida. Ao fondo albíscase a reixa do porto e as árbores aliñadas da rúa. Segue camiñando. Métese na sala de equipaxes, un galpón con tellado a dúas augas e claraboias. Entra na estación marítima. Alí semella que non hai máis que rostros medorentos.

Ao disparar a unha banda e a outra, repara nunha familia vestida de domingo e queda fitando para eles. Son cinco. Dous mozos, home e muller, xemelgos, ela de cabelo curto, vestido estampado cumprido e chaqueta de punto; el, de cabelo negro peiteado cara a atrás e a man metida na americana. Ao seu lado, súa nai, de loito completo e unha carpetiña de cartón entre as mans. Aperta un bolso coma se lle fose a vida nel, e ten un macuto aos pés. Os tres, serios, sen concesións, ollan para o outro home, máis alto e cuspidiño ao resto: o irmán maior. Leva agarrado polo pescozo, firme pero agarimoso, un neno co pelo cortado para a ocasión, coma o seu traxe de chaquetiña e pantalón, ao que non lle solta a man. Éntralles a luz do porto pola dereita. De ningún sabe as súas vidas, as súas relacións, os seus roles, os seus pensamentos, pero Manuel dispara. Xa é case a unha da tarde. Cando soa a bucina do barco e empeza o formigueiro humano a moverse, o fotógrafo adiántase ata a esplanada de laxes que separa a estación do barco, a rampla polo medio. Cheira a mar, o silencio quebra.

Unha riola de xente sae pola arcada do lateral, a xogo coas xanelas que imitan os ollos de boi. Detrás está o Kiosco Alfonso, xoia modernista a xogo co Atlantic Hotel e A Terraza, tras a reixa de forxa intercalada por columnas con pequenos frontóns semicirculares. Saen mulleres, nenos, familias enteiras. De súpeto, entre a multitude, o fotógrafo ve de novo o pai e o fillo, inseparables. Non distingue o resto da familia, mais non dubida. Veñen camiñando de cara, os dous chorando os sete chorares: o adulto coas liñas de expresión marcadas como cicatrices, os sucos na fronte e a vea do pescozo tensa de tanto salaiar.

O afeitado perfecto dálle aínda máis dramatismo ao rostro, co queixo engurrado, a boca aberta de saloucar, as cellas levantadas sen querer. Só segue firme o cabelo petrificado e precioso. A camisa a medio abrir, a gravata co nó avultado, medio desfeito, asomando baixo a chaqueta cruzada. Como no interior da estación, o neno ten encaixada a cabeza no brazo do adulto, que o colle polo pescozo sosténdolle o queixelo. A man do pai é case a metade da súa cara, xigante, inchada, con dedos gordos cheos de calos, a unlla de Frankenstein. El tamén ten o nariz abaloufado da choremia, a mesma boca entreaberta, tensas as tempas. Aínda que é unha imaxe sen movemento, apréciase como se lle move o floco coa tensión. Detrás deles, unha moza colleita do brazo de súa nai, unha nena no colo de seu pai e un cura de sotana e lentes que camiña fóra de foco. Ninguén mira a ninguén. Conxelados, no centro de gravidade que sostén un país nun segundo, o noso pai e o noso fillo quedan cravados nun choro eterno. É o intre decisivo. Clic.

Pero quen son? A quen miran fóra de cadro e como lles responden dende o outro lado? Por que non se separan nunca? Están a marchar ou despídense?

Manuel Ferrol déixaos alí sen sabelo, porque segue o seu eslalon entre a multitude, fotografando aquí e alá ata que sae do porto. Tampouco saberá, cando chegue ao laboratorio e revele, que esa imaxe se ha converter na icona da emigración galega.

Pero quen son? E por que choran?

En febreiro de 2022 percórreme un arrepío de nervios e emoción. Estou entrando en Fisterra, a fin do mundo da tradición antiga. Enxergo no centro da vila a casa da nai de Manoli, irmá dun compañeiro da miña irmá, á súa vez nai do mellor amigo do meu sobriño, os tres graos galegos de separación, para chegar á persoa que procuro. Manoli, amable pero escéptica, dixérame que era moi difícil que o seu tío falase «sobre iso», pero que o tentaría. Un día levantouse a barreira cando me chamou para darme o enderezo da súa nai, prima do meu personaxe, que me esperaría alí tal día a tal hora.

Viro e reviro impaciente no sofá. Son as catro da tarde dun día solleiro de inverno en Fisterra, pero a sala ten a cortina corrida e a lámpada de teito acesa; unha mesa de cristal co mando da tele, varios retratos enmarcados dunhas nenas. Son actuais e semellan tomadas na Coruña. Chaman á porta. Abre a nai da Manoli para recibir o seu curmán, que chega con medio sorriso e mirando fixo aos ollos. Ten uns setenta anos. Trae unha máscara negra baixada ata o queixo e viste mocasíns con sola de goma, pantalóns de pinzas grises e unha chaqueta de algodón aberta. Na rúa sería un xubilado máis. Pero o seu rostro é historia de Galicia.

É o neno da foto de Manuel Ferrol.

De primeiras semella imposible conectar o ollar desconsolado do rapaz das faceiras gordiñas con esta cara de ollos brillantes pola idade, a cella abondosa, o pelo escaso e a fronte adiantada. Pero axiña poden atarse os trazos, a orella grande, o nariz pequeno e a boca que se abre por primeira vez, a modo de prólogo lapidario, para non esquecer nunca máis:

—Sabes que? Nunca me viñera ninguén preguntar pola miña vida.

El tiña oito anos e agora setenta e dous.

Chámase Juan Calo, chámanlle Chanquete e a realidade é que si tiñan ido na súa procura —Patricia, a filla do fotógrafo Manuel Ferrol, algún xornalista local, un programa de televisión dos anos noventa— pero só falara daquel instante no porto, coma se a súa vida empezara e terminara alí, encaixado nun só segundo. Sento no mesmo sofá que el, os dous virados, a falarmos a un metro de distancia.

Arrinca tímido e aos poucos vai poñendo nomes, apelidos e alcumes con toda a dimensión fonética da Costa da Morte: gheada da costa, seseo explosivo, ditongos e desinencias locais. Move os brazos ao falar, e con eles cambaléalle no pulso un reloxo de correa prateada. Así que alcance velocidade de cruceiro xa non ha frear.

—Nacín en febreiro de 1949, fronte ao Concello. Familia grande, na casa viviamos moita xente. Meu pai, Ángel Calo Marcote, O Jurjo, traballaba no mar. As miñas lembranzas comezan cinco días antes, cando saímos cara á Coruña. Collemos o coche de liña, pero eu non fun co meu pai, senón coa avoa, que tiña que arranxar papeis no consulado. Por iso iamos con tanto tempo. Non tiña baúl, así que conseguiu dúas maletas brancas, das que teñen reforzos de latón nas esquinas. Como se estivese a velas. Aqueles cinco días deron para moito. Estabamos aloxados na avenida de Fisterra, cos curmáns de meu pai, xunto a un bar chamado América. Alí había unha leira de barro e verzas, e xogabamos ao fútbol coma se fora un mundo novo, túmballe e dálle a ver onde chegaba a pelota. Un deses días escapei. Fun correndo avenida abaixo e cheguei a unha zona por onde pasaba a estrada de saída da cidade, por Catro Camiños. Todo era inmenso. E dixen: como volvo a casa, se non contei as rúas por onde ía indo?

Chanquete rincha en vez de rir. Cando colle aire emite un ronco forte, coma se non puidese respirar. Algo diso hai.

—Que lembras do 27 de novembro de 1957?

—Pois para empezar que sempre pensei que era o 27 de outubro, pero sempre que vexo algo daquel día pon que foi novembro.

E ten razón. Todas as referencias á foto (mesmo a colección oficial da serie, a web do fotógrafo e calquera dos rexistros en internet) dátana o 27 de novembro, un erro mil veces replicado que Calo tiña claro desde o principio. Do porto, da misa, do rebumbio, do barco, non ten imaxes nítidas. Só flashes. Non lembra, por suposto, o momento en que lle quitaron a foto.

—Eu non vin nada. Nada —silencio—. Non sei se o fotógrafo agochaba a cámara ou como fixo, pero non o recordo.

Hai dúas imaxes da serie moito menos coñecidas que explican a secuencia enteira. Nelas, aparece o pai, O Jurjo, refe-rencia do resto da familia, e Chanquete mirando para el coa mesma cara curiosa. Ningunha das dúas fotos posúe a forza visual da que pasou á historia, pero teñen gran valor documental. Nestoutras fotos debúxase, pola composición, a linguaxe corporal, os escorzos, a luz, moitísimos detalles para entender o que estaba a pasar. E sobre todo para coñecer a verdadeira historia da foto: por que os protagonistas choraban á vez coa mirada fóra de plano.

—Nós non marchamos. Chorabamos porque quedabamos sós. Embarcaban miña avoa e os meus tíos para a Arxentina. Primeiro foise o meu avó, Ramón Calo Velay, que aquí andaba nunha gamela de dúas proas. Uns anos despois reclamou o seu fillo, o meu tío Pepe, que tiña dezasete anos e librou de ir ao servizo militar. Eu tiña seis anos, porque acababa de nacer a miña irmá. E, como a cousa ía ben, reclamaron a miña avoa e outros dous irmáns de meu pai: Pepita e Manolo, os xemelgos. Eles tres eran os que marchaban aquel día, despediámonos deles. Aquí eramos moitos e non tiñamos cartos dabondo para emigrar todos. A pasaxe deles viña de alá, aquí non había con que pagala. E a nós non nos chamaron para ir porque o meu pai tería que comprar cinco billetes para toda a familia, non como Pepita e Manolo, que non tiñan fillos.

A selección natural da diáspora funciona así: primeiro vai o pai de familia, logo os fillos en idade máis disposta ao traballo duro. Carne fresca. O pai tiña xa trinta e un anos, aínda que na foto ten a cara dun home de cincuenta.

—Si que me acordo de chorar e de coller o pano para secarme e facerlle así á miña avoa —sacode o brazo—. Aínda non subiran ao barco. Nós estabamos xusto fronte á rampla por onde embarcaban, e eles perto da alfándega, máis cara á popa. Logo embarcaron. O barco partiu, apitou, deulle atrás e logo avante, ata que o remolcador abriu camiño e ala, rumbo a Buenos Aires.

E eles, de volta a Fisterra. Sós.

Pulo de sete anos no tempo. Chanquete ten que gañar o pan e atópao onde todos os seus veciños, no mar. As súas primeiras mareas son no Gran Sol, o gran caladoiro da frota pesqueira galega, ao suroeste de Irlanda. Embárcase no *Arantxa*, un barco que na costa cantábrica capturaba pescada, sargo, meiga, peixe sapo e o resto dos exemplares que agardan nesta despensa con tempestades eternas e nome equívoco: é Gran Sol por Grand Sole (linguado).

Din os mariñeiros galegos que a baía de Bantry é como a ría de Vigo de Irlanda. Máis fonda e ancha, pero cun aire na paisaxe, ten dous portos de referencia, un na cabeza da ría, Castletownbere (*Castletón* chámano eles, por fonética) e outro ben metido en terra, Bantry (*Banter*). Alí, ao abeiro das tempestades, entra o Arantxa para facer uns trámites antes de acometer a inmersión salvaxe no Gran Sol, un tempiño de calma antes da mar arborada, o frío eterno e o medo nas xornadas interminables. Os barcos amarran en liña fronte ás harmónicas e coloridas casas irlandesas. Pero o patrón do Arantxa, Manolo Muíños, non está para moitas gaitas. Ao atracar, pide ao novato que o acompañe á consignataria.

—«Juansiño, ven comigo». Alá vou, abro a porta para que entre Manolo e eu quedo fóra. Pero era unha porta de cristal, e a través del vexo unha foto na parede, como eses que se poñen do Rei, ou antes de Franco. Musgo os ollos e quedo cavilando en voz baixa. E digo: pero aquel... aquel é meu pai e ese son eu —neste punto, Juan ponse a murmurar, chamando o rapaz de sesenta anos atrás, e volve refolgar—. Xusto cando me decato diso, Manolo vírase, ollando para min, e dime: «Pasa para dentro». O señor irlandés que estaba alí queda mirando. E berra —Chanquete pasa ao castelán con acento vasco, o que coñecía do mar, aínda que o señor falaba en inglés—: «Manuel! Este mozo é o desta foto! Este mozo de aquí é este!», comparándome co que tiña na parede. E pregúntame: «Quen é este señor, teu pai, non si?». Resposto que si. E entón o irlandés dille a Manolo: «E non hai mellor vida para este neno?».

Queda calado, arfando.

Hai países que teñen bandeiras medievais, de pendón heráldico e liñaxe antiga. Outras soltan cheiro a batalla e conquista. Hainas evocadoras, case oníricas. Tamén están as que levan as últimas cores que quedaban na paleta da partilla colonial. Hai unhas que plaxian outras e outras que renegan da súa orixe. En Galicia mantense unha discusión sobre a xénese da súa, pero dentro hai outro país, inmaterial pero presente, que iza unha insignia simbólica. Non ten escudo nin ondea nun mastro, tampouco a abaixan soldados ou políticos en actos patrioteiros. Nin sequera é de tea, senón de xelatinobromuro de prata sobre papel, 30 por 30 centímetros. A bandeira do país invisible é unha foto que pon a pel de galiña aos galegos daquí e de alá, porque cada persoa se ve representada nela.

O home e o neno, *O pai e o fillo*, como se queira titular, é atemporal. Quen a ve, cre que a foto é de inicios de século, ou talvez de antes da Guerra Civil. Pero aconteceu en 1957, no último lustro de gran actividade migratoria cara a América.

—Eu lin catro libros nos que se fala da foto e cada un di unha cousa. Que o meu pai e eu eramos avó e neto, que eramos irmáns, que marchabamos nós. Nada diso é verdade.

Ri, deixando ver que lle falta un dente abaixo e moitas moas arriba. Co riso desdentado lembra que viu a foto en todos os países nos que tocou porto. A relación entre un retrato e o seu obxecto pode ser áspera. O neno que se descubriu atónito en Irlanda nunha foto á que non fora convidado só soubo aos tombos do seu autor, obreiro da cámara que seguiu a traballar sen recibir recoñecemento ata moito despois.

—El tiña máis relación con medios de fóra, porque aquí non podías falar libremente da emigración ou Franco colgábate —concede Chanquete.

Só na súa última década de vida, Ferrol viu as súas fotos en exposicións. A súa filla, gardiá da súa obra, conseguiu manter viva a icona. En 2021 foi recibida en audiencia polo papa Francisco no Vaticano e entregoulle unha copia como un presente de unión inevitable entre galegos e arxentinos.

Ferrol morreu en 2003. O Jurjo en 2006. Hai unha foto do enterro na que se adiviña a Chanquete, triste como na imaxe do porto, despedindo a un pai que nunca quitou a pena de quedar.

—Chegaban cartas e contábannos como ía a vida. Nós chorabamos. Meu avó, o primeiro que marchara, traballaba no porto e tivo unha mala morte. Estaban a descargar e deulle un golpe a pluma do guindastre, caeu e recollérono en anaquiños. Pero a meus tíos foílles moi ben. Nun ano xa compraron unha casa, en *Nalús*.

—En Lanús?

—Iso, en Lanús. Escribiron a casa. Preguntábanlle ao meu tío Ramón, o seguinte en idade ao meu pai, se quería ir. «Que ao Jurjo non o podemos chamar porque son moitos na familia».

—Ti crees que tería sido mellor ires á Arxentina?

—*Na*. Eu creo que foi mellor quedar. Tampouco lle foi ben a todo o mundo.

Quedamos calados, non hai moito máis xa que dicir.

—Como definirías a emigración?

—Pois algo que ten que haber. Quen non pode facer nada aquí ten que defenderse onde poida. Non queda outra.

Flota o último silencio mentres grallan as gaivotas sobre Fisterra.

FILLOS DO MINIFUNDIO

Galicia é un crebacabezas de vinte millóns de pezas. Ten 53 bisbarras, 313 concellos, 3771 parroquias e 30 000 aldeas e lugares, un por cada quilómetro cadrado do territorio. Pero se poñemos a lupa en cada núcleo, a partilla da terra multiplícase: segundo o catastro, hai máis de dezanove millóns de leiras, cada unha co seu nome, que pertencen a 1,7 millóns de propietarios. Esa ordenación da propiedade, a máis esparexida de Europa, daba para sobrevivir máis que para vivir, e nunca para soñar. Por aí empeza a entenderse a diáspora.

Para min todo comezaría nunha clase do profesor Barreiro Fernández na facultade, na que nos dicía: «A historia contemporánea de Galicia, en especial a emigración, explícase desde o minifundio». Aquí podíase vender, transferir ou hipotecar a terra propia —mesmo baixo rendas forais—, por pequena que fose, a diferenza doutros pobos de xornaleiros e latifundio, como Andalucía. Estas particularidades explicaban a obsesión da miña avoa polas leiras e o sacrosanto catastro, tamén polos contos de Cuba e o tío Salvador. Así se podía entender tamén a relación do galego coa propiedade, os seus límites endiañados, herdanzas e disputas, ata chegar á contradición que o resume todo: o minifundio escravizaba, pero tamén facilitaba unha pasaxe a América.

Calcúlase que entre 1850 e 1960 emigraron dous millóns de galegos a América, dos que retornaron arredor dun terzo.

O primeiro millón e medio fixoo ata 1930, maioritariamente a Cuba, Arxentina, Uruguai e Brasil. Durante quince anos diminuíu o número de saídas, co *crash* económico internacional e as guerras Española e Mundial —exilio á marxe—. En 1945 abriuse a billa de novo durante vinte anos, agora tamén a Venezuela, México, Panamá, ata o comezo da vaga cara a Europa: outra historia, outro libro. Así como as cifras absolutas bailan segundo os estudos —incluído o máis citado, de Antonio Eiras Roel—, as porcentaxes son máis pechadas e deixan certezas terribles. Dous exemplos: na segunda metade do século XIX saíron máis de 400 000 persoas, a cuarta parte da poboación; só en 1920 fixérono 77 000 persoas, o 3,5 % da poboación nun ano. En taxas de emigración relativa, Galicia só é superada por Irlanda e está por diante de Italia.

Di Martín Caparrós que Hispanoamérica (Ñamérica para el) tivo catro capas demográficas ao longo da historia. A primeira, de indíxenas orixinarios; a segunda, de españois; a terceira, de escravos africanos e a cuarta, de europeos pobres na procura dun pan. Esa é a nosa, na que só un de cada moitos se enriquece, por máis que luzan nos anuarios de triunfadores. No magma das chamadas nacións inmigrantes, Galicia é a gran poboadora da América atlántica —moito menos a do Pacífico— e porta os seus trazos identitarios alá onde vai: lingua, tradicións, costumes. Iso tamén lle fai arrastrar o tópico coma se fose unha bóla de presidiario. Poucos pobos teñen un xentilicio que reduce unha personalidade poliédrica e complexa a catro estereotipos magoantes.

Suma de emigración e exilio, a diáspora foi o fenómeno tranversal e constante que máis influíu na nosa vida colectiva. A nosa espiña dorsal. Seguiuno a facer ata este século, de forma soterrada na economía e de xeito aparatoso na política, non hai máis que ver o censo electoral: o vinte por cento de potenciais votantes viven no exterior; no caso de Ourense, o trinta por cento. Na *Galiza ideal* construíuse unha idea de nación dende o alén mar e foi reservorio de obras e autores desterrados durante un século de curvas retortas. Outra contradición que nos retrata: a nosa maior desgraza é o noso maior patrimonio, á beira dos outros grandes pobos migrantes do pasado: italianos, irlandeses, xudeus. A diferenza deles, a nós fáltanos unha parte do relato.

A diáspora foi estudada a fondo por historiadores, sociólogos, economistas, antropólogos, demógrafos e demais académicos, pero tamén se pode explicar a través dos testemuños dos anónimos, as famosas voces baixas. A min tocoume convivir con eles durante moitos anos na América galega e sentín a necesidade de desamalloar o nó: entrevistei a perto de douscentos para obter un fío narrativo a través de fontes directas, incluída a miña familia. É unha achega parcial: non están todos os nomes, nin todas as historias, nin todos os destinos. Tampouco é a idea, porque é imposible.

Para empezar, hai unha eiva enorme —e inevitable— na historia das mulleres, malia as obras referenciais de Ofelia Rey ou Pilar Cagiao, entre outras. Comeza séculos atrás, palpable nos índices de nais solteiras, que multiplicaban os do resto de Europa. Alén dos *fillos da silveira* de cada parroquia, a explicación tamén reside na emigración. Coma se fose un país en guerra, Galicia tiña os menores índices de homes de España. O detalle era que non estaban mortos; só estaban a tres semanas de viaxe. De aí saen as viúvas de vivos de Rosalía —ela mesma filla de cura— e, tamén, os orfos da diáspora, menores criados cos seus avós, outra distinción galega condicionante de tantas vidas futuras.

Dise que Galicia é un matriarcado porque, ante a ausencia do marido, as mulleres quedaron á fronte da casa, igual que nas familias do mar. En realidade non é así, aínda que a práctica diga o contrario, porque o sometemento administrativo e político sobre a metade feminina da poboación pesou até antonte. Chegouse a crear unha figura legal para as nais solteiras, as *mulleres espontáneas*, ferramenta de protección pero tamén de control. Ata para emigrar debían contar con autorización paterna ou marital. Ou escapar quen puidese. Como non, a América.

Alí continúan convivindo apelidos coñecidos de diferentes vagas que non son asociados a Galicia. Por poñer catro exemplos, os presidentes panameños Varela e Cortizo, o artista conceptual arxentino David Lamelas, ou o mesmísimo Diego Armando Maradona, con raíces (previas ás grandes migracións) na Mariña lucense, aínda que semelle napolitano, e tantos máis. E á marxe deles, millóns de descendentes anónimos. Todos eles debuxan o mapa dun lugar feito de mil lugares, entre dúas beiras e sempre voando baixo o radar. Un país espallado, concéntrico, infindo, pantasma. E, por riba de todo, invisible.

Nunha conversa en Puerto Madero, en Buenos Aires, un empresario arxentino laiábase con aflición: «Con tantas crises, nin sequera o mellor que temos, que é a carne, é nosa, senón que é dun brasileiro». Referíase a Cabaña Las Lilas, un dos restaurantes máis famosos de Buenos Aires, con marca de carne premium, con gado propio a pastar por milleiros nas pampas. En efecto, o restaurante comprárao unha empresa do país veciño. O que non sabían é que o seu propietario, Belarmino Iglesias, non era brasileiro, senón un galego emigrado a São Paulo, aonde chegou cun dólar e levantou un imperio.

Historias como esta coñecéronse nun momento de mudanzas respecto á diáspora desde a Galicia territorial. De negada pasou a ser branquexada. Aconteceu máis ou menos ao mesmo tempo que Manuel Fraga visitou a Fidel Castro en Cuba e de súpeto comezou a gabanza aos emigrantes, que ata entón vivían entre os estereotipos e o autoodio, tamén baixo certo menosprezo. Agora podían sacar a cabeza despois de tanto padeceren, a maioría desterrados sen saber moi ben por que.

Os estudosos chaman *push-pull factors* ás causas que expulsan e atraen migracións. No noso caso repítense varios: a superpoboación fronte aos recursos limitados, a necesidade de man de obra nas novas nacións americanas e o novo mundo capitalista, a revolución dos transportes —barcos máis grandes e rápidos—, a deserción militar, moi evidente durante a guerra de Marrocos —como conta Laura Casielles en *Arena en los ojos*, quedaba dispensado de ir a África quen pagaba 1500 pesetas, unha peaxe de clase imposible para o campesiñado galego—. Alén destas explicacións conxunturais, o motor profundo foi a necesidade, a subsistencia, a inxustiza e, por engadido, a promesa dun mundo mellor do outro lado. A emigración non atende a descoñecidos poderes telúricos, tampouco a mandatos atávicos, senón á desigualdade económica, e evidencia o proxecto errado de país. Desenvolverase, á súa maneira, no exterior.

A cultura migratoria, intrapeninsular desde os séculos XVII e XVIII —arrieiros e ambulantes en Portugal ou en Andalucía, seitureiros en Castela—, ampliouse cando en 1764 abriron os correos marítimos da Coruña, e algo máis tarde en Vigo. A saída ao mar popularizouse case un século despois, e disparou as saídas dende unha terra en réxime feudal, sen apenas industria nin burguesía. O proceso, segundo Ramón Villares, inseriu Galicia de esguello no capitalismo como fábrica de forza de traballo.

Igual que sucedía en Irlanda, en principio as migracións estaban suxeitas á meteoroloxía e á colleita. Ou se pedía misericordia a Deus, como o arcebispo de Santiago en 1853, o ano da fame, ou se collía o barco. As leis migratorias foron, en xeral, restritivas coa boca pequena, e cando se xeneralizaron as remesas, o poder mirou aínda máis para outro lado. Nun país que entón estaba superpoboado, quizais non era cousa ruín aliviar o peso das familias supernumerosas. Se os desprazados mandaban diñeiro, mantíñase a paz social nun país pobre, como denunciaba Castelao en *Sempre en Galiza*.

Na década de 1920 logrouse un cambio fundamental na ordenación da propiedade, ao se decretar a redención dos foros, ou sexa, o final do réxime polo que un rendista cedía o dominio útil da terra ao campesiño a cambio dunha renda ou unha participación en especie da colleita. O sistema condenara á subsistencia e perpetuara o illamento: as revolucións industriais pasaron de longo. A redención non tería chegado a porto sen as remesas da emigración, primeiro para a loita agraria e logo para comprar as terras desaforadas.

Xa operaban para entón as cadeas migratorias, unha estrutura en rede con efecto pegamento, networking tecido dende a aldea. Íase tirando do dedo maimiño dun irmán, á súa vez enganchado pola deda gorda do pé ao seguinte curmán, ao sogro e ao veciño, e así aterraban e prosperaban ou optaban pola reemigración (concepto que implicaba mudarse a outro país americano, nada que ver coa *remigración* que hoxe usa a ultradereita europea como nefando eufemismo de deportación).

O antropólogo sueco Staffan Mörling instalouse nos anos sesenta na Illa de Ons, na ría de Pontevedra. Alí descubriu unha reserva virxe da cultura galega. Cando lle preguntaron por que elixira este confín da Terra para estudar, Morling freou en seco o interlocutor e deixounos a nós, pobres terrícolas acomplexados, un legado en dúas frases: «Galicia non é a fin do mundo. Galicia é o centro do mar». Por alí transitaron millóns de vidas cara á diáspora. E niso tamén tivo moito que ver a burguesía migratoria da Coruña e de Vigo, como sinala Alexandre Vázquez, formada sobre os borrallos do escravismo, con barcos reconvertidos en naves de emigrantes. Esas oligarquías, subliña Isidro Dubert, eran escravistas sen escravos, un ida e volta de carne humana, un instrumento para gañar diñeiro a través de navieiras e consignatarias cos seus propios personaxes populares.

Os ganchos ou garroteiros desas empresas espallaban as bondades de facer as américas, enchouchaban os indecisos, facilitábanlles os papeis, daban créditos para pasaxe e roupa, tamén para as pensións ao chegaren, e mesmo lles daban, ou lles prometían, un contrato de traballo. Eles eran o primeiro elo de saída do «camiño bretemoso», que chamou Neira Vilas.

Nas viaxes hai relatos de estafadores clásicos, dos de cambiar billetes por papeis, e outros máis creativos, como os que metían xente ilegalmente en barcos cara a América que en realidade só ían a Portugal, ou os que subían os coitados nunhas barcas e baixábanos nas Cíes enganados. Os buques, luxosos en primeira clase, vestían outra realidade para os emigrantes. A terceira clase á que estaban destinados nas primeiras ondas tiñan camarotes nas adegas con dez e vinte liteiras, sen comedor nin mesa, cheos de buscavidas e pillos, e por suposto polisóns a esgalla.

Ao chegaren á outra beira, a terra permanecía presente a través da nostalxia e da melancolía polo desarraigamento. Algo así é a morriña, a saudade, unha estrañeza envolta na lembranza traumática de algo que xa non volve. Na diáspora operou unha romantización da terra de orixe levada ao extremo, unha arcadia idílica sobre a realidade de toxos e lama. A morriña axudaba a enfrontaren contrariedades no novo destino; o que se deixa atrás é o mellor, e convén estrañalo para encarar o duro día a día. Era o arraigamento no bordo do precipicio, o cravo ardente, cun chisco de culpa engadida: por que marchei e abandonei a terra. E así pasan xeracións.

O *punto jonbar* define na ciencia ficción o momento exacto no que a realidade perde pé e se transforma en alternativa para converterse en ucronía. Dende ese punto desenvólvense un eixo paralelo e un mundo diverxente. Salvando distancias, algo así ocorre cando un visitante entra en calquera dos centos de centros galegos en América, lugares suspendidos no baleiro que gardan as esencias do pasado. Mecanismos solidarios desde o minuto un, os centros exerceron de punto de encontro parroquial como transposición da sociedade orixinal. Agromaban como cogomelos, cada un amarrado á súa parroquia de ultramar. Segundo Xosé Manoel Núñez Seixas, entre Cuba e Arxentina sumaban cincocentos centros en 1936. Aínda hoxe hai máis de cincuenta só en Buenos Aires. Neles, ao longo de todo o continente, sentaron as bases da galeguidade, deron refuxio aos exiliados e perduraron no tempo como embaixadas culturais.

Nos centros tamén operou certo minifundio mental: os desencontros derivaban en rachóns dentro da colectividade, pero todo axudou á mudanza que supuxo para millóns de persoas pasar das zocas ao asfalto en quince días. A emigración é un tránsito da aldea á cidade, tanto ten no éxodo interior, o peninsular, o europeo ou, por suposto, o americano. Sostén Villares que a urbanización do país deuse na Habana, Montevideo ou Buenos Aires antes que na Coruña ou Vigo, máxica extravagancia.

A Televisión de Galicia inaugurou as súas emisións o 24 de xullo de 1985 coa emigración. En *Mamasunción* (1984), a curtametraxe de Chano Piñeiro, Asunción Racamonde, unha anciá dunha aldea da montaña ourensá, ve pasar os días repetidos a través das agullas do reloxo, soa, nunha rutina triste e estéril. Todos os días vai ao correo, como o resto da aldea, pero é a única que nunca recibe carta do seu fillo, emigrado en México. Un día chégalle unha (a partir de aquí, spoiler): «Querida nai. Xa pasaron moitos anos de vida dura para todos nós. Tivemos que arrastrar os nosos corpos polo mundo para comer un anaco de pan ou durmir a cuberto. O meu soño era regresar, pero con diñeiro, traxe novo, gravata e o mellor coche que houbese. Agora, despois de corenta anos vaise cumprir». Sorriso nervioso dos de estoupar por dentro.

E nun anexo, sen anestesia, explícanlle nun texto mecanografado en perfecto castelán: «Enviámoslle carta manuscrita que o seu fillo nos deixou o mesmo día que faleceu. En breve tramitaremos a herdanza que a vostede lle pertence, que debido ao seu gran volume teremos que lle enviar en distintos prazos. Atentamente, o consello de administración de Racamonde S.A., México DF». Días despois preséntase o alcalde e, fronte aos veciños, entrégalle un maletín repleto de dólares, como parte da herdanza do seu fillo. Asunción sobe rápido á súa casa e pecha. Os veciños van tras dela a bater a porta perseguindo o rastro do diñeiro. Pero é demasiado tarde: está a queimar os billetes na lareira. A ausencia do fillo non a paga herdanza ningunha.

Dicía o profesor Beiras nos anos setenta que a inexistencia de capitalismo en Galicia non era froito dunha «inhibición de iniciativa», senón de falta dunha contorna adecuada. Niso a diáspora parece darlle a razón, e a maior evidencia é o aforro. Céntimo a céntimo, peso a peso, dólar a dólar, enchían o colchón. En canto podían, asociábanse con outros paisanos e compraban un negocio que se ían dividindo en fraccións ata o infinitesimal. Pero o método tamén traslucía unha visión herdada do minifundismo do seu país, a cultura da partición extrema, sexan as propiedades familiares ou unha sobremesa compartida: sempre hai un anaco máis para cortar, por ínfimo que sexa.

Nun dos seus contos de emigrantes, Neira Vilas relata a vida dunha galega na Arxentina que vai ao banco retirar os cartos para comprar unha leira, mínima nos estándares americanos, pero dabondo para ela, nos arredores da capital. Utiliza o seu día libre para traballar a terra, ata que poida vendela para volver á aldea. Así era a lóxica de moitos desprazados, pero os que conseguían máis excedente mandaban remesadas, que permitiron un equilibrio contable fundamental para Galicia, un Plan Marshall privado, como chamaron algúns, financiado por formiguiñas anónimas no alén mar.

Como unha fórmula non escrita de alquimia financeira, todos repetían o padrón na xestión do seu diñeiro. Dividían a caixa en catro partes; dúas delas reinvestíanse, preferiblemente noutro negocio para diversificar: así se gaña menos no que che vai ben, pero seguro que non afundes se algún dos outros vai mal. Outra cuarta parte era o gasto cotián, a caixa miúda. E a última parte era o aforro neto, o que nin se gasta nin se inviste, o peto. Había quen se facía con ouro. Outros gardábano no colchón ata que crían ter a vida asegurada, sen demasiada conciencia real de todo o que gañaran, pero con todo o pánico a vivir como antes. Co tempo, a maioría preferiu poñelo a salvo na súa terra. A diáspora daba diñeiro como se bota carbón a unha caldeira e, ademais, non daba problemas.

Desde o século XIX, os xiros dos americanos representaban unha alta porcentaxe do total de divisas que chegaban a España.

En 1910, case unha cuarta parte do total —por entender a importancia da emigración, tamén ese ano o corenta por cento das cartas certificadas chegadas a España ían destinadas a Galicia—. A iso había que engadirlle o diñeiro que chegaba por vía directa, nun maletín de volta no barco, como quen leva un paquete de folios —nesas andanas era común ir e volver a América varias veces—. Máis perto no tempo empezaron a trocar moeda local por *traveller's cheques* en divisa *(os trívilis* na xiria do emigrante), que lles permitían trocalos en España como turistas. Pero a maioría xa usaban transferencias que remataban nunha conta de non residente, aquelas que, ao abeiro da lei, pode abrir —sen tributar— quen vive máis da metade do ano no estranxeiro. E con ese diñeiro cadaquén constrúe ou compra unha casa na aldea, un piso na cidade, dous locais, tres garaxes ou catro coches, non hai límite.

Félix García Yáñez calcula no libro *Caixa Ourense (1933-1999). Sete décadas de aforro popular provincial* que na década de 1960 emigrou o 56 por cento dos ourensáns entre dezaoito e corenta anos: unha xeración enteira entre Europa e América enviando remesadas millonarias que pasaban pola Caixa. Xa que logo, a entidade ocupaba o primeiro posto en España —entre 87 caixas de aforro— en depósitos procedentes do estranxeiro e a segunda en saldo medio por conta corrente. O torrente de diñeiro corría polos circuítos bancarios por millóns. Contan os emigrantes en Venezuela que movían tal cantidade de billetes que Caixa Ourense lles mandaba toneladas de castañas e centos de litros de viño para facer magostos, agasallo insuperable e directo ao corazón. En troques diso, critica Yáñez, todo ese capital serviu para soster o poder económico (e político) a través de investimentos dirixidos en empresas e a través de emprendementos urbanísticos, no canto de promover un desenvolvemento produtivo integral.

A pregunta do millón sería cal foi a achega dese torrente financeiro á economía. Parece imposible cuantificalo porque ninguén vai dicir canto gañou, nin onde está o seu diñeiro, se é que non se converteu xa en ladrillo. «Hai unha gran cantidade de xente con moito capital —conta un empresario en México— da que non se coñece nin o nome. Un cliente meu di que os xudeus e os galegos somos curmáns, puro aforro e investimento. Pero eles fan lobby, nós non».

Castelao condensou con mestría nun microrrelato a esencia doutro trauma da emigración: o retorno. Chamábase *O Pai de Migueliño* e presentaba un neno que ía recibir no porto ao pai que no coñecía. Fiábase dun retrato e do que lle contaran del, e pensaba que era un deses elegantes americanos de traxe e chapeu de *pajilla* que baixaban do barco. Trabucouse dúas veces de pai, ata que viu á fin un que abrazaba a súa nai. «Era un home que non se parecía ó retrato; moi fraco, metido nun traxe moi frouxo; un home de cera, coas orellas fóra do cacho, cos ollos encoveirados, tusindo… Aquel si que era o pai de Migueliño».

O fotógrafo Virxilio Viéitez, un *migueliño* orfo de vivo, co pai emigrado no Brasil e criado entre a súa nai, as súas tías e a súa avoa en Soutelo de Montes, tratou de salvar a distancia temporal con retratos dos que quedaban —de vivos e tamén de mortos—. Enviábanos as familias aos emigrados para que os tivesen presentes. A súa fotografía máis famosa é a dunha anciá sentada na aldea xunto a unha radio que comprara co diñeiro que lle enviou o seu fillo dende Venezuela. O retrato pediullo ela a Virxilio para anexalo a unha carta e que o seu fillo estivese informado ante unha eventual volta.

«A distancia entre volver ou non volver é o éxito: se non fas diñeiro, non vas na vida», dicíame unha emigrante en

Panamá. Ou se regresaban sen nada, tapábano como podían, como os que chegaban dicindo que se lles caera a maleta ao mar con todo o diñeiro dentro. En troques, os que fixeron as Américas, dos indianos en diante, regresan con todo, tanto ten os mexicanos en Avión, ou os brasileiros en Santa Comba, «un cemiterio no inverno e Mónaco no verán», como di de brincadeira un retornado do Brasil. «Aquí o *reló* só pode ser Rolex e o *carro* só Mercedes. O resto é unha porcaría».

Outros regresaban co xusto para manterse cunhas rendas e, á parte, montaban un negocio hostaleiro, repetindo a pauta que fixeran alá, con referencias á terra natal. Se un procura un Hotel Riazor no Google Maps aparece o da Coruña, pero tamén outros moitos espallados por América: en Santo Domingo, Rio de Janeiro, Mar del Plata, Caracas, Panamá, Ciudad de México, Guadalajara. É un exemplo que tamén ocorre ao revés cos negocios de retornados, outro clásico, que nomeaban co lugar onde emigraran: Lanús, Buenos Aires, Quilmes, Montevideo, Punta del Este, São Paulo, Maracanã, Caracas, Maracaibo, Veracruz, Habana. Galicia é un libro de xeografía que se le nos letreiros dos bares —logo amplificado polos emigrados en Europa—. Non só era un nome: os retornados traían unha gastronomía que non se vía noutros lados. Como coa música tropical das verbenas, levabamos vantaxe e non o sabiamos.

Na Coruña, exemplo de proximidade, coñecemos os sandwiches *de miga* arxentinos en Ferrio ou os chivitos uruguaios no Emporio de los Sandwiches. A pizza chegou nos setenta grazas ao Nuevo Santa Cruz, de emigrantes en São Paulo: como non había mozzarella, facíana con queixo do país. Tamén probamos os primeiros cócteles nun buraco fermoso da Cidade Vella chamado O rei das Caipirinhas, onde un señoriño sen pinta de monarca e moito menos de brasileiro servía beberaxes aprendidas no paraíso que brillaba nun póster sobre a barra, Rio de Janeiro.

O rueiro mantén unha infinidade de referencias —Tortoni, Copacabana, Colón, Caracas, Mar del Plata— e mestúrase cos carteis dos acabados de chegar: nos mapas actuais da inmigración, Galicia sobresae como o gran refuxio latinoamericano, por unha maioría de descendentes que elixiron destino na terra dos seus pais e avós e hoxe sosteñen o crecemento vexetativo do país.

Visitar Dublín permite admirar a conciencia dun pobo polo seu pasado. O museo da emigración, chamado con acerto Epic, explica ao visitante a importancia da diáspora irlandesa no mundo, pero o que conmove atópase á saída, co monumento á fame negra —a *Great Famine* ou *An Gorta Mór*, sempre presente para non esquecela—, causa de expulsión de millóns de persoas. Ademais de preservar a identidade dende a desgraza, o Epic ten un enorme éxito comercial: ano tras ano é elixido como principal atracción turística.

En Galicia hai ducias de estatuas dedicadas á emigración, pero non existe, aínda, un tributo permanente, como tampouco á súa icona. A serie de fotografías de Manuel Ferrol está no Museo Reina Sofía de Madrid, todo un fito, pero a seiscentos quilómetros do lugar onde se tomaron as fotos.

Fun investigar in situ ao porto para reconstruír a imaxe orixinal, superpoñendo as fotos en branco e negro para tratar de imaxinar o que non hai. Entre os mapas, as ferramentas de xeolocalización e tamén a inclinación da luz sobre os protagonistas crin descubrir o punto exacto onde choraban o pai e o fillo. Ao fondo segue a estar o enreixado do porto coas súas columnas. Detrás, a Terraza e o Kiosco Alfonso, sen árbores. No canto do Atlantic hotel, está o hotel Atlántico, bodoque de categoría. Nese punto exacto a paisaxe orixinal deshumanizouse por completo: unha estrada de catro faixas, unha beirarrúa de cemento liso sen graza e, ao virar a mirada cara ao mar desde ese mesma laxe, a nada mesma, porque a vista é tapada polo vértice anguloso dun edificio moderno, onde cada fin de semana se amorea a mocidade para entrar a locais nocturnos.

Os adolescentes coruñeses dos noventa gozabamos alí mesmo de concertos e exposicións nun edificio dunha planta e paredes verdes que chamaban Estación Marítima. Non imaxinabamos que alí, entre bágoas e maletas, se escribira a nosa historia contemporánea, porque non había nin unha lembranza. Polo menos conservábase o edificio. A cousa revirouse máis durante a interminable alcaldía de Francisco Vázquez. No 2000 anunciou un proxecto que levaría a cidade directa ao futuro, un gran centro comercial e de lecer xunto a un palacio de exposicións e congresos chamado Palexco. «Mascarón da cidade». «A Ópera de Sydney». «O Guggenheim coruñés», podíase ler na prensa aqueles días. O proxecto elixido por concurso resultou unha desfeita. Así o estimou o Tribunal Superior de Xustiza de Galicia, que declarou irregular o concurso e catalagou a gañadora «como a peor das propostas», que «se opón á normativa e á vida urbana» causando «unha barreira visual», que supón «a perda dunha ocasión única para a cidade». Ata o propio alcalde baixou o polgar: «Está feito ao revés». Pero aí segue.

O complexo arquitectónico, chamado Alas de Gaviota, é unha cortina de vidro e aceiro que ten o incrible mérito de lle ter roubado o mar a unha península e de cortarlle o cordón emocional coa emigración, cun subliñado simbólico: de onde saían aqueles barcos atracan desde daquela —e cada vez máis— enormes cruceiros no Peirao de Transatlánticos.

O centro comercial, aberto en 2005, amosa unha estampa de abandono, baleiro e escuridade, coa excepción duns cinemas e un polo de lecer que monopoliza a oferta nocturna da mocidade coruñesa. Sen sabelo, os rapaces bailan enlatados sobre os mesmo guindastres que cargaban aqueles barcos dos seus avós. Quedan, agochados xunto ao lugar da foto do neno e o pai, 59 metros do peirao orixinal, redescubertos polo xornalista Rubén Ventureira. Neles consérvase unha escaleira de pedra sen uso que remata no mar, outra metáfora demasiado evidente.

Un estudo encargado polo Concello á Universidade da Coruña propuxo en 2020 derrubar o edificio para reordenar a fachada marítima da cidade. Pola primeira vez se fala da súa demolición, e entón abrollan na cabeza mil ideas para expoñer, divulgar e compartir neses peiraos, imaxes que nos axuden a entendernos a nós mesmos e a que nos entendan os que nos visitan. Resulta sinxelo imaxinar un espazo dedicado á diáspora integrado no porto, nese mesmo punto da foto do Jurjo e o Chanquete, que, elevada a monumento, sirva de fachada a miles de historias anónimas, alicerces da nosa epopea atlántica.

Dende aquí propoñemos situar alí un centro cultural que se chame O Esquecemento, palabra tan nosa, presente mesmo no himno galego, por certo concibido e estreado en América. Cada día que pasa sen facelo é un día perdido. As ás de gaivota poden caer e non pasa nada. A memoria, en troques, se vence o esquecemento, é eterna.

1. CUBA

A Habana estaba máis perto que Madrid, en termos sentimentais e tamén reais

FABRICA DE CONSERVAS
CUBAMAR
LANGOSTA·BONITO·CAMARONES

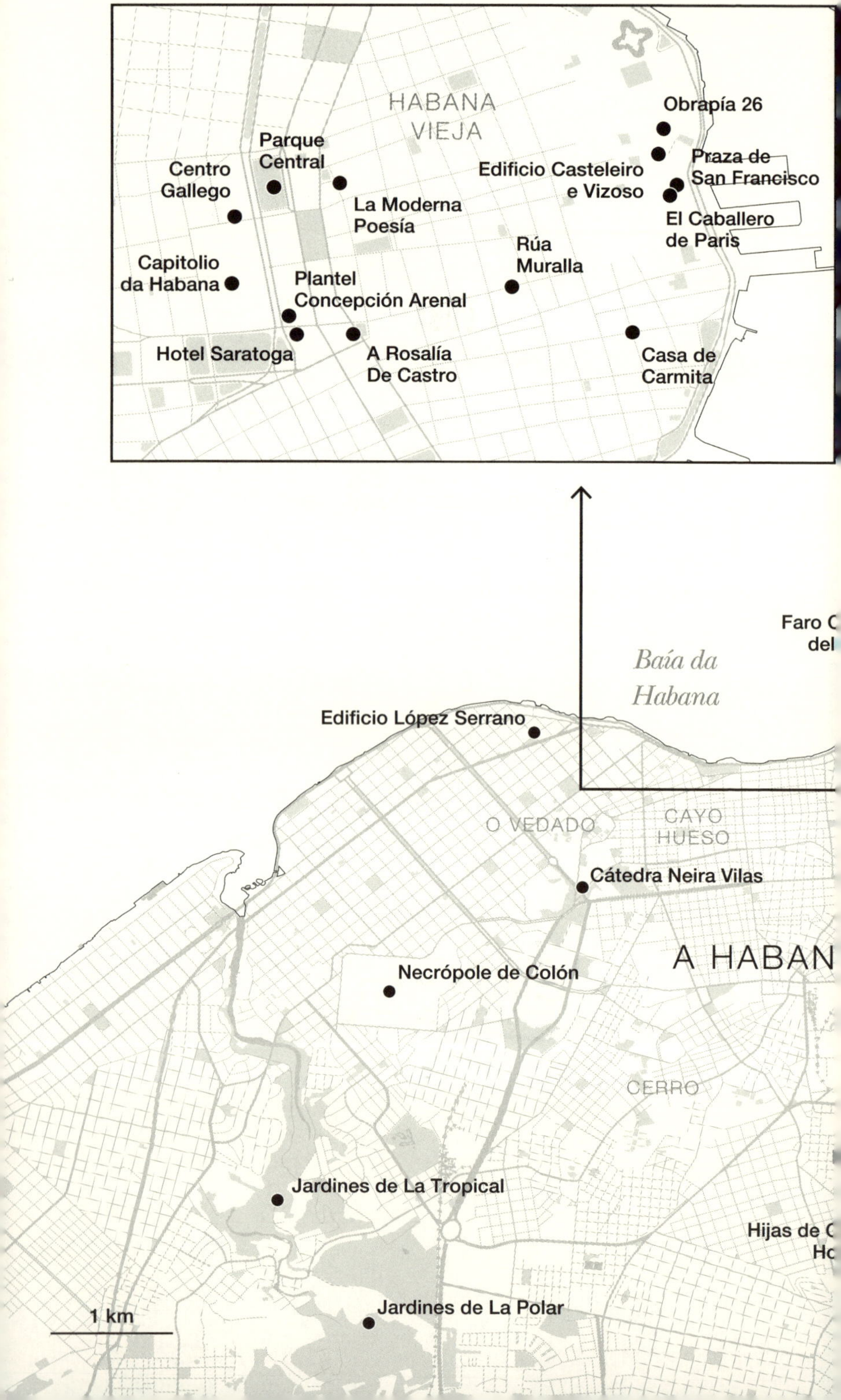

HABANA VIEJA
Obrapía 26
Parque Central
Centro Gallego
Edificio Casteleiro e Vizoso
Praza de San Francisco
La Moderna Poesía
El Caballero de Paris
Rúa Muralla
Capitolio da Habana
Plantel Concepción Arenal
Hotel Saratoga
A Rosalía De Castro
Casa de Carmita
Faro C
del
Baía da Habana
Edificio López Serrano
O VEDADO
CAYO HUESO
Cátedra Neira Vilas
A HABAN
Necrópole de Colón
CERRO
Jardines de La Tropical
Hijas de G
Ho
1 km
Jardines de La Polar

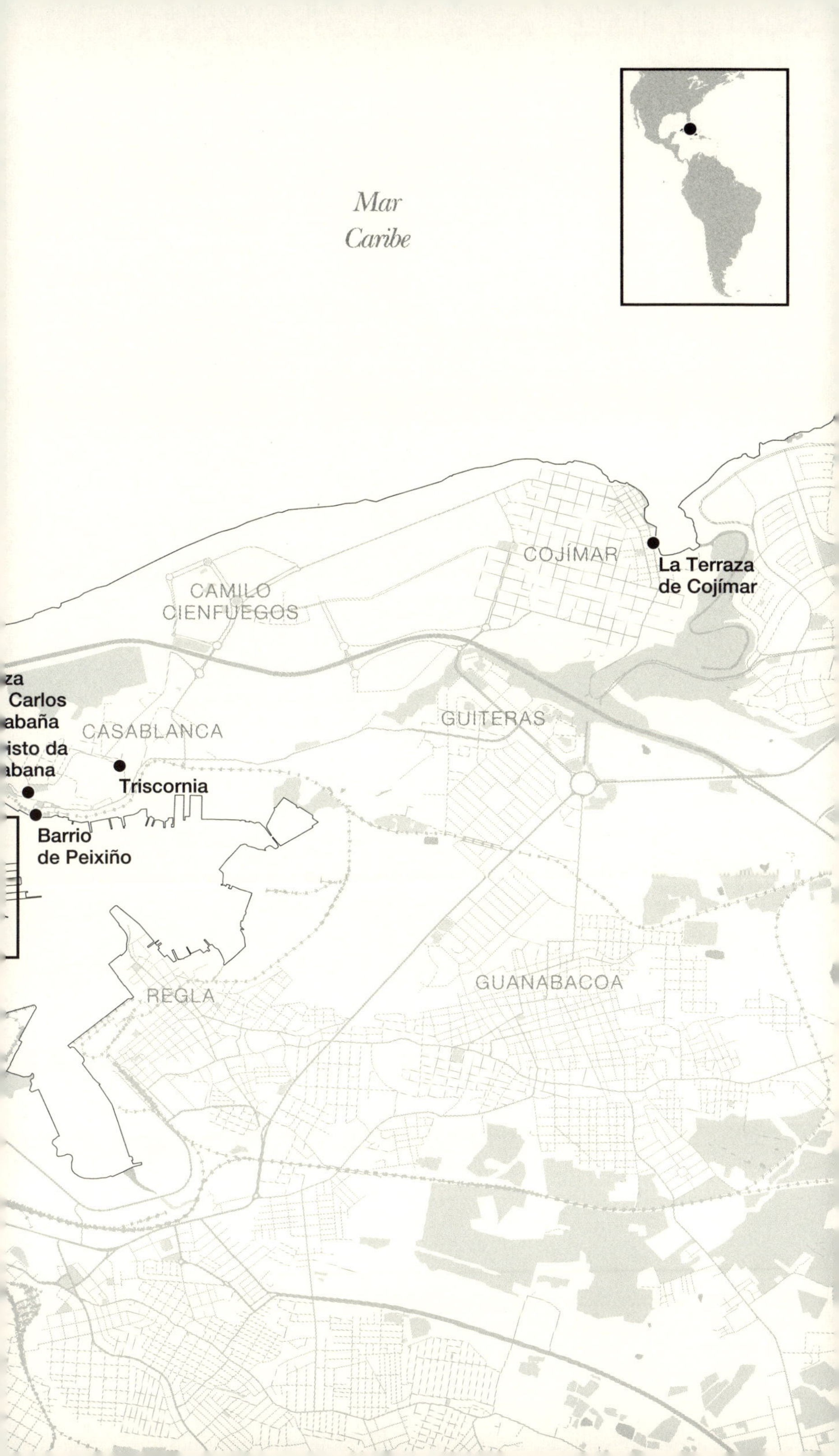

Mar
Caribe
COJÍMAR
La Terraza
de Cojímar
CAMILO
CIENFUEGOS
za
Carlos
abaña
isto da
abana
CASABLANCA
GUITERAS
Triscornia
Barrio
de Peixiño
GUANABACOA
REGLA

Colón é nome de necrópole

Unha grella de rúas en cuadrícula déitase baixo o sol do Vedado. Corre unha brisa lene, pero a humidade pégase á roupa ao camiñar pola avenida central, abeirada por grandes ficus de raíces infindas, algunha mangueira, sempre palmeiras. Ao lonxe debúxase o perfil do monumento da praza da Revolución. En primeiro plano, unha gran capela, acompañada por construcións de pedra denegrida. Non se ven apenas coches, só algún Lada ou algún *jeep* ruso, que deixan ao seu paso volutas de fume denso. Estamos na Habana, pero o que teño arredor non é a cidade dos vivos, senón o camposanto de Colón, o máis importante de Cuba, e tamén o máis grande de Galicia.

A necrópole —o seu nome oficial— é unha fartura de obras artísticas, con sartegos de mármore, outros con esculturas, todas con flores caídas, que dan ao lugar un ar decadente e evocador ao tempo. Ao final dunha rúa lateral descóbrese un panteón maior ca unha igrexa, con campanario e unha escalinata que marca o camiño ata a porta, presidida por esculturas relixiosas a tamaño natural. Sobre elas, unhas letras enormes: «Naturales de Ortigueira», e o escudo dese concello coruñés no frontón.

A luz e a calor minguan ao entrar. O edificio, de planta alongada, ten dous sotos. Entre eles, respiradoiros que deixan pasar a luz peneirada. No último andar subterráneo hai cinco mil osarios, e nos dous pisos superiores, uns setecentos nichos.

Todos eles, de emigrantes. A moitos puxéronlles flores de plástico: as naturais, metidas en auga, están prohibidas para evitar os mosquitos. Case todos teñen traza modesta; algúns só un número e un nome anotado a carón dunha foto. Nos corredores, unha ollada rápida aos apelidos dos defuntos lévanos decontado cara a Galicia: Camiña, Soto, Alvariño, Castrillón, Seivane, Valladares, Mariño, Cancela, Piñeiro.

Perto da entrada está sentado Manuel, o encargado do edificio, uns sesenta e cinco anos, roupa informal. Está reconcentrado anotando un nome con letra rabiscada no libro dos nichos. Onda el, un bodegón de trebellos: unha pintura dun Cristo, unha neveira antiga azul picada, unha gorra de Cuba colgada da parede, uns mastros coas bandeiras de Cuba e Galicia e, do lado, unha vasoira apoiada que se confunde coas hastas, como un xogo visual. Cando remata, Manuel solta unha parolada de socioloxía da diáspora en catro frases.

—Ui, aquí veñen galegos todos os días. Nacidos alá, os menos. Se veñen, xa van directos ao nicho —e fai un aceno chusco, chascando a lingua—. Pero os fillos ou netos son galegos igual, aínda que naceran aquí, non? Iso din eles sempre.

Segundo chegaban, os emigrantes das mesmas aldeas, parroquias ou concellos agrupábanse en sociedades co nome do seu lugar de orixe. Dotábanse así de recursos propios para o lecer, a cultura ou a saúde, e tamén garantían un nicho no cemiterio, tan importante como a propia vida na nosa cultura da morte, aínda máis na diáspora: o panteón representa unha volta simbólica á terra. Hai ducias de miles de emigrantes soterrados aquí —os cálculos máis baixos falan de cincuenta mil, os máis altos de douscentos mil— e a súa distribución seguiu a dinámica fragmentaria dos vivos. 37 emigrantes fundaron en 1871 a Sociedad de Beneficencia de Naturales de Galicia. Hoxe brilla en elegante art déco, de mármore negro, o máis bonito, quizais, de todo o camposanto. De aí en diante todas as sociedades competiron por ter un *chalé* á altura. Porque os defuntiños sempre poden volver e preguntar por que non lles deron o mellor repouso: Hijos de Cedeira, Emigrados de Riotorto, Partido Judicial de Arzúa, Hijos de Pastoriza, Ferrol y su Comarca, Liga Santaballesa, Progreso de Lanzós, Unión de San Simón y Samarugo, Roupar y Lousada. E así ata chegar a 58 sociedades. Nesta necrópole podería debuxarse un mapa da toponimia galega.

O arquitecto Calixto Loira, de Ferrol, proxectouno en 1871, e tamén o estreou: finou ao pouco de iniciar a súa construción e foi o seu primeiro inquilino. Loira deixou a súa pegada na grade de rúas, do tamaño de cincuenta campos de fútbol, na capela central ou na fachada maxestosa de cantaría e mármore. El debuxouno todo e os emigrantes labraron a pedra, igual que outros, xardineiros de A Estrada, A Ulla, Carnota e Celanova, coidaron as súas árbores e flores coloridas.

Entre os seus túmulos máis selectos destaca un pola súa rechamante escultura de mármore en forma de lira, e en galego: «Ramón Armada Teijeiro. Cantor da terriña». Na peaña, os títulos das súas obras, grandes éxitos da Galicia habanera: *Milicroques*, *Aturuxos*, *Caldo de grelos* e *Non máis emigración*, peza lírica dramática que xa en 1885 proxectaba un berro con pouco predicamento: durante décadas continuaron chegando ás costas cubanas. Moitos deles quedaron para sempre en Colón.

Escravos brancos

En 1837, once anos antes que a liña Barcelona-Mataró, inaugurouse o primeiro ferrocarril na illa, territorio español de ultramar. O azucre era a locomotora que tiraba da economía e precisaba dun medio de transporte solvente para abaratar tempos e custos entre as plantacións e os enxeños, xusto cando a curva de cifras de escravos comezaba a aplanarse polas incipientes presións abolicionistas. Pero o camiño de ferro había que construílo e alí acudiron africanos, chineses, antillanos e tamén canarios. E galegos. As condicións eran pésimas, entre a insalubridade, os horarios e a paga, pero aínda así formaron cuadrillas de emigrantes, por máis que o custo fose, como se dixo, dun morto por cada travesa colocada na vía.

A elite criolla fregaba as mans. O seu medo a unha revolución de exescravos, como sucedeu en Haití, rebaixábase ao ver a chegada de man de obra dende o vello mundo. A idea era branquexar a illa con colonos europeos, aínda que fose en réxime de escravitude encuberta. En 1854, o ourensán Urbano Feijoo de Sotomayor puxo en marcha un proxecto para importar milleiros de traballadores. Deulle o altilocuente nome de «Compañía Patriótico Mercantil de axuda a Cuba e salvación de Galicia» e atribuíulle esta premisa: «Douscentos mil galegos que emigran a Portugal e provincias meridionais e do centro de España en solicitude de traballo (…) son materia a propósito para fornecer de brazos baratos esta illa e o noso goberno de xente leal».

Dito doutra maneira, poñer brancos de certa fortaleza física a traballar en ínfimas condicións na colleita da cana, entre mosquitos, enfermidades e demais penurias. En troques, aos xornaleiros pagaríaselles a viaxe, o aloxamento e a roupa. A realidade foi moito peor, entre as condicións infrahumanas e os abusos, segundo conta Bibiana Candia na súa novela *Azucre*. Só conseguiu embarcar 1752 homes, cando a intención orixinal era multiplicalo por decenas de miles, pero entre as baixas e as denuncias, Feijoo pechou a empresa e perdeu a súa reputación. E aínda así foi elixido deputado anos despois.

Co comercio de escravos restrinxido por Inglaterra, o fluxo de africanos continuou cara a América triangulado polos portos de Galicia, o que pon baixo a lupa a burguesía comercial da Coruña e Vigo. Os historiadores atoparon escasa documentación pública sobre a trata, borrada maxicamente; só quedan documentos privados en arquivos notariais nos que a pegada escravista quedou esvaída. Pero sempre está a ficción para resgatarnos.

Lino Novás Calvo viviu de migración en migración. Nado en 1903 en Grañas do Sor, Mañón, A Coruña, chegou a Cuba con dezaseis anos e traballou de carboeiro, chófer, dependente e mesmo boxeador, como nas boas biografías. Autodidacta nas letras, nos anos trinta trasladouse a Madrid, onde publicou *El negrero*. Na Guerra Civil incrustouse co exército republicano e logo volveu a A Habana. Traductor de Hemingway, Steinbeck e Faulkner, mestre do conto e do relato curto, non elixiu escribir unha novela de emigrantes, senón de algo moito máis doloroso. El fozou no trauma colonial do escravismo.

En *El negrero* conta a vida novelada de Pedro Blanco Fernández de Trava, un orfo de Málaga que mergulla nun remuíño de aventuras no mar, atrás dunha idea terrorífica: ser traficante de escravos. Con esa premisa, unha trama atractiva e unha documentación prolixa, retrata a escravitude a través dun personaxe sen escrúpulos. Aínda que Novás saíu cara aos Estados Unidos tras a Revolución, o libro permanece no programa educativo cubano. Onde non volveu foi á súa terra e a de milleiros de paisanos escravizados antes da emigración masiva.

«Gallego»

—Sen a presenza galega Cuba non sería o que é. Non teriamos un tendido eléctrico, nin unha estrada central de mil e pico de quilómetros, porque a construíron eles, nin teriamos a gastronomía que temos. Os galegos ergueron a economía coa súa suor desde inicios do século XX, e os seus fillos continuaron a facelo.

Dixo isto todo de seguido, sen deixar que abrise o caderno, como quen xa sabe o que lle van preguntar, ao pouco de tocar a campaíña da súa casa do Vedado. Fala Miguel Barnet, autor de *Gallego*, a novela-testemuño que pinta un fresco histórico a través dun emigrante. No seu devezo por resignificar os estereotipos, escribira dous libros sobre o negro e a mulata, e agora tocáballe ao europeo pobre para completar o trío representado no teatro popular cubano. Deles saía todo, di Barnet, encostado aos seus oitenta e tantos na randeeira. Ventiladores de teito a xiraren paseniño, pinturas naif, contras venecianas e unha mesiña de café con libros, figuriñas e un abano. Coa camisa aberta e chinelas con calcetín, lentes escuras e ningún pelo na testa, volve falar como unha fervenza en época de choivas:

—Camilo José Cela díxome uha vez: por que non escribiches sobre un intelectual? Non, don Camilo, son antropólogo, os intelectuais de alí xa son coñecidos. Eu estou facendo a historia da xente sen historia, os pobres da terra, como dicía Martí. Os homes viñan moi novos, os quintos na guerra da Independencia, como o tío da miña nai. E nas mulleres o arquetipo non era Rosalía de Castro; era a criada de fazulas rosadas, riquiña e traballadora. Pero nin eles nin elas tiñan a picaresca *criolla*, e tíñanos como *botonzos* (*bobo, tonto e zonzo*). Que non o eran, claro, pero estaban en terra estraña e tiñan que adaptarse, a súa gran virtude.

Gallego presenta un mozo chamado Manuel Ruiz que sae facer as Américas tentado polos ganchos das navieiras e as grandes compañías: «Alí fixeran unha campaña dicindo que as mulatas agardaban polo emigrante no porto e levábano tomar ron», dise no libro. En canto pisa terra firme, Manuel é obxectivo dos chistes: «¡Allí va un galleguíbiri!» dinlle, aínda coa maleta e as zocas de madeira. O acabado de chegar vai vivir nun solar —unha vivenda colectiva— na Timba, a parte traseira do Vedado, pouco máis que un *lleguipón*, (chega e pon), un barrio informal de carboeiros. Pronto Manuel prospera porque traballa en todo o que se lle cruza: estibador, doceiro, tranviario, carpinteiro, e empeza a mandar diñeiro á súa familia: o retrato do emigrante. Por iso sempre lle preguntan ao autor se o personaxe é real. E sempre contesta o mesmo.

—Se che digo que coñecín a Manuel Ruiz estouche mentindo; é unha composición de todos eses personaxes reais tan admirables que coñecín. Non estaban na súa terra, eran estranxeiros, e ademais falaban outra lingua e integráronse —soa, a volume ascendente, o pregón dun tamalero á porta da súa casa. Cando vai esvaecendo, volve falar, como se o lapso o axudase a pensar a frase definitiva—. Mira, eu creo que houbo dúas migracións aquí cun proceso de adaptación ao medio moi profundo: os chineses e os galegos. E estes non tiveron reparo en mesturarse, non coma outros!

A Habana, 1915. O balbordo da capital non para da mañá á noite. A xente e a música mestúranse cos pregóns dos vendedores ambulantes. Carboeiros galegos venden o xénero percorrendo as mesmas rúas que construíron, pedra a pedra, legoeiros conterráneos. Manexan carros de rodas xigantes tiradas por unha mula, sobre os que transportan sacos de vinte quilos e bólas de bosta seca para acender o lume nas casas elegantes. Tamén ofrecen polo miúdo para quen non pode pagar máis. Andan por alí os carriños de reparto de panadarías galegas coma A Flor de Cuba ou Habana Moderna. A unha beira e á outra da rúa, paraugueiros e afiadores ourensáns, que se distinguen dos autóctonos ou dos chineses en que non se deteñen para vender: andan, asubían, afían, seguen. Hai zapateiros, ferraxeiros, carpinteiros. Tamén hai roupa: sombreirarías, camisarías, as tradicionais tendas de teas da rúa Muralla, monopolio xunto aos asturianos, quebrado a partir da chegada de refuxiados xudeus.

Abundan as xoiarías e moblarías, as cantinas e, sobre todo, as bodegas, tendas de víveres mestura de ultramarinos con adega, con bebidas e comida a granel, onde se vende de todo e debúxase a imaxe tópica do adegueiro aforrador —por non dicir avarento—, desconfiado pero simpático, de roupa rafada, traballo por tres e sono a deber nos catres da parte de atrás. Pasan por alí os canteiros das serras pontevedresas, que aquí constrúen os grandes edificios da Habana, incluído o pazo do Centro Gallego e o Capitolio. Díxolle Curros Enríquez a un amigo nunha carta: «Dende que se aboliu a escravitude, o galego é o escravo do enxeño, o que varre as rúas, o que limpa as cloacas». Na enxurrada entran tamén sindicalistas e anarquistas: a primeira folga xeral organízana emigrantes do gremio de albaneis; e hai grandes movementos nas fábricas de tabaco, alí e en Tampa, o outro gran centro tabaqueiro do outro lado do estreito de Florida. Outros apostan polos tremedais e os *cayos* da illa para traballar o carbón case en exclusiva: saían de Galicia pero non do monte.

A circulación de información e solidariedade financeira debuxa un vieiro de sentido único cara á illa, visible en bisbarras específicas: As Mariñas e Ferrolterra, A Mariña e Terra Cha, A Barcala e o Val do Ulla —igual que A Guarda e Cedeira no fluxo aos veciños Porto Rico e República Dominicana—. Así botan a andar os conceptos de rede e cadea migratoria: abría o primeiro a vía e seguían os demais, endebedándose para viaxar a América, onde recuperarían o diñeiro con folgos, ou ese era o seu soño.

En 1915 comeza *a danza dos millóns*, un lustro no que uns poucos se fan ricos moi rápido, unha miraxe de prosperidade baseada no monocultivo de azucre, esgotada tan rápido como se creou, nunha dinámica oposta á sociedade de subsistencia dos que chegaban, estática como os chumbizos ceos da aldea. É o momento crucial da emigración: nese momento un de cada dez habitantes da Habana naceu en Galicia. En total, ata 1960 desembarcan en Cuba un total duns trescentos oitenta mil galegos e galegas, estas en menor medida: empezan sendo unha por cada cinco homes e chegan a conformar o corenta por cento. Moitas embarcan solteiras, abocadas ao traballo doméstico para familias ricas, como manexadoras, criandeiras e demais categorías locais: «Falar dunha serventa galega era como falar dunha xefa de plantel. Seguridade e confianza», di no seu libro Miguel Barnet. Eran mulleres de campo, sen instrución e sen experiencia na cidade, moito menos traballando para xente acomodada. O choque era inmenso; o abuso, tamén.

A súa inserción laboral vai mudando cara ao sector do tabaco e á costura, mentres os homes van acadando a emancipación co pequeno comercio. As bodegas triunfan coa súa oferta total: venden lotaría, sen ter que pasar polo barrio chinés, e viño do Ribeiro, case todo importado de Galicia por Jacinto Rodríguez, que poñía anuncios na prensa da diáspora: «Uva do Riveiro» (sic), xunto a unha botella debuxada e un longo texto co *claim* definitivo en verso e en galego: «Rapaciña feiticeira / se queres un noivo ter / tes que tomar augardente / de Obrapía vinteséis», enderezo do establecemento. Os emigrantes tamén abren cafés, convertidos en punto de encontro de señores de bigotes e chapéus: o Méndez Núñez, A vida alegre, O cuco, Europa. Alejo Carpentier dicía que o galego era como un personaxe mitolóxico, «como o emigrante exipcio para os personaxes de Aristófanes», que non falaba ben a lingua e cando o facía nomeaba «lugares misteriosos como Betanzos ou Santa Marta de Ortigueira», que estrañaba os seus viños acedos e as súas romarías, pero que un día «estreaba o primeiro traxe branco e iso equivalía á cerimonia de integración no país».

Cadaquén no seu oficio, coa súa procedencia e coa súa historia, fai de Cuba o seu país, coma o protagonista da novela de Barnet. O propio Fidel Castro, lector cualificado, aparte de amigo do escritor, deulle a súa opinión sobre o libro cando se publicou, en 1981.

—Chamoume unha noite ás tres da mañá, como facía el, e díxome: «Miguelito, acabo de ler *Gallego*. Vai ter moitos lectores. É a historia dos nosos avós. Por certo, quen é Manuel Ruiz?» Ah non, iso xa non llo vou dicir, comandante, adivíñeo vostede.

Habana Vieja

Igual que o esquecemento apela á memoria, a ausencia pódese volver omnipresente. Acontece con Rosalía de Castro na Cuba galega, un territorio que comprende toda a esfera emocional do país e reconcéntrase na Habana Vieja. O seu nome e figura están en todas partes, e reborda o imaxinario deste mundo invisible. Aquí editouse, antes que en Galicia, *Follas novas*, poemario da terra e da emigración, que a converteu en símbolo mesmo antes do seu pasamento. Cando iso aconteceu, fixeron dela unha santa laica. Pero nunca estivo aquí.

Da poeta permanece a súa imaxe de mito popular a través dun debuxo póstumo, interpretación libre da súa foto máis famosa, que hoxe me fita dende unha parede habaneira.

A mesma Rosalía que encheu o billete de cincocentas pesetas, camisolas e autocolantes e posters, ao estilo Che de Alberto Korda —ollada melancólica pero firme, cabelo escarolado, fazulas marcadas polo medio sorriso, traxe de chaqueta dos de botar ao lombo un país esparexido polo mundo— marca presenza na praza de San Francisco, veciña ao peirao da Machina, de onde baixaban do barco os emigrantes atordoados polo movemento da cidade, as luces, a rebuldaina e a calor, aínda coa aldea na cabeza. Alí unha placa homenaxea os versos de *Adiós ríos, adiós fontes*. Nese punto quedei con Arantxa Fernández Crespo, coruñesa de alma caribeña, presidenta da Cátedra Galega da Universidade da Habana.

Chega apurada, saudando a unha muller e dicíndolle a un vendedor ambulante «non, grazas» en castelán tinguido de cubano. Coñécea a xente porque percorreu mil veces estas rúas, cubrindo o itinerario dun tempo perdido. Arantxa, na cincuentena, pero coa electricidade dunha rapariga, axusta as lentes cada vez que lle fan unha pregunta, preparando a seguinte resposta da súa base de datos mental: sábeo todo sobre este mundo singular e amósao metro a metro.

Cara á saída da praza érguese a estatua dun personaxe que chegou dende A Fonsagrada, en Lugo. Chamábase José López Lledín, e para a historia quedou como o Cabaleiro de París, un personaxe bohemio que ruou pola cidade durante décadas e foi tan querido que gañou un monumento. Vestía capa e recitaba poemas, facía arte con fío de seda e vendía a quen batía con el. Sábese que chegou na primeira década do século, que traballou en mil cousas e que algún labirinto se lle formou na cabeza. Entrou na cadea e de alí saíu transformado en cabaleiro. Deixábase ver no Parque Central ou na glorieta do malecón, e engaiolaba a pobres e ricos coas súas historias. Dicía que os seus dominios chegaban de Lugo ata León, e que levaba na pelella a fórmula escrita para facer estourar o mundo. Cando o conseguiron levar, xa ancián, ao psiquiátrico, pensaba que as enfermeiras eran as súas axudantes de cámara. Diagnosticáronlle unha doenza asociada ao delirio de grandeza. Hoxe todo o mundo fai fotos xunto á súa barba e á súa cabeleira esculpidas en bronce.

Un pouco máis adiante, onde cruzan as rúas Oficios e Baratillo, marcando unha encrucillada, como corresponde, hai un cruceiro de sete metros de altura elaborado pola Escola de Canteiros de Poio, Pontevedra. No pé octogonal, un home con gorra debrúzase sobre o escudo de Galicia. Cando nos ve, dispara unha oferta descendente en cinco segundos: «¿Taxi? ¿Cohiba? Se quere cambiar dólares, tamén». Fronte ao cruceiro, no recanto coa rúa Lamparilla 4, cómpre levantar a vista para admirar o edificio Casteleiro e Vizoso, case un rañaceos para a época. Alí emprazábase a sede dun emporio que comezou sendo unha pequena tenda e converteuse en ferraxaría, armaría, importadora de maquinaria agrícola e efectos navais. Hoxe é un edificio oficial de pisos turísticos de luxo, pero os apelidos mantéñense no frontal.

—Vizoso era de Franza, en Mugardos, e Casteleiro de Redes, en Ares —di Arantxa ollando de esguello para o edificio—. Estaban comprometidos coa xente da aldea, montaban cadeas migratorias e dábanlles aloxamento e traballo ao chegar. E aínda por riba casaron con dúas irmás cubanas, así que tamén foron cuñados.

Son os primeiros nomes dunha nómina pola que circulan hoteis, bares e negocios nas rúas máis rehabilitadas da Habana Vieja, como Compostela e Obispo, ata chegar a unha esquina que semella bombardeada.

O 6 de maio de 2022, unas semanas antes de chantarnos alí, unha explosión accidental rebentou os tres primeiros andares do hotel Saratoga. Morreron 47 persoas. A onda expansiva levou por diante unha parte da escola primaria Concepción Arenal, ubicada enfronte, ao cruzar a rúa Dragones, ao outro lado do Capitolio. O hotel é un esqueleto e a escola, un conxunto de estadas e carpintaría á vista. Ao preguntar canto tardarán en devolvela ao seu estado orixinal, un obreiro di que o que faga falta, porque había orde de restaurar ata a última acha. Cada cascallo da escola, desde o propio nome da intelectual ferrolana, conta a historia de Galicia.

Ese mesmo edificio de arcos e balcóns, a dúas alturas, harmónico e elegante, foi a primeira sede do Centro Gallego, e alí ondeou a bandeira galega por primeira vez na illa en 1906, no mesmo lugar onde catro anos antes izaron a bandeira cubana antes que ningunha outra sociedade tras a independencia. No Plantel, como era chamado, ensinábase a ler a nenos e a adultos sen alfabetizar, en liña coa vocación formativa da elite intelectual que dominaba a institución, por oposición ao que nunca tiveran en casa. Había clases de literatura, inglés ou matemáticas, e tamén de debuxo, actuación ou declamación. Chegou a ter dous mil alumnos e alumnas —era mixta— e foi unha referencia onde se formaron xeracións de descendentes. Tras a Revolución, seguíu sendo unha escola primaria estatal e mantivo o mesmo nome. E aí segue, logo de sobrevivir á traxedia do Saratoga.

A José dicíanlle na súa casa de Maside, en Ourense, por que non marchaba co seu curmán. Á fin, con dezaoito anos, marchou á Habana. Era 1862. Chegou como calquera, sen nada no peto e toda a gana de comer o mundo, e tamén un bo caldo, ou iso facía ver cada día ao chegar á fonda dun paisano para xantar sempre o mesmo. A partir de aí comezaron a chamalo Pote, mesmo despois de se converter no home máis rico de Cuba. As fotos que se repiten del —pelo escaso e tonsura, nariz recto, ollos lixeiramente estrábicos e bigotón peiteado cara arriba— din bastante menos que a súa historia de éxito inédito e caída estrondosa.

Alén do seu gusto polo prato de culler, a José quedoulle a etiqueta de rañicas, dos que non se sabe se gana máis polo investimento ou polo aforro. Dicíase que vivía nun faiado dentro do seu pazo, coma un frade, sen gastar. Non sabemos se tería acadado a gloria capitalista de non ser polo seu casamento coa rica viúva da libraría onde comezou a traballar, ou iso se conta sen moitas probas. O lugar chamábase A poesía. El trocoulle o nome a La moderna poesía, reformou o negocio e ampliouno como non se vira nunca. Fíxoo imprenta e editorial, e a todo lle puxo o seu selo literal como marketing infalible: a súa faciana impresa en cada caderno escolar da Moderna fíxose imprescindible en todas as escolas.

Segundo as crónicas da época, chegou con catro moedas no bolso e agora era o modelo de emigrante triunfador no que todos se inspiraban. Comezou a poñer ovos noutras canastras, apostou pola innovación e reclamou paisanos de Maside para engordar a nómina das súas empresas. Así conseguiu mercar a mazá enteira de Obispo, Obrapía, Villegas e Bernaza, e alí situou La moderna poesía. Por iso se coñece como a esquina de Pote. Nesta mesma rúa aínda se ve hoxe unha placa sobre a primeira fábrica de gravados en aceiro, que el abriu en 1910. En sucesivas xogadas, foi agrandando a súa fortuna ao comprar accións de empresas en horas baixas: especulou coa compañía de ferrocarrís e gañou, fixo o mesmo coa empresa do gas e logo co tranvía. Na época de expansión capitalista baixo as ás dos Estados Unidos, na danza dos millóns, sempre ía por diante: chegou a ser o máximo accionista do Banco Nacional e á vez o seu maior depositante.

Dende moi cedo mostrou a súa habelencia na distancia curta co poder. Durante a guerra con España, el apostou pola independencia cubana, e tomou partido especialmente por un dos xenerais mambises, José Miguel Gómez, quen chegou a presidente da república en 1907 cunha campaña financiada polo propio Pote. A partir de aí multiplicou os seus negocios. Tivo unha fábrica de cemento, foi construtor e promotor, comprou os terreos que se converteron no luxoso reparto Miramar, levantou o matadoiro industrial, controlou a Compañía de Finanzas, construíu en ferro o que se deu en chamar a ponte de Pote. Tamén conseguiu a presidencia da fábrica nacional de timbre, coa exclusiva da lotaría, foi presidente da Compañía nacional de Azucre, comprou á JP Morgan a súa porcentaxe no Banco Nacional e quedou cun capital supermillonario e máis de cen sucursais pola illa adiante. E ademais foi presidente da caixa de aforros do Centro Gallego.

Cando xa non lle collía tanto cargo no cartón de visita, chegou o *crash* bancario a Cuba e levouno cos pés por diante. Nun só ano o Banco Nacional suspendeu pagos e moitos dos seus negocios sobordaron. Da noite ao día arruinouse, ou iso dicían. O 17 de marzo de 1921 apareceu pendurado dunha saba no seu pazo, pero non deixou ningunha nota escrita. Logo se demostrou que mantiña unha boa fortuna gardada e disparáronse os rumores sobre unha morte non accidental. A súa tumba está no cemiterio de Colón. O seu fillo seguiulle os pasos e levantou o primeiro gran rañaceos da cidade, o López Serrano, os seus propios apelidos, sobre a casa onde se suicidou o seu pai. E chamou o mesmo arquitecto, o tamén galego de orixe Ricardo Mira, que transformou La moderna poesía nun bunker art déco rompedor naquel casco vello, e que hoxe parece un edificio da Metrópolis de Fritz Lang nun mundo detido.

A casca baleira

É como unha matrioska de pedra: recargada de enfeites e currunchos preciosistas no exterior, dividida en varios corpos co interior baleiro. Se isto fose unha visita guiada na Habana, ao chegar ao Prado, e despois de explicar o Capitolio, réplica do de Washington, o guía viraría cara á dereita e falaría do pazo monumental contiguo, que acolle o Gran Teatro Nacional de Cuba, pero o ollo fixaríase nas elaboracións talladas na fachada, cada unha nun sitio estratéxico, como unha sinatura que despista o desinformado: son os escudos de Galicia e as catro provincias. Ese edificio histórico é, en realidade, o Muy Ilustre Centro Gallego da Habana, un símbolo de poder que vai alén dunha sociedade da emigración. Algo así coma o Vaticano da diáspora.

En 1906, os galegos compraron o Teatro Tacón (o máis grande e antigo da cidade) e as súas construcións adxacentes. Querían facer un pazo para o centro, co teatro dentro, e mudárense así desde Concepción Arenal, onde levaban xa case trinta anos. Para colocar a primeira pedra fixeron traer un bloque de granito dende as canteiras de Parga. O edificio resultou nunha construción suntuosa, de arquitectura ecléctica pero harmónica, chea de recullos neobarrocos, cornixas, arcos, torres e esculturas.

Na inauguración unha ametencia de xente elegante alagou o Parque Central, fronte ao pazo, con vestidos longos e tocados elas, traxes claros e chapeus de palla eles. Á porta chegaban as autoridades, homes de sombreiro de copa e frac. Nenos con pucho e pantalón curto admiraban os gaiteiros de traxe tradicional amenizando a previa diante do novo edificio, que albergaba un teatro de mil cincocentas butacas. Dende a Revolución todo mudou. Foi intervido, coma o resto de sociedades étnicas, e pasou a formar parte do patrimonio nacional. Aos emigrantes deixáronlles só unhas dependencias, pero as súas pegadas permanecen: baixo a cúpula enorme ábrese unha escalinata branca, de varios corpos e varandas e un frontal presidido, de novo, polo escudo de Galicia coas súas cores tradicionais.

No andar superior está o salón grande, ao que se chega por longos corredores de mármore. Recibe unha figura de Santiago, no centro dunha barra de madeira tallada baixo unha fila de espellos. É unha estancia diáfana xigante, con ventiladores de teito e, alí mesmo, un espazo que funciona como oficina para trámites da Xunta. Alí onde se bailaba había postas de longo en festexos interminables, agora case non hai movemento. Apenas quedan nacidos en Galicia e o lume mantéñeno os descendentes, por exemplo coa exposición que se mostra de debuxos infantís, coa terra dos avós e bisavós idealizada sobre o papel.

Carmita leva facendo o mesmo camiño toda a súa vida. Polo menos un día por semana, sae da casa onde naceu en 1942, na confluencia das rúas San Ignacio e Luz, e camiña quince *cuadras* ata o Centro Gallego. Métense por unha porta lateral na rúa San José, saúda os recepcionistas e sobe á primeira planta. Abre unha sala con vidros translúcidos, onde se le «Sociedades Gallegas de Cuba», vai ata o final da estancia e alí abre un armario con portas de cristal: «Unión Trivesa». Colle unhas fotos e uns papeis e senta na mesa longa a traballar. Carmen Casado, Carmita, é presidenta dunha das cincuenta sociedades territoriais do Centro, e entregou a súa vida a unha terra que nunca pisou.

—Miña nai, Dosinda, emigrou desde Chandrexa de Queixa, en Ourense, xunto cos seus dous irmáns en 1923. O primeiro que fixeron ao poñer un pé na cidade foi inscribirse no Centro Gallego e na sociedade territorial máis próxima á súa aldea, ou sexa, Trives. Parece todo moi pechado, pero miña nai coñeceu moi nova a meu pai no baile do antroido do centro asturiano, e el era sevillano. Xa ves que todo se xuntaba. Na nosa casa claramente gañou a cultura da miña nai. Iamos sempre ás verbenas no xardín de La Polar e La Tropical. O dono poñía un barril de cervexa a disposición e outro de malta para os nenos. Había danzón, pasodobres, muiñeira, habaneras. Eran romarías interminables de mesas corridas e xente a rabiar. Todo o faciamos entre paisanos. Viviamos con todas as tradicións, incluído o dó. Cando morreu a miña avóa en Galicia houbo que poñerse de negro, a miña nai dous anos e eu un, porque cumpría os quince, que son moi importantes aquí. Miña nai sempre pensaba que estaba alá. Cando non falaba galego, falaba castelán con todas as zetas. Meu pai sempre lle dicía: «Parece que baixaches onte do peirao da Machina».

Carmita ten o pelo moi curto coas canas brillando á luz, pel curtida e lentes. Pertencente á xeración da Revolución, traballou décadas como enxeñeira química e fala cunha calma que entretén e relaxa o interlocutor. Entrenza a súa historia de familia cunha soltura desprendida como o seu vestido, que de tan cómodo parece un mandil. Conta que non imaxina a mudanza que viviron sua nai e seus tíos, dunha das bisbarras máis altas de Galicia á calor caribeña, ela que pasou unha vida enteira na Habana Vieja.

—É que non lle dei tempo a miña nai a ir ao hospital, así que nacín na mesma casa na que sigo vivindo. Nunca me mudei, e iso que aínda me din agora: Por que non permutas? (o sistema de intercambio de casas en Cuba) Como vou marchar? Ata as pedras me coñecen. Mira, eu baixaba á rúa e aquilo estaba cheo de galegos, *chico*. Había afiadores coa roda. E adegas con xente vivindo nas traseiras. Tamén postos de viandas. Mira, aí si que eramos sectarios, porque só comprabamos alí. As empanadas de El Comercio eran do pouco que comprabamos porque a comida facíaa toda a miña nai. A ver, é que Dosinda era unha cousa sen igual. Aínda hoxe eu no barrio son a filla da mestra, hai moito que perdín o nome. Eu ía a clase ao cadro de persoal Concepción Arenal, aí enfronte. Canto aprendín, porque non é que che ensinasen o dos libros, é que che ensinaban a vida. E como trataban con respecto os nosos heroes cubanos! E ao saír moitas veces tiña que cruzar e vir aquí, xusto aquí onde estamos agora —levántase, miúda, e vai ata a cabeceira da mesa, onde hai unha gran cadeira de madeira nobre—. E entón viña miña nai e dicíame: senta e pórtate ben.

Máis de medio século despois aquí segue ela, no salón conservado en formol, aferrado á realidade como pode, recibindo a mesma luz limpa e sollía que entra pola vidreira. O Centro Gallego, como entidade social, non existe. Hoxe é a Federación de Sociedades Gallegas de Cuba, da que depende o resto do país. Aquí hai oito centros grandes e case outras cincuenta das chamadas sociedades microterritoriales, un submundo dentro do universo asociativo, tan entrambilicado como a propia demografía galega.

Dosinda foi, durante décadas, unha das persoas de referencia da Unión Trivesa, creada en 1921 para ofrecer os mecanismos de solidariedade habituais e elevar o nivel de instrución das súas parroquias de orixe a través de doazóns. A Unión, como outras decenas das sociedades pequenas, non precisaban espazo propio tendo o Centro a disposición; pagaban un pequeno alugueiro a cambio do que chamaban secretarías ou escritorios coas súas vitrinas. Desde a confiscación do edificio, tras a Revolución, todas quedaron no mesmo salón, e alí permanecen os armarios como ínfimo legado dunha colectividade xigante. No salón hai dous corpos longos coas vitrinas corridas —o nome na parte superior— coma se fosen andeis dunha biblioteca, con mesas de madeira maciza fronte a eles para celebrar reunións e festas financiadas pola cota do mes e a axuda de Galicia.

—Celebrar, sempre hai que celebrar e nós facemos o que podemos. Coa axuda de Xunta alcanzamos a comprar un *laptop* —ordenador portátil— e puidemos completar para unha festa de aniversario e outra nas Letras Galegas. Cada ano morre algún presidente de sociedades e varios socios. Somos 149 e só un naceu en Galicia, e pronto non quedará ninguén. Pero temos un panteón moi céntrico dentro de Colón, e fai esquina —di Carmita con orgullo.

O armario garda un ficheiro cos socios e cuños varios. No medio, papeis amontoados ano tras ano, e arriba, libros de contas, catro poemarios, unha guía de Galicia, un caderno de actas e álbums de fotos. Non hai lugar para máis: a memoria dun pobo nunha vitrina, que sobrevive —de momento— de xeito precaria en a penas cincuenta metros cadrados dentro dun edificio grande como unha catedral, cada unha co seu estilo.

O Partido Judicial de Arzúa ten un mapa de Galicia coa súa bisbarra destacada e unha frecha vermella sinalando cara á illa. O de Viveiro mostra fotos das casas de instrución que construíron en cada parroquia. O de Hijos de Cerdido, unha imaxe o papa Xoán Paulo II e un adhesivo de Pelegrín, a mascota do Xacobeo 93. Noutros manda a política, territorio ecléctico: no de Emigrados de Riotorto está a ficha de socio de Ángel Castro Argiz, pai de Fidel e Raúl Castro, do ano 1909. O Valle de Lemus amosa un diploma de Franco. A Sociedade San Claudio, unha foto dos reis eméritos. Na porta do lado, o expresidente Pérez Touriño. Na Baña e a súa comarca, fotos de Pondal, Curros e, á beira, Núñez Feijóo. E en varios, ao carón e a outro, arriba e abaixo, Fraga, sempre Fraga.

E no de Hijos de Capela, unha foto dun mozo avogado con bigotiño e unha inscrición: «O doutor Fidel Castro Ruz foi secretario letrado da sociedade Fillos do Concello de Capela de 1951 a 1953». Neses anos asistiu a xuntas xerais e asinou a reforma dos regulamentos do Centro Gallego. Oito anos despois, expropiouno.

Fontenla Leal e as partituras de Gómez

O salón das vitrinas presídeo un cartel de inicios do século XX no que aparece unha figura alegórica de muller vestida con traxe tradicional lendo un libro, co título «Asociación iniciadora e protectora da Real Academia Galega, A Habana». Moi perto, un óleo do responsable da iniciativa, un home ben peiteado cara a atrás, de mirada fixa, cunha misión na vida. O seu nome aparece debaixo: «Sr. D. Xosé Fontenla Leal (ferrolán). Pai xestor do himno galego, A Habana, 1907».

O centro homenaxea así o promotor deses dous símbolos de Galicia, durante moito tempo un descoñecido na terra natal. Penalizouno que non formaba parte orgánica da elite intelectual, senón que se movía entre bambolinas imaxinando, propoñendo, argallando. Era un entusiasta, e grazas a el multiplicouse o pulo do incipiente espírito nacional, agromado co Rexurdimento cultural na mesma época de fundación do Centro, en 1879.

Ao ano seguinte editouse *Aires da miña terra*, de Curros Enríquez, e *Follas Novas*, de Rosalía. A morte da poeta, en 1885, deixou orfos os seguidores no alén mar da súa poesía social disfrazada de costumismo, coa emigración no centro e ese sentimento difuso de saudade patriótica chamado morriña. De Galicia chegou Curros Enríquez, empurrado a marchar perseguido pola curia. Os potentados conterráneos que o acolleron no seu desterro lapidárono despois, cando defendeu a autonomía de Cuba. Unha vez separada de España, os que o rexeitaban volveron xunto del, e este revolveuse a través da escritura en galego: outro tipo de autonomía. Curros finou en 1908 e o seu enterro na Coruña converteuse nun acontecemento. O seu corpo chegou embrullado nunha bandeira galega e despedírono nas rúas milleiros de persoas. Quen o levaba no barco é un dos seus grandes amigos, o mestre Chané. *O Mestriño* foi un dos grandes músicos galegos da historia. Na Habana dirixiu coros e orfeóns e compuxo o hit da primeira diáspora, «Unha noite na eira do trigo».

Nesa fervedoira habaneira xurdiu a figura de Fontenla Leal. Emigrado co seu pai desde Ferrol, gañou o pan como litógrafo e tamén debuxou en varias publicacións, pero por riba de todo organizou ideas a lume baixo, implicando a comunidade, en persoa e por carta. Era un personaxe insistente, rotundo como a súa fronte, que lle sombreaba uns ollos que persuadían á primeira. Empezara liderando a elaboración dunha gramática e un dicionario e non se detivo ata sentar as bases da Academia. Son tempos en que se buscaba a oficialidade dos símbolos para evitar problemas coas institucións, do mesmo xeito que a Academia era «Real» non por capricho, como dicía Manuel Murguía, primeiro presidente e viúvo de Rosalía, senón para non depender das vaidades do gobernador civil que tocase, pois con ese título non podería fiscalizala ou perseguila.

A bandeira ocupou un lugar preferente nesta carreira, con non poucas controversias sobre a súa orixe. Ata hoxe persiste a polémica entre os que afirman que se tomou como modelo o pavillón marítimo da Coruña, unha faixa azul transversal sobre branco, adoptada polos emigrantes, ao ser o último que vían ao embarcaren, e os que apuntan que apareceu durante o traslado dos restos de Rosalía a Bonaval, en 1891. O certo é que a primeira imaxe coñecida é a dun desfile nas rúas da Habana ao ano seguinte. O recoñecemento chegou en 1906 tamén desde a illa, cando Fontenla pediu a Curros que escribise a Murguía para decidir que insignia debían usar nunha noite de celebración: se a antiga branca, coa cruz de Santiago, ou a moderna do trazo diagonal celeste. A resposta telegráfica de Murguía dende A Coruña é un fito histórico en dez palabras: «Bandera blanca faja azul igual estandarte Centro Gallego esa. Murguía». Grazas a este cable ondeou a elixida ao vento do Caribe desde ese mesmo día. E ata hoxe é a bandeira oficial.

Pero o activista ferrolán non freou aí: tamén quería formalizar un himno para Galicia. Non era tan difícil, coidaba, tendo a Curros e Chané, a dupla que emocionaba á diáspora cubana. Pero Curros, de mecha curta, enfadouse co *Mestriño* e deixoulle de falar durante anos, así que vogou noutro rumbo: decidiu recuperar o poema «Os pinos», de Eduardo Pondal e musicalizado por Pascual Veiga. Fontenla acadou o seu propósito, e o 20 de decembro de 1907 interpetouse por primeira vez o himno galego, con toda a pompa habitual da capital cultural transterrada. No escenario do teatro Nacional, ramos de flores enviados por todas as sociedades da illa. No foso, a banda, vestida con traxes brancos impolutos. Na platea, unha postal de traxes elegantes. Curros e Chané, reconciliados, destacaron lendo un poema adicado a Veiga e dirixindo o outro o orfeón na gran noite da galeguidade universal.

O litógrafo seguía a facer país sen levantar a voz: convenceu a outro poeta acabado de chegar, Ramón Cabanillas, para escribir na lingua propia, e este rematou publicando alí o clásico

No desterro. Fontenla, afín ao autonomismo, fundou un partido agrarista. Mantivo os seus cargos na sociedade de Ferrol, no Centro e ata na súa loxia masónica. Pero o recoñecemento non parecía que fose chegar, moito menos segundo pasaban os anos. Morreu Curros Enríquez e Chané custodiou a caixa no barco. Logo faleceu Chané e foi el quen o levou a enterrar na Coruña. E dous anos despois tocoulle a el marchar deste mundo. Pero quen se encargaba de Fontenla?

A alma máis galega de Cuba, así o chamaban no seu día, morreu en soidade en 1919, nun hospital alleo á colectividade, porque non tiña diñeiro para a cota mensual do Centro Gallego nin para un enterro digno: déuselle terra na parcela máis barata da necrópole de Colón, alugada por cinco anos. Logo foi exhumado e rematou nunha foxa común, e xa non se soubo máis dos seus restos. Pode que o penalizase ser «promotor e non cultivador», como dixo de Fontenla o tamén ferrolán Ricardo Carvalho Calero, cirúrxico e á diana: «Un país no que as actividades do espírito estean servidas só por intelectuais sería como unha relixión na que todos os fieis fosen exclusivamente sacerdotes». Algo diso explica tamén a historia posterior de Galicia.

Agora, en cada cabodano da súa morte ou en cada visita de políticos á Habana sucédense as homenaxes a Fontenla. Fáiselle unha ofrenda simbólica no panteón de Ferrol e a súa comarca, tócase o himno que el mesmo alumeou, establécese a promesa de que van atopar os seus restos e así queda tapada a culpa colectiva do esquecemento ata a seguinte efemérides.

No mesmo corredor da sala das vitrinas, porta con porta, hai unha bandeiriña pendurada do Real Club Deportivo e os retratos de varios xogadores. Aí están, mirando aos poucos que se achegan a un lugar histórico sen que ninguén o saiba.

Nesa parede hai unha porta e nela un cartel que di Sociedad de Beneficencia de Naturales de Galicia, a máis antiga de toda a diáspora (1871). O que hai tras a porta é o único espazo que non tocaron nin un milímetro na Revolución. Hoxe está pechada. Eu visiteina anos atrás e Carmita dime que segue igual que sempre, cos seus escritorios e armarios de caoba, o seu pendón cheo de adornos, a biblioteca e unha chea de recoñecementos e diplomas nas paredes.

Falta o seu gardián, Alfredo Gómez, nese momento enfermo de gravidade. Uns meses despois souben que finara pouco despois da miña visita. Coñecérao en 2006, cando Gómez xa era unha persoa chave na colectividade, enérxico, co rostro lambido, lentes que lle facían os ollos enormes e a hiperactividade como fórmula de vida. Un fuxefuxe. Só lle faltaba durmir alá, se é que non o facía. Gómez tiña, nas caixas fortes do despacho —embutidas tras unha parede de madeira, enormes, vermellas co nome da sociedade— as partituras orixinais do himno. Cando o visitaba alguén, se había sorte, abría a caixa e sacaba dela un maletín co tesouro no interior. Outras veces non ensinaba nada e xogaba á arca perdida. Ao xornalista Pablo de Llano despachouno rápido cando lle preguntou por elas nunha visita: «As partituras? Esquece. Téñoas na miña casa».

Tiscornia ou Triscornia, o mesmo inferno

Pensaban todas aquelas cabezas anónimas que sinalaban o faro do castelo do Morro, á entrada da Habana —«a outra torre de Hércules», como o chamou un emigrante de Oleiros— que xa remataba a tortura do aforro na aldea, os papeis, a espera, os días previos á viaxe e os doce días de vapor amoreados, suorentos a medida que baixaban graos de latitude e subían os de temperatura. Crían que fondearían, desembarcarían e farían o que se supoñía, empezar a traballar e inscribirse na sociedade de emigrantes correspondente. Pero non.

Entre as barcas das familias que viñan buscar a tiro dado os seus, había outras, máis grandes, con xente uniformada e cara de poucos amigos. A quen lle faltaba algún papel, non tiña a ninguén agardando ou eran polisóns, tocáballes pasar por unha peaxe de horror. Detíñanos e mandábanos ao campamento de internamento para inmigrantes, convertido nun submundo de abusos contra o que chegaba. Era tan sinistro o lugar que nin sequera se sabe ben como se chamaba: Triscornia ou Tiscornia. Milleiros de anónimos pasaron por alí, tamén outros recoñecibles, como Ramón del Valle Inclán ou Lucky Luciano.

Hoxe non sae en guías nin mapas. Para atopalo hai que pasar tempo estudando planos en papel —os dixitais están restrinxidos en Cuba— e preguntando nunha zona sen vivendas. Despois de catro voltas en coche polos outeiros verdes próximos á fortaleza de La Cabaña, á fin chego a unha ladeira perdida, onde só se escoita a carricanta da tarde e a silveira come a pequena estrada de subida ata un muro branco. Do lado, un portalón con barreira. E outra barreira detrás. É un cuartel na lingua de terra entre Casablanca e o mar aberto. Un axente na porta, unha pregunta simple á que non sabe contestar:

—Isto é Triscornia?

—Isto é un cuartel de policía.

Non deixa nin mirar sobre o seu ombreiro, pero adivíñanse dous pavillóns con forma de E maiúsculo enfrontados, cun corredor por medio e outros edificios abandonados atrás, herdeiros daquel lugar que gañou fama de pesadelo.

A novela *Estebo*, publicada polo coruñés Xosé Lesta Meis en 1927, relata os tormentos do lugar a través do protagonista que dá nome ao libro, alter ego do propio autor. Era un cárcere encuberto, un patio enorme pechado con arames no que os internos pelexaban para convencer os capataces que recrutaban traballadores. Nunha desas tocoulle a Estebo, que proseguiu a súa vida esmorecida no *batey* dun enxeño.

Hai poucas crónicas desde que se abriu, en 1900, despois de ser campamento das tropas americanas durante a guerra contra España. Descríbeno como un caos onde cadaquén puxaba polo seu, onde as mulleres eran obrigadas a prostituírse e os máis débiles corrían perigo de morte con só poñer un pé nel. E para saír había que pagar as extorsións dos intermediarios aliados cos policías.

—Triscornia é parte da lenda negra da inmigración —di Miguel Barnet, con tristura—. Era como un campo de concentración con corrupción incluída. Os inmigrantes non tiñan con que pagar e pasaban a corentena enteira alí. Ata que o pecharon coa Revolución, os que fuxían recalaban no barrio máis próximo, que amais era de galegos.

Casablanca e Peixiño

A gorra é unha mestura redundante de apoloxías do capitalismo no lugar menos agardado: os arcos dourados de McDonald's, pero no canto dese nome di *Monopoly*, e un slogan subliñado, *Play to win*. Lévaa posta un ancián con barba de tres días e ollos inxectados en sangue chamado Rafael, que se apoia nun toro de madeira, A Habana de fondo, da outra beira da baía, antes de aplicar a dose xusta de palabras a unha lembranza etérea:

—Si, claro que recordo os galegos. Todo isto era deles. Pero hai moito tempo que non queda ningún.

Suficiente para facer un resumo, combustible para facerme entrar no barrio. Hai unha baixada pronunciada cunha curva, de nó de gravata e, ao chegar a nivel do mar, unha rúa recta e longa ata unha antiga estación e un cartel: Casablanca. Se houbese un barrio étnico galego en Cuba sería este, porque foi aquí onde aniñaron, antes mesmo do inicio da primeira ondada, os mariñeiros do Golfo Ártabro, un arco de aldeas e vilas costeiras na Coruña que hoxe son turísticas e daquela só unha catapulta de emigrantes: Redes, Caamouco, Mugardos, Ares, Limodre, Pontedeume, Miño, Sada. Mil topónimos vizosos coñecidos aquí por habitar Casablanca, iniciar a pesca de altura onde non había tradición e mesmo fundar un barrio dentro da localidade que chamaron Peixiño. Era un *llleguipón*, un labirinto de choupanas propiedade dun lucense chamado Lourido, que cobraba o alugueiro porta a porta, entre a baía e a antiga vía do tren, do que xa non queda nada. Coa Revolución retiraron o asentamento e encheuse de xente do interior da illa, porque os emigrantes foron mudando a lugares próximos na propia Casablanca, Regra ou Cojímar.

Ten a mellor vista da Habana, deitada como un lenzo, coa cúpula dourada do Capitolio escintilante ao sol, pero desta beira xa non hai actividade. Xunto ao antigo enclave sobrevive só un peirao abandonado cos norais enferruxados. Cara á entrada da baía —que seguro chamarían ría—, o faro do morro e o forte de La Cabaña, e no fondo da ladeira, coa mesma auga mansa e a calor sen vento, unha pequena península onde unha presada de xente parrafea ollando ao mar sen moito máis que facer, porque non hai pesca nin pescadores, tampouco moito interese na propia historia do lugar cando se lles pregunta. Nada queda da *bodega* La Palma, onde alternaban os paisanos. Nada.

Onde non habita a memoria hai que recorrer á letra. O gardián da historia de Peixiño e Casablanca é Xosé Neira

Vilas, rastrexador de pegadas dun pobo espallado, como el dicía, que pasou catro décadas na diáspora escribindo a súa crónica, sempre acompañado de Anisia Miranda, literata galaicocubana cuxos libros, e a súa revista *Zunzun*, son clásicos na illa. Emigrado a Buenos Aires, bosquexou un arco vital coa súa parella a través da militancia e da literatura, que os levou á Habana cando triunfou a Revolución. Na década seguinte Neira Vilas fixo un mergullo vital para poñer nomes aos anónimos habitantes de Casablanca.

Segundo conta en *Galegos no golfo de México*, xa en 1802 un tal Xosé Rivas abriu unha *bodega* en Casablanca, e en 1850 outro tal Gandón puxo a funcionar o primeiro viveiro. Era este un tipo de barco de vela curiosísimo, que agochaba unha sorte de tanques alagables furados, por onde entraba a auga de mar, unhas piscinas onde os peixes, xa atrapados, nadaban tranquilamente ata que os barcos volvían a terra. Logo vendíanse pola noite no peirao de Caballería, do outro lado da baía. Penetraban os mariñeiros golfo adentro en caladas dun mes ou máis. Traían peixes de nomes que alimentan de só lelos: guachinangos, chernas, pargos, yajaibas, zubigulinas, caballerotes, serruchos, alcaroas. No inverno acometían cara a México —a paradisíaca Isla Mujeres era territorio moi galego— e no verán, cara a Tampa. Pero enfrontaban perigos a pares: o traizoeiro clima, o non menos traizoeiro Caribe, as correntes entre *cayos*, as quenllas e a proximidade con Estados Unidos: coñécense multitude de casos de galegos presos por contrabando durante a lei seca, un negocio extra nunha época sen case controis marítimos. Hai mesmo unha novela sobre o fenómeno, do cubano Enrique Serpa, na que os mariñeiros cantan «Airiños, airiños aires».

Algúns xa ollaban de esguello cara a terra dentro para gañar a vida como boteiros para cruzar a baía en lanchiña. Outros traballaban en varadoiros ou como mergulladores. Houbo quen foi amigo de Hemingway —quen non o foi aló—, como Pepe Cancán, e chegou a facer mesmo de extra no filme *O vello e o mar*. Outro mariñeiro, O Caseiro, contoulle a Neira que chegou a Peixiño moi cedo e que «sempre se chamou así», pero ninguén soubo quen lle puxo o nome. Tamén achegaron as súas reivindicacións laborais. Foron pioneiros en sindicarse fronte ao patrón, só tres ou catro empresas, unha delas propiedade de Casteleiro, o mesmo da ferraxaría de *Habana Vieja*. Coa experiencia adquirida dunha familia de varias xeracións metida no mar da ría sumada ao seu olfacto, fíxose con sesenta viveiros e construíu o peirao dos Cocos, do que só queda un triste esqueleto de formigón.

No sindicato tamén se implicou María Araújo, de Carril, Pontevedra, activista comunista que despois tivo un papel destacado no sector das conserveiras en Vigo, ata que a pillou a Guerra Civil, e fuxiu de novo a Cuba, enrolouse nas filas dos revolucionarios e despois foi condecorada por Fidel Castro. Todo iso tamén saíu de Casablanca.

Nese berro cooperativo arrastraron outros inmigrantes como os *isleños* —así chamaban aos canarios—, que adoptaron mesmo vocabulario galego cando faenaban. De Casablanca e a loita sindical saíu tamén un libro de poemas, *Páxinas de heroes*, sobre a vida con final tráxico de dous irmáns, os Prieto Balsa, escrito pola súa irmá María. Os tres eran de Mugardos, fillos dun mariñeiro socialista emigrado a Casablanca. Cando volveron á terra, un deles, Xoán, foi elixido alcalde nas eleccións da Fronte Popular de 1936 e, tras o golpe, foi fusilado. O outro, Agustín, tamén o pasaron polas armas ao remate da guerra.

Neira Vilas entrevistou os pescadores de Peixiño cando xa eran anciáns. Tiñan máis puntos en común: a emigración xuvenil, o carácter nada dócil pero o fondo cheo de retranca, o uso do galego con xiros cubanos, o casaren con mulleres autóctonas, os alcumes agudos do mar —O Piluqueiro, Xan Palomo, O Gardel, O Cuco, O Meriño, O Piringallo, O Xa Vou, Toraño— e por suposto, a presenza: cabicha pegada á boca, pel rachada, mans fendidas, dedos como chourizos da aldea, cabeza sempre con pucho para tapar o sol. A comunidade sufriu naufraxios soados, como o do Manuel Deus, no que morreron os once tripulantes conterráneos. Mais nada comparable ao furacán de outubro de 1926: bonanza, non se mexía unha folla, e dunha hora para a outra, ventos de 200 quilómetros e dioivo. Afundiuse o Coruña, cos seus doce tripulantes, todos de Redes. Tamén sumiu o Cerdido, con moitas vítimas de Ares. En Galicia tocaron as campás a morto durante días polos anónimos emigrantes.

A mediados de século empezou a impoñerse a pesca industrial. Cando accedeu Castro ao poder, as empresas, incluída a de Casteleiro, foron nacionalizadas e prometeuse que se reformaría o sector. Neira Vilas falou cun dos últimos galegos de Peixiño, Prego, que viviu un momento histórico. Fondeado co seu viveiro de madrugada, achegóuselles unha lancha da Mariña e desde cuberta alguén empezou a falarlles en voz alta. Era Fidel Castro, vestido de verde oliveira. Tres horas estivo a anotar nun caderno os rogos e demandas de Prego e as súas outros compañeiros. O comandante díxolles: «Que lles parecería se nun futuro houbese na baía trescentos pesqueiros modernos?». Pois sería lindo, contestoulle. Pero alí non pasou nada.

Instrución e indianos

A Habana estaba máis perto que Madrid, en termos sentimentais e tamén reais, porque o que traían os emigrantes desde a illa ata Galicia chegaba antes que o propio Estado. Por exemplo, escolas. Nunha sociedade case feudal, cultura; nun ermo de letras, alfabetización. Xa o dicía Concepción Arenal: «Abride escolas e os cárceres pecharán».

En 1904, un grupo de vinte e catro emigrantes de Ares fundaron a Alianza Aresana, a primeira sociedade de instrución de América. Na súa acta de constitución facían unha chamada aos nativos da vila para construír unha escola elemental nese concello costeiro «para espallar a instrución, de que tan necesitada está aquela vila, polas deficiencias e males inveterados de que adoece o ensino oficial». En 1906 comezouse a construír, a través das cotas voluntarias dos socios cubanos, a primeira escola de americanos de Galicia. Dende entón, decenas de agrupacións parroquiais seguiron o mesmo camiño. O seu legado conforma un feito singular. Nas primeiras tres décadas do século construíronse máis de 300 sociedades de instrución co diñeiro dos emigrados. Só en Viveiro abriron máis de cincuenta, o que lles deu resultados inmediatos no seu desenvolvemento: en 1920 non había analfabetos no censo dos rapaces do concello que saían para o servizo militar.

O sabor cubano, e americano en xeral, agroma a cada paso na Mariña Lucense e tamén nas Mariñas Coruñesas e Ferrolterra: a primeira sociedade de instrución de Ares funciona cento vinte anos despois como biblioteca municipal. Unha viaxe polas estradas das Rías Altas mergulla o visitante nunha mestura da arquitectura autóctona de galería e lousa con mansións de torres rechamantes e unha palmeira á fronte para marcar que alí construíu un indiano, un emigrante adiñeirado que volveu fachendeando da súa fortuna. Cada poucos quilómetros saen ao paso as escolas, semellantes entre si: apaisadas, con grandes fiestras e unha fachada moitas veces rematada por unha campá mais o ano de construción e a sociedade que a financiou.

Apostábase, na maioría de casos, por unha educación laica, influídos pola masonaría e pola xenreira arrastrada desde Galicia. «Se cando os nosos queridos pais nos mandaron estudar tivéramos escolas modernas como as que nós sostemos agora alí e non nos ensinaran tanto catecismo (…) estariamos máis preparados para as loitas da vida». Este relato na Cuba de 1915, recollido polo Consello da Cultura Galega, é a versión longa do dito que se repetía entre os emigrantes como un mantra popular: «Aquí non me pediron se sabía o credo, senón se sabía ler e facer contas». Tamén existe unha visión crítica por parte dalgúns historiadores e economistas contra as escolas dos americanos. Segundo esta teoría, estas eran unha máquina de crear emigrantes, máis cualificados pero igualmente instrumentais para perpetuar a emigración, pois formábase os alumnos para atravesaren o océano.

Ás escolas sumábanselles as sociedades agraristas, fundadas para loitar contra os privilexios feudais dos *señores da terra*. En 1926 tiveron o seu momento central, coa redención dos foros, isto é, a eliminación forzosa das rendas, normalmente en especie, que pagaban os labregos a quen tiña o dominio directo da terra nobreza, clero ou novos propietarios. Da única revolta exitosa da Galicia contemporánea, liberadora para centos de miles de persoas, non participou a intelectualidade, pero si o guieiro agrarista, orador, xornalista e crego Basilio Álvarez. Aínda que oposto á emigración, o abade de Beiro, así alcumado, sempre defendeu que as remesadas dos americanos non só traían diñeiro, senón aires de liberdade. El mesmo o comprobou in situ, porque despois da Guerra Civil foi para o exilio na Arxentina e Cuba, ata a súa morte en Tampa, Florida.

Pedro Murias saíu de rapaz desde Ribadeo en 1856. Entrou a traballar nunha fábrica de tabacos e menos de vinte anos despois abriu a súa propia, ademais de explotar latifundios de tabaco e gandaría. A marca de cigarros La Meridiana deulle os cartos; o seu propio nome, a sona. No seu testamento deixou escrito que quería ser embalsamado e levado ata un panteón na súa parroquia da Devesa, e deixou fortuna para a construción dunha escola agrícola «para contribuír ao maior adiantamento da miña patria»: outra forma de instrución, que aínda hoxe funciona como granxa escola da Xunta.

O caso de Murias é paradigmático entre os indianos que se enriqueceron co tabaco: Pedro Moreda, tamén da Devesa, Pancho Pego, de Ortigueira, Antonio Villamil Santalla, da Pontenova, José Fernández Rocha, de Reinante. Antes de todos eles, os Acea, de Ortigueira, os maiores terratenentes de Cienfuegos, donos de enxeños e cafetais. Todos, en tanto oligarcas rurais, eran abastados nunha sociedade colonial e escravista, aínda despois da prohibición da trata (1867) e da propia escravitude (1886), cunhas condicións de traballo durísimas para os seus peóns. Asemade, todos compartían o perfil filantrópico que alimentaba a economía local ou deixaban obras públicas a medida, dende un lavadoiro ou unha fonte a un cemiterio.

Máis dun século despois, a moda das recreacións atopou unha veta neste mundo. En xullo celébrase o Ribadeo indiano, unha festa temática que transforma a vila limítrofe con Asturias nunha pequena Habana anos vinte. Traxes *drill*, chapeus e mocasíns lustrados eles, pamela e parasol elas, a pasearen xunto a palacetes coa palmeira á fronte e a lumieira no tellado, os toques de distinción indiana. Coches americanos, comida caribeña, música das dúas beiras, programación de cine, mercado de produtos de ultramar e o sorteo dunha viaxe a Cuba, un agasallo con toques aspiracionais: a illa dos indianos, poucos e elixidos, non ten nada que ver coa que coñeceu a maioría dos emigrantes.

Castelao e a Guerra Civil

Durante o Nadal de 1938 hai campaña política entre os galegos: o primeiro domingo do ano celébranse as eleccións á asemblea do Centro e a colectividade choca como nunca, ao ritmo do que pasa na península. Dunha banda preséntase Cayetano García Lago, empresario hostaleiro de Muxía, A Coruña, firme defensor de Franco desde o golpe de estado e presidente desde o ano anterior, á fronte de Afirmación galega. Da outra, a candidatura republicana da nova Irmandade galega, apadriñada por Alfonso Daniel Rodríguez Castelao, arremangado na campaña ata o último minuto.

O rianxeiro chega en novembro á Habana desde Estados Unidos entre unha grande expectación por parte dos galegos e da prensa progresista. Castelao percorre a illa para facer propaganda en favor da causa republicana —fálase nas crónicas de que miles de leñadores e carboeiros transterrados o van ver nos seus mitins no interior—, pero reserva a súa versión máis afiada para a campaña. Así que se achega a data, aumenta a súa presenza nos medios. No diario esquerdista *Hoxe,* escribe que o Centro «é un sepulcro branqueado que só serve para celebrar verbenas divinas e outros actos incompatibles co loito que reina na nosa patria». Nese xornal publica un debuxo cada día de campaña, sempre coa estampa de dous vellos socios do centro laretando. O do 31 de decembro:

—Podes estar cos que asasinaron sesenta mil irmáns nosos?

—Non.

—Pois logo tes que afiliarte a Hermandad Gallega.

Para pechar a campaña ofrece un mitin multitudinario no Parque Central que empeza así: «A meus irmáns na sorte e na desgraza». As eleccións gañounas a Irmandade de Castelao, pero Afirmación aliouse con outra lista conservadora e arrebatoulle a presidencia do Centro, reconvertido nun espazo franquista. García Lago, de feito, chegou a aparecer vestido de falanxista en moitos eventos. Un mundo novo xurdía en España e a diáspora non era allea. O líder galeguista regresou en 1945, aínda acompañado polos seus seguidores, pero ignorado polo Centro Gallego, onde lle vetaron a entrada. De feito, preparáronlle unha homenaxe que houbo de se celebrar no Centro Asturiano.

Hijas de Galicia: o orgullo das 60 000

O 12 de novembro de 1894 a galega Antonia Martínez protagonizou un acto dos que creban tabús e fan tremer o chan: saíu á rúa en bicicleta pola Habana. A sociedade cubana sufriu espasmos por semellante transgresión das normas sociais. Ela contouno anos despois nunha carta: «Convertinme en precursora de algo que causou gran malestar nos homes, pero que non puido ser detido».

A Antonia, a quen chamaban Titina, tivo que escoitar unha cantilena que traspasou xeracións: *«Titina, titina, montando en bicicleta, al doblar la esquina se le ponchó la teta»*. Pero seis anos despois do seu paseo, amencendo o novo século, permitiuse ás mulleres pedalear en público. Mentres trataban de respirar baixo as pedras, oprimidas por un mundo que non contou con elas, as mulleres en Cuba organizáronse para funcionar con autonomía e crearon Hijas de Galicia. Pero a viaxe non foi fácil.

Na revista *Galicia* líase en 1903 que a inmigración feminina adquiría «proporcións alarmantes». Con isto referíanse ás mulleres que chegaban soas, normalmente para empregarse no servizo doméstico. A viaxe era de terror, un perigo constante que no barco era máis patente. Se non ían vinculadas a un familiar ou marido, ás veces caían nas redes de trata, ou simplemente en ganchos aliados con proxenetas e madames que recrutaban carne fresca nos mesmos peiraos da Habana.

O investigador Julio César González Pagés recolleu nomes e fotos de galegas con historias sinistras, seguidas dun xuízo social e moitas veces dun castigo penal: unha condenada, alcumada A Rapaciña, tras ser violada sistematicamente polo seu tío. Outra, obrigada a prostituírse, cortada por un proxeneta e logo asidua de comisarías ao entrar nunha espiral de roubos. Fálase das galegas; non dos tratantes, algúns deles familiares. Cara a onde miraban as sociedades, cos seus palacios e as súas doazóns filantrópicas? En 1914, Solidariedade Pontevedresa propuxo «protexer» as mulleres. Dese xerme saíu, tres anos despois, Hijas de Galicia, unha nova sociedade que daría asistencia sanitaria e social a miles de emigrantes, aínda que a directiva sería masculina.

Cando xa eran catrocentas socias, conseguiron unha vicepresidencia segunda, un verdadeiro cambio. Despois, que se atendesen doenzas femininas no hospital do Centro, chamado La Benéfica. O gran salto ocorreu cando iniciaron a construción dun sanatorio propio no barrio de Diez de Octubre.

O sanatorio, bautizado como Concepción Arenal, era un palacete de pedra branca co nome da sociedade ben grande, orgullo contra o dobre estereotipo feminino e galego. Abriron un balneario con salas de xogo, canchas de tenis e un club de praia onde as mulleres podían facer uso terapéutico do mar e darse baños de sol. Dábanse pequenos pasos. Daquela xa había sufraxio feminino, o que convertía Hijas nun apetecible viveiro electoral. Xa estaban normalizadas as publicacións femininas feitas por e para galegas, xa se esforzaban en borrar tópicos folcloristas —a criada, a inxenua, a bruta—

e xa tiñan referentes: Mercedes Vieito, que intitulou «caravana de dor» a emigración feminina, ou a mestra Andrea López Chao, directora do plantel Concepción Arenal, a muller que gobernaba máis persoas en Cuba: chegou a ter máis de tres mil matriculados. As dúas participaron, e foron ovacionadas, no Congreso Nacional de Mulleres.

Cando a Revolución chegou, Hijas de Galicia tiña 60 000 socias, pero o novo sistema público de saúde nacionalizou a sociedade e as súas posesións. O sanatorio converteuse en maternidade e aínda segue nun recanto do barrio de Luyanó, coa fachada verde quirófano, unha virxe no limiar e o nome, aínda mostra de orgullo. Como no Centro Gallego, pouco queda máis que a lembranza.

A Revolución que todo o atravesa

Foi a última obra inaugurada por Fulgencio Batista antes de fuxir nun avión cos petos cheos de billetes. Encargouna a súa esposa, Marta Fernández Miranda, filla de emigrantes de Chantada e A Pontenova, en Lugo. A parella coñeceuse de forma accidental. Cando ela tiña vinte e dous anos, a metade que el, foi atropelada polo coche presidencial mentres montaba en bicicleta polo Vedado. Namoráronse e Batista abandonou a súa esposa para casar con ela. Tiveron cinco fillos. En 1957 atacaron o palacio presidencial e ela, en agradecemento por saíren ilesos, ordenou construír un cristo de vinte metros de altura sobre a baía. Inaugurouse, nun outeiro entre Casablanca e Triscornia, o 24 de decembro de 1958. Sete días despois, en fin de ano, saían voando ao exilio, a escaparen dos barbudos da guerrilla, que xa estaban á porta da cidade.

En setembro de 2006 viaxei de urxencia desde Buenos Aires á Habana. A escusa oficial era un cumio de Países non Aliñados, pero a razón real era a recente enfermidade de Fidel Castro, feito inédito, polo menos publicamente. E como diría Eduardo Galeano para facer chacota dos rumores infundados durante corenta anos, «fontes ben informadas de Miami anunciaban a súa inminente caída». A prensa internacional acudiu en masa grazas a que o cumio permitía acreditarse con facilidade, outra rareza, e cada un ía facer o que podía perante a incerteza na illa. Resultaba moi gráfico ver os correspondentes das maiores canles mundiais facendo directos sobre a axenda política dunha morea de países que non recibían decote a mínima atención mediática. Alí estabamos a recibir a un abaneante Robert Mugabe, presidente de Zimbabwe, no aeroporto José Martí, ou informabamos sobre os plans de África para 2010, ou narrabamos en directo a declaración final do cumio. Pero cando a axenda terminaba, tirabámonos á rúa para facer reportaxes.

No meu caso, como *freelance* traballando para medios galegos, visitei o Centro —e a caixa forte de Gómez—, entrevistei emigrantes xa anciáns, que falaban sobre a difícil vida desde o período especial dos anos noventa, e entrevistei a Pedro Trigo, un dos galegos de Sierra Mestra, irmán do mártir, así o chaman, Julio Trigo, falecido durante o asalto ao cuartel de Moncada, o 26 de xullo de 1953, primeira faísca da Revolución. Cando o coñecín, Pedro era un amable xubilado de case oitenta anos, con *guayabera* branca e camiñar de domingo. Recibiume na súa casa, un mínimo apartamento nun edificio residencial do Vedado, arrodeado de fotos do seu irmán, e resumiu así a influencia da diáspora: «Sen os galegos non habería Revolución. Empezando por Fidel».

No asalto a Moncada as tropas de Batista pasaron polas armas a sesenta guerrilleiros. Trinta salváronse pola mediación do arcebispo de Santiago de Cuba, monseñor Enrique Pérez Serantes, de orixe ourensá. Nese grupo había polo menos quince destacados combatentes nativos de Galicia ou descendentes, segunda xeración entregada a unha causa no país de destino en tempo récord: os irmáns Castro, os irmáns Santamaría (Abel e Haydée, el morto, ela sobrevivente e logo promotora da Nova Trova Cubana; nos oitenta suicidouse), os irmáns Frank e Josué Pais (en Cuba escrito País, con acento, ambos os dous asasinados con trinta días de diferenza), Juan Manuel Ameijeiras, o maior doutra familia guerrilleira, José Luis Tasende (ou Tassende) e os irmáns Trigo. Todos eses apelidos, tan recoñecibles, deron nome desde entón a escolas, hospitais e mesmo efemérides. O último galego, Fidel Castro, foi preso e xulgado, pero saíu fortalecido tras a súa defensa resumida no título da súa alegación: «La historia me absolverá».

Liscaron a México, reagruparon filas e en decembro de 1956 entraron de novo en Cuba a bordo do iate Granma. Desembarcaron na praia de Las Coloradas, perto de Sierra Mestra, onde morreu nas primeiras baralladas Ñico López, cuxos pais eran de Sarria. Nos anos seguintes foron aparecendo máis nomes, como Manuel Piñeiro, *Barbarroja*, fundador da intelixencia castrista, ou os irmáns Díaz. A un deles, Manuel, tamén o coñecín e entrevisteino na súa casa. Empezou como chófer do bispo Pérez Serantes e de aí enrolouse, xunto aos seus dous irmáns, cos barbudos. Con outro perfil, tamén se sumou á guerrilla o fillo de ribadenses Carlos Rafael Rodríguez, comunista histórico, logo artífice do achegamento á URSS.

E tamén estaba *a sombra* do Che. Chamábase Óscar Fernández Mel e foi criado en Mondoñedo ata a Guerra Civil. Estudou medicina, como o arxentino, co que se deu moi ben en Sierra Mestra. Oscarito —así o chamaba o Che—, presentoulle a Aleida March, que se convertería na segunda esposa de Guevara. Os tres foron claves na batalla de Santa Clara, que abriu o camiño cara á capital. Tivo tempo de seguir o seu colega á aventura do Congo antes da morte deste en Bolivia. No poder, Fernández Mel integrou o comité central do partido comunista e foi alcalde da Habana.

En Sierra Maestra tamén había civís como Manuel Galán, quen a guerrilla colleu no medio porque el xa estaba alí. Chegou dende O Ribeiro, comprou un monte, púxolle Galicia por nome e encheuno de plantas de café. Canda os barbudos, deulles loxística e atendeu feridos na súa Galicia tropical, que por certo aparece como topónimo nos mapas de Cuba, segundo conta Neira Vilas. O relato maioritario dos emigrantes, afastados da loita política, fala doutras experiencias menos aventureiras cando Castro tomou o poder e iniciou o seu programa: reforma agraria, centralización da economía e un cambio de paradigma radical respecto ao mundo capitalista ao que emigraran, que eliminaría ao longo dos dez anos seguintes a propiedade privada.

Aos galegos o proceso de nacionalizacións foilles cambiando o espírito segundo ía avanzando. Semella imposible xeneralizar, dado o largo dos oficios e a distribución xeográfica, pero existen condutas transversais. Nos testemuños recollidos polo historiador José Antonio Vidal percíbese a evolución. En principio, optimismo co cambio, sobre todo no interior, mentres na cidade os pequenos comerciantes seguían a vida convencidos de que as confiscacións non ían con eles —ao revés que a comunidade xudía, que escapou en masa a Estados Unidos—. Máis tarde empezou a fase de descolocación, e finalmente resignación, a maioría, ou indignación, os que optaron por marchar a Florida ou a España.

Os que ficaron, incorporáronse ao proceso revolucionario, —os menos— ou rendéronse perante a nova realidade —a maioría—. Para eles non tiña sentido remigrar, e a moitos colleunos en idade de xubilación. Como lle dixo un de Rois a Vidal, os primeiros anos había un fervor popular enorme «pero o comercio foi como unha candea que se ía apagando», pola escaseza de produtos, tras o inicio do bloqueo estadounidense. O proceso político foi progresivo: primeiro, en 1960 nacionalizáronse as grandes empresas, centrais azucreiros, multinacionais, latifundios (reforma agraria) e a banca; despois os clubes privados e as sociedades étnicas, máis tarde os comercios e almacéns xunto a propiedades medias. E en 1968 eliminouse *de facto* a propiedade privada.

Fíxose popular o léxico revolucionario: aos expropiados dicíanlles con desprezo *siquitrillados*. Aos negociados dos que montaban os máis pillabáns para burlar as medidas, *timbiriches*. Aos inimigos do novo modelo que marchaban da illa a Miami, *gusanos*. O concepto inaugurouno Castro nun discurso en 1961: «Nós sabemos que os parasitos non se poden adaptar a unha Revolución. Onde van os mosquitos? Onde hai pantanos. Onde van as larvas e os vermes (*gusanos*)? Onde hai podremia».

Os emigrantes que quedaron no campo aceptaron unha indemnización fixa ao mes a cambio de entregar as terras. Na cidade, aos aprendidos de anteriores crises bancarias que investiran en ladrillo non lles foi ben, porque as casas baleiras foron confiscadas (reforma urbana). Outros viron unha oportunidade na compra masiva de produtos como licores. Aos que non descubriron e denunciaron como «acaparadores», fixeron caixa durante un tempo. Era o principio do concepto de «resolver», cotián desde entón en Cuba.

Un día de 1961 Xosé Neira Vilas chegou ao Centro Gallego e descubriu varios policías guindando polas xanelas do palacio toda a hemeroteca da inxente prensa galega en Cuba. Neira, que empezara a traballar no ministerio de Comunicacións co Che Guevara, acudiu ao novo Instituto de Literatura e Lingüística e, sen folgos, espetoulle ao titular, José Antonio Portuondo:

—José, por favor, axúdame, que andan a tiralo todo. É a hemeroteca máis grande da Habana!

—Trae para aquí todo, iso non se pode perder, é historia do país.

—E que van dicir?

—Ti trae todo o que poidas. Xa veremos onde o metemos.

Neira Vilas trasladou feixes de xornais e coas súas mans salvou unha parte do patrimonio cultural galego. Con Portuondo creou o Fondo Galego dentro do Instituto de Literatura e Lingüística, aínda que todo rematase en caixas. Un emigrante que fuxira ofreceu unha doazón de obras que tiña na súa antiga casa baleira da capital. O propio Neira Vilas meteuse no soto e atopou libros case irrecuperables pola humidade. No andar superior apareceron dous debuxos orixinais de Castelao, da serie de negros, que anos despois foron trasladados ao museo Carlos Maside do Castro.

O Centro Gallego nacionalizárono na vaga de novembro de 1961. Un representante do goberno destituíu o presidente —que, por certo, era da tendencia republicana e galeguista que auspiciaba Castelao anos atrás— e o edificio quedou nas mans do Estado. La Benéfica e Hijas de Galicia, institucións sanitarias que levaban a maior parte do orzamento da sociedade, xa foran nacionalizadas, igual que o Plantel Concepción Arenal. Pero o Centro, que a esas alturas tiña cincuenta e cinco mil socios, recibiu un trato especial, non se sabe se por orde expresa dos Castro ou por aqueles máis papistas que o papa: cos galegos mellor non meterse tanto, polo si ou polo non.

Conta hoxe un dirixente —«sen nome, por favor»— que o Centro foi expropiado «só de palabra». Que non hai ningún papel oficial que o diga. Mentres o resto das colectividades abandonaron por completo as súas sedes, os galegos quedaron co seu anaquiño incorrupto. E no búnker da Beneficencia de Naturales de Galicia respectáronse mesmo as caixas fortes nun novo país sen segredos para o Estado. E iso, cren, ocorreu por Raúl e Fidel, este exsecretario da Capela e membro, por tanto, da colectividade.

Fidel e Fraga: dous galegos, dous cubanos

Ángel Castro Argiz, de Láncara, en Lugo, chegou pobre en 1895 e asentouse no Oriente cubano. Así que comprou terra como nunca vira e reuniu billetes a mancheas, construíu unha casa a imaxe e semellanza das que había na súa aldea, con dous andares e o cortello baixo os cuartos. Cóntao o seu fillo: «Tiñan o costume nas súas aldeas de cultivar un anaco de terra e no inverno tiñan os animais debaixo da casa. Alí criaban porcos, tiñan algunha vaca. Entón eu digo que á miña casa chegou a arquitectura de Galicia, porque estaba construída sobre pilotes (…) e as vacas durmían debaixo da casa». Ese fillo de Ángel Castro chamábase Fidel e relatoulle este detalle ao relixioso brasileiro Frei Betto nunha entrevista en 1985.

O pai do comandante —«cunha capacidade natural de organización», así o definiu o mesmo fillo— estableceuse axiña no campo polo seu instinto nos negocios. Era de poucas palabras, e tan rexo como a súa ollada de presidiario. Analfabeto, empezou cortando cana e madeira e acabou fundando a súa facenda, Manacas, en Birán. Chegou a posuír miles de hectáreas: un latifundista. Foi xeneroso en descendencia: cinco fillos coa súa primeira muller e sete fillos coa segunda parella —primeiro amante, despois esposa—. Un deles era Raúl, o outro Fidel. Ambos os dous, educados cos xesuítas españois en Santiago de Cuba antes de propoñerse o obxectivo de derrubar a Batista. Cando estaban en México, preparándose para o desembarco na illa, informáronos de que Ángel falecera.

Manuel Fraga Bello, de Vilalba, tamén en Lugo, chegou a Cuba polos mesmos anos que Ángel Castro. Alí coñeceu á que sería a súa esposa, Marie Iribane, no central azucreiro no que traballaban en Manatí, tamén no Oriente. Ela como institutriz e profesora de francés, el como mordomo. Á parte, rexentaba un quiosco, La Guarapera, á entrada do enxeño. Tiveron doce fillos. O maior, Manuel, foi procreado na illa, pero a súa nai quixo dar a luz en Galicia. Logo regresaron a Cuba, onde o pequeno viviu tres anos, e retornaron á terra natal. Alí destacou na universidade, chegou a ministro e embaixador durante o franquismo, e na Transición fundou o maior partido de dereita de España. Despois foi presidente da Xunta de Galicia durante dezaseis anos. Pero en todo ese tempo nunca esqueceu a illa caribeña. Contan que en 1983 o embaixador de Cuba en Madrid fixo unha visita a Manuel Fraga Iribarne cando era xefe da oposición. Este descalificou con ferocidade a Revolución e deseguido pasou a recitarlle os nomes dos seus bois de Manatí. «Non quero morrer sen volver alí», veu dicir. Cumpriu.

Na súa primeira lexislatura tras chegar á presidencia galega —grazas a un controvertido reconto das sacas electorais da diáspora en Venezuela, ao que chegaremos— Fraga decidiu que quería visitar a Fidel Castro. A priori, un ser con cornos e rabo que encarnaba o marxismo, o seu maior inimigo, segundo recitaba de corrido na Transición. Non o era tanto: Cuba para el era familia e Galicia debíao ser tamén para Fidel.

Unha madrugada de setembro de 1991, en pleno afundimento do bloque soviético, e cando a illa se converteu nunha paria internacional á que todos lle viraban a cara, Fraga baixou a escada do avión no aeroporto José Martí da Habana. Rompendo o protocolo, ao final da escaleira agardábao o comandante como se fose un curmán emigrado. Os dous galaicocubanos, coetáneos e en idade de xubilación, preparábanse para unha axenda frenética mentres as gaitas soaban de fondo.

Castro deulle tratamento de xefe de Estado, coa maior das atencións e unha complicidade que superaba calquera previsión. Fraga arrasou nunha metralladora de actos coa colectividade —o Centro, o cemiterio, sociedades de todas as cores— e reservou o resto da viaxe para departir cos gobernantes cubanos. Deuse o gusto mesmo de buscar un cura que dese a misa en galego na catedral da Habana. Atoparon un de Ciudad Real que veraneaba en Galicia, algo é algo.

Tamén foi a seu Manatí da infancia, en *guayabera* e sombreiro de *jipijapa*. Recibírono cun «Bienvenido a tu casa», enchérono de café e azucre, mostráronlle vídeos de antigos compañeiros da infancia no *batey*. Fraga contivo a emoción a medias. Antes de volver a casa elaborou unha queimada para Fidel e dixo, sen micrófonos á vista, coa súa dicción correúda: «Hai teorías que din que isto é para espantar as meigas, pero eu sosteño que as meigas son boas e isto debe facerse para que nos permitan reunirnos de novo en menos dun ano».

Dez meses despois, Fidel chegaba a Lavacolla.

—Chamoume cando estaba dentro da casa familiar. Un escolta veume buscar correndo porque Fidel quería preguntarme algo. Dígame, comandante, que quería saber. «Miguelito, dime a verdade, onde durmían meu pai e meus avós?». Mire, vou ser sincero, aquí só vexo unha lareira. Pois aí, aí durmían, á beira do lume e a vaquiña. «Iso é o que eu quería saber, Miguelito».

Miguel Barnet conta o que ninguén puido ver, porque Fidel estivo a soas vinte minutos dentro da casa de pedra e mandou chamar o escritor. A comitiva esperaba xunto a unha placa na parede, que dicía: «Nesta casa en 1875 naceu Ángel Castro Argiz, galego que emigrou a Cuba, onde plantou árbores que aínda florecen».

O acceso á aldea en Láncara era caótico. Pancartas de «Benvido Fidel», grupos castristas batendo instrumentos de percusión e facendo soar gaitas. Os escoltas tiraban as mans das mulleres que o abrazaban. Raúl camiñaba coas mans nas costas mentres o seu irmán tocaba o tellado de lousa da casa familiar. Ese día seguiu cunha festa do polbo na súa homenaxe nun prado, con mesas corridas, mantel de papel tinguido de viño —patrimonio nacional— e comida e bebida a fartar. *Chupitos* de licor café, Fraga acendendo un puro e o final no alto cunha partida de dominó. Castro chegara a Galicia tras alternar brindes en Sevilla co rei Juan Carlos e aguilloadas con Felipe González e algúns presidentes latinoamericanos como Carlos Menem ou Violeta Chamorro. Percorreu Compostela onde lle deron mostras de agarimo —«Cuba si, ianquis non», «Fidel, seguro, aos ianquis dálles duro», «Galiza ceibe e Cuba socialista, a mesma loita»— e agora estaba como peixe na auga, a cuncas con outro animal político mitolóxico.

—Que tiña Fidel de galego?, —pregúntolle a Barnet.

—Todo, tíñao todo. Era galeguísimo —responde na súa casa de Vedado, e enumera sen recato—: intelixencia, tenacidade, laboriosidade, honestidade, sinceridade. Iso era Fidel. Falaba baixiño, como me falaban os meus informantes galegos para o libro. E sempre agochaba algo; había que llo saber sacar.

Falou alto e sacou todo no mitin que deu no hotel Araguaney de Santiago, a rebordar de seguidores —e algúns conselleiros de Fraga, aínda que el non acudiu—. Despois do primeiro «*patria o muerte, venceremos*», recoñeceu algo que transformou en parábola: «Non nacín en berce pobre, realmente, e nos documentos do partido e as biografías a min íame a tocar poñer "fillo de terratenente", e non me conviña moito (risas). Entón ocorréuseme outra cousa: puxen "neto de labregos pobres". Eses labregos pobres eran de aquí, de Galicia, e de verdade non podía deixar de facerlles unha visita á terra do meu pai». Ovación. El botou mans ás tempas, acariñadas coas súas unllas longas, amornando a voz de cadencia actoral para unha derradeira sentenza: «Queremos seguir a ser esta marabillosa mestura de españois, indios e africanos, sentímonos privilexiados por iso, é o que nos deu a historia, o que nos deu Deus para os crentes, é o que nos deu Santiago hai dez mil anos (aplausos a rabiar, incluídos os conselleiros) (...) Queremos seguir a ser acredores á solidariedade de vostedes, por iso dicimos patria ou morte venceremos».

Fraga e Fidel facíanse as beiras nun recuncho escondido do labirinto da historia, pero ata Franco fora ambivalente co castrismo, tanto como para nunca rachar relacións comerciais, para incomodo de Estados Unidos. Hai certos indicios, salienta Pablo Batalla en *Yo podría haber sido Fidel*, sobre certa simpatía do caudillo por ese *galleguito* que fixera a revolución na illa. Parecían máis os restos dun antiamericanismo fillo do desastre de 1898 que outra cousa, pero foi suficiente como para que Cuba decretase tres días de loito cando finou Franco, deferencia que non tivo con Mao Tse Tung. Fraga foi moito máis alá en Láncara: «Non dubidamos da vosa plena dedicación á patria e o voso desexo sincero de servizo á causa de toda América no espírito do gran Martí».

Para Fraga o reencontro con Cuba supuxo unha revelación, non só no persoal. Como político, soubo intuír que calquera aceno en dirección a América regresaría coma un bumerán. Puxo en marcha unha consellaría de Emigración, logo secretaría xeral, para desenvolver unha política asistencial en consonancia coas necesidades de cada país. O caso cubano é manifesto: sen esa axuda dificilmente poderían vivir moitos emigrantes. Instaurou un Día da Galicia Exterior, desenvolveu cursos de verán para mozos e abriu programas de retorno. Deu rango institucional aos órganos das colectividades, reunidos nun Consello das Comunidades Galegas e promoveu unha política de unificación na estrutura minifundista das sociedades, o que lle valeu o recoñecemento dos máis afiados críticos, malia o fondo clientelista do que o acusaban. «Fraga deulle a volta ao calcetín da emigración, púxoa no centro e xestionouna como política de estado», di un dirixente contrario á ideoloxía do político de Vilalba.

Fíxoo como sempre ao longo da súa carreira, xogando coa propaganda. Igual que na primeira lexislatura inventou o Xacobeo ou o Galicia Calidade, o inventor do *Spain is different* franquista tamén fixo da emigración unha marca. Varias foron as vías para branquexar un fenómeno silenciado no inicio do réxime do que foi ministro: a TVG empezou a emitir programas como Galeguidade; botou a andar o proxecto Reencontros, no que pagaba viaxes a anciáns emigrados para veren as súas familias; enviou vídeos individuais a cada centro galego felicitando o Nadal e o aninovo; promocionou a Enxebre Orde da Vieira e as súas xuntanzas anuais con premios a emigrantes senlleiros. E, nun arrouto definitivo, contratou por trescentos millóns de pesetas (1,8 millóns de euros) a Julio Iglesias a cambio dos dereitos do seu tema *Canto a Galicia* para promocionar os eslogans dos seus programas.

Igual que se embandeirou no galeguismo sen pasar polo soberanismo —o seu grande achado— Fraga tamén botou a diáspora ao lombo e dotouna de recursos, que ía repartindo nas súas continuas viaxes, especialmente en época electoral: velaí estaba o bumerán.

Non só Fraga viaxou á illa. Os seguintes presidentes mantiveron a ponte aérea, mesmo ampliada. Polo centenario do himno, en 2007, organizouse un multitudinario concerto no Centro Gallego. Acudiu o cadro maior da Xunta e varios gobernantes cubanos de ascendencia galega. O presidente, Emilio Pérez Touriño, do PSdeG, dixo que a emigración era «un factor decisivo para que Galicia cobrase maior conciencia de si mesma e das súas posibilidades». Dous meses despois, coa consellaría de Cultura ao mando, a cargo do BNG, escritores, músicos e artistas acudiron á Feira do Libro da Habana, onde Galicia foi a convidada de honra.

Tampouco renunciou Alberto Núñez Feijóo cando chegou á Xunta. A pesar das súas críticas ao castrismo, repetiu viaxe, con acto incluído na praza da Revolución e o Che detrás. Logo dunha entrevista con Raúl Castro, sentenciou: «Galicia pode ser a porta de Europa para Cuba». E noutro acto: «Nós non estamos simplemente en América; nós somos América».

Música de ida e volta

O día comezou como sempre que había verbena. Saían en tranvía desde a esquina do Centro Gallego ata os xardíns das dúas grandes marcas cervexeiras, A Tropical e a Polar, onde ían chegando centos de familias para comer e troulear en canto se emitise a primeira nota, despois da misa, coma unha romaría nunha parroquia. O gaiteiro sabía que tiña o poder.

Botaba o roncón por riba do ombro, os farrapos arrolando coma ondas. Inchaba o fol coas moufas, axustaba os dedos no punteiro e arrincaba cunha xota para quecer a xente, o tamboril percutindo, o bombo a terra, coma o pé dos que bailaban. Disparábanse bombas de palenque de sete estalos entre alboradas e muiñeiras. Logo, concurso de baile por pezas e xénero. E a banda de música sen parar de tocar pasodobre, valse, mazurca, muiñeira, habaneira, polka. Horas despois as pernas ían soas, as parellas suaban no tacón-punta-tacón e as mesas rebordaban de caldo, lacón e ribeiro. Nunha desas verbenas, os rapaces decidiron volver ao centro a pé e cantando. A galegada asolagou a Habana como se fose a volta dunha foliada no campo da festa, pero na cidade máis quente e elegante de Galicia.

O coche, tanto dá un Seat 124 ou un Renault 9 ou un Citroen CX, é unha campá con xanelas pechadas e un casete disparando música tropical. Soa a Sonora Matancera a todo volume, ou Ernesto Lecuona e a súa orquestra Cuban Boys cantando «Para Vigo me voy». Cando termina, o pai ou a nai cambian a Ana Kiro ou Fuxan vos ventos, sen tregua, porque todo o repertorio forma parte do mesmo, aínda que poidan parecer opostos. As xeracións da segunda metade do século XX viviron esta escena en calquera viaxe semanal á aldea desde a cidade. A emigración interior que quedou sen ir a América ou a Europa e migrou á Coruña ou Vigo, criouse coa música importada desde os trópicos, moitas veces interpretada por fillos da diáspora. Por exemplo, Miguel Faílde, fillo dun trombonista de Betanzos e unha cubana, creador do danzón, un dos xéneros máis populares. Ou o sonero Tito Gómez (no seu pasaporte, José Antonio Tenreiro), autor da popular «Vereda tropical», ou o compositor Ernesto Duarte, autor de «Como fue» de Benny Moré, ou a Orquestra Hermanos Castro (de chiste fácil).

A herdanza de todos eles e o resto de músicos cubanos viaxou de volta a través das orquestras nas verbenas populares. Aínda nos anos oitenta ao turista foráneo sóaballe estraña a familiaridade dos paisanos con aquelas formacións cunha sección de metais coma un canón metronómico e as coristas de traxes coloridos a atacaren pezas de sabor afrolatino. As parellas que bailaban agarradas os pasodobres de súpeto bailaban e cantaban rumbas, congas, cumbias nas interminables noites de verbena. Para cando o mundo musical comercial cambiou o pop anglosaxón polos ritmos *latinos*, Galicia xa viña de volta. Porque, igual que a fraseoloxía e achegas derivadas —manda chover ou manda carallo na Habana—, xa importara a música dende a diáspora e quedara incorporada como outro dos nosos fenómenos singulares.

O traspaso do lume sagrado

En marzo de 2016 a choiva recibe a Barack Obama na súa histórica visita como presidente dos Estados Unidos a Cuba. É unha revolución na Revolución, que tamén abrangue a colectividade: o gran acto celébrase no Gran Teatro da Habana, ou o que é o mesmo, o Centro Gallego, ateigado, onde Obama dá un discurso a medida para a platea. Os emigrantes que por aí andaban lembran o momento con emoción malia a zarangallada da seguridade: entran en cada recodo do que queda do pazo, revisan un por un os armarios das *micro* e mesmo fochican na caixa forte da beneficencia. Todo sae ben. Algún garda aínda o vaso do que bebeu o presidente durante o discurso. Pasou o furacán Obama e a cidade queda tranquila. Todos agás unha persoa chamada Sergio Toledo. A el foille encargada unha misión tan titánica como a visita dos veciños imperialistas. Ten que organizar o Consello de Comunidades Galegas, dous meses despois, co acto central a celebrar nese mesmo teatro.

Ao camiñar polas rúas laterais da Habana Vieja as paredes das casas coloniais descascaran, as cores vivas das reformas desaparecen e abrollan pólas inesperadas entre balcóns onde a roupa cae en vertical, e asoma algunha señora con trapo branco ao ombreiro e cinta no pelo. Moitos edificios sobreviven sen mantemento desde hai décadas, pero en canto se vira a esquina aparece outro pazo que non non deixa saber se estamos no Caribe ou en Compostela. Á parte dos arcos de pedra de medio punto, os frontóns, os soportais, tamén polo son das gaitas afinando, que se meten polo oído. Un bicitaxi, unha especie de tuk tuk á cubana, súmase e toca a bucina; un camión de anos acelera e por uns segundos cega o son, ata chegar a un bloque na rúa Ejido, entre Dragones e Monte. É o palacio de Villalba ou Moré, onde está a Sociedade Cultural Rosalía de Castro ou, simplemente, A Rosalía.

Pode ser fácil chegar, non o é tanto entrar, porque a porta está pechada e non sei como remato accedendo por un garaxe con habitante dentro, contrasinal mediante: «Veño ver a Sergio Toledo». Aí si, sinálame unha escaleira de pedra e ladrillo señorial, cunha varanda de fundición elegante e altos chanzos. Ao chegar ao primeiro andar recíbeme un espectacular patio colonial con teito artesonado e arcos celestes de pedra porosa, e, ao lado, nun cantiño, unha escultura de Rosalía cunha rosa de plástico a modo de ofrenda, e unha bandeira galega solemne como o propio curruncho.

Dentro dun salón amplo e de balcóns abertos, están a bailar muiñeiras varias parellas ao son das gaitas. Visten mallas coloridas e camisetas. Idade media, vinte anos. No limiar ábrese unha porta. Sorpresa: un despacho con aire acondicionado, primeira vez nesta viaxe. Tras un escritorio, despois de colgar o teléfono, está Toledo, que xa me viu e saúdame, serio, corpulento, bronceado, con cadeas de ouro e un anel masónico. Ademais de dirixir A Rosalía, é tamén presidente da Federación de Sociedades Galegas e leva a nave da colectividade, apenas con sesenta anos.

—O ano chave é 1991, cando vén Fraga. Aí reactívase todo, co dirixente Antonio Cougil na Federación de Sociedades. En 2007 enferma e mándame chamar ao hospital. Ao oído dime que me faga cargo da Rosalía —di, serio e grave, como se lle transmitise un lume sacro.

A súa reválida chegou co Consello de Comunidades Galegas de 2016 e o mandato de facelo no Centro, un imposible ata uns anos atrás. Sergio debrúzase sobre a pequena bandeira española que hai na súa mesa, enmarcado por fotos da catedral de Santiago e un botafumeiro, e burburiña.

—Eu diciálles que era mellor non celebralo na Habana, que se fixera noutro lugar, pero na Xunta estaban empeñados. Dicíanme que o presidente xa dixera que se facía en Cuba e non había máis nada que facer. E saíu redondo. O exvicepresidente *Gallego* Fernández axudou e a min acabaron dándome —encóstase máis— un feixe de chaves do teatro. «Todo teu», dixéronme.

E así os galegos recuperaron, simbolicamente e por uns días, o Centro. Conseguiron tamén volver abrir os balcóns que dan ao Parque Central e colocaron as tres bandeiras como cortinas baixando das fiestras, o edificio engalanado para unha foto inédita na Cuba revolucionaria. Cumprida a misión, Toledo recibiu de Gómez un aviso que lle lembrou aquel traspaso de poderes de Cougil. Díxolle que tiña un segredo para contarlle. Sería algo das partituras que non lle deixa a ninguén? Algún outro tesouro agachado? Unha promesa verbal dos Castro? Só lle advertiu: «Aínda non é o momento».

Volveulle preguntar tempo despois, aos meses. Despois, cada ano. E volveuse unha pregunta recorrente coa mesma resposta por parte do veterano dirixente: «Aínda non». E así ata o día que Toledo falou comigo.

—Espero que me diga axiña de que se trata.

Pero iso nunca chegou. Gómez morreu dous meses despois.

Cátedra Neira Vilas

O punto de fuga marca o camiño de lonxe, no inicio da subida de San Lázaro, unha das rúas máis características da cidade. Comeza no límite de Habana Vieja, atravesa Centro Habana e termina nesta escalinata, de case cen banzos, que remata na Alma Mater, a escultura feminina que todo o domina, co edificio neoclásico do reitorado atrás. Bordeando o outeiro da Universidade está a Facultade de Arte e Letras, un edificio máis moderno có resto. No segundo andar está Arantxa Fernández Crespo agardando como se fose unha foto, baixo o cartel que anuncia a Cátedra de Cultura Galega. Na porta, un póster do *Alba de Groria* de Castelao.

—A Cátedra creouse en 1992, froito das viaxes de Fraga e Fidel. Eu cheguei en 2005. Logo extinguiuse o convenio, pero quedou dependente da Universidade da Habana, regresei e aquí sigo.

A cátedra é un espazo semellante a unha aula, con paredes celestes e con cheiro a papel, con andeis de metal cheos de libros catalogados, con cara de ter pasado cen mares ata chegar aquí, xunto á fiestra coa luz inmensa, o verdor tropical de fondo. A obra de Neira Vilas ten un lugar especial xunto a unha edición crítica do *Sempre en Galiza* de Castelao, sobre unha mesa modesta cunha lousa. Alí traballa Arantxa.

—Suponse que algún día darei clase aquí mesmo, xa temos encerado e un lugar para o proxector, pero falta o aparello —risos—. E mira, non teño nin ventilador. —E de súpeto— Por favor, búscame un libro rosa, xuraría que o deixei por alí. É de Virginia Felicia Aubert, que naceu en Coruña en 1840. Ninguén a coñece alá e aquí escribiu moito.

Arantxa ten aberto o computador cun feixe de cartafoles nomeados para cada proxecto por facer. O último, unha serie de conversas cun fillo de galegos, boxeador e cantante lírico. Coa mesma alegría do seu vestido turquesa con motivos florais, explica que nun mes abre unha mostra de Castelao nunha galería do Vedado. Tamén vai atender a televisión, mentres colabora activamente coa colectividade. E por riba de todo está o seu entusiasmo cos alumnos.

—Lingua galega é de libre configuración, pero aumenta o currículo. E é optativa dentro de literatura española, así que dou clase de literatura galega dentro do programa oficial a doce alumnos. E tamén hai conferencias como a de hoxe —di ollando para min.

Hoxe tócame a min ser o relator do día, para falar da investigación que desemboca neste libro. Na aula esperan dez alumnos, xa sentados, baixo un enorme retrato de Simón Bolívar. Non son poucos, di Arantxa, despois da pandemia e sen saber as motivacións que lles fan asistir a charlas como a que me toca dar. Por iso pregúntolles, en galego, como toda a xornada: Por que vides aquí?: «Pola cultura dos nosos avós e a de xente que axudou a crear Cuba», di unha alumna. «E tamén polo contraste que me produce», replica outra. Durante máis dunha hora conversamos arredor da diáspora e concluímos que debe ter un poder moi grande para reunirnos a todos os que estamos na aula de maneira natural, tanto dá a orixe, a lingua, a xeración.

O vello e o bar

—Ola. Ola? Podo pasar?

—Entre, claro, pase.

E paso. Un local luminoso, co piso escaqueado, chapuzado de pingas brancas dos pintores que traballan sobre unha estada. Ao seu carón, unha gran barra de madeira con historia, e uns andeis propios das antigas adegas cubanas, de chan a teito, con adhesivos de Havana Club e unha fila de neveiras de tiradores. No fin da barra ábrese un salón de restaurante e ao final unha azotea. O que podería ser un local calquera no medio dunha reforma ten para min algo máis. Este esqueleto de bar forma parte da historia da miña familia, da propia Cojímar e, tirando por elevación, da literatura universal: aquí naceron as historias e os personaxes d'*O vello e o mar*, de Ernest Hemingway. O escritor chegaba pola mañá desde a súa casa habaneira, Finca Vigía, e pedíalle o seu grolo matutino ao dono, un home miúdo de ollos claros co pelo lambido, que falaba animadamente: era o tío Salvador, o que estivo a piques de levar a miña nai a Cuba en 1959, o marido de Adela, a muller do batido de mamey.

En todas as guías, de papel e na internet, repítese o mesmo sobre este caseirón cadrado coa fachada de balcón señorial sobre a calzada real da localidade e a parte de atrás pendurada sobre unha pequena baía, que aínda loce o cartel co seu nome, La Terraza de Cojímar, que abriu como bodega en 1925, despois foi unha fonda e que en 1940 adquiriu o seu nome definitivo cando a comprou o galego Salvador Blanco.

Os detalles da súa vida dáballos por correspondencia á miña bisavoa, despois a miña avoa e a miña nai. Chegara á Terraza logo dunha viaxe vital de quince anos na Habana. Cando arribou desde Portocamba conseguiu un traballo nunha *bodega* doutro paisano que tiña negocios cos americanos. Alí foi escalando ata ser o seu chofer. Un día o patrón morréulle dun derrame entrando na súa casa. O negocio quedou nas mans da súa esposa, quen meses despois declaroulle o seu amor a Salvador. Casaron, pero non durou moito tempo a parella. Ao divorciarse —verbo que omitía nas cartas que mandaba a Galicia— recalou en Cojímar, un retiro costeiro a dez quilómetros da capital. Alí coñeceu unha fonda cunhas posibilidades estupendas, especialmente pola traseira descuberta sobre as rochas de coral e a pequena entrada de mar que lle daba nome á localidade en lingua taína. «Salvador Blanco transformouna nun moderno e exclusivo restaurante que se foi inserindo paulatinamente na preferencia da sociedade e dos artistas», din os libros.

Entre a xente coñecida apareceu un escritor de barba branca chamado Ernest Hemingway, que pasaba horas cun amigo patrón de barco, Gregorio Fuentes, nado en Lanzarote. Xuntos saían pescar peixe espada e xuntos volvían beber —máis mojito que daiquirí, segundo a versión do meu tío a meus pais cando o visitaron en Cuba—. Alí Gregorio presentoulle a Anselmo Hernández, un vello mariñeiro de fronte chupada e barba con pelos como pugas, chapeu e puro na boca, que inspirou o estadounidense para crear o personaxe de Santiago, o protagonista da novela que lle daría o premio Pulitzer de 1953 e o empurrón definitivo para o Nobel de Literatura do ano seguinte. Escribía Hemingway, traducido ao español por Lino Novás, o autor d'*O negreiro*, para rematar o cruzamento da diáspora: «Sentaron na Terraza. Moitos dos pescadores rían do vello, pero el non se incomodaba. Outros, entre os máis vellos, mirábano e poñíanse tristes».

Na Terraza recreada por Hemingway había mariñeiros; na real xuntábase todo tipo de xente. Un día Salvador coñeceu un mozo cubano fillo de galegos liderando unha mesa de estudantes: era Fidel Castro. Contáballo a meus pais e repetíao nas chamadas cando falaba de Beto, un dos seus mellores amigos, tamén enrolado no movemento estudantil reprimido por Batista, e que o axudou nos tempos que virían despois. Pero nese momento era aínda moi cedo para pensar algo tan tolo como unha revolución de barbudos, se aqueles eran lampiños e ían vestidos de traxe.

Daquela o tío Salvador tiña xa o nariz amolado para o negocio e decidiu aproveitar o maior patrimonio da vila, a pesca. Cojímar tiña o seu pequeno dique, que hoxe sobrevive coas mesmas pedras rotas que o da Habana, pero cun busto de Hemingway xunto á torre da punta. Aquel recanto elegante, coas mesmas mansións da capital, era un fervedoiro de xente do mar, porque desde alí se podían ver quenllas dando voltas a metros da costa. Os pescadores non aterrecían, ao revés: capturábanas. E agudos comerciantes como o tío aproveitábanse.

Salvador montou a conserveira Cubamar, a mesma dos carimbos das cartas á miña familia, cun socio veterano no sector. En principio non triunfou. Pensou fórmulas novas, como meter lagosta en latas. Logo optou polos camaróns e o bonito. Chegou a un acordo cun mariñeiro local, que lle recomendou combinar quenlla co bonito, pois ninguén se decataría. Eran a cousa máis común en Cojímar, como tamén deixou escrito Hemingway na novela que empezou a escribir en notas nun caderniño no bar do tío: «Cando o vento sopraba do leste, o fedor estendíase a través do porto, procedente da fábrica de quenlla; pero hoxe non se notaba máis que un débil cheirume, porque o vento volvera ao norte e despois deixara de soprar. Era agradable estar alí, ao sol, na Terraza».

Todo é apracible en Cojímar: a brisa, o mar, o sol reflectido nel. Pola xanela que miraba Hemingway vexo un barquiño atracado nunha casa con embarcadoiro que ben podería ser o iate *Pilar*, no que saía con Gregorio. Alí o escritor coñeceu a Fidel xa en 1960, durante un premio de pesca. O tío Salvador andaba polas redondezas e xa non lle facía tanta graza Castro, despois de que o retivesen un par de días o ano anterior, sospeitoso por manter tanto negocio. «Debe ser un erro», dicía nas cartas, de loable sintaxe e vocabulario malia as faltas propias da aprendizaxe rápida da escritura.

Xa non puido repetir a foto que mandara un par de anos antes, con traxe claro, gravata a xogo e camisa branca, apoiado nun enorme Plymouth, o coche americano que quedaba fóra de escala ao seu lado, pequeno, coas mans miúdas e cara de desconfiado. Nacionalizaron a conserveira, tivo que vender o coche e buscar a vida para conseguir reter o diñeiro sen pasar polo banco. Hemingway suicidouse en 1961 e quedou Gregorio Fuentes, que ata o final da súa existencia amenizou os visitantes coas súas anécdotas, cada vez máis asemellado a Anselmo. Viviu máis de cen anos.

A coincidencia das obras en La Terraza permitiume ver o local nu, como un convite para poñerlle cor á época imaxinando aquel mundo real sen máis pistas que a lembranza familiar. A reforma rematou uns meses despois da miña visita e agora volve estar cheo de turistas que escoitan sen descanso as historias do mundo paralelo creado por Hemingway, como se de súpeto fose aparecer por alí o vello Santiago ou, quen sabe, o tío Salvador.

2. ARXENTINA

Se prendésemos unha luz en cada casa emigrante,
debuxaríase un firmamento deitado sobre a capital

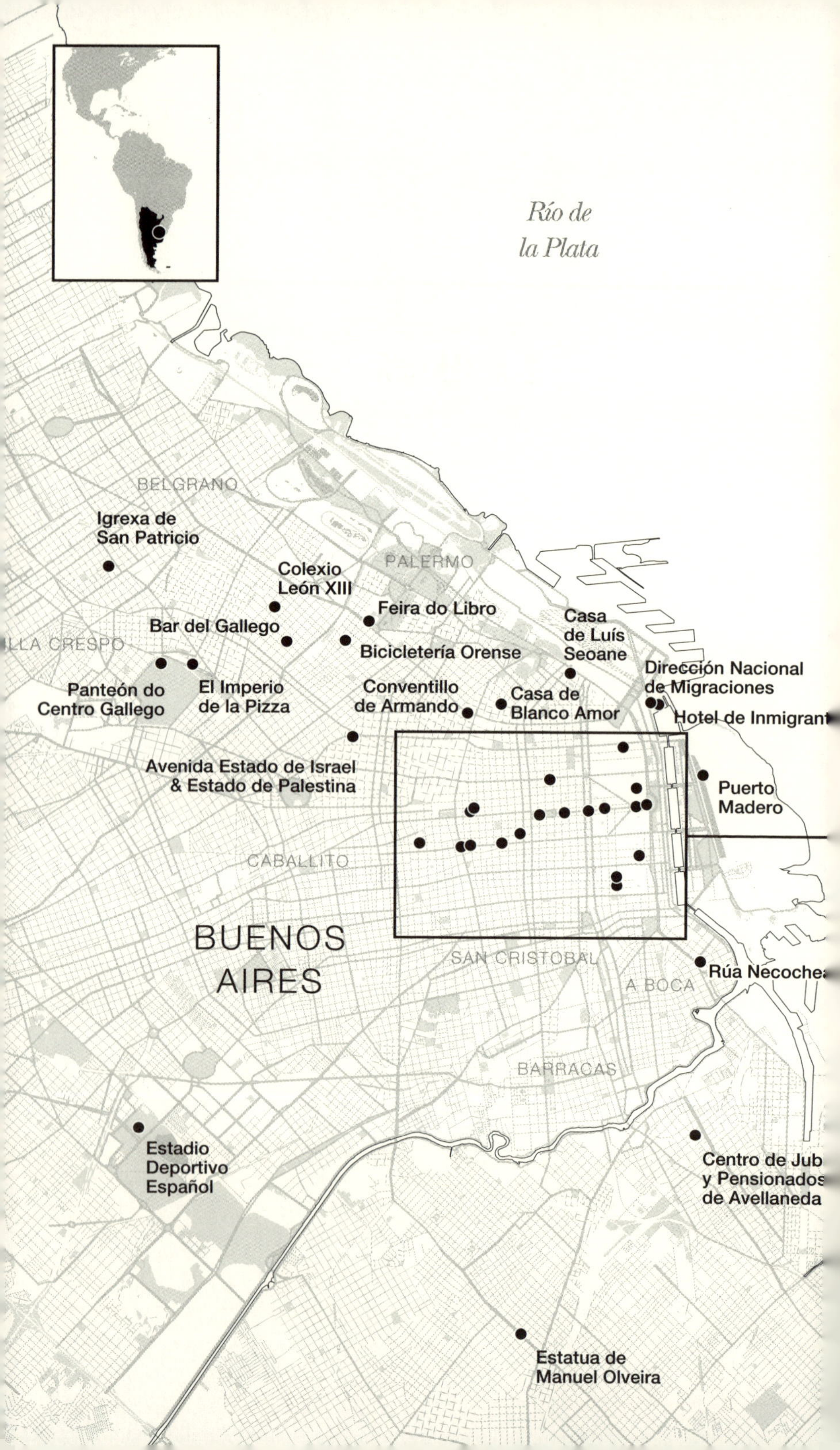

Río de
la Plata
BELGRANO
PALERMO
LLA CRESPO
CABALLITO
SAN CRISTOBAL
A BOCA
BARRACAS
BUENOS
AIRES
Igrexa de
San Patricio
Colexio
León XIII
Feira do Libro
Bar del Gallego
Bicicletería Orense
Casa
de Luís
Seoane
Dirección Nacional
de Migraciones
Hotel de Inmigrant
Panteón do
Centro Gallego
El Imperio
de la Pizza
Conventillo
de Armando
Casa de
Blanco Amor
Avenida Estado de Israel
& Estado de Palestina
Puerto
Madero
Rúa Necoche
Estadio
Deportivo
Español
Centro de Jub
y Pensionados
de Avellaneda
Estatua de
Manuel Olveira

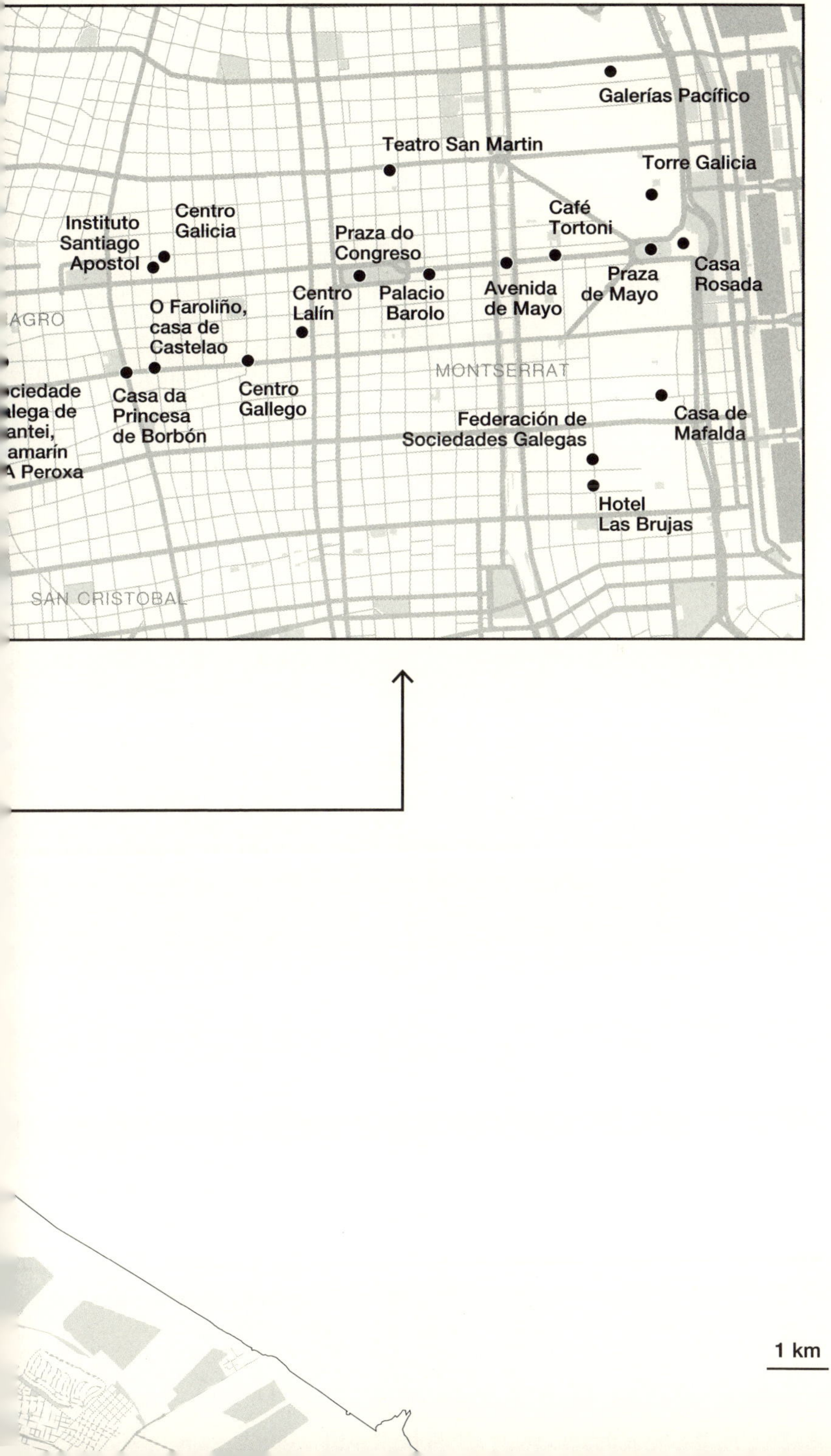

Galerías Pacífico
Teatro San Martin
Torre Galicia
Centro Galicia
Instituto Santiago Apostol
Café Tortoni
Praza do Congreso
Casa Rosada
Praza de Mayo
Avenida de Mayo
Centro Lalín
Palacio Barolo
O Faroliño, casa de Castelao
AGRO
MONTSERRAT
ciedade
lega de
antei,
amarín
A Peroxa
Casa da Princesa de Borbón
Centro Gallego
Federación de Sociedades Galegas
Casa de Mafalda
Hotel Las Brujas
SAN CRISTOBAL
1 km

O arxentino das Cíes

O vento empurra cara á terra na ría de Vigo, como se quixese que os barcos non saísen do porto, pero xa brúa a bucina. É 23 de agosto de 1952. O Buenos Aires está a piques de saír. Centos de pasaxeiros arremuíñanse no combés, sobre a barriga gris, o nome ben grande na proa do buque, un cargueiro transformado en colector de emigrantes, que xa bota fume negro para enfiar o océano.

Unha parella de mozos de vinte e poucos anos debrúzase na terceira fila da varanda da cuberta. Non teñen de quen se despedir entre a multitude que axita panos ao vento. A familia del está en Madrid. A nai dela morreu na súa aldea de Sarria. O pai está preso por *rojo*. Ela atópase mal antes de zarpar, e non é polo mareo, senón porque está embarazada de sete meses. En canto sae o barco, refúxianse na liteira do camarote de terceira. Pero pouco despois de pasar as illas Cíes, unha punzada reméxelle as entrañas. Minutos máis tarde, outra picada, e logo outra, ata que un chorro de auga transparente lle cae polas pernas: acaba poñerse de parto prematuro.

Ao chegar o médico da nave comproba que non hai tempo que perder e, nuns minutos, aínda coas costas galegas á vista, asoma a cabeza dun bebé. Chaman o capitán, un personaxe de novela, alto, de barba branca e solucións rápidas, que axiña manda traer do seu camarote unha caixa de zapatos. O neno, setemesiño, colle perfectamente e alí vaise acomodar os seguintes quince días de viaxe. Póñenlle de nome Armando. Non hai bautizo, pero si saben que pasaporte terá:

—Cando alguén nace nun barco, adquire a nacionalidade do pavillón do buque. E o Buenos Aires era arxentino. Se o barco fose de Exipto, sería exipcio —conta con humor, setenta anos despois, Armando, voz cavernosa e emocional, bigote coas puntas cara a arriba, barba de tres días e cranio liso, un retrato fiel de Martín Caparrós, sentados nunha mesiña dun bar na Avenida Santa Fe de Buenos Aires. Ten que alzar a voz para imporse ao barullo da cafeteira e ao asubío do leite fervendo na Cimbali—. Pero pensa nos meus pais, acabados de saír de alá, cando lles din que o seu bebé é arxentino.

Agora o pequeno Armando Rodríguez Calvo vén de cumprir doce anos, idade para expedir o documento de identidade. Antes de ir á policía, a súa nai senta a falar con el e explícalle que na súa partida de nacemento aparece unha data —7 de setembro de 1952, o día seguinte á chegada do barco, cando puideron rexistralo— que non é a correcta. En realidade, conféssalle, naceu o 23 de agosto, e el recibe esta revelación como un impacto indeleble.

—Miña nai non quería que soubese que nacín nun barco e fronte á costa, porque aínda tiña medo de que Franco me reclamase ao cumprir a maioría de idade para o servizo militar. Mira ti o que é o medo, que nunca volveron a España ata morrer o ditador e nunca me deixaron ir.

O avó de Armando estivo preso nos cárceres de Franco dende a Guerra Civil ata 1954 e tocoulle picar pedra no Valle de los Caídos. A avoa, pouco despois do arresto do seu marido, morreu atropelada, e deixou soa a nai de Armando. Esta coñeceu moi nova o pai e con el acolleuse a un programa de axuda da fundación Eva Perón. Escribíronlles unha carta contándolles a súa situación e a súa vontade de emigrar a Arxentina, e un día de 1951 chegou a resposta, asinada do seu propio puño por ela, con dúas pasaxes xunto a carta.

—Entenderás que fun, son e serei peronista. Sen Evita non estariamos aquí —e rompe a chorar.

A rúa, debuxada polas árbores aliñadas, tres faixas de tráfico de cada lado, é un fragor de coches, taxis negros e amarelos e colectivos ou autobuses urbanos. Os transeúntes ateigan as beirarrúas, un comercio ao lado do outro e, cada tanto, un quiosco de prensa ou de flores e unha boca de metro. A avenida Santa Fe de Buenos Aires parece un espello deformado de calquera outra madrileña ou barcelonesa. Aquí hai máis movemento, máis cor, tamén máis algueirada e axitación. Os freos hidráulicos dos colectivos, que despiden un bufo característico, obríganme a achegarme máis a Armando para escoitalo. Está a observar un edificio de trece plantas.

—Aquí crieime eu sen saber toda a historia do barco: avenida Santa Fe, 2608, case esquina Ecuador. Pero non había esta torre, senón o meu *conventillo*, sabes o que é iso? As casas colectivas dos emigrantes.

Armando e a súa familia mudáranse alí un par de anos despois de chegar, porque o seu pai atopou traballo nun lugar de comidas españolas no burgués Barrio Norte e así non gastarían en transporte público. Esta era unha casa de dúas plantas, cunha fileira de dormitorios e unha soa cociña, un baño para cincuenta persoas de toda procedencia, o enxame de novos arxentinos que trataban de vencer os prexuízos culturais entre bicos e cotobeladas.

—Xogabamos xuntos os tanos (italianos), os rusos (xudeus do leste de Europa), os turcos (siriolibaneses) e os galegos, cadaquén co seu acento e algúns coa súa lingua, case sen nos entender. A min chamábanme «gayego pata sucia», escoitábanllo aos seus pais e replicábano porque dicían que cheirabamos mal —québraselle a voz—. E mira, non lles faltaba razón, pero tiña todo o sentido: o meu pai traballaba naquel restaurante onde lle quitaban o óso ao xamón para o cocido, e el traíao para reutilizalo. Ás veces secábao, gardábao e servía para outra vez. Moita estreitura, porque no cuarto durmían meus pais dun lado, unha cortina polo medio e do outro o meu tío, e logo eu nunha cama turca. Cando ao meu pai lle foi mellor xa non traía só o óso e compraba a un maiorista unha forma de queixo de dez quilos. Era un luxo, pero claro, unha pata de xamón colgada e o queixo nun cuarto con pouca ventilación traía un cheiro a podre que aínda me atrapalla o estómago. A iso súmalle que no inverno miña nai poñía un braseiro de carbón e a roupa tamén quedaba empapada dese cheiro.

Engurra o entrecello Armando, limpa as lentes grandes e de montura metálica e botamos a camiñar en dirección á avenida 9 de xullo. Quere ensinarme algo. Tres *cuadras* máis abaixo, na esquina con Azcuénaga, paramos fronte a outro edificio moderno de dúas plantas, con grandes letras e un logo colorido dun banco, mentres acariña o bigote abstraído.

—Aquí estaba a miña escola, un edificio histórico fundado polo creador da educación pública arxentina, Sarmiento. Aquí a discriminación polo acento era peor ca no *conventillo*. E iso que a maioría eran estraños, xudeus do barrio do Once e outros inmigrantes. Agora chamaríano *bullying*, pero co paso do tempo decatámonos de que nos fortalecemos onde outros terían quedado mirando. Cun prato cheo de consellos morres de fame, pero se vives para contalo tes a conciencia do que che pasou. E vouche dicir algo —e para de camiñar no medio da frase enigmática—: grazas ao universo non son un fillo de puta, e podería selo. Progresamos, meu pai comprou un negocio, a miña nai conseguiu traballo na portería dun edificio de paisanos, mudámonos e quitámonos o cheiro. Heiche dicir unha cousa, mesmo así: a día de hoxe non podo comer xamón cru nin queixo.

Denantes mortos que escravos

Galegos houbo sempre na Arxentina, moito antes do alude migratorio. No século XVIII alistaban familias, aproveitando a ruta comercial aberta coa Coruña, para habitar as beiras do Río de la Plata e tamén da Patagonia. Delas quedou a pegada a través de apelidos coñecidos, mesmo entre os próceres argentinos, como Quiroga, Sarmiento ou Rivadavia.

A finais do século XVIII fundouse unha Congregación de Naturales do Reyno de Galicia, e en 1806 os galegos fixéronse notar durante as Invasións Inglesas, cando o Imperio Británico tentou ocupar o Virreinato del Río de la Plata. Para defender a cidade formouse o Tercio de Voluntarios Urbanos de Galicia, unha milicia que detivo os invasores, sen a axuda de España, e que fortaleceu o espírito que deu pé á revolución de Maio de 1810 e, seis anos despois, á independencia. Eran seiscentos homes, o segundo maior corpo de defensa da cidade. Segundo o estudioso do Tercio de Gallegos, Horacio Vázquez, dunha daquelas batallas saíu o lema «¡Muertos antes que esclavos!», que no século seguinte incorporou como divisa Castelao «Denantes mortos que escravos» na súa interpretación do escudo de Galicia.

Unha volta visitei un edificio da Armada —cun nó na gorxa polas derivadas militares do século XX— convidado por Vázquez para ver de cerca un incunable. Eran os restos da bandeira galega que levaba o Tercio: un pendón branco de seda natural co escudo bordado en fíos de ouro e prata. A estes heroes da capital arxentina o Cabildo agasallounos cunha gaita escocesa, roubada aos británicos tras a batalla. Non transcendeu se alguén a soubo tocar.

Os descendentes dos barcos

Cada vez que pasaba pola esquina que dividía os barrios de Villa Crespo e Almagro sentía o mesmo abraio pola cidade na que vivía. En Buenos Aires cada cruzamento ten dúas placas cos nomes das rúas, e nesta decía con clareza «Estado de Israel» nunha e «Palestina» na outra, condenados a entenderse. Aínda que pareza unha brincadeira do mapa ou unha casualidade, a Esquina da Paz —así a chamaron informalmente—, era froito da herdanza migratoria, da forza das súas colectividades, dos lobbies e da política. De feito, a segunda reconverteuse en Estado de Palestina, recoñecemento simbólico dunha cidade filla das diásporas.

Entre 1880 e 1930 entraron polo porto máis de seis millóns de europeos. Arredor de 1915 a metade da poboación da súa capital era estranxeira, nun país coa cabeza demasiado grande e chea e o corpo estarricado e baleiro. Eran os anos da Arxentina potencia mundial —sobre o papel—, da expansión económica e reclamo para investimentos e, tamén, para man de obra. Ese período chamárono a Grande Inmigración. Segundo os estudos máis seguidos da diáspora, en 1914 Buenos Aires tiña cento cincuenta mil habitantes galegos, un dez por cento do total da urbe, e case o triplo cá cidade máis grande da terra de orixe, A Coruña. A colonia máis abundante era a italiana, pero ningunha rexión dese país se achegaba en porcentaxe á dos naturais de Galicia, que constituían o setenta por cento dos españois, polo que o erixía coma o maior grupo territorial do crisol demográfico. E a esta vagada hai que sumarlle a segunda, que arribou entre 1945 e 1960. Neses anos na cidade chegaron a vivir, entre nacidas en Galicia e descendentes, unhas catrocentas mil persoas. Nesa andana, os cálculos achéganse ao millón para o total de galaicos que entraron no país austral, deles dous terzos radicados definitivamente, e cifran en polo menos un quince por cento os arxentinos con orixe galega.

Dende a Grande Inmigración, a capital é un caldo fervendo onde aboian nacionalidades e pobos recentemente chegados que lle dan xeito ao universo do arrabalde xunto ás figuras locais do *malevo* e do *cuchillero*, o *guapo* e o *compadrito*. Tamén abrollan falas mesturadas, como o cocoliche, que acaba fundindo no lunfardo, a xiria por excelencia dos porteños —poucos xentilicios tan ilustrativos como o da capital, porto colonial e migratorio—. A lingua popular renomea nacionalidades e procedencias por sinécdoque, o representar a parte polo todo, unha fórmula para homoxeneizar a tremenda diversidade. Así, os españois son *gallegos*, por razóns obvias, *gayegos, yoyegas ou gaitas*, simplemente, metidos a oficios urbanos como carrexadores, carboeiros, carreteiros, e as mulleres empregadas domésticas e costureiras; e moitos outros obreiros en curtidoiros, matadoiros, frigoríficos.

Os italianos, maioría desde o inicio, son *tanos*, por aférese de napolitanos, aínda que antes houbo máis calabreses e piamonteses, moitos albaneis, carpinteiros, construtores e con negocios de barrio. Os *rusos* son xudeus, en principio asquenazís, efectivamente de Rusia, pero tamén de Ucraína, Polonia —moitos deles da outra Galicia ou Galitzia, situada entre esas fronteiras— e resto de Centroeuropa, sempre ligados ao comercio de tecidos, roupa e xoias. Pero tamén hai moito xudeu sefardí, que máis dunha vez é confundido cun *turco*. Estes son todos os que veñen do antigo Imperio otomano e de Oriente Próximo. A maioría son siriolibaneses, pero tamén hai turcos e mesmo armenios, colonia menor pero moi activa —e a súa vez profundamente antiturca—: unha batoallada sen igual.

Todos teñen en común que comparten *apelido*: ese «*de mierda*» que escoitaban por parte dos autóctonos, cando non do resto de colectividades.

Todos esos retallos forman o traxe arxentino no inicio do século XX, o cambalache do tango «problemático y febril». Alén das retesías tangueiras de *conventillo*, as desavinzas entre colectividades redúcense ás burlas polos estereotipos étnicos na destilación da arxentinidade, un novo fenómeno. Nun país medio deserto, a elite criolla esmagou os pobos orixinarios para conquistar a inmensa xeografía austral, e borrou os escravos africanos que habitaban os portos, ao mesmo tempo que abría as portas aos gayegos, tanos, rusos e turcos, por máis de merda que fosen. As ínfulas europeas forman parte da construción nacional, como resumen as citas atribuídas a Borges: «Os arxentinos son europeos nados no exilio» ou «O arxentino é un italiano que fala español, pensa en francés e gustaría de ser inglés». Ambas as dúas teñen o punto irónico do autor e tamén un eixo aspiracional. En 2022 saltou a polémica porque o expresidente Alberto Fernández recuncou nunha brincadeira que de tanto repetirse agora ten o mesmo efecto que facerse cóxegas a un mesmo: non fai graza. Elevou a axioma o que se supón que dixo como ocorrencia Octavio Paz: que se os peruanos descen dos incas e os mexicanos dos aztecas, os arxentinos facíano dos barcos.

«Gallegos de mierda»

A feira do libro de Buenos Aires é a máis importante de América do Sur. Cada mes de abril, o recinto feiral da Sociedade Rural énchese de novidades de culto e tamén de supervendas. En 2008, Pepe Muleiro, un pseudónimo, presentaba un novo libro da serie que o fixo famoso: os chistes de galegos. Todo discorría con normalidade, ata que apareceu un grupo de sesenta persoas repartindo follas e dirixíndose á xente que ocupaba a caseta da editorial: «Non aos chistes de galegos». Non era a primeira vez que ocorría. Catorce anos antes, o médico e intelectual Antonio Pérez-Prado denunciou os chistes que facían moca dos paisanos, estereotipados como seres rudos de «cabeza grande e cadrada, corte a cepillo, cellas mestas e sen solución de continuidade, queixadas recias e sombreadas por unha barba incipiente», cando en realidade, dicía Pérez-Prado, se de algo tiñan cara os galegos era, precisamente, de porteños.

Ao tempo, nese 1994 a protesta choutou á outra beira do océano. Durante a visita do entón presidente arxentino, Carlos Menem, a Santiago de Compostela, un grupo de militantes nacionalistas abriu unha pancarta coa lenda «Pola dignidade de Galicia: non aos chistes de galegos». Menem parou xunta eles rompendo o protocolo e desculpouse «en nome de todo o pobo arxentino». Remataron aplaudíndolle.

Con todo, os libros continuaron publicándose e estourou todo coa denuncia no Instituto Antidiscriminación, aberta por Gastón Quiroga, fillo de emigrantes. «Cando nos tratan de burros, idiotas ou brutos penso nos meus avós, que axudaron a construír o país, e non o podo tolerar. Por respecto a Borges ou a Sábato, coido que empregar papel para editar esa porcallada non ten sentido», laiábase. Aínda que non o dixese por iso, aos dous autores rodeáronos escritoras galegas: María Esther Vázquez, amiga e confidente de Borges, o quen levou á casa de Ramón Piñeiro en Compostela, e Aurora Bernárdez, esposa e tradutora de Cortázar. E ambos os dous, íntimos dun natural de Corcubión, o editor do boom, Paco Porrúa, o primeiro en en publicar *Rayuela* e *Cien años de soledad*, para máis inri na mesma editorial na que décadas despois sairían os libros de Muleiro.

A acción contra os chistes coincidiu coa visita do presidente Emilio Pérez Touriño á casa Rosada. Alí o vicepresidente arxentino prometeulle que lle pediría «un xesto» á editorial. Moitos tamén deron unha ollada cara a dentro da colectividade.

—Fixemos o escrache e convocaramos a toda a xente, pero da xente maior non apareceu ninguén. «Que van pensar de nós», dicían eles. Preferían que lles chamasen brutos a *quilomberos* —lembra no presente o entón dirixente xuvenil Santos Gastón Juan—. Nós poderiamos ter un lobby impresionante, e se non o temos é polo tema da vergoña. Teño amigos de clase alta que non din que son paisanos ata que alguén se manifesta como eles. Se non, esquece. Dende que baixaron do barco levan ese peso enriba.

A identidade porteña, mantén Pérez-Prado, naceu co tango *Milonguita* e o combate de Luis Ángel Firpo contra Jack Dempsey en 1923: un parto de catro minutos seguido en masa pola radio. Non gañou, pero a velada deulle sona mundial a un arxentino fillo de italiano e española. Aconteceu cando a Grande Inmigración comezaba a devalar, as achegas foráneas xa todas deitadas sobre o taboleiro. É aí onde cabería preguntarse polo que a escritora María Rosa Lojo chama a criptoidentidade galega da Arxentina, un país cen veces máis grande que Galicia, literalmente, pero tinxido polo seu carácter semioculto ou invisible. A autora, xunto a Marina Guidotti e Ruy Farías, elaborou o estudo máis exhaustivo sobre os estereotipos galegos na Arxentina.

Non só no Río de la Plata, senón tamén en Cuba, Venezuela e no resto de países hispanofalantes desenvolveuse o mesmo tópico. Escoitábano falar e cualificábano de animal de dúas patas. E non sería porque non o entendían? O emigrado, galegofalante, non conseguía facerse entender como a el lle gustaría. Na nova selva multinacional tiña de abrise paso falando castelán deturpado. Aprendeuno, pero nunca se sacudiu o complexo, como lle ocorrera en Castela, onde fora obxecto de mofa por ter unha lingua propia o suficientemente próxima e afastada á vez. En 1909, un anuncio-chiste na revista *Caras y Caretas* mostraba a un carrexador cunha lámpada: «*Rejaláronme* este *cijarrillo* Monterrey y voy a encenderlo en la luz *eléutrica*, pues como son los *megores* que se fabrican en la república, quiero tomarle bien el gusto».

Arrastraban a carga dunha lingua oral, sen status oficial durante séculos e sen ensino nas escolas; un vehículo transmitido na aldea, século tras século, entre prohibicións e escurantismos, materializando un milagre duradeiro. Moitos desistiron dela para non contaminar os fillos: servía para cantar ou contar historias na lareira, pensaban, pero non para facer carreira nun mundo cheo de atrancos. E isto aplicou tamén aos éxodos internos cara a Vigo ou á Coruña. En América, por adaptación camaleónica ou autoodio, ou ambas as dúas, foi minguando o uso da lingua, agás no rexistro culto e no político, ou cando o inconsciente gaña á necesidade, como nos momentos de tensión ou de festa.

Acriollarse era un xeito de ser aceptados e desfacerse do *gallego de mierda*. E, malia todo, a lingua meteuse no lunfardo, mesmo compartindo influencia co portugués: *descangayar* («escangallar»), *yeite* («xeito»), *gayola* («gaiola», metáfora de cárcere), *arranyar* («arranxar»), *yantar* («xantar»), e outras literais, como *chumbo* (pistola, metonimia do metal), buraco, lamber, cismar, pispar, revirarse, empurrar, bosta.

Cándida

Á Ramona, moño ergueito, mandilete e zapatillas, dáballe por varrer a escaleira de abaixo a arriba e claro, non había forma humana de que rematase o traballo. Era unha mucama —empregada doméstica— ficticia, creada polo caricaturista Lino Palacios nos anos trinta. Agromaban algunhas críticas, pero o autor sacudía a levita aducindo que se inspirara na criada de seu avó e que os chistes contábanos eles mesmos. Había, alén do tópico étnico, unha ollada de clase.

Ese foi o mesmo reproche que tamén levou Niní Marshall, a raíña do humor arxentino. En realidade, chamábase Marina Traverso, e era filla de asturianos da Veiga e Santiso d'Abres, zona galegofalante. Niní, a quen alcumaban a Chaplin con saias, era moi versátil na actuación e tamén na escritura, pois ela mesma elaboraba os guións dos personaxes, logo dunha infancia no barrio de San Telmo absorbendo acentos e idiomas como unha esponxa. Creou unha italiana de *conventillo*, unha xudía con todos os seus tópicos, unha avoa que falaba en cocoliche e mesmo unha muller da clase alta.

Pero por riba de todas estaba Cándida Loureiro Ramallada, a criada que amoreaba toda a carga tópica do imaxinario da galega na Arxentina: inxenua e ignorante, que se expresaba mesturando idiomas con modismos adquiridos, que cambiaba o g polo j, abría e pechaba vogais como só unha falante sabe.

«*Muitas gracias por tanto comedimento*» era a súa despedida en Radio Nacional.

Para os seus críticos, fixo cartos co personaxe real no que se inspirou, Francisca, unha empregada doméstica que tivo na casa e que viviu o lado anónimo da emigración. Pero Niní seguiu a súa carreira durante décadas co mesmo éxito e a mesma polémica. Arrasou filme tras filme —estreou case corenta—, e exiliouse co primeiro goberno de Perón, din, porque en privado imitaba a Evita. Marchou a México, outro país cheo de galegos, e volveu triunfar con Cándida.

Cicatrices

Nas súas visitas a Buenos Aires, a cineasta Margarita Ledo preguntábame sempre pola estación Constitución. Andáballe na cabeza unha idea de documental arredor dese nó de comunicación no sur da cidade, onde se cruzaban as historias das mulleres que emigraban soas. Finalmente entrou nese universo e saíu cunha película de ficción chamada *A cicatriz branca*, na que abre a costura mal pechada de miles de mulleres das que non temos relato.

«A min mandáronme con trece anos cun parente que non era tal. Vin coa máquina de coser na cabeza, limpei, cosín para el, fixen para comer. El andaba na trata. Cando saía deixábame pechada. "Esa Singer vaiche dar a vida", dixéranme. Pero a miña cabeza xa non pode ter máis dunha Singer», conta unha das mulleres. Chegaban sen saber ler, pero cosían. Iso permitiulles a algunhas de mucamas saír cara a outros destinos laborais, como as fábricas de medias ou de traxes de baño. Outras, arrastradas polo desarraigamento, maltratadas na precariedade e na servidume, foron forzadas por redes mafiosas.

As mulleres encaixaban coma unha engrenaxe máis na maquinaria dos estafadores, dende a orixe cos ganchos ata o destino cos tratantes, como explica nos seus textos a historiadora Pilar Cagiao. O problema remite ao desequilibrio entre homes e mulleres na emigración —na segunda década do século viaxaba unha muller por cada cinco homes— e á indefensión desde o porto de saída. Nas súas pescudas achega o testemuño dun desprazado de Vilalba que en 1927 chegou e atopouse cunha rapariga de Vilagarcía que lle contou o seu traballo de prostituta. «Temos unha vida moi desgraciada, porque mire cantos homes pasaron por min esta noite». E sen embargo non hai evidencias históricas de redes masivas de prostitución galegas.

Custa explicar por que en Estados Unidos se formaron mafias urbanas de grupos étnicos europeos e apenas as houbo na Arxentina. Algúns apuntan á regulación máis que visible que exercía a polícia sobre o xogo e a prostitución: a extorsión vestía de uniforme. Houbo un enfrontamento célebre entre o tano Ruggerito e o galego Valea —asturiano de Castropol— polo control dos bordeis na zona sur; ambos morreron a balazos nos anos trinta, pero non hai constancia de fenómenos como o da mafia xudía polaca, a chamada Zwi Migdal, unha organización intercontinental que seleccionaba mulleres en Europa do Leste, desembarcábanas en Montevideo e cruzábanas por terra a Arxentina. A Migdal foi desarticulada grazas á denuncia dunha muller explotada.

Poucas referencias hai na prensa sobre as galegas, pero aparecen na literatura e na música, especialmente no tango, manifestación popular que recrea a realidade nos barrios baixos pero sempre narrado por homes. *Galleguita,* interpretada por Carlos Gardel en 1924, recolle a historia que os seus compositores imaxinaron tras unha xira europea, ao ver mulleres soas no barco. Un conto sobre as marxes interpretado en dous minutos e medio.

Eras linda / Galleguita / y tras la primera cita / fuiste a parar al Pigall / Sola y en tierras extrañas / tu caída fue tan breve que, como bola de nieve / tu virtud se disipó… / Tu obsesión era la idea / de juntar mucha platita / para tu pobre viejita / que allá en la aldea quedó.

A Princesa de Borbón

Luis Fernández saíu da Coruña e embarcou á modernidade porteña. Era 1907 e pensaba que alí faría o que non podía en casa por medo ao escándalo: disfraces, maquillaxe, desenfreo. Meu dito meu feito. Dende a súa chegada percorreu os cabarés facendo números de cuplé e prostituíndose con homes atraídos polos seus encantos. Do seu arrecendo e o seu carisma de *royal* saíu o alcume co que empezou a ser coñecida na cidade: Princesa de Borbón.

Tiñan truco os encantos: ao mesmo tempo que triunfaba, sacaba diñeiro extra de furtos e pequenas estafas a coñecidos e clientes. Non pasou desapercibida e foi detida por primeira vez. Pero a Princesa era lizgaira e fina, tamén á hora de roubar. Os medios cualificábana como «alto, de trazos agraciados, voz afrautada e grandes ollos». As fotos, vestida de home ou de muller, mostran un nariz de pera e mirada sedutora, con moito estilo no pousado. Ás veces ía en carruaxe polo centro e recibía a un cliente, facíao subir co seu engado, esfolábao e despedíao sen branca.

Rebordou o seu papel cando tentou estafar o Estado ao solicitar unha pensión facéndose pasar por viúva dun soldado morto en Paraguai. Prendérona de novo, e pairou sobre ela o perigo de deportación. Pagou multas que deixaron ao descuberto a cantidade de diñeiro que amoreaba e marchou. Deixou o seu apartamento de Avenida Belgrano e Jujuy e viaxou por América Latina acompañada de Culpino Álvarez, este con alcume galego: A Bela Otero. Viviu aventuras na noite, tamén entre reixas, en México, Perú, Chile. Alí conseguiu cobrar cheques de incautos homes de negocios, que estafaba ou simplemente lles guindaba a carteira.

O seu periplo rematou nos anos vinte. Cruzou o Atlántico dúas veces e pasou o resto dos días en Buenos Aires, afastada nun suburbio ou, segundo outras versións, nun piso burgués sen problemas de diñeiro. Niso o misterio tamén a acompañou ata a súa morte.

Manolito

Chegou de Lugo e atopou oco no mercado de San Telmo, unha preciosa praza de abastos cuberta, construída a finais de século con todo o sabor europeo —piares de forxa, arcadas, mármore—. Don Manolo Fernández coidaba as moedas como un tesouro e anotaba cada movemento no seu caderno de almaceneiro. Mentres, Manolito xogaba enriba dos sacos de *porotos*, aprendendo a contalos para continuar, algún día, o negocio do seu pai, o almacén Don Manolo.

Alí ía, día polo medio, un mozo de cabeza espida, mangallón, medio esquecido. Viña de se mudar á esquina de Defensa e Chile, a catro cadras. Chamábase Joaquín Salvado e era un debuxante mendocino fillo de andaluces, que se dedicaba á publicidade, pero o que lle interesaba era recrear o mundo que o arrodeaba. Dicíanlle Quino e neses anos creou unha banda deseñada protagonizada por unha nena precoz e impertinente que soltaba bombas de precisión. Chamouna Mafalda, fíxoa fan dos Beatles e regaloulle unha cuadrilla de amigos, prototipo da clase media de raíz europea, que foi pescando aquí e acolá no mundo real. Para unha inspirouse na filla duns amigos; para outro, no seu sobriño. E cando pensou no galego, que non podía faltar, decatouse de que o tiña diante todos os días no almacén, e ata o nome lle acaía: Manolito.

O barrio de San Telmo ten un aquel colonial que lle falta ao resto de Buenos Aires, unha grade de ruelas empedradas con caseiróns e igrexas, vestixios dunha capital da España americana que non tiña o glamour de Lima ou Sucre, pero era cabeceira do virreinato del Río de la Plata. O barrio, que albergou familias patricias, ficou baleiro a finais do século XIX por un andazo de febre amarela. Os ricos emigraron ao norte da cidade, daquela un arrabalde chairo con grandes leiras que se foi parcelando con nomes agora recoñecibles no mapa: Palermo, Belgrano, Núñez. Coa chegada do novo século, San Telmo encheuse de europeos que volveron dar vida a estas rúas.

O barrio abraza cos gallos secos das árbores centenarias, empurra co vento do río para entrar en galerías perdidas, eleva co cheiro a grella e forno de pizza, convida ao paseo coa sensación do tempo suspendido. Os domingos énchese de turistas a rúa Defensa, un mercado de antigüidades, discos e libros a ceo aberto, e desde hai anos tamén hai cola na esquina con Chile, onde unha Mafalda en miniatura convida a sentar con ela nun banco para tirar unha foto. Ao seu carón, a Susanita e o Manolito. Nesa esquina está a casa de Quino, un insípido edificio de ensanche cun portal de pomos dourados que recoñecerá o seguidor obsesivo da banda deseñada, igual que o portalón do estacionamento ao virar a esquina, e mesmo o Dous Cabalos que hai ás veces aparcado nesa rúa. Este é o barrio da

Mafalda e o seu universo de debuxo, incluído o almacén onde ía comprar manteiga resesa —«con liñaxe», dicíalle Manolito— ou fideos para a sopa que odiaba ou calquera outro artigo de oferta, porque, como lle vendía o seu galaico coleguiña, «Almacén Don Manolo vende baratísimo».

No luscofusco, un día sen présa, anos antes de que o barrio reivindicase a Mafalda como veciña, dei por acaso, na rúa Balcarce, cun establecemento que non era quiosco nin ultramarinos nin tenda de larpeiradas, senón todo á vez, e chamoume a atención porque sobre a porta tiña un cartel que dicía: Almacén Don Manolo, e un debuxo da Mafalda co Manolito. Achegueime á xaneliña pola que atendía un señor de sesenta anos, fraco, calvo, con catro espiñas por barba. Pregunteille polo nome e díxome, tan pancho: «Eu son o do cartel. Son o Manolito».

—Meus pais tiñan o almacén no mercado e por alá viña Quino comprar. Inspirouse en nós porque eramos a típica familia galega, o meu papá levaba boina e todo iso —dicía, mirando de esguello, coma desganado, a frases curtas e sen afondar moito— Non sei o que viu en min para o seu personaxe. Sería polo tópico de galego bruto. Porque o primeiro son, pero o segundo, e o resto do que representaba Manolito, non son.

No tempiño que botei con el, recitou a Rosalía, cantou *A Rianxeira* con acento porteño e despois repasou as figuras do exilio que frecuentou, de Luís Seoane a Arturo Cuadrado. Na conversa acabou confesando que nas últimas tres eleccións votara ao Bloque Nacionalista Galego. Outra realidade paralela que regalaba a diáspora: o amigo de Mafalda era un devoto de Rockefeller, só pensaba no diñeiro e o aforro; este, pola contra, era un idealista e deixábao ver no seu establecemento, *horror vacui* a granel, ao que non lle faltaba xénero de ningún tipo nin tampouco ningunha consigna da esquerda latinoamericana na parede: había fotos do Che, proclamas contra o pagamento da débeda externa e un grafiti: «Alerta militante». Tamén tiña fotos de Alfonsín e dicía que foi preso na ditadura. Era Manolito dado volta.

Entre os chocolates, os cigarros, os bocadillos de milanesas e a neveira con refrescos, os chicles e os artigos de urxencia para a casa, asomou por última vez e resolveu a tarde cunha frase máis propia de Mafalda que do pequeno almaceneiro:

—Os políticos son como os xeados dun peso. Non saben a nada.

Sangil vs Eurnekian

Un armenio entra no bar dun galego no barrio de Palermo e dille:

—Douche un millón de dólares.

—Nin tolo, eu de aquí non me movo.

Semella un microrrelato, pero todo é real: os personaxes, as cifras e a esencia que resumen a historia contemporánea de Buenos Aires.

A esquina que forman as rúas Honduras e Bonpland é representativa do barrio máis visitado por turistas de toda a capital, o máis frecuentado por consumidores de tendas de moda, bares coloridos e restaurantes de categoría. É, ademais, un gran polo audiovisual formado por produtoras, estudios de cinema e canles de televisión. Por iso esta porción de cuadras chámana, desde principios deste século, Palermo Hollywood. Antes non pasaba dunha zona de talleres mecánicos entre casas baixas, caseiróns antigos e algún edificio dos anos sesenta, un barrio de rúas amplas empedradas e árbores altas, afastado do centro e sen a vida de, por exemplo, Recoleta. Pero había negocio, pensou Emilio Sangil, cando en 1978 viu que se vendía a casa da *ochava*, como chaman o recanto, local abaixo e vivenda enriba. O canon do emigrante: comprar o *pack* completo, en man e sen débedas. Conseguiuno despois de aforrar case tres décadas.

Cando ollou ao seu redor, pensou que estaba en terra de ninguén, así que nin se ocupou en poñerlle nome ao bar que montou. Abriu sen cartel nin nada que o identificase con letras —si o facía o toldo característico, as vidreiras, o batente da porta, as mesiñas de madeira con parasoles no verán—. A razón social levaba o seu nome, Emilio Sangil, pero para os clientes e tamén para a memoria popular de Buenos Aires sería para sempre o Bar del Gallego.

Emilio, emigrado dende Samos, Lugo, pasaba o día abaixo e só subía para durmir o mínimo. Ás seis baixaba espreguizándose e comezaba a xeira de almorzos. Cheiro a café e laranxa, torradas de queixo a se derreteren na prancha, *medialunas* frescas. Ao mediodía oíase o sifón disparando sobre o vermú antes do menú diario, unha proposta simple dun par de cortes de carne á grella, cinco ou seis pratos de cociña e o seu famoso bocadillo de xamón cru con queixo. Abundante e económico como ningún no barrio, enchíase de traballadores e taxistas, raza omnipresente na cidade ata que os enguliron os Uber. A medianoite Emilio apagaba as luces, pechaba e subía a casa, que pronto ían dar as seis outra vez. Todos os días igual. De se facer unha foto diaria da esquina, coma no conto de Paul Auster que deu pé ao filme *Smoke*, nada mudaría no bar, mentres ao redor todo se modernizaba acotío.

Os anos noventa na Arxentina foron o mellor expoñente do laboratorio neoliberal latinoamericano: privatización de empresas estatais vendidas a multinacionais europeas, convertibilidade do peso ao dólar e o país subido a unha onda financeira que parecía non ter final. A vida era unha xolda; importábanse produtos de todo o mundo mentres se baleiraba a industria e os arxentinos viaxaban a Miami a comprar enxovais enteiros. A década resumírona os arxentinos como «pizza con champaña». Ata que escachizou. Entrementres, e alleo á arroutada capitalista, o Emilio seguía, coma unha formiguiña andante, despachando milanesas á napolitana e café en *jarrito* como se non houbese mundo exterior.

Xusto ao lado, en 1994 a canle 2 de televisión, renomeada como América, inauguraba novos estudios na rúa Fitzroy, no medio dun barrio aínda con cheiro a graxa e pneumático. A que parecía unha aventura arriscada revelouse como unha xogada de visionario. Atraídos por América, empezaron a mudarse a Palermo produtoras e deseñadores, e con eles levaron os restaurantes modernos e o lecer nocturno: a xentrificación antes de que o termo se fixese popular.

E entón chamaron á porta do bar. Era un tipo da idade de Emilio, co aceno de desconfianza dos emigrantes coma el. Poderían ter saído da mesma aldea, xogar ao mesmo dominó, beber o mesmo viño. Non facía falta presentación, porque eran os dous personaxes máis coñecidos do barrio: o galego do bar e o armenio que cambiara todo. Chamábase Eduardo Eurnekian e era o dono daquela canle que se converteu nun holding xigantesco, cunha sede á que só lle faltaba o vértice que ocupaba o negocio do Emilio. Visto desde enriba o mapa da rúa, era como un pequeno buraco nunha dentadura brillante.

Logo de se fitaren coma nun duelo, Eurnekian fíxolle a proposta a Sangil, este aguantoulle o pulso e o armenio, foise como veu. Daquela o galego xa era famoso porque o chamaban dun dos programas de radio do grupo América para facerlle brincadeiras. O mal humor e o acento provocaban gargalladas ata a seguinte vez. Pero o pulso co empresario chegou máis aló e saltou aos xornais. Nunha entrevista en *Clarín*, Emilio deixou un titular lapidario: «Antes que vender o bar, derrúboo e fago unha praza para que xoguen os rapaces».

En xuño de 2004 entrei ao bar por primeira vez. O establecemento mantíñase como unha illa de diferente cor ao resto da rúa. Seguía traballando un dos seus fillos; as fins de semana aparecían as súas dúas fillas, tamén a súa muller, enfermeira. A familia fixo fronte común xunto ao pai, que non negociaba a honra do seu esforzo. E eu quería coñecelo.

Ao entrar advertín que na parede estaba enmarcada a páxina de *Clarín* co titular da praza e os nenos. Quixen falar con Emilio. Case nin mirou para min, absorto no traballo, ata que lle dixen que era galego. Secou a man, estreitouma sen falar e sentou comigo nunha das mesas do lateral. Tiña só pelo polas tempas, domado polas patillas das lentes, un nariz enorme e un sorriso oculto que descubriu a terra común en canto falou. Vestía co uniforme do emigrante: pantalón de tergal escuro, camisa raída no verán e chaqueta de la no inverno.

—Só se non me dá a saúde marcho de aquí —dixo.

E só a saúde o afastou. En 2011 enfermou, traspasou o negocio mantendo a propiedade e dous anos despois, finou, e a súa familia vendeu finalmente o bar. Os seus fillos non seguían no sector da gastronomía e o barrio era xa outro. Eurnekian só cobrou a peza cando Sangil xa non estaba para baixar a abrir ás seis da mañá.

Galicia capital Buenos Aires

Dicía Pérez-Prado, teórico e práctico da diáspora, que Buenos Aires era un arquipélago de lares galegos separados entre eles por non máis de cinco rúas, quiñentos metros, a distancia, engado eu, dos traballos cotiáns na aldea, pero extrapolados á urbe. E, aínda que pasan as xeracións, se prendésemos unha luz en cada casa emigrante, debuxaríase un firmamento deitado sobre a capital e a súa área metropolitana.

A diferenza dos italianos, que diversificaron os seus destinos, é dicir, repartíronse entre a gran capital e as zonas agropecuarias, a maioría dos paisanos acomodáronse en cidades, batuxados por toda a beira do Prata. Igual que ocorreu noutros países americanos, non formaron barrios étnicos, pero si tinguiron certas zonas da cidade, especialmente no centro e sur: Constitución, Barracas, Parque Patricios e sobre todo San Telmo, Balvanera, Montserrat. E estendéronse tamén na conurbación da capital e os seus concellos adxacentes: Avellaneda, Lanús ou Lomas de Zamora.

Desenvolveron os mecanismos solidarios máis rápido e mellor ca ninguén, a través dos centros parroquiais, comarcais e provinciais, tamén a súa parte recreativa para recrear o mundo de alá. As foliadas e romarías típicas volvéronse picnics. Formábanse xuntanzas de centos xunto ao río, acompañados de gaitas, empanadas, filloas, viño. Ao redor da comida xermolaba a unión e amornaba a morriña.

Interviñeron a cidade dende o mesmo punto cero da súa fundación, o Parque Lezama, entre A Boca e San Telmo, onde cravaron un cruceiro sobre terra traída de Galicia. Perto erixiron un busto do referente da colectividade, Castelao, cando xa avenida de Mayo e a avenida Belgrano eran as arterias da gran cidade que non tiñamos, a metrópole que algúns economistas cren que sempre lle faltou a Galicia. Escoitábase a mesma lingua, víanse trazos familiares, xestos e modos de expresarse, pero ían vestidos de urbanitas á moda dun país moderno. Á puxanza sumáronse eles fundando o Banco Galicia. Co tempo, pasou a outras mans, Arxentina atravesou mil crises e un *corralito*, pero nunca perdeu o nome e o logo, unha cruz de Santiago omnipresente na cidade en axencias e caixeiros, e sobre todo na Torre Galicia, unha das máis recoñecibles do *skyline*.

A pé de rúa segue a haber tamén pistas da súa presenza, en carteis de negocio de nome críptico agás para o galaico —O Catoirés, Suevia, La Añonesa—, ou mesmo sen nomenclatura asociada, como os restaurantes que ocupan as esquinas das principais avenidas. En Buenos Aires triunfou o polbo, a empanada e o resto de gastronomía, aínda que a chaman española, seguramente para quitar antigos matices despectivos —con excepcións, coma o Morriña de Manuel Corral Vide—. Pero os emigrantes tamén souberon aproveitar a mestura de culturas para facer caixa coa cociña allea. Moitos dos negocios famosos que se presupoñen italianos, como as fábricas de xeados, as de pasta ou as pizzarías, son de galegos, normalmente agochados tras nomes foráneos, excepto unha, Imperio, que proclama a súa orixe desde o mesmo cartel: o logo son os escudos das provincias e de Galicia. En fronte está o cemiterio da Chacarita, onde se ergue un enorme panteón tamén con terra das catro provincias nos alicerces, unión simbólica de dous mundos.

Alí subo a un taxi clásico, negro y amarelo. Mentres pasamos por unha tenda de bicicletas de nome inequívoco, Orense, vexo no asento a licenza exposta do conductor: Juan Carlos Canzobre.

—Canzobre, é galego vostede? —Dá a volta, calvo, cincuenta anos, entre estrañado e interesado.

—Como o sabe? Sí, a miña familia enteira. Pero toda a vida me tomaron por italiano. *Canchobre*, dicíanme. E non. Coruña é a miña casa, aínda fun hai dous anos.

Cando remata de contar a súa árbore xenealóxica, xa polo barrio de Caballito, dobramos na avenida Honorio Pueyrredón cara a Galicia. A rúa Galicia; a outra está en todos os lados.

Os inventores do «colectivo»

A liña 132 atravesa a cidade, desde Retiro ata Flores, unha veciñanza de clase media, tamén coñecida por ser o barrio do Papa Francisco, aquí chamado Jorge Bergoglio. Calquera que pasee por avenidas como Rivadavia ou Pueyrredón verá as cores das carrozarías, azul, vermella e branca co nome da empresa en fileteado —unha arte ornamental feita a pincel—, as xantes brillantes e os seus freos silbantes no tráfico abarrotado. Os colectivos ou *bondis* son un marca da identidade porteña. Utilizados pola gran maioría de poboación para desprazase pola gradicela de rúas e avenidas, percorren a cidade día e noite. Moitos visten unha carrozaría que se destaca entre o resto, a Galicia, cuxo modelo estrela é o Orensano, recoñecible para os fans dos colectivos —lexión na Arxentina— e para os que o ven sen mirar cada día ao ir traballar.

Durante décadas os vehículos empregados eran Mercedes con morro redondeado e faros grandes como ollos abertos. Un deses bondis foille ofrecido a Antonio Prieto, oriúndo de Xerdiz, unha parroquia de Ourol, en Lugo, a inicios dos anos setenta, despois de traballar como tendeiro, feirante e cobrador da luz. Daquela era habitual comprar un autobús entre dous socios, vencellalo a unha liña e facer quendas para traballalo.

Pasar doce horas diarias ao volante permitía aforrar o salario dun empregado e, descontando o combustible, o taller e o mantemento, quedaba un bo excedente.

—Recordo que coa recadación dese medio coche en maio de 1974, traballando eu tamén sen descanso, alcanzoume para ir de vacacións a casa e pagar todos os gastos. Tardei once anos, pero xa fixera diñeiro co autobús e quería ver á miña nai antes de que morrese —conta Prieto, rozando os noventa, tomando un café unha mañá de outono aínda tépedo, en camisa de manga curta estampada.

A presenza galega nos transportes existe dende o principio da automoción na Arxentina. En 1907, Manuel Iglesias, de Vila de Cruces, Pontevedra, patentou na localidade bonaerense de Campana o primeiro coche nacional. Era un chasis con traveseiros de ferro, rodas con raios de madeira, un volante á vista desde o eixe dianteiro e un banco de dúas prazas. Petardeando sen parar, alcanzaba os doce quilómetros por hora: suficientemente veloz para a época como para que o chamasen *Mataperros*. Con ese nome pasou á historia e agora ten unha estatua en Campá e outra en Vila de Cruces.

Na cidade, os tranvías e o metro ou *subte*, o máis antigo de América Latina, eran propiedade dos ingleses e comezaban a ser insuficientes para a demanda. En 1928, un grupo de sete homes —sempre homes— falaban no café La Montaña, na avenida Rivadavia. Eran taxistas, a maioría galegos, queixosos polos custos e a falta de pasaxeiros, que preferían o tranvía, por certo conducidos por *motormen* paisanos. Un dos taxistas, Manuel Pazos, tivo unha idea: poderían facer cos seus Ford T un servizo para máis dunha persoa con percorridos fixos. Así naceu o auto-colectivo, ou simplemente colectivo. Sufriron as acometidas da Tramway Anglo Argentina, ameazáronos e queimáronlles coches, pero o invento impúxose e pronto se exportou ao resto das capitais latinoamericanas.

Co gaño do primeiro autobús, Prieto diversificou os aforros e entrou na sociedade do café máis famoso da cidade, o Tortoni. Non como capitalista, senón segundo o costume na diáspora: comprou unha pequena parte e un salario a cambio de traballar seis días por semana. Alí traballou vinte e cinco anos sen abandonar os colectivos. Ao revés, seguiu adquirindo unidades, aínda que xa non eran tan rendibles como antes. Faleceu en 2024, pero o seu 132 segue zunindo polas rúas de Capital.

O método Tortoni

Unha marquesiña *art nouveau* dá a benvida ao visitante no Café Tortoni, un luxoso establecemento indispensable en todas as guías turísticas. O interior, composto por columnas, vidreiras, paredes en *boiserie* e mesas de mármore, despide un arrecendo aristocrático, o espírito parisiense que tingue certas esquinas da cidade. Fundado noutro edificio en 1858, dende os anos vinte o local converteuse no lugar de encontro cultural. Alí recitaba Alfonsina Storni, lían Borges e Bioy Casares, cantaba Carlos Gardel e charlaban decenas de escritores nos seus faladoiros. Máis tarde, os exiliados do franquismo conformaron a Peña Galega do Tortoni. Nos anos cincuenta o café atravesou un período de atrancos financeiros que aproveitou un grupo de camareiros, inmigrantes todos eles, e fixéronse co negocio.

Un día de 2003 entrou un grupo de oito persoas de trinta e pico no café e sentaron nunha mesa longa no fondo do salón. Ao chegar o o camareiro, cada un pediu algo diferente. Este escoitou, asentiu, pero non tomou ningunha nota do pedido. En canto marchou, e sen que os vise o mozo, os clientes trocaron os asentos. Cando volveu, entregou o pedido correctamente. A escena, organizada en secreto, formaba parte dun estudo dirixido por neurocientíficos do Instituto de Medicina Experimental. Eles mesmos comprobaron de primeira man o obxecto da súa investigación: a memoria fotográfica dos camareiros.

—Como o fixo? —preguntáronlle.

—Non o sei —respondeu con sinceridade.

A conclusión do estudo, publicado por unha revista estadounidense, era que os camareiros desenvolvían unha técnica para conectar o cliente co seu pedido. Por medio de complexas combinacións neuronais identificaban algún trazo, xa fose o pelo, as mans ou un pin na lapela. Un mapa mental. A investigación académica, de título quilométrico, quedou abreviada nun paper como *The Tortoni Effect*.

—O único segredo é este —di Miguel Ángel González Represa, xerente, tocando na barra dúas veces, xunto á caixa—. Este é o punto cero do Tortoni e dende aquí controlamos todo. Aquí detrás estamos sempre polo menos dous socios. E somos nós os que levamos o bar de primeira man. Podes preguntarme como estivo o día, se choveu ou se fixo sol, e se cadra non che hei saber contestar. Pero o que si sei é o que deu de caixa a xornada.

González Represa é o arquetípico fillo da diáspora: nado na Arxentina de pai e nai criados en casas emigrantes. Os seus avós, dous de Monforte e os outros dous de Tomiño e Camporrapado, nunca saíran das súas aldeas ata coller o barco. O seu neto, Miguel Ángel, galaico de punta a couce, adquiriu o verbo autóctono:

—O correlato do estudo neuropsiquiátrico é que os mozos do Tortoni seguen un paradigma armado polos propietarios desde hai décadas.

Os galegos xa non son camareiros, pero transmitiron o sistema de traballo. Usan modos exquisitos e vestimenta de vella escola: camisa branca, paxarela, chaleque e traxe negros, con mandilete ata a coxa, pano de mesa pasado polo ferro ao amido en caída perfecta e a bandexa a unha cuarta da cabeza. É a unha da tarde e tras da barra hai catro empregados atendendo a outros oito camareiros que pululan polo salón. Aí está a sala de máquinas invencible deste reloxo de precisión.

—Hai pouco tentamos instalar o pedido electrónico, para que os camareiros ordenasen a cociña directamente. Non funcionou. Aprendemos que o contacto ten que ser verbal. A capacidade de percepción da xente que está detrás do mostrador é maior do que ningún sistema informático. Todos mamaron o método e é o mellor —presume con fachenda Represa, con máis aspecto de xerente de banco, camisa, lentes e afeitado perfecto—. Tivemos durante moitísimo tempo un mesmo *sangucherc*, o encargado da prancha. Podía ter vinte e cinco pedidos que non os anotaba, despachábaos de cabeza e non fallaba nin un. Xa se retirou, pero non pasa nada, substituíuno o seu fillo.

O Tortoni lévano os descendentes daqueles que, cando ulisacaron a bancarrota dos donos anteriores, o compraron coa axuda dun par de italianos e doutros tantos xudeus, e reflotárono seguindo outra receita máxica: engadir ao capital a forza do traballo propio.

—Xuntáronse quince socios e dixeron: «Non fan falta empregados: eu son caixeiro, ti xerente, eles camareiros» —recrea Miguel Ángel, sinalando ao aire co dedo, organizando un grupo invisible—. Así todos terían unha participación, traballarían a cambio dun salario e despois repartirían as ganancias. E así seguimos.

O efecto Tortoni fala da memoria dos camareiros, pero ben podería facelo da súa visión de negocio, a repartición da propiedade e, finalmente, a súa transmisión: un manual de galeguidade. O grupo de quince fundadores foise ramificando ata chegar aos corenta da actualidade, sen saír dun círculo pechado: na sociedade só entran herdeiros, con dereito a comprar puntos porcentuais, que chegan a ser triscos inferiores ao un por cento. Comprar é a prioridade número un. Non vender é a número dous.

—Iso ten unha explicación: a fame —apunta Miguel Ángel—. Terror a pasar fame. O día en que a Arxentina entrou en guerra polas Malvinas lembro meus pais levando as mans á cabeza mentres saían a correr ao supermercado. Sabes o que compraron? Aceite, fariña e sal. Podería pasar calquera cousa, pero polo menos terían para facer pan.

—Traballar, aforrar, progresar.

Incorpórase á conversa Antonio Barro, outro dos socios, apelando a triloxía que define a diáspora, e coa que el resume a vida dos seus pais. Barro naceu en Miñotos, Lugo, e emigrou xunta eles cando tiña catorce anos, en 1970, última fornada migratoria. O verán anterior, mentres o ser humano chegaba á Lúa, naquela aldea á que apenas chegara a luz eléctrica apareceu un veciño residente na Arxentina a bordo dun Chevrolet 400, un deses coches xigantes americanos. Cando os viu malvivindo da terra, convenceunos de que collesen o barco.

—Tiñamos vacas, trigo, millo, patacas e piñeiros, e iso permitiu que eu estudase. Pero xa non quería estudar máis, e a idea de Buenos Aires seduciume moito. Cando chegamos sentinme na casa de tanto que oíra falar de todo isto.

Antonio, cabeleira grisalla e abondosa, a bágoa a pingar en cada frase, fala no salón onde funcionaba a antiga barbaría do Tortoni —ata iso tiña—, arrodeados de andeis acugulados de libros e unha luz amarela sobre o ambiente. Algunha vez asoma un turista para tirar unha foto da barbaría, onde antes se traballaban os bigotes mentres as familias xogaban ao *pool*. Fronte a el, un café, que remexe mentres mira fotos no móbil. Nunha sae o seu pai, que tardou só tres días en empezar a traballar no Tortoni desde que baixou do barco, porque os seus irmáns xa eran socios do bar.

—Meu pai tiña uns collóns xigantes. Na aldea non se podían permitir ningunha festa, porque tiñan que deixar a vaca muxida e a casa feita, e aínda así era imposible descansar. Por iso cando lle dixeron despois dun ano traballando se quería vacacións, respondeu: «Vacacións? Xa estou todo o día de vacacións». Comprende por que este lugar era un paraíso para eles.

Traballar oito horas e esquecer o eido, as pragas, o arado, a subsistencia, iso xa supoñía case facer as Américas. Calculan Antonio e Miguel Ángel que coas propinas dun mes pagaban o alugueiro do piso. O salario aforrábano completo, e a repartición de dividendos, tamén. Seis anos despois, ao fin colleron vacacións. Nese tempo só saíran do barrio para ir ao campo do Centro Galicia e ao hospital do Centro Gallego. Aqueles dez días en Mar del Plata souberon por primeira vez na vida o que significaba o descanso. Tiñan cincuenta e tres e corenta e oito anos respectivamente.

Seguindo a ecuación habitual, cando o pai do Antonio aforrou algo máis, fíxose cun bocadiño dun negocio: adquiriu unha terceira parte da décimo oitava parte do Tortoni. É dicir, un dos dezaoito socios partiu a seu parte en tres e vendeunas entre familiares. Grazas a iso, chegou ao seu cume: salario, propinas e dividendos.

En 1990 os socios conseguiron facer unha oferta polo edificio aos seus propietarios, unha das primeiras familias terratenientes de Arxentina. Era un traspaso simbólico, pero non saíu nos xornais, e quizais sexa iso o mellor do método Tortoni: para a opinión pública eles eran e son simplemente camareiros, cando en realidade convertéronse, gran a gran, nos propietarios do mellor café de Buenos Aires.

O «telo» que naceu nun barco

O SS Highland Monarch soltou amarras en Vigo o 25 de setembro de 1956 cunha historia de amor a primeira vista sen sabelo. En terceira clase viaxaba Alicia Martínez Álvarez, de dezaoito anos e nada en Samieira, Poio, Pontevedra, xunto á súa irmá. Na mesma clase, pero en camarote masculino, viaxaba Argimiro Vilar Novio, de Vedra, A Coruña, dezanove anos. Acompañábao a súa nai, de nome antiprofético: Soledad Novio Jamás. Os dous mozos víronse na cuberta e comezaron a falar. Os seus horizontes eran diferentes: Argimiro desembarcou no Rio de Janeiro e Alicia continuou viaxe até a capital arxentina, onde traballaría como costureira. Carteáronse durante tres anos e declaráronse o seu amor. Cando el fixo o diñeiro suficiente, viaxou a Arxentina a vela e xa non regresou a Rio. Traballou en hostalaría e acabou por asociarse a outros coma el para probar sorte nun sector puxante nos anos setenta: os hoteis de parellas, aquí chamados *telos*, amor efémero pagado por horas, o reverso da historia de Argimiro e Alicia.

É un taboleiro composto por varios corpos de botóns, números, barómetros e termómetros de agullas, interruptores, fusibles e un dial telefónico. Ten luces verdes e vermellas pestanexantes e uns carteis con mensaxes que parecen cifrados —bomba de xardín e fervenza, toma música, luz tartarugas—.

Visto de fronte parece unha antiga central nuclear ou unha nave espacial de ciencia ficción sesenteira, un ente perdido nunha galaxia afastada que, no entanto, toco coas miñas mans, encaixado na recepción de Las Brujas, no barrio de San Telmo.

O seu aspecto externo é o da maioría dos telos esparexidos pola capital: unha fachada de cores sutil, xanelas con persianas eternamente baixadas, un portalón para coches e unha entrada para peóns, discreta como o seu cartel de benvida, sen nome á vista. Só a súa categoría oficial de hotel: «Albergue transitorio». O hall deixa á vista o encargado, que parece un busto enmarcado por un cristal e un interfono. Aos lados, dúas pantallas rosas cos cuartos: Estándar, Relax, Imperial, Cinema Suite.

Miguel Vilar —perto de cincuenta, melena loura e vestido de negro de arriba abaixo— mira para os lados facendo un recoñecemento da súa casa. El é un dos dous fillos que tiveron Argimiro e Alicia e neste telo leva pasado máis horas que na casa. Miguel mantén os puntos societarios herdados do seu pai, pero este negocio non lle trae pena nin ledicia: só saudade.

—Aquí chegou a haber trinta e nove socios —intervén Marcelo, o encargado, rostro recheo como o corpo, e discurso rápido—. O que máis tiña, un dez por cento, algúns só un pouco menos. Pero claro, un puntiño daba un alugueiro dun piso no centro. Dicían: somos todos pobres, pero se nos xuntamos, poñemos un pouquiño todos e xa temos algo noso para medrar. Pouca ganancia? Pode ser, pero pouco risco tamén.

Escóitase un ruído eléctrico de carricanta e préndese un piloto cun número de dormitorio. Do lado hai un casilleiro con chaves colgadas sobre unha parede de espello. Un flexo ilumina a mesa de madeira comida con bolígrafos de cores enriba, dúas tazas de café vacías, mandos a distancia e un bote de colutorio azul a medio termínar. De fondo escóitase o zunzún constante de dúas neveiras antigas. Marcelo segue a disparar frases.

—Eran solidarios, non sei se é a palabra xusta, pero creo que si. Entramos todos e vemos como saímos. E de repente tiñan un hotel e unha panadaría e un bar, non paraban. Logo foi mudando: eles dedicábanse a isto pero os fillos non.

Acontécelle ao propio Miguel, dono dunha pequena imprenta no barrio de Barracas. Durante moitos anos pasou os veráns na Coruña. Lembra como levaba maletas con agasallos para familiares e amigos e volvía con elas cheas de exquisiteces gastronómicas. Os seus pais compraron un piso na cidade e Miguel fixo amizades para a vida e presentes nun chat, que me amosa cun título na súa honra: «Os boludos dos Castros», o seu barrio coruñés.

—Aló son o boludo e acó o gaita, non hai que lle facer.

Hoxe resisten 120 telos na capital e outros 180 no Gran Buenos Aires, pouco rendibles, pero sen que ninguén se desprenda deles, algo que se entende ao entrar cara ao fondo e comprobar o tamaño do edificio e as súas posibilidades. Cheira a xasmín no corredor, onde soa un mantra infernal de melodías pegañentas. No medio ábrese un patio, e alí esténdense o xardín e a cascada do cadro de recepción. Hai trinta cuartos, algúns con *jacuzzi*, outros temáticos, algún convertido en loft enteiro. Ao final ábrese unha porta e accédese a outro patio onde hai un ficus enorme, e do outro lado están o garaxe e as oficinas: o segredo era o chan e a súa partilla, como sempre.

—Son dous mil metros cadrados —explica Marcelo—. Se o venden poden levantar un edificio e multiplicar esa planta por catro ou cinco.

—Ou non o venden… e fano eles —contesta Miguel—. Por iso é mellor aguantar.

Hai quen pensou que podía repetir a fórmula na casa. Nos noventa, un retornado abriu un hotel por horas na zona de ocio nocturno da Coruña. Non funcionou, e un par de anos despois tivo que pechar e reabrilo como albergue normal. Na mesma cidade, uns amigos presentáronme un veciño potentado que estivera toda a vida na Arxentina. Tiña oitenta anos e era taciturno, pero cando lle falei de que vivía en Buenos Aires brilloulle a cara. «Canto a estraño», dixo cun fondo galego porteño. «Once *telos* deixei alí, e mira, aínda me dan ben de comer».

Chacabuco 955

O escudo oval avisa desde a fronte da casona, moi típica de San Telmo. Unha fouce e unha áncora cruzadas relocen sobre fondo branco, cunha estrela vermella enriba e un libro aberto coa lenda «Cultura popular», e o nome da sociedade no perímetro. Federación de Sociedades Galegas da República Arxentina. Debaixo da declaración de intencións, un portón cun estandarte máis moderno: Museo da Emigración Galega, Chacabuco 955, un enderezo clave na colectividade. Das tebras do *hall* sae Miguel Chiloteguy, director do museo, quixotesco, enxoito e serio, axitando un feixe de chaves.

—Tanto tempo, *che*.

Por esa porta que abre Miguel entrei a ducias de actos e conferencias e exposicións e documentais sobre a diáspora e especificamente sobre o exilio; cubrín reunións militantes e visitas de políticos. No centro de todo estaba sempre Paco Lores, referenciado agora nunha gran foto nunha das salas do caseirón. A Federación, fundada en 1921 para agrupar microsociedades, como as de Cuba, abandeirou os ideais republicanos españois. Chegou a ter quince mil socios e 88 centros vinculados. De aquí saíron editoriais de libros prohibidos polo franquismo, celebráronse actos de protesta e resistencia. Sen todo o que pasaba sobre o parqué renxente de Chacabuco 955, Galicia sería outra. Morto Franco, continuou co seu signo combativo, e mesmo participou na querela contra o Estado español por parte de vítimas do franquismo, iniciada polo lucense Darío Rivas, se ben se orientou cara á actividade cultural e á memoria histórica.

—Está o Centro Gallego para a saúde, o Centro Galicia para a educación e o recreo e a Federación para a política e a cultura. Son as tres patas da colectividade e, sinceramente, nunca se levaron ben de todo —di Miguel, de pé no centro do edificio.

Co salón principal a media luz, o museo parece unha casa privada evocadora de lembranzas. Grazas ás achegas privadas e das sociedades que aínda ten a Federación —actualmente catorce, 1700 socios en total— o visitante mergulla na partida, a viaxe, a chegada e a vida dos inmigrantes. Hai pasaxes de barco, selos, cartas, chaves, maletas, mantas, permisos de embarque, aveños de labranza e de costura, e unha roda de afiar que provocou as bágoas dunha señora que pensaba que era a do seu pai.

—E esta máquina de escribir, que pertencía a unha familia que lla deixaba a Castelao cando el mandaba a súa a limpar ou arranxar, e que a gardou como un tesouro, ata ese punto chega a veneración por el —di Miguel, sinalando tamén os retratos nas paredes—. Alí tes os nomes das sociedades históricas. A Xunta tentou xuntar os centros, pero non é posible.

Castro Caldelas y sus comarcas, Unión Quiroguesa y sus Distritos, Sociedad Hijos de Buján, Asociación Arbo Cultura y Recreativa, Unión Residentes de Dodro, Hijos de Pol,

Nativos del Ayuntamiento de Cambados, Sociedad Hijos de Montecuveiro y su Distrito. E así sucesivamente.

Era 17 de maio, Día das Letras Galegas, xa arrefecía no outono austral. Pola porta da Federación entrou un ancián con chapeu que chamaba a atención. Movíase devagar, pero mantiña un atractivo magnético. Dixéronme que era Antonio Pérez-Prado, un intelectual dos que xa non había, o último dunha xeración. Ese mesmo día conseguín o libro que xa non me abandonou. Titulábase *Os galegos e bos aires* (1973), un ensaio escrito cun bisturí, coa dose xusta entre erudición, humor e experiencias.

Iníciase cunha dedicatoria moi gráfica —«A miña nai que emigrou para me facer porteño»— e afonda naquel mundo que coñeceu dende neno, educado nunha familia típica por oficio, atípica por política —a súa nai frecuentaba círculos anarquistas, o seu tío tiña unha xastraría chamada Galiza Ceibe—. A retranca desborda calquera análise ortodoxa e serve de manual da diáspora arxentina para levar sempre no peto. De Castelao di que «por ser un galego perfecto veu morrer a Buenos Aires». E do seu propio nacemento: «O meu pai, feliz e asustado, díxolle a mamá despois de verme por primeira vez: "querida, xa temos ao que nos vai chamar galegos"». Errou o diagnóstico o seu proxenitor, porque a ninguén lle quedou mellor que a Pérez-Prado o traxe de galaicoporteño.

Uns meses despois recibín a noticia de que acababa de falecer. Contan que Paco Lores, sempre mordaz, dicíalle que cando morrese tiña que doar os libros á Federación. El retrucáballe que aínda estaba moi vivo, que non ía pensar niso. Pero á súa morte efectivamente foron doados e engordaron os fondos en máis de cinco mil exemplares a que agora se chama Biblioteca Pérez-Prado.

Siñor Afranio

Un esmoleiro percorre aldeas e parroquias de Pontevedra. Faise chamar Afranio do Amaral e di ser portugués. Pasa tempadas vivindo como pode en bosques e prados, ofrece os seus brazos para traballar no servizo ou no campo e pide pousada. É verán de 1936. Non hai fronte bélico en Galicia, pero hai quen, ao non poder fuxir, fai o que sexa para non caer nas mans da Garda Civil ou da Falange. O Siñor Afranio é, en realidade, un político galeguista, escritor e mestre, deputado agrario no ano en que estoupa a guerra, cando participa no Estatuto de Autonomía e lidera o anteproxecto do texto como delegado da emigración. Chámase, Antón Alonso Ríos e, como outras figuras do exilio, a súa vida é transversal ao Atlántico. Nacido en Silleda, Pontevedra, emigra en 1919 a Arxentina e volve cando se proclama a República. É mestre nas escolas de americanos de Tomiño e implícase na loita galeguista até se converter no Siñor Afranio.

Despois do 18 de xullo, cando os fascistas fusilan os fuxidos no monte Aloia, en Tui, desaparece. Polo menos en aparencia, porque agora se camufla camiñando coma un zalapastrán de barba mesta e abrigo marrón. Inventa unha biografía perfecta: criado en Lisboa, doente e desnortado, non lle queda outro remedio que pedir polos camiños e as aldeas. O seu alter ego toma o nome dun naturalista brasileiro e con esa defensa xa está tranquilo.

Despois de vagar polas serras meridionais, tira cara a Terra de Montes e volve desprazarse pola raia seca até pasar a Portugal e embarcar en Lisboa cara a Buenos Aires, de onde saíra. Alí convértese na figura que non puido ser na casa: fai parte do Consello de Galiza, o goberno autónomo no exilio, e asume a presidencia cando morre Castelao. Tras a morte de Franco xa non retorna. Nos anos sesenta publica en Buenos Aires *O Siñor Afranio ou como me rispei das gadoupas da morte*. E en 1980, con noventa e tres anos, bótase ás vías do tren. Era 12 de outubro, aínda chamado *Día de la Raza*, e faltaban dous meses para o referéndum do Estatuto de Autonomía actual.

Emigrantes e exiliados

Mentres Galicia está baleira de cultura na posguerra, Buenos Aires é unha caldeira incesante de exiliados con fame creativa, apoiados polo colchón de miles de conterráneos. Todos interveñen a cidade. Os visuais —o pintor Manuel Colmeiro, autor dun dos frescos que enfeitan a cúpula das galerías Pacífico, ou Maruja Mallo e os seus murais no cine Los Ángeles, ou Laxeiro—, pero tamén os escritores e xornalistas, como Rodolfo Prada, Arturo Cuadrado, Rafael Dieste, Núñez Búa e moitos outros.

Neste grupo heteroxéneo hai outros —Ramón Suárez Picallo, Lorenzo Varela— que cumpren unha dobre condición de desterro: son emigrantes e exiliados á vez, igual que Alonso Ríos, e forman a lista de nomes máis importantes do reservorio cultural e político na Arxentina, con vidas incribles que non rematan demasiado ben: ou morren no desterro ou, os que logran voltar, teñen un recoñecemento insuficiente e, ás veces, nulo.

Alfonso Daniel Rodríguez Castelao, fillo de Mariano e Joaquina, de Rianxo, A Coruña, viaxou á Arxentina a bordo dun vapor desde o porto de Vilagarcía en 1895. Tiña once anos e nunca esquecería a aventura iniciática ata Bernasconi, un punto perdido da Pampa. Alí ocorreu o maior evento da súa curta vida: coñeceu o seu pai.

Nesta remota fin do mundo instalárase para facerse cargo dunha *pulpería* —un almacén rural arxentino— na inmensidade pampera, campo e horizonte verde e azul sen límite. O neno Castelao aprendeu o que eran os gauchos, presenciou navalladas en crúas liortas e tamén se nutriu de libros e revistas. Daquela experiencia como *gringuito* saíron varios contos publicados en *Retrincos*.

Castelao regresou a Galicia e desenvolveu unha carreira polifacética sen pensar que tería que volver a Arxentina: fíxoo en 1940, logo dun periplo pola Galicia americana, de norte a sur ata Buenos Aires. Alí pintou e escribiu, e tamén publicou a biblia do nacionalismo, *Sempre en Galiza*, antes de saír a Francia para ser nomeado ministro no exilio e retornar en 1947 cos primeiros síntomas dun cancro aterrecedor. «Eiquí me criei e eiquí veño envellecer», dixo ao chegar.

Manuel Puente, mecenas da colectividade, foi vértice do galeguismo arxentino. Cando soubo que Castelao volvía a Buenos Aires, facilitoulle un piso na avenida Belgrano, ao que o de Rianxo chamou «o meu faroliño». A pesar da enfermidade, seguiu dando discursos nos xantares multitudinarios. O máis famoso dictouno o 25 de xullo de 1948 no Centro Galego. Titulouno *Alba de groria* e asumiuse como o seu testamento. Foi o seu último grande acto público. O mito de Castelao acababa de nacer.

Nunha esquina anódina, un edificio con *ochava* chata descobre un baixo coa persiana pechada. Non hai ninguén dentro. Do portal, verde e sobrio, non sae tampouco xente. Un vento húmido varre as rúas. Semella doado imaxinar que, sen os coches, o barullo e a contaminación, a rúa Juncal 2111, esquina Uriburu, estaba igual en 1959. Ese ano, Eduardo Blanco Amor pechouse naquel baixo do Barrio Norte para escribir *A esmorga*, a maior novela da nosa literatura. Alí, a dez mil quilómetros, na súa vivenda anónima e solitaria, imaxinou a súa Auria. Abstraeuse das cores, dos olores e dos acentos, deulle vida ao Cibrán, ao Milhomes, ao Bocas, e fíxoos lacazanear nunha troula fuxindo cara adiante sen fin. Rematou de mecanografar e levouna á editorial Citania de Luís Seoane. Este deseñou a capa, co seu estilo característico, e publicouno once anos antes de que o fixesen en Galicia.

Nada hai nese edificio, nin unha placa, nin unha lembranciña que diga que alí viviu Blanco Amor ou que se escribiu *A Esmorga*: outra medalla para a nosa historia. Deben lembrar os veciños máis vellos cando un grupo de mozos descendentes ían ata alá para lle dar unha serenata fronte á xanela onde o vían escribir na máquina ese libro ou o seguinte, *Os biosbardos*. Ese personaxe sensible, un tanto incomprendido, nunca deixou de ser libre. Nado en 1897, emigrou con pouco máis de vinte anos, pasou varias etapas en España e en 1936 regresou á Arxentina exiliado.

Unha visita guiada na capital da Galicia exterior podería seguir os pasos laborais tan diversos do escritor: a Federación de Sociedades, *La Nación* ou o Centro Gallego, pero tamén os institutos e casas onde impartiu clases de oratoria e de lingua, o Teatro Popular Galego, que el mesmo fundou, a editorial Emecé e, á parte, o restaurante Berna e mesmo Nordiska, unha fábrica de mobles na que traballou como relacións públicas de luxo. Escribía onde fose, no seu baixo, na casa de Manuel Puente, ou, como fixo á súa volta, na casa de Valentín Paz-Andrade, en Samil. A esposa deste, Pilar Rodríguez Prada, que viviu máis de cen anos no centro do galeguismo entre seu home e seu fillo Alfonso, deixou dito ao seu neto Valente que alí Blanco-Amor escribiu, decontino, *Xente ao lonxe*, outro dos seus clásicos. Os meus pais, que o coñeceron ben nos seus últimos anos en Ourense, escoitaron da súa boca que os *Seis poemas galegos* do seu amigo Federico García Lorca (un deles ambientado no Buenos Aires da emigración), foron algo máis que corrixidos e publicados por el. Se cadra era parte do seu personaxe, se cadra non. Pero o espírito escindido e disidente de Blanco Amor non sería tal sen a súa condición de emigrante e exiliado ao mesmo tempo.

A Patagonia Rebelde

«Os explotadores patagónicos cotizan menos o home có mulo ou có cabalo porque se substitúe un home por outro sen máis. Somos de toda parte do mundo, verdade, alemán? Eh, polacos? Compañeiros chilenos? E todos estamos unidos pola solidariedade». O discurso, extraído da película *A Patagonia Rebelde* (1974), recrea as palabras de Antonio Soto, o galego que liderou a maior revolta obreira da historia arxentina, unha rebelión anarquista contra os donos de facendas en Santa Cruz, en 1921, que acabou cunha matanza, pero tamén cun legado de loita, espallado a través dos libros de Osvaldo Bayer e o filme de Héctor Olivera. O escritor dixo en certa ocasión que os peóns chilenos non lle entendían case nada a Soto porque falaba un galego mesturado con castelán arxentino, pero o carisma que desprendía facía que o seguisen afervoados. O seu retrato, idealizado como os grandes mitos políticos, mostra unha figura de trazos finos e corpo arroxado. Vestía pantalóns de montar, polainas, unha chaqueta longa, gravata curta e unha gorra ladeada, tan displicente como as mans nos petos.

Naceu en Ferrol en 1897, cinco anos despois que Francisco Franco, case medio século máis tarde que Pablo Iglesias. O seu pai finou o ano seguinte a bordo do acorazado Oquendo, afundido polos Estados Unidos na Guerra de Cuba. A nai casou de novo e embarcaron para a Arxentina, pero Antonio tivo problemas co seu padrasto e viaxou só a Ferrol con dez anos. Formouse durante anos e no 1914 regresou, a punto de cumprir dezaoito e embebido en lecturas rusas moi inspiradoras.

Buenos Aires era unha fervedoira obreira en frición permanente co novo capitalismo. Os traballadores, case todos inmigrantes, traían de Europa ideais socialistas e anarquistas, e fundaron sindicatos. Celebrábao *La Nación* nun Primeiro de Maio: «Había na reunión pouquísimos arxentinos, do que nos alegramos moito». Xunto a cataláns e italianos, os galegos crearon sociedades gremiais de tranviarios, panadeiros, carreiros e portuarios. En 1916 o radical Hipólito Irigoyen gañou as primeiras eleccións democráticas, xusto antes da Revolución Rusa. O panorama caldeouse e estoupou tres anos despois coa Semana Tráxica e o seu regueiro de mortos e deportados. Para entón o noso Soto xa estaba embarcado nunha nova aventura no sur.

A Patagonia é unha soa unidade xeográfica que multiplica por catro a superficie de España, un territorio vastísimo no extremo do Cono Sur, un deserto inhóspito gris e frío, varrido polo vento e o po, que comprende dous países, varios relevos e climas e, común a todo, posúe un influxo inexplicable.

De sempre foi terreo fértil para as promesas, paraíso para idealistas como Soto. Bruce Chatwin, xornalista inglés que escribiu *In Patagonia*, unha obra de ourivesaría xornalística, inspiración para amantes dos confíns americanos, descríbeo como un «galego enxoito, roxo, que apenas acabara de perder a pelusa das meixelas, con eses ollos azuis miopes que se asocian coa ambigüidade e o fanatismo celtas». E conta que o elixiron secretario xeral da Unión Obrera cando baixou o prezo da la, o que empeorou aínda máis a vida dos traballadores.

Os peóns reuníanse en asembleas axitadas polo propio Soto, onde redactaban as súas esixencias, tan nimias como dispor de velas nos galpóns ou ter as instrucións do botica de primeiros auxilios en castelán e non só en inglés. Soto, secundado por outros galegos como Ramón Outerelo, alentou unha folga xeral.

O goberno mandou o exército evitando os tribunais, e unha policía ineficaz e corrupta. Despois dunha trama vertixinosa, militares e peóns enfrontáronse na estancia Anita, a corenta quilómetros do glaciar Perito Moreno. Había discordancia de opinións dentro dos galpóns. Unha parte quería aceptar a proposta de rendición dos soldados. Soto dixo entón unha frase, que recolle Bayer nos seus libros con épica lapidaria: «Eu non son carne para tirar aos cans, non me rindo», e escapou xunto co seu grupo de confianza, formado por chilotes —habitantes da illa de Chiloé—. Con eles cruzou a cordilleira e comezou outra vida. Entretanto, coa luzada do día, os que quedaron entregáronse pensando en salvar a vida, pero foron obrigados a abrir a súa propia tumba. Morreron por centos.

Segundo os cálculos de Osvaldo Bayer, oito de cada dez mortos na rebelión patagónica eran orixinarios de Chiloé, un lugar especial para Antonio Soto, porque de alí eran os seus acompañantes e a súa segunda muller, mais tamén porque lle facía lembrar a súa terra, con toda a razón para quen a coñece. Ubicada na mesma latitude, pero no hemisferio sur, posúe rías ricas en marisco que nacen de vales entre montañas suaves e verdes, unha paisaxe única nun continente de cordilleiras, selvas e desertos, e ademais a súa capital chámase Castro. Por algo os españois bautizáron Chiloé como Nova Galicia.

Logo de viaxar por Chile, en 1945 Soto chegou a Punta Arenas, onde fundou un Centro Gallego e abriu un restaurante, refuxio de bohemios, que chamou Oquendo, en homenaxe ao barco onde morreu o seu pai. Conta Chatwin que cando alguén se queixaba el dicía: «Este é un restaurante anarquista, sírvase vostede mesmo».

O Centro xa non é Gallego

O segundo domingo de 1950 amenceu como corresponde ao verán austral: luminoso e cunha lixeira brisa, perceptible na bandeira que xa ondeaba a media hasta en Belgrano e Pasco, a fachada con recanto do Centro Gallego. Acababa de morrer Alfonso Daniel Rodríguez Castelao.

Preparábase a capela ardente no solemne salón de columnas, coa bandeira detrás, o escudo bordado en ouro, que lle regalaron para volver como presidente a unha democracia a que non chegou. Dende media mañá comezou a chegar xente a un salón que parecía un bosque de flores e non parou até o día seguinte. Os telegramas contábanse por decenas, as chamadas tamén. Xunto ao cadaleito presidían a escena o presidente do Centro, José Villamarín, e Alonso Ríos, o Siñor Afranio, figuras case xemelgas, calvos e de traxe cruzado, xunto ao crucifixo e a caixa aberta.

Ao día seguinte preparouse a comitiva que debía percorrer oitenta cuadras, oito quilómetros, até o cemiterio da Chacarita. O enterro estaba pactado para as tres da tarde, pero a riada de xente encheu a avenida Belgrano dende primeira hora. Pechouse o caixón con terra de Rianxo e encaixe de Camariñas. Virxinia Pereira, a viúva, despediuse por última vez. Unha dobre fila de enfermeiras custodiou a saída cara á rúa. Ao enfiar a porta comezaron a chover pétalos de rosa desde os balcóns e o tellado do Centro Orensano, ubicado do outro lado da rúa. Subiron o caixón ao carro tirado por cabalos para encabezar a caravana inmensa: doce carrozas con case cen coroas. E, tras el, outra fila de vehículos da colectividade e xente aos lados, o tráfico cortado e os arxentinos boquiabertos. Non se vira nada igual, din, dende a morte de Carlos Gardel.

Cambiaron os coches, a tecnoloxía, pasaron ditaduras e gobernos de varios signos, houbo crises de todas as cores e a Arxentina gañou tres mundiais, pero o Centro permanece inalterable por fóra e envellecido por dentro, como unha representación da propia diáspora.

O edificio ocupa o mesmo medio bloque en pedra e pintura branca. A entrada polo vestíbulo circular, o escaparate de Ediciones Galicia xunto á porta —cun busto de Castelao—, o salón de columnas, parecido a un banco antigo, todo segue igual. As escaleiras non cambiaron tampouco. E ao chegar ao corredor do segundo andar, á man esquerda, ábrese á vista unha cápsula do tempo. Unha porta modesta e vernizada, con pomo antigo e o número 202 enriba. Ao lado, unha placa contraditoria: «Eiquí morreu o 7 de xaneiro de 1950 o noso inmorrente Castelao», e unha vitrina coa súa foto e as súas obras editadas na Arxentina, máis unha máscara da peza teatral *Os vellos non deben de namorarse*. Tres veces estiven dentro dese cuarto en varias décadas e segue idéntica: a cama estreita coa manta marrón, arrimada a un biombo. Unha mesiña, un escritorio mínimo e a luz clara dando folgos a un espazo xélido.

Ocorreu ás 23.50 do 7 de xaneiro e foi embalsamado polo seu amigo, o doutor Sánchez Guisande. Pero o verdadeiro lugar de dor e preparación durante o ano anterior foi a súa casa unhas rúas máis arriba, o departamento 12, sétimo andar da avenida Belgrano 2605: O faroliño.

—Castelao segue estando aquí, é imposible que non estea —di, ollando o cuarto desde fóra, máis de sete décadas despois, Ramón Suárez, O Muxo, presidente do Centro.

As institucións creáronse para soster os paisanos do desarraigamento. Pero ao revés do que ocorre con outros lugares, o Centro Gallego de Buenos Aires non é unha sociedade recreativa, senón unha mutua asistencial e un hospital cun gran departamento de cultura. Naceu en 1907 con vocación de cubrir as necesidades dos emigrados, e cando se centraron na atención sanitaria, construíron este edificio que segue cheo de xente polos corredores, algunha cama sen inquilino nas urxencias, médicos atarefados e enfermeira dun lado para outro.

Durante décadas o Centro non parou de medrar, entre a infinita colectividade da primeira ondada e a xente nova que chegaba na segunda: nos anos sesenta chegou a ter cento vinte mil socios e unha intensa vida política e cultural. Creáronse as Mocedades Galeguistas, publicouse a revista Galicia. Era a entidade colectiva máis importante e nela non faltaba a disputa polo poder, especialmente tras a Guerra Civil. Díxose que votaba máis xente nas eleccións do centro que nalgunhas provincias arxentinas e o seu goberno conlevaba a articulación do mapa minifundista da diáspora.

En Buenos Aires as colectividades abriron os seus propios hospitais. Fundáronse o Italiano, o Británico, o Israelí, o Sirio Libanés, o Alemán, o Español. E o Galego, un dos máis avanzados e modernos. Coa cantidade de socios que tiña, financiábase coas cotas dos socios e a caixa rebordaba: xente moza e saudable en idade de producir e moi poucos anciáns dependentes para atender.

—Todo cambiou en 1970 —contou O Muxo, xa sentado nun despacho señorial nun lateral do edificio, outro lugar co reloxo detido—. A partir dese ano, cada asalariado do réxime xeral tería dereito á obra social, é dicir, a asistencia sanitaria a cargo dos sindicatos gremiais. Entón comezaron os problemas: para que vas pagar unha cota privada se xa che dan saúde no traballo? Así que os hospitais comezaron a desaparecer. Salváronse os que se converteron en empresas privadas.

Iniciouse unha interminable agonía ata o presente. Coa poboación envellecida e un funcionamento anacrónico, o centro tivo que buscar solucións ata que foi intervido polo Estado arxentino en 2012 e comprado por un grupo dese país sete anos despois.

Nada resume mellor o estado do patrimonio do centro que o lugar onde se gardan os libros. A porta, co escudo do Centro e a data de fundación no cristal, e unha vitrina coa edición orixinal do *Sempre en Galiza*, anuncia un espazo amplo no corredor principal do edificio, xunto ao caixeiro do Banco Galicia, pero só con abrir a porta métese un cheiro intenso a humidade polo nariz. A biblioteca ten libros por todos os lados, con dúas mesas cheas de tomos baixo a luz feble dos fluorescentes. No teito descascado as humidades parecen formar debuxos, proba da falta de mantemento e investimento para salvagardar o patrimonio, unhas cento sesenta obras de arte e dezaoito mil libros.

O Muxo, que viviu todo iso como xornalista da colectividade antes que como presidente, non está descontento, porque conseguiron que os emigrados de nacemento mantivesen atención sanitaria pese a perder a propiedade dos galegos, pero é crítico sobre o futuro. Agora mesmo son dous mil socios, deles aproximadamente a metade nados en Galicia. Unha pálida sombra do pasado.

—Quen se vai a facer socio do centro? Os que queiran usar a biblioteca ou ver os cadros? Iso é como facerse socio dun equipo de fútbol polo seu museo.

Rianxeira de Buenos Aires

Nunha cea galega de Nadal na Arxentina cómese, a pesar dos trinta graos do verán austral, cordeiro e bacallau, turróns e un postre de castañas, como se estivese no frío dunha aldea en decembro, nunha demostración de como a tradición cultural se impón ao rigor climático. Vivino nun club da colectividade, onde á hora dos licores comezaron as cancións e as gaitas. O punto culmen viviuse con «A Rianxeira», o produto máis arxentino de toda a noite. Aínda que non o adiviñaran os máis novos, a canción compúxose e cantouse por primeira vez en Buenos Aires.

En 1947, o comerciante e músico Anxo Romero, presidente da Sociedad Parroquias Unidas de Rianxo, a vila de Daniel Castelao, ao saber que o seu conterráneo volvía de París tras uns meses co goberno republicano no exilio, tivo a idea de facer unha proposta ao seu amigo Xesús Frieiro, Pinciñas, hábil coa pluma. Estaban seguros de que un xentío iría recibilo ao porto e poderían prepararlle unha canción para festexar a súa chegada. Puxéronse ao choio, inspirándose en coplas tradicionais cantadas na festa da Guadalupe de Rianxo —e, segundo se soubo nos últimos anos, tamén nunha canción popular castelá— e saíulles tan perfecta que preferiron non cantala a pé de barco na Dársena Norte, se non esperar ao día seguinte, cando se lle daría un banquete de benvida no centro rianxeiro. Tivo tal éxito que pensaron en gravala.

Tres anos despois conseguiron reunir, nun estudio de Montevideo, o coro que dirixía Romero, corenta voces masculinas e femininas vestidas de traxe tradicional, e o disco editouno RCA tras a morte de Castelao. Titulábase «A Rianxeira, Ondiñas da nosa ría» e tiña unha letra algo diferente á que se fixo famosa: «Moito me gustas, rianxeira / que estás aquí na Arxentina / vouche cantar e bailar / como alá na terra miña.

Ondiñas veñen, ondiñas veñen / ondiñas veñen e van / non te embarques rianxeira / que te vas a marear».

A primeira vez que se escoitou en Galicia foi no gramófono do bar Feliciano de Rianxo, ao recibila dende América recentemente editada. Dous anos despois, un coro gravouna alterando certas estrofas, coa censura á espreita, e a canción quedou inmortalizada para sempre nas dúas beiras.

Colexio Santiago Apóstolo

Un grupo de escolares atravesan a rúa Bartolomé Mitre e dobran cara á rúa Paso ondeando unha bandeira galega, cantando e bailando. Un xudeu ortodoxo, vestido totalmente de negro, mira de esguello acariñando a barba. Outro, con *kipá* e camiseta de raias, ignora o grupo mentres descarga rolos de teas dunha furgoneta. A metade de rúa, un asiático fai xirar un escarvadentes na porta do seu supermercado, mentres un traballador andino entra e sae con caixas de froita, coma se nada fose con eles. Os rapaces chegan a un edificio branco cun soportal arcado e un cartel ben grande: Instituto Argentino Gallego Santiago Apóstol. Alí amoréanse para festexar a súa graduación, como en cada escola da cidade, tamén nesta atípica institución, ariete da galeguidade no barrio máis multicultural.

O Once é un formigueiro de mercaderes vendendo todo o que a un se lle poida ocorrer: mil comercios e nin unha soa árbore. Situado no distrito oficial de Balvanera —e chamado así popularmente pola terminal de trens Once de setembro—, aquí instaláronse desde inicios do século XX xudeus e siriolibaneses e convertérono nun gran mercado téxtil. Posteriores migracións déronlle máis cores á zona: as de países limítrofes, como Bolivia ou Perú, pero tamén coreanos e chineses, mesmo senegaleses. Aos negocios de teas uníronse bazares do fogar, xoguetes, accesorios de móbiles, bixutaría, roupa interior, marroquinaría, que sumaron tráfico, xente e ruído, nun cóctel colorido e lingüístico. Só se baleira ao pecharen os comercios e as fins de semana, desde a caída do sol do venres, co sabbath e o descanso no colexio da rúa Paso.

A diferenza dos moitos edificios xudaicos porteños, este non ten nin policía nin bloques de cemento diante da porta para minimizar hipotéticos coches bomba —a sete *cuadras* de aquí cometeuse en 1994 o atentado contra a mutua Amia, 85 mortos—. Só unha reixa e decontado o *hall*. Alí está Carlos Brandeiro, director do colexio e emigrante á súa maneira, pois chegou como profesor de galego en 2001 e non regresou. Nacido en San Román, Cedeira, chegou pouco despois da creación do colexio. Había 42 alumnos; hoxe son case seiscentos. Nel impártese o programa curricular arxentino e engádenselle outras materias obrigatorias extracurriculares: lingua, literatura, historia e xeografía de Galicia, e optativas como baile e música tradicional. Desde 2025 é, ademais, o primeiro centro galego no exterior en emitir o título oficial de Bacharelato. Pero o máis distintivo é que un corenta por cento dos alumnos son doutras orixes.

—O noso papel é facer esquecer a Galicia ornamental e vetusta que se ten na emigración, ten que ser moderna e puxante. Aquí os rapaces tamén coñecen o noso pasado, pero a través das cantigas de Alfonso X, non a través de expresións folcloristas. Temos un capital e non se aproveita. Mirámonos ao embigo e fomos quedando illados como colectividade. Temos que estar nos núcleos de decisión e de poder, e por iso un colexio é tan importante. Sen transmisión xeneracional non hai nada, e a eles hai que darlles unha mensaxe de modernidade.

Chaman á porta e Brandeiro mira o reloxo.

—Son os rapaces —anuncia—. Abre a porta e entran dous mozos e unha moza coa camisola do colexio e o escudo (unha cruz de Santiago sobre un libro aberto). Teñen dezaseis e dezasete anos e están a piques de facer a viaxe de egresados —de fin de curso— por suposto a Galicia. É un trío tan diverso como o propio colexio: Matías, o máis alto, pelo rapado e cellas felpudo, é fillo de chineses da provincia de Fujian, a máis presente no país, asentados desde hai décadas no Once. Fixo toda a súa escolarización completa no Santiago Apóstolo e por iso fala galego fluído, como todos. Nicolás, moreno e varudo, é fillo dunha rianxeira e dun checo. No seu caso o cruzamento de culturas e idiomas é natural. No medio de ambos está Macarena, loira e miúda. O seu caso pecha un círculo, porque é a filla de Miguel Vilar, do *telo* de San Telmo, a neta de Argimiro e Alicia que se coñeceron no barco, tres xeracións que deron o xiro completo: os seus avós casaron na Federación de Sociedades, o seu pai naceu no Centro Gallego e ela estuda no Santiago Apóstolo. Todos son neofalantes en terra afastada co inconfundible acento galego rioplatense.

O noso Guernica

Polo labirinto interior do colexio pódese chegar, a través de corredores e escaleiras, ao Centro Galicia, situado no mesmo bloque. Fíxeno así en varias ocasións. Na última, Brandeiro acompañoume en silencio ao segundo andar e atravesamos un corredor ata entrar nunha sala de reunións. Ao final, tras dunha cortina azul e un panel de madeira, abriuse unha antesala con luz moi baixa onde había expostos varios debuxos da serie de negros de Castelao. Á beira, o pupitre do artista, unha vitrina con obxectos persoais seus e un busto. Alí, iluminado por focos direccionais, como suspenso no ar, estaba o cadro berrando desde a parede. Carlos fíxose a un lado.

A pintura, máis de dous metros de alto e case metro e medio de largo, mostra un adulto deitado nunha paisaxe tétrica, coa sombra dunha poza de sangue baixo o cranio apoiado no chan, e dous mozos, un axeonllado, o outro suxeitándoo polo ombreiro, chorando a morte do seu profesor. *A derradeira leición do mestre* é a homenaxe de Castelao ao seu compañeiro e amigo Alexandre Bóveda, dirixente galeguista asasinado no inicio da Guerra Civil en Pontevedra. A obra é unha adaptación ao óleo dunha das súas estampas de guerra, pintada en agradecemento ao Centro Orensano ao recibir o primeiro exemplar de *Sempre en Galiza*, alí publicado. Cando se uniron os catro centros provinciais, os bens culturais trasladáronse ao novo Centro Galicia, onde se expón en privado.

En 2018 unha enorme polémica puxo de manifesto que entre as dúas beiras hai, amais dun océano por medio, algunhas zonas pantanosas. A obra saíu por primeira vez da Arxentina para unha mostra en Santiago. Foi presentada polo presidente da Xunta, Alberto Núñez Feijóo, acompañado por todos os grupos parlamentarios. Só unha deputada se arredou da foto, a neta de Alexandre Bóveda, en protesta polas omisións ao franquismo no discurso de Feijóo. A polémica aumentou cando políticos de todo o arco defenderon que o cadro debería ficar de forma permanente. E desatouse a treboada.

Chámano o *Guernica* galego polo que representa a pintura, pero tamén se podería comparar pola derivada do seu traslado. A obra de Picasso viaxou de Nova York a Madrid en 1981 no medio dun secretismo de cine de espías. Díxose que co Guernica, encargado polo goberno republicano, repatriábase o «último exiliado». A formulación co cadro de Castelao, salientan na colectividade, é moi diferente.

—Estamos nun centro da diáspora, ou sexa, en territorio galego aínda que esteamos lonxe. Porque Galicia non só é a dos mapas. Pecharse niso é non entender a verdadeira dimensión do país —di Brandeiro diante da pintura. E continúa—. Se a vontade de Castelao fose que a obra marchase cara a alá, aínda podería ser. Iso ocorreu cos seus restos, pois é o que quería. Pero non co cadro. E ademais están as leis arxentinas. Este é un país soberano e o cadro forma parte do seu patrimonio.

Cruzáronse vituperios entre os que querían repatriar e os que se queixaban da concepción raquítica de país. Hai quen dixo que se podería enviar, co debido consenso, se houbese un museo da emigración e o exilio, pero nin iso hai. Algúns apuntamos, inocentes, que debería ser a primeira obra en recibir un simbólico certificado de patrimonio universal da galeguidade. Se a diáspora marca a nosa identidade, para que poñerlle fronteiras.

Roteiro Luís Seoane

Dous andares máis abaixo do cadro de Castelao exponse outra obra histórica. O mural *Campesiños Mallando* —coñecido como *A Malla*—, cinco metros por dous, presenta unha escena rural, con dous grupos de aldeáns trillando o cereal nunha era. O seu autor é Luís Seoane. As cores vivas que resaltan a composición e as figuras estilizadas resucitaron, tras unha restauración integral, baixo a graxa e a sucidade do mural, exposto durante décadas no comedor do Centro Lucense. Agora resplandece no edificio máis moderno da colectividade, onde está a oficina da Xunta e tamén o Ximnasio Keltia, así escrito no cartel que dá á rúa.

En 2007 comprobei de primeira man como restauraban paso a paso *A Malla*, un exemplo da obra xigantesca dun artista reivindicado a ambas as dúas beiras do Atlántico: para os arxentinos Seoane é seu, para os galegos é noso, e seguramente é a mestura máis acabada, porque naceu no barrio de Montserrat, en 1910, de familia emigrada a inicios de século, logo formouse en Galicia e logo da Guerra Civil exiliouse durante trinta anos en Buenos Aires, onde desenvolveu a maior parte da súa carreira artística, para facer un último retorno a Galicia, onde faleceu coas súas dúas identidades unidas. A sorte con Seoane é que se pode gozar na súa fundación, na Coruña, e tamén nas rúas da capital austral.

Desde os anos corenta a súa arte interveu a cidade e a súa esfera cotiá, nun teatro, unha galería comercial, un portal ou un aparcadoiro. Percorrer os seus murais é gozar dun itinerario *sui generis* de arte, un roteiro con mapa propio e todos os detalles para non perderse, porque moitas das súas obras están situadas en vestíbulos de edificios residenciais. O detalle deulle un matiz descoñecido para o gran público e á vez democratizou a súa propia obra como ninguén. Dicía Seoane que a parede era para o muralista como un folio en branco para o escritor, pero non opinaban o mesmo os seus veciños do número 1985 da rúa Montevideo, no selecto barrio de Retiro. Alí pintou un mural e un día cambiárono por un espello.

Empezou a testar a capital nos anos corenta —restaurante La casa de la Troya, en avenida de Mayo— sen saber que ía trazar un circuíto propio na cidade, mesmo no subsolo: un dos seus máis preciosos murais, un relevo de figuras femininas en cemento policromado, está na rampla dun garaxe, na avenida Correntes 2166. As galerías comerciais, de moda nos anos cincuenta, recorreron moito á súa asinatura: O *Mater Gallaeciae* nas Galerías Las Victorias, *Os músicos* na Galería Santa Fe ou o mural abstracto na Galería Larreta. E tantos máis.

O roteiro discorre polos barrios de Recoleta, Retiro, San Nicolás e Balvanera, e tamén por Belgrano (o barrio, non a avenida), coa súa forma personalísima de combinar culturas: meter unhas mariscadoras a toda cor ou a sega en portais nobres é poesía; el mesmo recoñece no seu extenso epistolario que nos seus murais retrata as tradicións e supersticións propias, «as que un burgués non pode entender». O *hall* de dobre altura do teatro San Martín acolle a súa gran obra: *Nacemento do teatro arxentino*, trinta metros de figuras esquemáticas e cores características de Seoane. Quen visite Buenos Aires pode gozar del sen tiquets nin colas.

Os murais só foron parte da súa polifacética obra. Seoane abriu editoriais —Citania—, fundou revistas —*Galicia emigrante*, que tamén tivo o seu programa de radio durante décadas— e dinamizou a cultura da quinta provincia. Viviu de perto premios, certames e os xogos florais, e tamén as xornadas en defensa da lingua. Escribiu poesía cando, despois de quince anos exiliado, marchou a Londres e París e nunha escala no porto de Vigo invadiuno a saudade. No barco escribiu *Fardel de eisilado* para deixar en letra o que xa facía nas outras artes. Era debuxante, deseñador de libros, gravador, ceramista e, á parte, ensaísta, poeta, xornalista, publicista. Conta Neira Vilas que un día levou á súa casa e a de Maruxa, a súa compañeira, unhas cuñas de madeira das serras paraguaias, porque traballaba nunha empresa do sector. Foi coma levarlle bombóns: daquilo tamén arrincou arte.

Cando regresou, elixiu A Coruña para asentarse: «Madrid ou Barcelona para ir vivir, non. En calquera destes sitios síntome máis emigrante que en Buenos Aires», escribiulle nunha carta ao seu inseparable Isaac Díaz Pardo. Con el creou a maior industria cultural do país, antes de falecer en 1979.

Sargadelos pasa pola Arxentina

A casa, con exterior de pedra, xanelas brancas e teito de lousa, aproveita a ladeira para agacharse e ao mesmo tempo dominar o val que forma o río Xunco en Cervo, na Mariña. O lugar chámase Sargadelos, unha parroquia con fama universal. Oculta entre salgueiros e froiteiras, deixa un camiño empedrado á entrada que conecta cunha estrada moi transitada para ser unha aldea. Á esquerda, subindo tras unha curva, está a explicación. Alí se abre, coruscante, a planta circular da fábrica de cerámica de Sargadelos, creada a inicios do século XIX e refundada por Isaac Díaz Pardo e Luís Seoane.

No xardín levántase unha araucaria, unha conífera propia do Cono Sur, e aquí por tanto un selo de distinción, como as palmeiras dos indianos, coas súas pólas separadas como se fosen tentáculos verdes, e que tamén simboliza a ramificación dunha familia marcada polo exilio, a arte e a cultura. Camiña entre as árbores Camilo Díaz, por riba de setenta e cinco anos, corpo pequeno e vital, de gran parecido cos seus pais, Isaac Díaz Pardo e Mimina Arias de Castro, tamén no seu espírito bulideiro. Está xubilado do seu traballo na fábrica de en fronte, onde era técnico de produción, ademais de membro da familia propietaria. A súa esposa, Adriana, arxentina de orixe dinamarquesa, tamén está retirada do seu traballo como pediatra local, logo dunha vida en conxunto que comezou na localidade bonaerense de Magdalena, a dez mil quilómetros de Sargadelos, pero a menos de cen da capital do exilio.

«Prendinlle na cabeza do meu fillo, unha estreliña forxada na irmandá e quero ver brilar a lus d'esa estreliña hastra chegar cegar». Camilo Díaz Baliño, pintor, escenógrafo e cartelista, foi fusilado en agosto de 1936. Días antes, dende o cárcere, empezou ese poema / texto adicado ao seu fillo Isaac, de quince anos, xa entón un artista que alternaba coas grandes figuras senlleiras no obradoiro do seu pai. Talento natural e precoz na pintura, sobresaíu como promesa en Madrid, pero nun lugar e nunha década equivocada. Nos anos corenta ofrecéronlle —por colocar un verbo— pintar os murais do Valle de los Caídos. Negouse e decidiu abandonar a pintura para pecharse e dedicarse á cerámica. Uniu forzas coa súa muller, Mimina, tamén artista, e montaron no Castro, en Sada, o xerme da industria que os faría célebres.

As autoridades remexíanlle o xenio sabendo do seu pasado: unha inspección de traballo, outra de facenda, ameazas de multas. O ambiente sinistro da posguerra ofuscaba a Isaac, así que en 1955 viaxou á Arxentina convidado a expoñer e reencontrouse con Luís Seoane, a quen coñecera cando el era neno. De Buenos Aires volveu apaixonado coa idea de montar unha cerámica na Galicia espallada. Nuns meses reuniu o capital necesario, achegado polos intelectuais galegos, e comezou a construción da nova empresa, que chamaron Celtia, aínda que sempre se coñeceu máis por Magdalena, o lugar onde se instalou a fábrica.

—Isaac marchou só, pero á familia íanos preparando para irnos todos, porque vía que o réxime era unha podremia. Eramos tres irmáns e os tres estabamos desde pequenos no Castro na produción de porcelana desde moi nenos. E finalmente acabei marchando eu uns anos despois, a vida, oíches?

Camilo mestura o retrouso arxentino co galego, recostado no sofá da súa sala, mentres fala do seu pai. Díaz Pardo tiña o pulso do artista do Renacemento que facía todo: deseñaba, inventaba, pintaba, escribía e, ante todo, emprendía. Paz Andrade chamábao «o xigante comprimido».

—De cada viaxe, Isaac —así chama sempre Camilo ao seu pai— viña con novas ideas: quería recuperar a historia de Sargadelos, que sempre lle chamou a atención, a través dunha idea maior, o Laboratorio de Formas.

Tratábase dun instituto artístico de innovación inspirado na Bauhaus onde se forxarían novas institucións culturais ao redor xunto a Luís Seoane: «Queremos enriquecer o mundo coa nosa diferenza», dicían. E así, xuntos, crearon unha identidade estética nacional, cristalizada na apertura de Sargadelos.

—Entón díxome que fose estudar alí, mentres el ía e viña. Aquilo era impresionante, Arxentina estaba moito máis avanzada intelectual e ideoloxicamente, sobre todo as mulleres. Eu *consubstancieime* co país. Fun militante das Mocidades Comunistas Universitarias, onde coñecín a Adriana. Volvín e regresei a Magdalena. Recibín clases de cerámica e construín fornos na fábrica. En 1976, o ano do golpe de estado arxentino, Isaac pediume volver; agora as cousas poñíanse feas alá. E aquí morreu Franco, así que el insistía tamén aos exiliados: «Vide, hai que volver, que a terra vos necesita, que aquí sodes grandes descoñecidos», dicíalles Isaac. E algúns incomodábanse. Rafael Dieste, personaxe fabuloso, daba golpes na mesa: «Non o creo, como non van coñecer a miña obra?». A algúns que volvían sen diñeiro ofrecíalles un apartamento que tiña en Madrid. Por alí pasou medio exilio, e incluso Lorenzo Varela morreu alí.

Camilo, que herdou o nome do seu avó inmolado, levántase e camiña pola casa facendo un percorrido pola impresionante colección familiar: acuarelas de Mimina, óleos de Isaac e outras obras do seu irmán Xosé, deseñador e académico da arte. Nun despacho, centos de libros de Ediciós do Castro, e un arquivo con seiscentos sobres de fotos, a historia completa dunha aventura épica que se apagou neste século.

Coñecín a Isaac Díaz Pardo nunha homenaxe no Centro Cultural Borges, na rúa Florida, en 2008. Emocionouse ao falar de Luís Seoane e de Magdalena, quizais polos momentos duros que acababa de pasar ao ser afastado da dirección por outros accionistas. Logo do seu pasamento, en 2012, a nova Sargadelos tomou novos rumbos que aldraxaron a idea orixinal ata esfolar o espírito do proxecto. Queda a obra indeleble nas cociñas e andeis de todas as casas galegas e de medio mundo.

O masacre de San Patricio

O debuxo, tirado dunha banda deseñada de Mafalda, mostra un policía uniformado, con gorra de prato e unha porra colgando do cinto. Ao seu lado, a nena creada por Quino di: «*Ven? Este es el palito de abollar ideologías*». Un póster con esa ilustración apareceu sobre o cadáver do sacerdote palotino Salvador Barbeito Doval, tirado boca abaixo e colocado xunto a outros catro compañeiros na casa parroquial de San Patricio, un templo de ladrillo vermello e un altísimo campanario, no acomodado barrio de Belgrano, cribados a sangue frío con setenta balazos. Era domingo, 4 de xullo de 1976, e había pouco máis de tres meses que a Arxentina vivía baixo unha ditadura militar. Aínda que a prensa publicou un comunicado oficial no que atribuían a chacinaría a «elementos subversivos», a propia Iglesia denunciou o terrorismo de estado, coñecedora de que os sacerdotes estaban ameazados. Cando o nuncio se reuniu coa xunta militar para pedir explicacións, recoñecéronlles que quizais foron «grupos de tarefa fóra de control».

Os corpos descubríronos os veciños que esperaban para entrar á primeira misa do domingo. Tiña a marca dunha operación encuberta dun grupo paramilitar, probablemente da temida Escola de Mecánica da Armada. Entraron de madrugada e actuaron en represalia por un atentado guerrilleiro nos días previos contra un cuartel da policía, tal e como deixaron escrito con pintadas na parede: «Polos camaradas dinamitados en Seguridade Federal. Venceremos. Viva a Patria», dicía unha delas. «Estes *zurdos* morreron por ser adoctrinadores de mentes virxes e M.S.T.M» (siglas do Movemento de Sacerdotes do Terceiro Mundo).

Os relixiosos tiñan apelidos europeos tan diversos coma o propio país: Duffau, Leaden, Kelly, Bartletti e Barbeito. Asañáronse co último, o máis novo, porque se achegou ao teléfono para pedir axuda, e, como unha cuspidela na cara, puxéronlle enriba o debuxo de Mafalda que tiñan pegado na parede. As investigacións policial e xudicial perdéronse nos labirintos da ditadura.

Tres décadas despois visitei os seus pais, emigrados en 1948 desde Portonovo, Sanxenxo, Pontevedra, cunha nena e un neno que axiña desenvolveu unha forte inclinación relixiosa. Mentres o pai traballaba de mariño mercante, o mozo Salvador ingresou no seminario e estaba a piques de ordenarse cando chegou o golpe de estado.

Ese día os dous agardábanme na súa casa para falar por primeira vez sobre o caso. Vivían nun humilde piso de paredes amarelentas, unha mesa redonda con fotos de netos e a gran imaxe do seu fillo Salvador. Estaban quebrados como se o tivesen perdido o día anterior.

—Cansámonos de escoitar que había que perdoar. Como perdoar que lle maten un fillo, díxome a súa nai, Rosario Doval, Saruca, entre saloucos e unhas olleiras de décadas.

—Foron militares que querían matar e mataban. Déronnos as desculpas pero…xa estaba morto —dicíame, engolindo a voz, o seu pai, tamén Salvador, xubilado—. Meu fillo era un seminarista que traballaba no colexio e que levaba os mozos a campamentos. Dicían que os atacaron porque un dos curas daba sermóns sobre a pobreza que non gustaban á xente importante do barrio.

A Federación de Sociedades presentou en 2007 dúas querelas contra o exército polos vinte e tres mortos e desaparecidos galegos na ditadura. Acudín á presentación nos tribunais e entrevistei o premio Nobel da Paz, Adolfo Pérez Esquivel, fillo dun emigrante de Combarro. «Isto é sementar o presente e o futuro, para que todos poidan vivir en liberdade», díxome nos corredores. A investigación xudicial non atopou aínda responsables. O cardeal Bergoglio, daquela Papa Francisco, impulsou a beatificación dos relixiosos como mártires da fe. Unha placa na porta de San Patricio lembra os palotinos como «vítimas do terrorismo de estado». Escribiuse un libro e filmouse un documental sobre o suceso, pero o masacre segue impune.

Nisa, a galega de Zona Norte

O sol comezaba a baixar como todos os finais de marzo, un inicio de outono austral, lento, limpo e despexado, peneirando a luz entre as árbores que dan unha aura verde a esta cidade xigantesca. Era xoves, iso é importante. Era 23 de marzo de 2006 e ao día seguinte cumpríanse trinta anos desde o inicio da última ditadura militar na Arxentina, e quería entrevistar unha das nais de praza de Mayo chamada Nisa, coñecida como «a galega da Zona Norte». Vina ao chegar, co pano branco ao redor da cabeza, as puntas atadas a modo de lazo que semellaban transparentes polo sol, marchando con centos de persoas, moitas adobiadas como ela, gritando o retrouso de sempre:

«Agora, agora, resulta indispensable, aparición con vida e castigo aos culpables».

O 30 de abril de 1977 un grupo de catorce mulleres reuniuse na praza de Mayo para reclamar información sobre os seus fillos desaparecidos, previa detención ilegal ou secuestro a mans da ditadura. Era xoves. Ante a prohibición de xuntarse en grupos de máis de dúas persoas, as mulleres empezaron a dar voltas ao redor da pirámide do centro da praza, caneando a disposición militar. Dende entón, aquelas mulleres, constituídas como Madres de plaza de Mayo, repetiron liturxia, e a rolda nunca parou. Cada xoves ás 15.30 continúan a facelo, as que viven e moitas outras que as relevaron pedindo memoria, verdade e xustiza, os tres piares da súa reivindicación.

Nisa, apelativo familiar de Dionisia López Amado, de Cedeira, tiña os ollos verdes e o pelo claro, a fronte e os pómulos moi engurrados e unhas lentes afumadas moi grandes con montura de metal. Levaba pendurado o cartel que identifica as nais, igual que o pano branco, polos seus fillos, retratados en fotos xunto á data da súa desaparición: «Antonio Díaz López e Stella Maris Riganti, a súa muller, desapareceron o 15 de maio de 1976». Cos dedos cheos de aneis sostiña unha pancarta pedindo verdade. Avanzaba, mangallona, con xersei verde e vaqueiros, e un gran colar de contas brancas e grises. Movía a cabeza cun pequeno tic. Cando terminou a rolda esmagoume a chuchos deixando ver os dentes grandes e sorrindo como calquera avoa.

—Cando chega o 24 de marzo cámbiame a saúde. Volvinme máis sensible ao recordo do meu fillo, que non teño esperanza de atopar vivo. Non creo que haxa nada semellante a que che desapareza un fillo. Porque cando non o podes enterrar, porque non o viches morto, como elaboras un dó? —díxome sentada nun banco de praza de Mayo. Soaba a gaita dun mozo descendente vestido coa camiseta reivindicativa daqueles anos en Galicia contra a xestión da catástrofe do Prestige, co mesmo lema antidictadura: «Nunca máis».

Acababa de cumprir setenta e oito anos e levaba máis de medio século na Arxentina, xa retirada do seu traballo como modista nunha empresa téxtil en Tigre, ao norte da capital. Fumaba moito e atropelado. Empezara moi tarde, cando os militares lle secuestraron o fillo xunto á súa noiva, ambos os dous traballadores sociais nas *villas miseria* e militantes de esquerda. Durante anos presidiu a comisión de familiares de desaparecidos españois e declarou nas causas abertas contra os xerarcas militares arxentinos.

—Son moitos anos de loita de moito sufrimento e dor, pero mira, o que queremos deixar é a memoria: é o único que se pode rescatar, porque eles non están. Que eles estean presentes cando nós non esteamos máis. Ata o día da miña morte seguirei loitando porque podo chorar, pero non vou quedar paralizada.

Morreu dous anos despois daquel encontro. Á galega de Zona Norte chovéronlle homenaxes e moitas perpetuaron a súa loita levando a pancarta cada xoves. E xa van camiño de tres mil consecutivos.

Ao mesmo tempo viñeron as Abuelas de plaza de Mayo. Estas buscaban, e buscan, os seus netos desaparecidos, bebés apropiados polos militares tras as detencións ilegais de activistas. Entre elas, varias galegas ou descendentes, como Elsa Sánchez Beis, filla de dous emigrantes de Vila de Cruces. O seu marido, Héctor Oesterheld, foi o creador d'*O eternauta*, unha soada banda deseñada de ciencia ficción na que Buenos Aires sofre unha invasión extraterrestre, e cuxa interpretación política equipara os invasores coas ditaduras militares que viviu o país. Oesterheld, militante peronista e da guerrilla Montoneros, foi secuestrado e desapareceu en 1977, do mesmo xeito que as catro fillas que tiveron Elsa e el, de entre dezanove e vinte e cinco anos, as catro tamén militantes, varias embarazadas ou con fillos. Dos catro nenos apropiados, dous foron recuperados e logo criados por Elsa, pero dous seguen desaparecidos. A última ficción audiovisual baseada n'*O Eternauta* reactivou a procura dos netos para podelos sumar á lista de 140 netos recuperados.

«Lalín-Alfonsín»

En 2009 comprobei de primeira man o fervor que levantaba Raúl Alfonsín polo seu papel na volta á democracia. Foi no seu funeral. Na praza do Congreso, de onde partiu unha carroza co cadaleito cara ao cemiterio da Recoleta, as señoras tirábanse enriba do caixón. Algunhas delas eran emigrantes e dicían que era «un dos nosos».

A chegada ao poder en 1983 deste político socialdemócrata, de cabeleira *tanguera* e bigote de cepillo, significou un cambio nas relacións de España con Arxentina. Remataba a ditadura e abríase un novo período. Tiña sintonía con Felipe González, recentemente instalado na Moncloa, e mantiña boa relación con todo o abano político, tamén cos Reis. A todos eles saudounos nunha das primeiras visitas de estado que fixo, en 1984. Pero había algo máis. Como Fidel, empeñouse en ir á terra dos seus antergos.

Unha multitude recibiuno na súa aldea de Casaldarnos, en Ribadumia, de onde emigraran os seus avós. A xente gritaba «Arxentina, Arxentina» e axitaba bandeiras. Baixou do helicóptero e, entre o xentío, chegou á solaina de granito da súa casa familiar. Alí pronunciou un discurso improvisado coa súa voz de locutor, suando o traxe na calor de agosto, fronte a un mar de cabezas, coma se fose o balcón do Cabildo onde tomou posesión meses antes ou o da Casa Rosada, e onde diría aquilo de «A casa está en orde», para tumbar os levantamentos militares dos carapintadas. Pero en Casaldarnos, con paisanos subidos aos hórreos, debuxouse unha escena máis emocional, como se houbese algo máis. Ao visitar Lalín, por petición propia, explicouno. Alí esperaba un xentío aínda maior, disque de vinte mil persoas, case tantas como o concello enteiro. A xente berraba ao unísno «Lalín-Alfonsín!», que quedou para sempre na memoria da localidade. Nomeárono fillo adoptivo e descubriron un monólito na súa honra, e cando alcanzou o balcón, saudou cunha frase para lembrar: «Queridos amigos de Lalín: vostedes non o sabían, pero hai tempo que nos coñecemos».

Non se refería á súa familia, senón a un amigo chamado Aurelio Cortizo, o seu protector durante os encontros que cada mércores, durante a ditadura, tiña con correlixionarios da Unión Cívica Radical. El mesmo narrou o medo que a xente tiña a refuxialos. «Ata que unhas portas se abriron de pao a pao e todas as semanas atopámonos na clandestinidade grazas á hospitalidade dun club. E eu xureime que cando recuperásemos a liberdade e a democracia ía ir a esa comarca para dar testemuño do orgullo dos que quedaron. Ese club era o dos fillos de Lalín». Caía a praza emocionada.

No centro, reconvertido despois en Lalín, Agolada e Silleda, un dos máis coñecidos de Capital, seguíronse celebrando as reunións dos radicais en democracia. En 2023 inaugurouse unha sala chamada Raúl Alfonsín, cun retrato seu onde se reunían en secreto, e descubriron unha placa cunha lenda: «Hai tempo que nos coñecemos».

Galicia nas Malvinas

O Estreito de San Carlos divide as dúas maiores illas do arquipélago das Malvinas, unha brochada de rocha e mato que ata no mapa parece golpeado polo vento, e que nalgún momento, millóns de anos atrás, esgazou do continente como esculpido a cicel, deixando as illas ciscadas no mar. O que a xeoloxía formou, logo a política enlamouno, en época das colonizacións e en 1982, coa Guerra das Malvinas. Enfrontáronse Inglaterra, a potencia que as ocupou en 1833, e a Arxentina, o país que reclama a súa soberanía desde a súa independencia de España. Abafado polos problemas económicos e a baixa popularidade, o goberno militar decidiu que era boa idea plantarlle cara ao inglés —ou á inglesa, porque a premier era Margaret Thatcher— e invadir as illas.

Para dar soporte lóxistico e de transporte de subministracións, a Arxentina utilizou a súa mariña mercante, na que traballaban un bo número de emigrantes.

Cinco semanas despois da invasión, cando aínda era incerto o signo da guerra, un deses buques, o Isla de los Estados, foi bombardeado por unha fragata inglesa. Estourou cos seus tanques de combustible a rebordar e a maior parte da tripulación morreu. Salváronse catro mariñeiros en botes salvavidas; dous eran galegos. Alfonso López, coruñés: tras días de penurias, sen alimentos e bebendo auga de choiva xélida no eterno vendaval do Atlántico Sur, foi rescatado xunto a un compañeiro, curiosamente por un barco inglés. Os da outra balsa neumática non tiveron a mesma sorte. Ían a bordo un arxentino e un galego, que nunca foi atopado. Declarárono heroe de guerra pese a non ser militar nin tampouco arxentino. Chamábase Manuel Olveira Insua.

Cando se cumpriron vinte e cinco anos achegueime a Lanús Oeste, a ver unha estatua situada nunha praza na reixa de rúas interminable do Gran Buenos Aires, case vinte millóns de habitantes. O monumento representa a figura dun home a ombros dun compañeiro, con bigote e pelo coa raia ao lado. Debaixo, unha placa: «*Manuel Olveira, un gallego enorme. 1934 Finisterre (Galicia)-1982 Islas Malvinas (Arxentina)*».

—Soubémolo da peor das maneras: pola televisión. Cando había un ataque cortábase a programación e ofrecíase un comunicado militar. Ese día dixon que se perdera o contacto co buque de Manuel e xa nos desesperamos —díxome a súa viúva, Carmen Cambeiro—. Recordo que era o comunicado corenta e sete, teñoo presente como se fose hoxe.

Os días pasaron densos ata ter a certeza de que non ía aparecer. Non entendía por que fora á guerra, cando podía ter renunciado precisamente por ser estranxeiro. Pero Olveira era teimudo, contoume Carmen, que o coñeceu nun baile na Federación de Sociedades. Tiña nove irmáns, dos cales só un quedou en Fisterra.

—Meu pai e meu home eran iguais niso. E o Manolo era moi insistente con non nacionalizarse. «Nacín galego e morrerei galego». Pero así e todo, foi. E mira, Alfonso, o que sobreviviu, era de Fisterra tamén e coñecíao. Nunca volveu falar da guerra.

Uns días despois voei ás Malvinas nunha das viaxes máis alucinantes da miña vida, porque puiden apalpar coas mans, un cuarto de século despois, un libro de historia real. Os campos de batalla estaban intactos, con avións derrubados sen tocar, as fuselaxes esnaquizadas polo chan. Nos outeiros hostís e varridos pola ventada constante toquei mantas, munición, obxectos persoais metidos na terra, como se estivesen na nevera eterna daquelas terras. De alí levei, de feito, vainas de bala de fusil.

A pregunta era como aguantaron naquelas trincheiras precarias, fendas no monte onde se tapaban como podían da friaxe, tratando de quecer as racións de comida fornecidas por barcos como o de Olveira. Había que imaxinar moi pouco para empatizar cos desertores de *Los pichiciegos*, a novela de Fogwill. Nese lugar, onde non conseguía manterme de pé polo vento, librouse a gran batalla terrestre da guerra en Pradera del Ganso, ou Goose Green. Moi perto álzase o cemiterio arxentino de Darwin, aínda que o construíron os ingleses cando dende a Casa Rosada lles comunicaron que non tiñan que repatriar ningún cadáver, porque «xa estaban na súa patria». No medio da desolación vense as cruces brancas no chan e outra enorme ao fondo, cun cenotafio presidindo a escena co nome dos 649 caídos. Entre eles aparece Olveira, aínda que nunca se atopou o seu corpo.

Aparte do camposanto e da estatua, déronlle o seu nome a un illote no estreito onde perdeu a vida: Isla Olveira, e así figura na cartografía arxentina.

Chegar ás Malvinas non era sinxelo. Había que voar a Santiago de Chile primeiro, de aí a Punta Arenas e facer noite, porque o único avión semanal dende a Patagonia chilena cara ás Malvinas saía a primeira hora, sen outra conexión posible. Ou sexa, tres voos, dous países e unha noite de hotel, para unha viaxe que se resolvería nunha hora e media, se non fose por esa consecuencia colateral do conflito.

Cando cheguei, varios habitantes deron o mesmo titular: «Grazas á Arxentina porque nos cambiaron a vida». Refiríanse á zona exclusiva de pesca recoñecida tras o conflito, que provocou unha mellora exponencial do arquipélago. De vender la pasaron a ser donos dun dos maiores caladoiros do mundo: no seu mar captúrase boa parte da lura que se come en Europa, tamén pescada negra e lagostino. Os galegos correron atrás para aproveitalo: onde acaba unha guerra comeza un negocio. Nesas duascentas millas exclusivas dominan os barcos da nosa frota, pero abandeirados nas Malvinas, onde formaron empresas mixtas con compañías locais. Os armadores galaicos habilitaron unha oficina en Port Stanley para os ingleses, ou Puerto Argentino. En 1989 acudiu á chamada un home sapiente chamado Antonio Cordeiro, que se converteu no único galego residente nas Malvinas.

A súa capital é un enclave de dous mil habitantes que parece quitado dunha zona costeira de Inglaterra ou Escocia: casas ciscalladas mirando ao mar co seu valadiño de madeira e o seu xardín, onde a herba crece a duras penas polo clima rigoroso. Eu mesmo durmín durante unha semana —estancia mínima nas illas dado o escaso tráfico aéreo— nunha casa particular, cunha señora que facía o té na regulamentaria *kettle* e cociñaba no forno excelentes bolos de frambuesa importada de Chile. En castelán non sabía, ou non quería, dicir nin «*hola*».

A pequena vila tiña unha cabina telefónica vermella, unha caixa de correo do Royal Mail, un súper, un museo e un pub pintoresco con moito ambiente, especialmente o día de permiso dos soldados. Máis aló na liña de costa estaba a Casa do Gobernador, na rúa Margaret Thatcher. A guerra xa quedaba lonxe, pero todos tiñan a resposta preparada a calquera pregunta. Superado o trauma, todo fora ganancia. Os descendentes dos pastores de ovellas manexaban agora coches de cincuenta mil libras e superaban por moito a renda per cápita británica. Cordeiro acaera naturalmente nesa sociedade onde todos se coñecían: nas illas hai medio millón de ovellas, pero apenas 2500 civís e outros tantos militares na base subterránea, unha cidade en si mesma. A inmigración intégrana chilenos e orixinarios da illa de Santa Helena, si, a de Napoleón.

Grazas a Cordeiro coñecín unha diáspora flotante. Enbutinme no seu traballo, acompañándoo a el e ás autoridades malvinenses aos barcos. Embarquei en varios arrastreiros, vin como inspeccionaban as capturas e falei cos tripulantes. Xente do Barbanza, do Morrazo ou da Costa da Morte, que pasa embarcada medio ano, e durante moitas semanas flotando. A xente do Fígaro, un buque de Ribeira, aseguraba que de cando en vez recollen unha bomba que quedou no fondo. Os do Kalatxori dicían que «os ingleses lles quitan a unhas illas de pedra e ovellas toda a tinta da lura». E Cordeiro, que tiña un fillo criado nas Malvinas e listo para emprender o camiño dos mozos das illas —Inglaterra—, dixome que despois de vinte anos estaba desexando volver a Galicia e ao seu clima marabilloso. Comparado co de Malvinas, de seguro que si.

Saltar entre ditaduras

Cando morreu Augusto Pinochet, crucei a cordilleira dos Andes para cubrir a súa despedida. Alí aconteceume o que nunca en América Latina, fose un conflito, noite electoral ou catástrofe: recibín a hostilidade da xente en pleno directo de televisión. A idea era saír para o Telexornal xunto ás colas quilométricas de seguidores á espera de entrar na capela ardente. Xa notara reticencias a contestar preguntas nas entrevistas que ía facendo na fila, pero cando chegou a hora do directo, un coro comezou a escoitarse ao meu redor: «Garzón, Garzón, marxista e maricón». Non levei a peor parte. Á compañeira de TVE sacudírona e tiráronlle cascas de plátano, iogures e unha boa presa de improperios.

Perto de alí, observando todo, en silencio e cunha pausa que non parecía deste mundo, estaba Manuel Calvelo, académico e teórico da comunicación, que tiña aprendido como reaccionar á ira dos pinochetistas: con indiferenza. Coa súa nai e o seu irmán, Calvelo fuxiu de dúas ditaduras, a de Franco en España e a de Onganía na Arxentina, e sufriu a terceira en Chile, o país dos tres terzos. El explicábame esta interesante teoría, cos brazos atrás, coa súa gorra e os seus anteollos, a uns metros daqueles que levaban flores e tributos ao ditador morto, segundo a cal até a ditadura había tres bloques moi marcados no país, o democristián de clase media, a esquerda popular e a clase alta dereitista e militarista. Este bloque non dixeriu moi ben o que veu despois de 1990. E así é fácil chegar á escena dos berros o lanzamento de iogures.

Manuel Calvelo nacera en Curtis, A Coruña, fillo do seu homónimo pai e Isabel Ríos. A parella, que durante a República organizara o Partido Comunista no seu concello, foron detidos tras o golpe de Franco e condenados. A Calvelo pai, médico, fusilárono o derradeiro día de 1936. A Isabel conmútarolle a pena capital por cadea perpetua, aínda que finalmente só cumpríu sete anos na cadea. Cóntao ela mesma no libro *Testemuño da guerra civil*, onde dá exemplo de afouteza nunha existencia marcada pola represión.

En 1947 saíu cos seus fillos Manuel e Roberto cara a Buenos Aires. Alí traballou e seguiu militando no Partido Comunista, ata que foi expulsada por desavinzas e caeu no desencanto coa política partidista. Cando morreu Franco voou de inmediato a España, sen deixar de sufrir o baleiro sen a súa parella. Por iso tomou o camiño das memorias, o exorcismo necesario.

Os seus fillos debuxaron un arco diferente ao habitual. Na Arxentina, despois de traballar en panadarías ou comercios, convalidaron os seus estudos e atoparon un camiño pioneiro na televisión e na universidade. Coa *Noche de los bastones largos* —un episodio de represión da ditadura de Onganía contra universitarios e docentes—, fuxiron a Chile para continuar cos seus proxectos educativos e de comunicación, coa mala sorte de que subiu Pinochet ao poder e tiveron que escapar de novo. Tras un tempo en Perú, Manuel regresou co post pinochetismo.

Calvelo era unha *rara avis* remigrada a un país cunha colectividade menor cá dos países atlánticos, pero presente, como comprobei no terremoto que sufriu o país en 2010. En Talcahuano o mar saíu do molde e cuspiu os barcos a 200 metros ata aparcalos ordenados en terra como se fosen bicicletas. Na zona cero, en Concepción, e en Santiago, estiven con ourensáns —dunha emigración ultralocalizada, case todos de Chaguazoso, na Mezquita—, case todos panadeiros, bourando cunha forza impresionante para que non caesen as súas casas e tafonas.

Descendentes de ollos azuis e acento chileno decían, en galego aprendido a doce mil quilómetros, que non pasaba nada, que a muralla de adobe con ladrillo podía derrubarse e facerse de novo. Cando volvín falar con Calvelo eses días, coa súa calma habitual, dixo: «Aquí na mestura cos españois formouse unha etnia con certo fatalismo e moita resiliencia. Se o pensas, é todo moi galego».

As memorias mariñas de Perfecto Marcote

A televisión, pequena e cadrada, cuspe a chegada da enésima fronte fría aínda que aquí vai unha calor de mil demos. O presentador da TVG dá paso á encargada da información do tempo, unha relixión en Galicia, co seu particular léxico e os seus prognósticos por horas, tamén sobre a oleaxe no mar e un repaso por bisbarras, dende Ortegal ao Miño. Cando chegan á montaña de Lugo, as dúas siluetas que se cortan na luz branca da cociña aguzan o oído e encrequénanse fronte ao aparello. Son Ada e María, dúas xubiladas que parecen fotocopias con dez anos de separación. Como varios miles de galegos, elas reciben axuda asistencial para paliar as crises sucesivas e as baixas pensións: «Todo aumenta e nada alcanza». Naturais da Fonsagrada, levan máis de media vida en Avellaneda, cidade veciña e independente da capital, aínda que no mapa só a separe o Riachuelo.

A capital —pechada, coa mesma poboación que hai oitenta anos— remata nunha autopista de circunvalación chamada General Paz. Só é unha lingua de asfalto, pero as diferenzas co outro lado son notorias. O que un día foi sinónimo de riqueza industrial, hoxe é un minipaís con enormes bolsas de pobreza das que non se salvan os emigrantes, en Quilmes, Lomas de Zamora ou, por suposto, Avellaneda.

Alí existe un Centro Gallego dos máis antigos (1899) e outra sociedade importante polo seu labor social. O Centro de Xubilados e Pensionados axuda dende 1992 os paisanos en situación de necesidade. A colectividade, «de poucos ricos e non moitos pobres», segundo estimou Pérez-Prado, sufriu os impactos das crises, pero os vellos levaron a peor parte, sen a pensión nin o sistema de saúde europeos. O centro fundouno Perfecto Marcote, de Fisterra, cando el mesmo se xubilou. Reuniu fondos e comprou o terreo dunha antiga moblaría. Alí, debaixo dunha figueira, comezou a axuda aos primeiros socios, ata que puido edificar. Dende pequeno criárase nesa visión da vida e cando tivo oportunidade, brindouna. Chegou a ter máis de seis mil socios, atendidos por un médico, unha enfermeira, unha traballadora social e por Alejandra Marcote, filla de Perfecto, con man para todo. Alí coñecín as historias máis emotivas da emigración; os invisibles do país invisible.

En 2025 Alejandra vive en Fisterra. Canda o seu marido, Claudio —fillo de calabreses e napolitanos— volveu á fin do mundo de onde saiu o seu pai. Empurrárona os problemas de Avellaneda: unha banda de ladróns asaltou a súa casa cos seus pais e o seu fillo dentro. Pecháronos durante horas no baño. Dúas costelas rotas para Perfecto e un trauma para o neno, que non puido ver unha porta pechada durante moitos anos. Venderon as súas casas e con ese diñeiro mudáronse á vila e abriron un asador chamado Los Argentinos, pechando o círculo migratorio.

Alejandra mantén o seu cabelo longo e liso, ao estilo arxentino, igual que a facilidade para resumir a vida sen dramas. Na barra, o seu fillo Lionel, vinte e poucos, pon cafés e devolve o saúdo coma un mozo da localidade.

—El fala en galego de Fisterra, é un máis. Eu en cambio falábao máis na Arxentina, porque me apuntara aos cursos da Xunta, pero aparecín aquí co meu galego normativo e escachaban a rir de min, así que agora o gardo para os insultos —ri—. Á fin, alá era a *gallega* e acá a arxentina, *mirá vos*.

A nai, Edivia, finou en 2012, e Perfecto en 2016. Escribíronse obituarios na prensa, redobráronse homenaxes e lembranzas da opinión pública e Alejandra chorouno con amargura ao quedar sen a súa referencia vital.

—Aínda estou bloqueada e non son capaz de nada, case nin de mirar a boina que levaba sempre e que teño enmarcada.

De súpeto marcha á cociña e volve cunha bolsa con papelada dentro. Sen moito aceno, coa amabilidade de sempre, dime:

—Isto non o viu xamais ninguén, nin sequera eu, non podo. Es o primeiro e único. Mira a ver que che parece.

Hai documentación de migración dos seus pais, pasaportes da década de 1940, visados de varios países, certificados laborais. E tamén dous cadernos de espiral tamaño folio, de pauta simple, cun texto manuscrito de frases curtas con letra tremelicante, retorta e de rabos longos, con lóxicas faltas de ortografía pero cunha constancia e uniformidade exquisitas, as páxinas numeradas a man ata 150. É o relato de vida de Perfecto. Tardei meses en abrilo. Cando o fixen, mergullei e non parei dende o encabezamento: «Avellaneda, onde vivo neste momento, 23 de xullo de 2008». O que segue é unha transcrición modelada e moi resumida das súas lembranzas como emigrante no mar.

> Nacín o 4 de xullo de 1922 e con trece anos xa estaba no mar, porque ao rematar a primaria moi poucos nenos tiñan a dita de poder estudar pola pobreza. Alí subían nos barcos e a baixar, pola rampla, que porto non había, con zocas e boina. A miña familia tiña dúas embarcacións de pesca e nelas pescaba robaliza e *marajota* a dez millas da Praia de Nemiña.
>
> No outono de 1936 o meu pai confioume un segredo que lle tería custado a vida se alguén o descubría: axudou a dous irmáns anarquistas da vila ao darlles unha carta de navegación para guialos na súa fuxida cara a Francia polo Cantábrico. Arriscaron a vida saíndo unha noite de temporal desas que só se ven na Costa da Morte, e cando atravesaron o pano de raios, treboadas e ventos furacanados lembraron o que lles dixera meu pai: se conseguían chegar a trinta millas mar adentro estarían a salvo de todo, tamén da Garda Civil. Os días seguintes foron un pesadelo en Fisterra, pero ninguén descubriu como escaparan. Mais tarde rencontrei aqueles fuxidos en Lomas de Zamora, do outro lado do Atlántico.
>
> A miña casa chamábana «o cuartel» pola cantidade de xente á que se lle daba de comer e creo que algo me quedou daquilo. Pero a guerra apañounos pola gorxa. Levaron dous

primos meus á fronte e tamén viñeron buscar as miñas tías. Raparónas e apreixáronas no cárcere de Corcubión por ter fillos comunistas. As fábricas de salgadura e conserva pecharon. E o diésel para os motores racionárono cun cupo miserable. A min alistáronme despois da guerra, en San Fernando, Cádiz. Tres anos. Cando volvín, tiñamos pesca pero non a quen venderlla. Púxenme de noivo con Edivia, casei e tivemos unha nena, que morreu aos dez meses dunha mala enfermidade. Entón tomei a decisión de emigrar, como media Fisterra, a América.

O día máis triste da miña vida foi o da miña marcha, o 14 de decembro de 1948. Unha empresa alemá ofreceume ir a Chancay, no Perú, a unha fábrica de conserva. Aquel porto era só unha cala con catro botes pequenos que saían por *cojinovas* e *robalos*. Alí chegamos dous galegos, Pedro Chouciño e eu, para a pesca do bonito para conserva. O xefe alemán dicíanos: «Vostedes dous son europeos e brancos coma nós, por iso deben comer connosco no comedor». Non nos gustou.

Dicíannos que viría un continxente do Cerro de Pasco, a 4500 metros de altura, indios que nunca estiveran na costa en toda a súa vida. Eu quedei con nove tripulantes e o outro patrón con outros nove. Atoparon un mundo distinto ao que viñan. Berraban cando vían a gran cantidade de peixe saltando na rede. A primeira marea foi incrible: catro mil bonitos, dezaseis toneladas de peixe. Non o podían crer.

En terra separaba os bonitos máis pequenos para darlles á xente que viña pedir esmola ao porto. Un día o dono alemán pediume explicacións: «Marcote, non estarás dando moito peixe?». Eu díxenlle: «E se esa señora que pide fose a súa nai qué faría?». Respostou: «Ten razón, Marcote, vosteder terá as portas abertas alá onde vaia». Unha semana despois apareceu cunha carta asinada para que puidese reclamar a miña muller. Edivia veu deseguida e ao ano seguinte tivemos o primeiro fillo en terra americana. Pronto mudamos de aires para independizarnos. Probamos sorte nun lugar chamado Chimbote.

Aquí hai que facer unha paréntese. En agosto de 1938, sesenta mozos saíron dende Malpica, A Coruña, fuxindo da represión e da escaseza, sen máis provisións que pan e auga, co obxectivo de chegaren a Francia. Algúns ficaron; outros cruzaron o océano no Winnipeg, o buque fretado por Pablo Neruda para levar refuxiados a Chile. Informado da chegada de paisanos, un emigrante de Corcubión que fixera fortuna coas conservas en Perú ofreceulles traballo en Chimbote. Eses primeiros atraeron a outros de Malpica —entre eles Pedro Chouciño, socio de Perfecto—, e durante décadas formaron unha colonia galega de duascentas familias. As súas vidas cruzáronse coa de Marcote, que ía por libre. Continúa.

Levaba oito anos en América e á fin puiden comprar un barco a medias cun paisano: o Esperanza. Decidimos explorar outras costas e mudámonos a Pisco, a 240 millas náuticas ao sur de Chimbote. Miña dona viña en camión cos dous fillos e os mobles, setecentos quilómetros por estrada. Dúas casas había no porto, a do administrador dunha factoría de carne de balea e a dunha señora alemá cun neno de tres anos. Deserto arredor.

Como na Costa da Morte, iamos a pescar de noite á ardora. A auga no mar vólvese fosforescente e así os cardumes de peixes vense mellor e é máis fácil pescar. A primeira vez marchamos con vinte e dúas toneladas. Pouco despois volvemos a Chimbote, outra vez con toda a familia trasladada por terra.

O 24 de xaneiro de 1957 foi un día moi especial na miña vida. Saímos co Esperanza ao bonito, ao oeste de Punta Salinas. Levantouse un temporal e o barco non puido resistir o mal tempo e foi descansar ao fondo do mar. Fomos salvados por outro pesqueiro, pero o barco afundiu e quedei sen medio de vida. Entón sentín unha voz que me dicía: «Anda, que tes moito camiño por recorrer. Anda e cumpre co teu pai e coa túa avoa para axudar os que sofren». Entón pensei no lugar onde estaba toda a miña familia emigrada. Marchabamos a Arxentina.

Sen avisar a ninguén, saímos por avión a Santiago e de aí a Buenos Aires. Tomamos un taxi a Avellaneda, polas señas da miña irmá Tomasa: rúa Vicente López, ao 1500. Premín o timbre e saiu ela, e xa poden imaxinar o que puido pasar nese momento, ao encontrármonos sen pensar que estaríamos xuntos outra vez.

Conseguín traballo de fogueiro nun remolcador de río, despois nun barco frigorífico dun paisano, despois nun pesqueiro á pescada. Foi todo moi rápido. Saímos do peirao da Boca, fronte a Necochea, unha rúa moi concorrida por galegos e italianos. Traballamos ao leste de Mar del Plata. O primeiro día enchemos o barco con corenta e oito toneladas de pescada, 1200 caixóns de catro kilos. Da pesca fun á mercante. Iamos aos portos de América do Norte e Caribe en viaxes de varios meses. Pasaba o tempo sen decatarme.

Unha vez viaxei a Alemaña, e á volta pasamos por Fisterra. Agarrounos un temporal. O barco movíase como unha casca de noz e rompeu as soldaduras dos camarotes de popa. Mentres todos se lamentaban, eu ría. «*Che Marcote, de qué te reís*», dicíanme. Eu coñecía ese mar e sabía que a treboada se desprazaba xa cara ao oeste e perdía forza, aínda que parecía arrincarnos da auga. Foron catorce horas de baile e logo veu a paz e a calma.

Noutra ocasión paramos no porto de Vigo, unha alegría. Cando o souben preparei paquetes de roupa para a familia. Navegamos pensando en comer bos mariscos e beber Ribeiro. A roupa facíalles boa falta. Fomos comer ao restaurante El Mosquito, que tiña sona. Sentamos ás dúas e serían as seis cando nos levantamos da mesa coa familia. E logo despedímonos.

E aí córtase o testemuño de vida de Marcote, sen maior explicación. Na páxina final do libro tamén hai unha foto de Perfecto e Edivia, os dous moi novos e con esa cara branca e lavada de posguerra, el coas mesmas orellas saídas e o nariz fino de cando o coñecín, pero co pelo moreno, como a súa pel, e ela cun peiteado á moda e uns labios moi pintados, agarrándoo e arrodeándoo co outro brazo. Entón lembrei un último segredo que Alejandra me contara no asador.

Os seus pais querían que os cremasen cando morresen. Perfecto pediulle a Alejandra, a súa confidente, que fosen ata a punta do faro de Fisterra porque quería estar entre América e Galicia. Así que Alejandra gardou as cinzas da nai e cando faleceu o pai xuntounas, chamou un curmán que tiña un barco, foron ata o cabo da fin da terra e alí guindounas xuntas para sempre.

—Agora Lionel ten o mesmo mandamento pola parte do seu pai e miña. Nós tamén somos de aquí e de alí, aínda que o camiño fose ao revés.

Ríos Seoane e o *Gallego*

Era como un soño: eu saía pola boca de vestiarios dun estadio de fútbol que non coñecía. O acceso era un corredor angosto e escuro con cheiro a humidade: o normal. Pero en canto daba o último paso, decatábame de que alí fora había campo, si, pero non céspede, senón unha leira, unha rega, un prado quitado de calquera pampa, con bosques de xestas e cardos en flor aquí e alá. Ollaba cara a arriba e vía un estadio grande e baleiro, co cemento das bancadas comesto pola vexetación, enredadeiras que aproveitaban para medrar sen límites, un xardín vertical caendo en fervenza selvática ata as portarías. Imaxinei trinta mil persoas apartando as lianas para gritar gol. Ata que ao baixar a mirada vin o cumio do disparate surreal. Fronte a min tiña un precioso cabalo castaño escuro, co pescozo metido no mato, segando a herba cos dentes. Do soño alucinado, que faría as delicias de dous Robertos, Arlt e Fontanarrosa, quitoume Carlos Andújar, xefe de prensa do club dono dese estadio. Estaba na casa do Deportivo Español, aínda que o seu alcume, cae por decantación, sempre foi o Gallego.

Elixira vivir na Arxentina, en parte para contar desde dentro o fútbol e o que o rodea, que nese país significa todo, pero isto era un desafío para crentes, pasto de realismo máxico. Fora co obxectivo de contar o delicado momento que pasaba o club da colectividade e atopábame cun cabalo de crinas enguedelladas propias dun volante arxentino dos oitenta rasurando a medular. Andújar anuncioume que xa estaba a chegar o presidente, Mario Rodríguez Sanmartín, para contarme a historia. Cando o fixo, con cara de esforzado e traxe de oficinista, mocasíns marróns e unha gravata en tons avermellados con estampado de ondas psicodélicas, moi acorde á situación, non se sorprendeu de ver o animal. Meteu as mans nos petos e soltou o titular á primeira.

—Cando cheguei aquí isto era un ermo. Lamentablemente, volve selo.

Pero como se chegou a isto?

A mediados da década de 1950, mentres os militares derrocaban a Juan Domingo Perón, entre os emigrantes abrollou unha idea: fundar un club de fútbol que fidelizase os españois, máis pendentes doutras cores, especialmente Independente e San Lorenzo.

—Pero había un pequeno detalle, o problema político —conta Carlos Andújar no presente, sen vinculación oficial ao club pero seareiro como sempre—. Así que inventaron un escudo onde, se reparas, non hai bandeira franquista nin republicana. Lembra un mapa da península. Ten o vermello por España, e o branco e o azul por Arxentina, coas siglas CDE, de Club Deportivo Español, sen máis.

E así naceu en 1956. Os clubes deportivos na Arxentina son entidades recreativas cuxa vangarda é o equipo profesional, pero desenvolven un monte de actividades en sedes financiadas coas achegas dos socios. O goberno da cidade cedeulle dezaseis hectáreas ao sur da cidade, unha zona pantanosa entón case despoboada e abandonada, usada como vertedoiro de lixo, para que erguesen alí as súas instalacións.

—Para construír uníronse todos, achegando materiais, diñeiro e man de obra —lembra Andújar, orixinario de Camariñas—. Español dábanos orgullo. Dicíame o meu pai: «Aquí tes italianos, xudeus, isto, o outro, cada un co seu idioma e a súa cultura. Pois igual que nós, nós non somos menos. E ademais agora temos un club».

O arranque do Gallego foi un éxito: do fútbol amateur á primeira división en só dez anos. Cando deu o primeiro baixón deportivo, en 1978, apareceu o home que o ía a cambiar todo. Chamábase Francisco Ríos Seoane, un emigrante de Ordes, na Coruña. A súa ficha de socio do Deportivo Español nos anos sesenta presentábao co pelo ourizado, máis que cando se fixo presidente, pero o mesmo rostro de ollo fixo, nariz ganchudo e labio superior adiantado, que lle daba un aire característico. Cando chegou á presidencia xa era un corentón de traxe gris e gravatas rechamantes de quen se dicía que «nadaba en millóns».

Ríos Seoane era unha figura excéntrica, de temperamento fulminante, que moitas veces caneaba os escrúpulos entregándose ao seu instinto depredador. «O fútbol é un gran negocio, gáñase moita prata, faise diferenza», sincerouse ao chegar ao club diante dunha nube de xornalistas. Niso distinguíase dos seus paisanos: era de todo menos invisible.

Empezou forte nas clasificacións de popularidade: en 1980 fixo unha oferta formal a Arxentinos Juniors polo astro Diego Armando Maradona, cando xa o disputaban os grandes clubes europeos. Seis millóns de dólares. «Por favor, pido que me tomen en serio», dicía. Conseguiuno a medias, pero instalouse para sempre nas primeiras planas. A colectividade presumía de dirixente e aínda máis cando ao ano seguinte rematou o estadio, inaugurado cun partido contra o Deportivo. A partir de aí empezou a época dourada de Español, catorce anos en primeira, fama de mataxigantes e podio do fútbol arxentino en tres ocasións.

A súa carreira como dirixente discorreu en paralelo á era dos presidentes histriónicos do fútbol español que fixeron do deporte un show. A Arxentina dobrábanos en esaxeración: «A min pódenme dicir calquera cousa, pero galego fillo de puta non», gritou Seoane a cámara nun partido accidentado contra Huracán. Outro día prometeu en *prime time* aos xogadores da selección do Mundial 86 que se gañaban lles daría unha prima de douscentos mil dólares. Gañaron, pero o diñeiro nunca apareceu. Tamén quixo importar de España as Sociedades Anónimas Deportivas, para borrar de vez os números vermellos que acumulara polas manobras escuras e os desequilibrios financeiros. «Non se poden soster sociedades como a nosa. Aínda que temos unha colectividade moi grande, a xente non nos acompaña e coas nosas recadacións non chegamos, por iso buscamos investidores que se ocupen da situación».

Os seus ánimos foron quecendo segundo empeoraba a situación económica, sempre coas cámaras de televisión como testemuña. «Eu son así e punto. A quen lle gusta que lle guste e a quen non, tanto me dá». E, ademais, divertía coa súa forma de falar, arxentino nun noventa por cento con toques de galego, en vogais e sobre todo nos zetas. Complicábaselle cada vez que dicía «asociación», pola AFA, a asociación do fútbol arxentino, unha palabra que por lóxica usaba moito, cada vez que soltaba un dardo ao seu todopoderoso presidente, Julio Grondona, descendente de italianos. Os dous entendíanse coa mirada do inmigrante e medíanse como dous tendeiros veciños. Grondona manexaba gran parte do fútbol mundial desde a súa ferraxaría de Sarandí, Avellaneda, rodeado dos galegos de Independiente; Ríos Seoane dirixiu o seu imperio desde as mesas dos bares de esquina da capital, que fora comprando por decenas. «Era moi vivo. Dicíaslle unha palabra e el levábacho a un negocio ao día seguinte», conta un paisano que o coñeceu de perto. «Pero outra cousa era quen o sufría do outro lado da mesa. Debía ser complicado».

—A min quíxome cagar a vida, foi o delincuente galego máis grande da Arxentina. Sempre fun directo e non podo traizoar os meus ideais, asínocho xa mesmo.

Así o soltou Armando Rodríguez Calvo, o arxentino das Cíes, do xamón e da gaita, cando camiñabamos pola avenida Santa Fe ao ver os restaurantes ao pasar. «Son todos seus», dicía, aqueles establecementos abertos día e noite, de grandes cristaleiras, camareiros de paxarela e copiosa facturación. Díxose na súa mellor época que tiña máis de 150. Antes fixera diñeiro coa concesión de postos de comida e quioscos nas estacións de tren da cidade, por onde pasaban centos de miles de persoas cada día. Despois investiu en propiedades que multiplicaron a súa fortuna.

Deportivo Español tiña vinte e sete mil socios e acumulaba tempadas impresionantes. Pero en 1994 todo se revirou nunha asemblea do club que non rematou ben. O seu principal rival, Ignacio Torres, que tiña un bar perto do estadio, revolveuse contra Seoane e este botouno do club. Tres semanas despois, tres homes entraron no bar de Torres e un deles lanzoulle ao corpo o contido dunha lata de disolvente inflamable, e logo un misto por riba. Torres morreu tras unha agonía de varios días. Detiveron os tres homes e acusaron como autor material dos feitos a un deles. Empezou entón unha longa investigación que determinou que o presunto autor intelectual do atentado era o propio Ríos Seoane. Detivérono en abril de 1995, tras dez días prófugo cando se daba á fuga polo río cruzando cara ao Uruguai nunha lancha con cen mil dólares nunha maleta.

Acusárono de ser instigador de homicidio, pero só pasou 87 días no cárcere. Malia que se reabriu a causa varias veces, nada sucedeu. A viúva da vítima reclamou en balde: «Estes son os métodos que utiliza Ríos Seoane para desfacerse dos seus opositores».

Aínda co poder nas súas mans, acosado por causas xudiciais, provocou unha folga de xogadores por falta de pagamentos e tentou fusionar o club con outras sociedades da emigración. Empezaba o fin. O diñeiro deixou de chegar vía socios pola mesma razón que ao Centro ou a outras institucións da colectividade: os emigrantes envellecían e ían desaparecendo. Finalmente, o empresario abandonou o club, que entrou en bancarrota, descendeu de categoría e non volveu a Primeira

División. En 2003 foi intervido e fóronlle clausuradas as instalacións. Así estaba cando visitei o presidente e o cabalo.

«A min Franco quíxome fusilar seis veces», gritou un vello socio aos policías. «Teño máis de oitenta anos, fanme un favor pasando por riba de min», dicía outro. «Nós non imos pelexar, só imos facer resistencia pasiva», dicía un terceiro. Un grupo de socios que levaban no club dende a súa fundación encerráronse para evitar a poxa das instalacións tras anos de desleixo. Cando tiveron noticia de que viña a policía para desafiuzar, puxéronse diante do portalón e provocaron que o xefe do operativo chamase alí mesmo ao xuíz e lle dixese: «Ou vén vostede a poñerse á fronte ou eu aquí non entro». Non foi e non entrou. E desde ese día mudou a historia.

O goberno da capital, que funciona como un distrito federal, fíxose cargo da débeda do club e deu en usufruto os terreos ao club. Reconstituído co nome Club Social, Deportivo e Cultural Español da República Arxentina, xa co estadio en condicións, vai como alma en pena desde entón polas categorías baixas do fútbol arxentino.

Ríos Seoane estaba xa daquela máis en Galicia que na Arxentina. Con discreción foi comprando inmobles importantes nas grandes cidades, sobre todo na Coruña, ademais de hoteis e empresas. Tamén na súa terra recolleu desgustos nos xulgados: a Audiencia Provincial condenouno a pagar unha débeda de case un millón de euros. Durante eses anos sufriu varios accidentes de tráfico con graves secuelas. Terminou enfermando e mesmo viviu escenas penosas durante entrevistas de televisión, nas que facían chacota del. Di un excolaborador que xa «era como a agulla dun tocadiscos, de súpeto patinaba e cambiaba de tema por algo que non tiña nada que ver». Acabou ingresado en centro hospitalario do barrio de Almagro afectado de trastornos psiquiátricos, aínda que os seus opositores dicían na prensa que era unha trampullada para non ser xulgado. Morreu en 2015 aos oitenta anos.

O fillo do fusilado

Di Bruce Chatwin que a historia de Buenos Aires se pode contar a través da guía telefónica. Iso mesmo pensei aquel día de 2004 no colexio León XIII, na avenida Dorrego, cando me deron na man a listaxe dunha clase de sexto de primaria de 1937. Era unha colección de apelidos de polo menos cinco procedencias, entre as que coruscaba coma un diamante o nome que buscaba: José María Martín.

O 31 de agosto de 1936 os franquistas fusilaron o alcalde republicano da cidade da Coruña e o secretario do Concello no Campo da Rata, xunto á Torre de Hércules. O seu nome era José María Martín Martínez. O seu fillo pequeno, tamén José María, ao que chamaban Cheché, de doce anos, viviu todo cos ollos moi abertos e o corazón nun puño. Ao pouco, a súa nai, dúas irmás e el fuxiron cara á Arxentina. Foron sen máis colchón que un lenzo enrolado regalado polo pintor ferrolán Álvarez de Sotomayor. Era monárquico e mesmo foi alcalde coruñés uns meses durante a guerra, pero tamén era amigo da familia. Ao chegar, a súa nai vendeu o cadro e con ese diñeiro alugou un bo piso para abrir unha pensión en Praza Italia, en Palermo, moi perto do colexio León XIII, onde me recibiron con amabilidade cando lles dixen que quería saber datos sobre un exalumno de había setenta anos.

Abríronme a secretaría para ver a ficha e cualificacións daquel neno recentemente desterrado. Cheché resultou ser un mozo con dúas habilidades: o debuxo e o fútbol. Pola mañá no León XIII, pasaba horas co lapis e o papel. Polas tardes, daba patadas á pelota, como facía antes nas prazas coruñesas. Pronto chamou a atención de varios clubs e acabou integrando as categorías inferiores de Banfield, ao sur da cidade. O longo traxecto en colectivo e tren cada día de adestramento aproveitábao para encher cadernos con debuxos. Pero o espírito do rapaz voaba libre. Con dezaseis anos marchou un verán a unha comunidade de artistas na serra de Córdoba, a gañar a vida facendo retratos pola rúa. Cando tivo que decidir se chegaría a profesional na Arxentina, un axente dos que pululaban no fútbol de antes ofreceulle ir xogar á primeira división de Venezuela, un país con pouca tradición fútbolística, pero con todo o atractivo para un artista. Ademais, coñecía, pola súa familia, algúns exiliados que recalaran alí.

En Caracas xogou no Centro Vasco, apenas un paso intermedio, porque o chamaron para xogar no Angers de Francia, perto do París de posguerra e da súa bohemia artística. Alí despuntou definitivamente, tanto que en 1948 a un xornalista coruñés chegoulle a noticia de que o fillo de José María Martín destacaba no fútbol francés e soproullo ao club da cidade, o Deportivo. Os directivos decidiron facerlle unha proba, un partido contra os xuvenís entre semana. Anunciouse na prensa e correu tanto a voz que a tribuna principal de Riazor encheuse de xente para ver ao fillo do fusilado. Aquilo tomouse como unha manifestación tácita do antifranquismo na cidade.

Martín quedou no club, que xogaba en primeira división, e ao ano seguinte alcanzou o subcampeonato de Liga con el de puntal, detrás da dianteira alcumada Orquestra Canaro, en honra ao conxunto arxentino que facía furor na emigración. As dúas tempadas de Cheché, fino e duro á vez, e sobre todo polivalente, valéronlle a súa fichaxe polo Barcelona de Kubala. Pasou polo Atlético de Madrid e o Valencia, foi internacional con España e terminou xogando en México, pioneiro tamén niso. Alí tamén comezou a súa etapa de adestrador, que logo o faría volver a España e converterse nun clásico do Dépor e da liga nos anos setenta. O seu asistente, logo técnico, sempre dixo que o aprendera todo del. Chamábase Arsenio Iglesias.

A historia de Cheché Martín, que me achegou o xornalista Moncho Viña co seu suave poder de convicción —«Neno, aquí hai unha historia sen contar e tela que facer ti»—, abriume a porta á vida que arelaba. Deixei a televisión onde traballaba e voei directo a Buenos Aires. A investigación debroqueina nun libro en 2005, *Fútbol sobre lenzo*, e significou o meu pulo definitivo cara a América Latina.

Activistas contra o tempo

«Galicia era un lugar onde nacían adultos que dicían ser nenos algunha vez e que tiñan forma de pais e de nais; seres que nomeaban dunha maneira especial as cousas e falaban entre si nun idioma doce, e nel cantaban». Antonio Pérez-Prado, o descendente máis atento aos detalles, compendia o que viviron tantos nenos galaicoporteños. Segundo pasan as décadas, a lembranza eslúese cada vez máis, porque a diáspora lida cun inimigo implacable, o tempo, e entre todos conxúranse para manter vivo o espírito. Lévao facendo desde os anos cincuenta, cando se crearon as primeiras asociacións de mozos, integradas por nomes senlleiros da cultura. No século XXI xurdiron todo tipo de iniciativas, moitas relacionadas coa lingua con nomes evocadores —Lectores Galegos en Buenos Aires, con Débora Campos e Andrea Cobas aos mandos,

O Terzo da fala, Escola da palabra, Faladoiro— e coa música, todo para manter a labarada viva na carreira contra o reloxo.

Gastón e Nancy viven nun centro galego. Ou, máis ben, a súa casa albergou un durante moitos anos. Ubicada no barrio de Barracas, ten un patio enorme que termina nunha horta na que plantan ata pementos de Padrón.

Clac, clac, clac. Gastón corta patacas sobre unha táboa co escudo do River Plate. Cando aparece Nancy —corenta e tantos, delgada e unha presenza amplificada por unha potente voz— coa carne lista para poñer na grella, Gastón improvisa o papel de xornalista e pregúntalle que é ser galega para ela. Ela pensa, serve sifón no vermú e tira coa esmagadora seguridade porteña:

—Para min é unha condición de vida. É crecer na sociedade, cada fin de semana, cada festa, cunhas tradicións marcadas. De pequena as miñas amigas víanme vestida con traxe de baile e preguntábanme: por que te disfrazas? Eu dicíalles, como me ensinaban: non vou disfrazada, vou adobiada. E esa palabra segue a ter importancia para min.

Cando o coñecín, en 2006, eu recibía clases de pandeireta e percusión galega no Centro Arzuano Melidense, e Gastón, con amigos comúns, xa gastaba a mesma barba recortada, o mesmo peiteado perfecto e a mesma vida de charabiscas que no presente, na que acumula cargos na colectividade e na política. Moi novo asumiu a presidencia da Sociedade Galega de Arantei, Vilamarín e A Peroxa. Estreouse con forza. Durante unha visita de Fraga, este díxolle que tiñan que fusionarse co centro de Salvaterra —concello ao que pertence Arantei—. O mozo Gastón respondeulle ao seu mesmo estilo. «Pode que sexa bo en termos xerais, pero a identidade dos paisanos do meu centro non a negocio nin con vostede nin con ninguén». Tiña vinte e un anos. Non era por unirse, senón porque lle querían impoñer o outro nome primeiro, e iso era imperdoable no fragmentado manual da colectividade.

—Levo un centro repartido entre dúas provincias, tres concellos e unha parroquia. A idade media dos socios é só de trinta e oito anos. E o cincuenta por cento da comisión directiva son mulleres —di con orgullo—. Había un baleiro tras a xeración histórica dos oitenta e noventa e non había remuda, pero saímos adiante. Nós incentivamos as nenas a que sigan con todo isto. Unha é cantareira e toca, outra vai ao grupo de teatro. É a nosa fórmula de sacar o propio cara a fóra, porque moitos dos antepasados facían xusto o contrario. A miña avoa pasou oito anos na cama ao final da súa vida. Cando se decatou de que non se ía levantar, volveu falar a lingua que rexeitara.

Eses días preparaban unha peza musical para o Día da Galicia Exterior, que se celebra cada ano en Santiago, na que mesturaban o tradicional e a danza contemporánea. Ensaiaban durante semanas decenas de mozas, xa de terceira e cuarta xeración, incluídas as súas fillas.

Nun momento despois de comer o asado pantagruélico, Luchi, a máis pequena, sete anos, chámame polo meu nome e pregúntame con naturalidade:

—*Vós sos* galego, coma nós, non?

Facer as Américas

O seu pai suicidouse fronte a el, ao pé da Torre de Hércules, cando tiña oito anos, e a súa nai, fidalga ourensá, morreu pouco despois. Orfo, internárono nun hospicio e con doce anos enrolouse nunha corveta e desembarcou na Arxentina co posto, mediado o século XIX. Pero o traballo portuario en

Buenos Aires quedoulle pequeno e foi máis aló: penetrou na *fronteira do indio*, así chamaban ás chairas por onde avanzaba a *conquista do sur*, colección de eufemismos. Entrou a traballar como peón de estancia. Cos primeiros aforros comprou un carro e converteuse en fornecedor de bens da cidade de Tandil. Viñeron detrás outros vinte vehículos, cos que fixo fortuna no comercio, moitas veces pagado polo Estado con terras usurpadas. Ramón Santamarina e as súas colonizacións formaron parte da construción da Arxentina actual, á conta dos indíxenas, como todas. En pouco tempo converteuse nun gran terratenente, comprando campos sobre os que se fundaron vilas, logo cidades, como Tres Arroyos. Perto de alí sitúase unha localidade co seu nome e a setenta quilómetros —un paso nestas inmensidades—, outro lugar bautizado co nome de Orense, en honra á súa terra, á súa vez intimamente ligado ao seu balneario homónimo, unha aldea de praia que se conecta por unha pista, e que é o contrario a Ourense: totalmente cha, ventosa e xunto ao mar.

A Santamarina, que casou cunha descendente das terras de Euskadi, deixaron de chamalo *Gallego* para chamalo *Vasco*: ascendera na escala social. Tampouco se ocuparon demasiado os historiadores de deixar clara a súa procedencia, segundo lembra Xavier Alcalá, debullador prolífico de historias da diáspora, na súa obra *Arxentina*. Foi un dos homes máis ricos do país, recoñecido en placas e enciclopedias, pero en 1904 tamén se suicidou sen deixar nada escrito, afectado, cren, dun tumor incurable. Non podía traballar máis e iso era un decreto mortal, segundo os seus descendentes. Repousa nun panteón nunha esquina nobre do cemiterio de Recoleta, onde está a elite porteña. Din que o seu maior legado é o familiar: máis de dous mil descendentes, o seu fillo Enrique incluído, vicepresidente do primeiro goberno militar do século, o do xeneral

Uriburu, en 1930. Os tataranetos fachendean do patriarca: «Trouxo o progreso a esta terra».

A vida de Santamarina é un exemplo de manual do que se chamou «facer as Américas». Chegar con nada, morrer con todo. Coma el, na primeira ondada repítense as historias de éxito económico destinado a finalidades a cada cal máis singular: Manuel Lemos, de Nigrán, empezou vendendo viños e terminou cunha empresa de mil cincocentos empregados. O seu maior legado foi cambiar o nome da praia da súa aldea: cando regresou nos anos vinte, montou un club estival na praia de Lourido, ou Area Loura, e bautizouno como Praia América, e así quedou nomeado para sempre ese areal turístico; Casimiro Gómez, de Cotobade, outro terratenente, construíu un balneario e unha mansión chamada Villa Buenos Aires en Pontevedra; Roque Naveira, de Betanzos, amoreou tanto diñeiro que optou por construír un castelo neogótico en Luján, Buenos Aires, con pinta de Disney, que aínda segue en pé.

O soño imposible do Pasatempo

A primeira vista é unha desfeita, unha cadea de decisións desastrosas que parecen á mantenta e que case destrúen un parque singular, patrimonio único da diáspora, pero que sobreviviu a unha historia tan alucinante como a dos seus propios protagonistas.

En 1870 Juan e Jesús García Naveira, dous irmáns labregos orfos de pai, marcharon á Arxentina e alí, como outros indianos, fixéronse ricos grazas ao comercio co interior do país. Instalados en San Nicolás de los Arroyos, entre a capital e Rosario, viaxaban por todo o país, e logo por Europa, comprando mercadorías. Casaron con dúas mulleres abastadas, o que lles permitiu introducirse en esferas nas que nin soñarían estar un par de décadas antes.

Ao seu regreso á casa, os García Naveira levantaron obras para os máis desfavorecidos —anciáns, nenos, mulleres—: un asilo, varias escolas e uns lavadoiros aínda en funcionamento. Pero no baúl trouxeron tamén unhas ideas estrafalarias para a sociedade conservadora betanceira, que sempre os desprezou polo seu aroma a diñeiro novo. Eles non plantaron palmeiras na súa casa, senón que fixeron construír un parque xigantesco. A misión era furar unha montaña, modelar covas artificiais e adornar as súas ladeiras con monumentos de significados inextricables. Era unha idea tan desconcertante que as autoridades tardaron cen anos en recoñecer a obra, chamada con toda a intención Parque do Pasatempo.

—De nove hectáreas só queda unha sétima parte —explícame Ángel Arcay, historiador e director do Arquivo municipal de Betanzos, cunha foto antiga na man, sinalando o horizonte, agora un solar verde, pastiche de instalacións industriais, residenciais e deportivas— Pero paga a pena coñecelo.

Con el entro ao que queda do parque, un lugar onde nada parece ter sentido. É unha sucesión de elementos universais, artísticos ou non, monumentais ou non, naturais, relixiosos ou o contrario, todo en aparente entropía: un estanque, fontes, esculturas, inventos tecnolóxicos, dinosauros, deuses, reloxos, bustos de todo tipo e un león colosal coroando a montaña. Todo está suxeito a interpretacións. E Arcay —pelo a cepillo, barba rala e chubasquero azul mariño— desenvolve a súa tese: estamos nun parque masónico.

—Por unha banda é unha extensión das súas escolas, para que os nenos aprendan, como un parque enciclopédico, como dixo Luís Seoane cando o visitou. A miña familia non vira ningún animal que non fosen vacas, e grazas a isto coñeceron case cen animais exóticos. Era como o mundo á porta de casa. Pero por outra é como un xardín iniciático. Entramos dunha maneira e saímos convertidos en mellores persoas, ou iso é o que esperaban eles. Por iso entendemos que a única teoría que non ten contradicións para explicar o Pasatempo é a do parque masónico. Imos velo percorréndoo de abaixo a arriba, dos máis escuro á luz, subindo terrazas desde o nivel profano ao iniciante e de aí ao nivel de mestre.

Os rostros semellantes, o peiteado de mínimo pelo na coronilla tamén semellante, como as orellas e os narices, tamén as cellas e a vestimenta. E os dous con enorme mostacho de época, pero ollo, aí tamén está a distinción: Juan tiña as puntas do mostacho cara abaixo, Jesús cara arriba. Así eran os García Naveira. Da súa historia penduran moitas lendas porque non hai grandes arquivos familiares nin oficiais. Apenas existe un libro dun contemporáneo que viaxou con eles por Europa e que deu pistas sobre o legado do Pasatempo.

As memorias dunha viaxe improvisada, de Rogelio Borondo, recolle o periplo do autor cos irmáns, unha viaxe por Italia e Francia. De cada lugar toman algo, tamén de Arxentina e Portugal. O Pasatempo é un labirinto de enigmas que empeza a describir Arcay, comezando polo que xa non está: unha entrada con dous leóns de pedra, que foron vendidos polos herdeiros ao santuario de Covadonga; un xardín xeométrico cos bustos de doce emperadores romanos en mármore; outro coa estatua dos irmáns, trasladada en 1983 á praza principal de Betanzos, bautizada co seu nome. Cando pecha o álbum de fotos, termina tamén a historia do Estanque dos Papas e o seu triste destino.

—Os irmáns trouxeron do Vaticano unha postal coas 257 caras dos papas, e pedíronlles aos obreiros que as construísen en formigón e as colocasen nun estanque con forma de trevo de catro follas. Todos mirando ao centro, e alí unha muller cos peitos ao aire. Podes imaxinar a prensa medrosa de entón. O estanque estivo en activo ata a década de 1980, cando o parque xa estaba máis que abandonado. Un grupo de estudantes dedicáronse a limpar a maleza e atoparon pezas das estatuas. Chegouse a presentar un proxecto para recuperar o estanque, pero unha semana despois entraron as pas para construír, alí enriba, o novo campo de fútbol do Betanzos.

E alí está xusto diante, cemento vista e uralita, co aspecto dun matadoiro de pitos, o cartel que só sería gracioso se fose irónico: «Estadio Municipal García Irmáns».

Os sacos azuis cheos de entullo amontóanse apoiados na fonte central. Apenas ten un dedo de auga cuberta de musgo á entrada do que queda en pé do parque. Desde ese lugar, chamado Estanque do Retiro, iniciamos a viaxe ascendente por unha montaña de fantasía recargada de monumentos, escaleiras, balaustradas, pasadizos, covas e terrazas, pensado coa lóxica dun xogo de aventuras.

—Por aquel camiño non podemos subir: nas paredes hai animais salvaxes, mulleres espidas, pero hai que avanzar. Por iso aí temos —e sinala unhas esculturas en relevo— vehículos antropomorfos que nos levan cara a arriba, ou un dirixible, medio técnico para escapar da pobreza e emigrar: hai mundo máis aló destas catro paredes. Mira, aí hai un barco e un faro que parece a Torre de Hércules —di, tocando o muro contiguo, onde aparece, con grandes letras, o lema «España monárquica e as súas dezaoito fillas republicanas», cos escudos dos países latinoamericanos—. Elas márcannos o camiño cara ao primeiro andar, onde está Arxentina e os bustos dos primeiros doce presidentes. Mira, alí hai unha estampa do

Martín Fierro. E aquí un gorro frixio republicano. E aquí, a pirámide de Praza de Mayo cos seus raios solares, todos símbolos masóns.

Cada cousa parece superar a seguinte, ata que chegamos ao seguinte nivel. Enmarcado nun arco cego, decolorado pola humidade, un paredón mostra 41 esferas con reloxos de formigón marcando as horas nas grandes cidades do mundo. No medio, e case co dobre de tamaño, o centro do mundo para os irmáns: Buenos Aires nas doce en punto. Sobre a esfera, o nome da reloxaría máis afamada da capital: «Cronómetro Escasany».

Non hai tregua e seguimos ascendendo por grutas e paredes con estampas enciclopédicas, didácticas ou políticas. Cando chegamos á árbore xenealóxica do capital, outra fantasía na que unha serie de carteis destacan unha selección de valores: o entendemento, a vontade, o carácter, a rectitude, que desembocan no aforro ata chegar ao capital. Parece unha demostración gráfica do galego emigrante.

Xa estamos perto do nivel mestre. Só hai que deixarse guiar polas paredes que falan. Neste caso cominan a facer cinco viaxes simbólicas relacionadas coas grandes obras da humanidade, antes de chegar á terceira altura, alí onde asoma o último símbolo do parque: un león colosal que coroa o Pasatempo, asistindo á saída do sol día tras día con Betanzos aos seus pés.

A obra non rematou ata que morreu Juan, en 1933. Moito antes, en 1912, fíxoo Jesús nun accidente na Arxentina. Sen os irmáns, o parque empezou un longo penar, incluído cando o fillo de Juan se converteu en primeiro alcalde franquista —e por tanto refractario aos símbolos republicanos e masóns—. Nos anos sesenta abandonouse por completo. Houbo espolio, roubos, vandalismo e ata unha vítima mortal: unha señora que entrou nos anos sesenta a ouriñar e terminou caendo no estanque cuberto de vexetación. Nos oitenta fíxose cargo o Concello, aínda que foi case peor o remedio que a enfermidade: acometeu unha reforma delirante. O desastre empezou a reverter co traballo de asociacións e particulares e coa declaración de Ben de Interese Cultural en 2020, cunha restauración protexida. Pero falta, a xuízo de Arcay, moito máis para recoñecer como se debe unha obra de difícil comparanza.

Transeúnte (I)

No porto de Buenos Aires aínda zoa un refacho do pasado cando corre a brisa do Río de la Plata. A este mesmo punto, quilómetro cero da hibridación arxentina, chegaban os emigrantes e trasladábanos ao Hotel de Inmigrantes, unha especie de cidadela onde se aloxaban ata cinco días aqueles que non tiñan familia en destino.

«Europa e a súa borrasca de odio vira as costas e troca polo panorama luminoso da patria adoptiva», dicía o noticiario arxentino nos anos cincuenta. Pasaban o control de chegada e equipaxe e o primeiro control sanitario. Se a documentación estaba conforme, desembarcaban. Axiña se pasaba á oficina de traballo. Alí amosábanlles maquinaria para ver con cales dos aparellos estaban familiarizados: un torno, un arado, un tractor. Os non formados tamén recibían unha capacitación exprés. As mulleres, o mesmo coas actividades domésticas. E así trataban de reconducir a enxurrada de inmigrantes chegados dende medio mundo.

Estou fronte ao antigo embarcadoiro, máis ben desembarcadoiro, que domina a liña do río na dársena norte. Cara a atrás, unha praza central arrodéase dunha serie de pavillóns, incluído o de aloxamento, con capacidade para tres mil persoas. Na planta baixa, comedores de mesa corrida interminable. Os corredores teñen lámpadas discretas e pías grandes para asearse. Separado estaba o hospital, onde se facía o control sanitario e derivábanse enfermos. Ao revés que Triscornia, non tiña afán de peche. Aquí eran libres de saír e marchar.

En 1953 pechouse e alí abriu un museo, unha viaxe ao pasado polo que pasan arxentinos, maioría escolares, e tamén turistas. Outros acoden a saber dos seus antergos, a través dos arquivos dixitais. Hai obxectos históricos que viñan cos emigrantes —incluídas gaitas e pandeiretas— liteiras orixinais dos pavillóns, unha montaña de roupa que en realidade é unha obra de arte contemporánea, maletas que quedaban alí ao chegar, arquivos amontoados, maquetas de barcos. Actualmente unha parte do antigo hotel ocúpao a dirección nacional de migracións, onde os novos inmigrantes teñen que facer os trámites de residencia e onde eu acabei por me converter en asiduo.

«Para nós, para a nosa posteridade e para todos os homes do mundo que queiran habitar o chan arxentino».

O preámbulo da constitución arxentina de 1853 senta as bases dun país onde a inmigración non é unha palabra, senón a base máis sólida da república. A el acóllese todo arxentino para falar da condición de país hospitalario. Pero non sempre é fácil cumprir un texto constitucional. Polo medio hai atrancos no camiño, barreiras burocráticas de primeira categoría. Neles caín no mesmo hotel de Inmigrantes onde chegaban os galegos cando tentei regularizar a miña situación.

Desembarcara en Buenos Aires pensando, inxenuo de min, que un visado de turista e as continuas entradas e saídas por traballo me abrirían o camiño para residir de forma legal.

Despois de tres anos na Arxentina non tiña papeis e vivía nun limbo que me obrigaba a ir polo menos dúas veces ao mes a aquel lugar, sen o sabor de cen anos atrás pero coa mesma atmosfera cosmopolita daqueles que chegan a un novo mundo. Chineses maioría, orixinarios de países limítrofes (bolivianos e paraguaios), algúns caribeños —aínda non venezolanos—, catro senegaleses mal contados e eu. Á fin, un galego; máis que emigrante, transeúnte, pero coa obriga de ter os papeis en regra. Só que para iso debía vencer un monstro de sete cabezas chamado burocracia. O deserto que atravesei ata acadalo tamén me axudou a entender mellor as penas dos que chegan a estas costas sen seren europeos.

O primeiro paso era conseguir a chamada residencia precaria, un papeliño amarelo que permitía durante tres meses ser algo máis que turista, mentres se tramitaba a residencia temporal, que nalgún momento daría pé á residencia permanente, á que só se accedía a través de certificados, apostilas da Haia, antecedentes, partidas de nacemento, fotos e fotocopias en continuas visitas a esoutro grande ente burocrático chamado España. Axiña me decatei de que a miña condición de profesional independente facíame escorrer entre as fisgoas do sistema. Non había un criterio migratorio que se axustase ás miñas características laborais. Ao traballar por conta propia como freelance, sen contrato de traballo, non entraba en ningún epígrafe laboral dentro da Lei de Migracións. O que máis se aproximaba era a categoría «relixioso», así que tiven que buscar solucións.

Aquilo era un microcosmos rexido polas súas propias regras. Foron moitas horas de espera observando os mecanismos rengueantes da administración, coas súas historias persoais: sabía os nomes dos traballadores e eles o meu; sabía a que hora facían a pausa para o café e cando empezaban a prepararse para marchar a casa. E tamén os atallos e as trampas. Unha vez adestrado o ollo, era fácil detectar os xestores migratorios, personaxes escuros que se movían como peixe na auga entre xente necesitada de axuda, atentos a sacar proveito da situación máis propicia: eu mesmo caín nas gadoupas dunha, paguei por adiantado un servizo para axilizar un trámite e quedei como estaba. Así que chamei o meu amigo Sebastián, avogado laboral ao que saquei do seu despacho en Tribunais para mergullalo neste outro mundo pintoresco.

Xuntos demos entrada a todo tipo de papeis e a cada semana volviamos co cartafol máis avultado á ida e con máis deberes á volta. Algúns días parecía que se avanzaba, outros retrocedías tres casas: un biquiño, unha labazada. Cheguei a dicirlle un día que Terry Gilliam podía titular *Arxentina* e non *Brazil* a súa distopía burocrática cinematográfica —non sabía aínda o que me depararía a vida—. Vino todo perdido despois de explorar todas as categorías posibles: de persoa pública a rendista pasando por estudante ou empresario. Nada conseguimos, aínda que nun momento dado houbo un raio de esperanza: ao abrir unha produtora audiovisual en España eu podía actuar como representante. Fixen os trámites pertinentes nun nadal para chegar con todo feito e cando paguei as taxas, comunicáronme que non podía iniciar o camiño, porque o 1 de xaneiro modificaran o regulamento.

Un día falaba Sebas sobre o espírito aberto do seu país, como di a propia Constitución, e de súpeto algo bateume na tempa como un eureka: «O preámbulo, o preámbulo!». E entón avanzamos: decidimos redactar unha carta con argumentos baseados na constitución e entregámola, por mesa de entrada, para o director de Migracións. Nela expoñía o meu caso e explicitaba que me achaba nunha calella sen saída que semellaba brincadeira, pois ao ser correspondente, paseaba pola cidade con cámara e micrófono facendo directos, entrevistaba ministros e cubría viaxes de políticos españois e ata o Rei. É máis, presentaba ao vivo unha sección nun programa de televisión arxentina e acreditábame na Casa Rosada ou na Quinta de Olivos sen ningún problema. Un indocumentado nas entrañas do poder, así de kafkiano e, tamén, unha lección de humildade para os do norte do mundo. Por iso solicitaba unha entrevista co director para acollerme a un último pregue do sistema, un fallo na Matrix, o criterio «casos especiais», tan enigmático como esperanzador cando preguntamos por el no portelo: «Eses son os que resolve directamente a Dirección».

A ese cravo ardendo aferrámonos e deixamos a carta no departamento Extra Mercosur sen ningunha convicción, igual que a funcionaria, que lle puxo o selo de entrada mirando de esguello con compaixón. Pero un día recibín a chamada da secretaria do subdirector de Migracións. Recibiume no seu despacho como se fose un mandatario internacional, el nun sofá, eu noutro. Ofreceume café. Felicitoume pola miña sinceridade e por non caer nas tentacións da *coima* ou mordida. «A súa carta merece ser publicada», dixo con dignidade. Falamos dos problemas da burocracia, da herdanza galega no país e despediume cunha palmadiña no lombo. «Acompañe este bo home e que leve o seu papel tranquilo a casa», díxolle a un subordinado. E así foi como me selaron a miña primeira residencia temporal, que en seis meses se converteu na definitiva, como «caso especial». Era imposible non estar contento, a pesar da convicción agre de que os meus compañeiros de banco no hotel de Inmigrantes seguirían meses ou anos penando. Tamén é certo que a burocracia comeu os meus prazos vitais. Para cando me chegou o DNI arxentino, que daquela aínda era unha carteiriña con funda plástica igual á dos emigrantes antigos, eu xa tiña data de saída para trasladarme a vivir no Brasil. Empezaba de cero outra vez como transeúnte.

3. URUGUAI

O xeito galego pegou máis no Uruguai que na Arxentina, máis italiana. Somos o mesmo, con porcentaxes diferentes: nós máis galegos, eles máis italianos

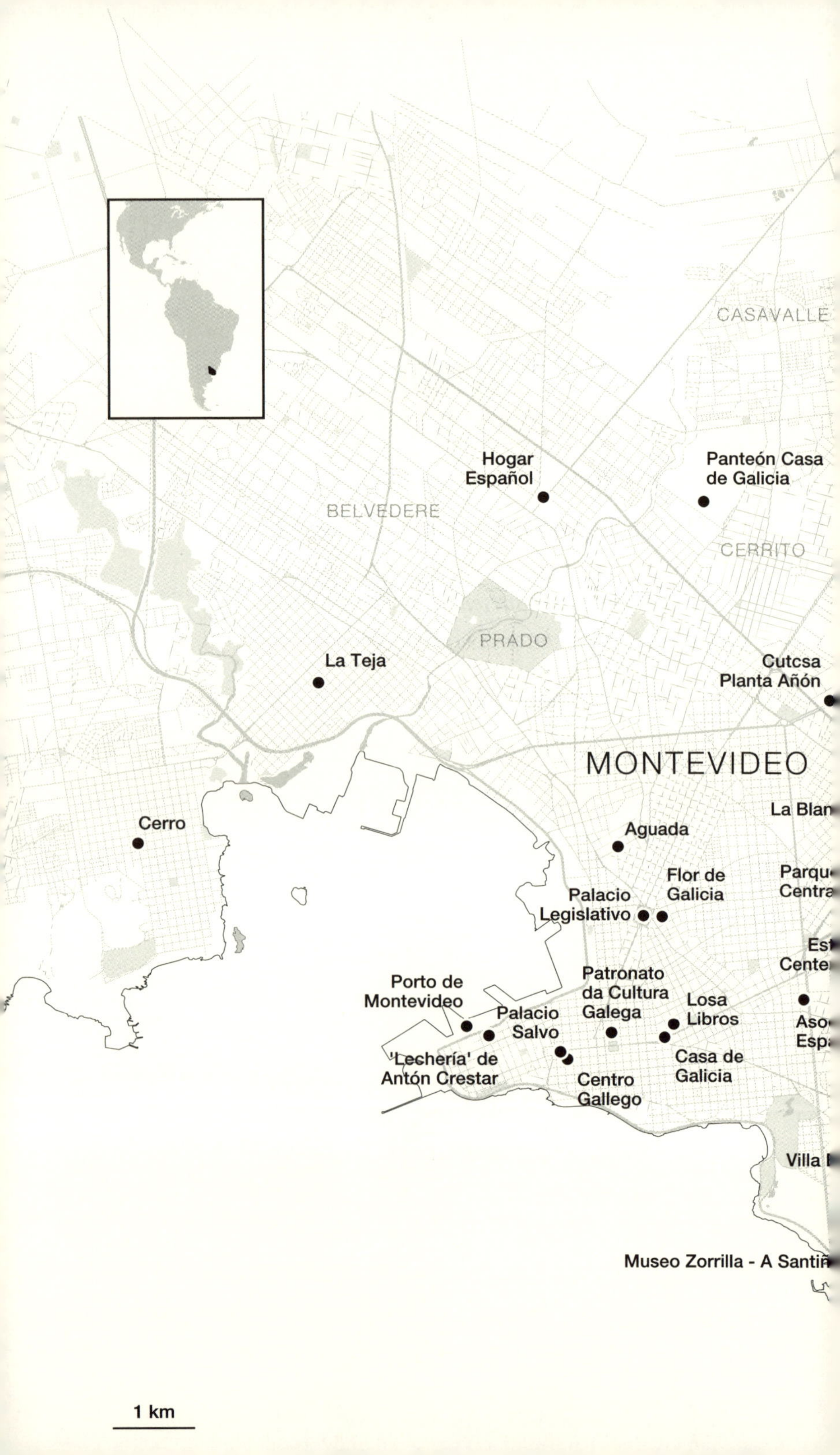
CASAVALLE
Hogar Español
Panteón Casa de Galicia
BELVEDERE
CERRITO
PRADO
La Teja
Cutcsa Planta Añón
MONTEVIDEO
Cerro
Aguada
Flor de Galicia
Palacio Legislativo
Patronato da Cultura Galega
Porto de Montevideo
Palacio Salvo
Losa Libros
'Lechería' de Antón Crestar
Casa de Galicia
Centro Gallego
Museo Zorrilla - A Santiñ
1 km

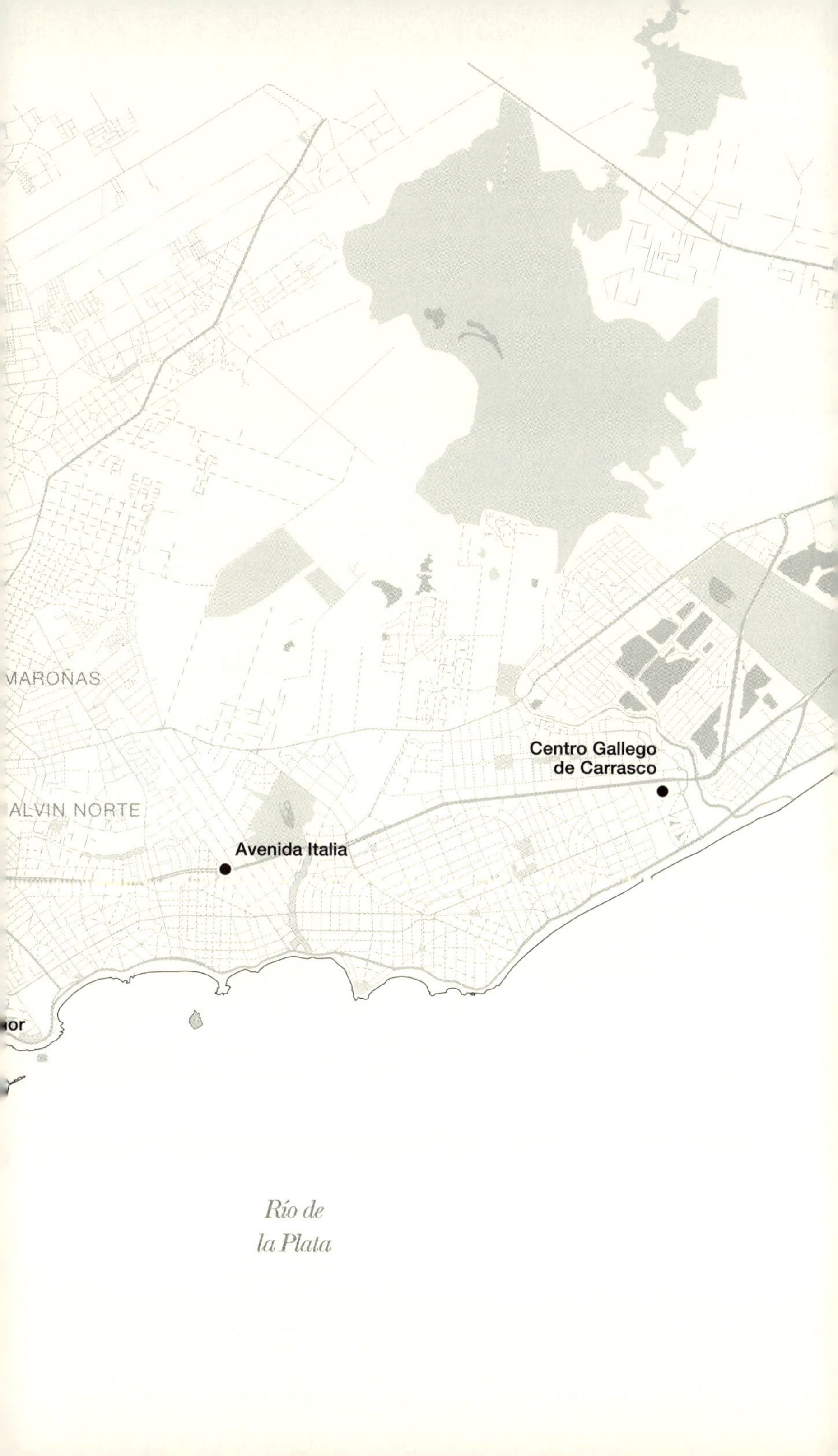
MAROÑAS
ALVIN NORTE
Avenida Italia
Centro Gallego
de Carrasco
or
Río de
la Plata

A Suíza sudamericana

Escintila o sol de Río de la Plata sobre os espellos dos rañaceos de Puerto Madero, en Buenos Aires. Antes, na época das migracións, facíao nas cúpulas de Avenida de Mayo e na punta de palacio Barolo, que segundo a lenda iluminaba co seu faro o palacio Salvo, na praza da Independencia de Montevideo. É imposible pola distancia e a curvatura da Terra, pero tamén o é o mito de Ith, o fillo de Breogán enxergando Irlanda desde a Torre de Hércules, e levamos dous mil anos refocilándonos coa historia.

Daquela gastábase unha noite en cruzar nos «vapores da carreira»; hoxe son tres horas de ferri rápido a atravesar un río que semella un mar de chocolate. Os sedimentos danlle a este enorme brazo de auga unha cor característica que contrasta, no seu horizonte limpo, cun ceo azul que axiña deixa ver a costa uruguaia. A aquel mesmo porto chegaban os inmigrantes desde principios de século á que chamaban Suíza sudamericana pola súa sona de país avanzado. Non só polo valor da súa moeda —os arxentinos chamábana peso ouro— ou polo posterior decreto do segredo bancario, senón pola súa lexislación liberal: oito horas de traballo, divorcio legal, sufraxio feminino e educación laica. Para os emigrantes que ían aconchegándose a esta beira, o país daba oportunidade de crecer no sector servizos: porto, almacéns, panadarías, fábricas de pasta e pizzarías, transporte público e hostelaría, así como tamén empregos industriais: compañías téxtiles para as mulleres, frigoríficos e matadoiros para os homes. Era unha versión apracible da súa veciña arxentina, máis contida e con menos habitantes. Se Buenos Aires era a Reina del Plata, Montevideo era a Tacita de Plata. E iso abondaba para os galegos.

Montevideo ten máis de vinte quilómetros de costa, longas praias e unha rambla ou paseo ateigado de xente en domingos e festivos que se enchía de emigrantes. Moitos deles, *acriollados*, tomaban mate coa mesma dedicación que os uruguaios. A maioría non vivía perto do río, senón en barrios ao norte da avenida Italia, e mesmo cara ao Cerro, o que segundo algunhas teorías deu nome á cidade cando o viu aquel mariño portugués —*Monte vide eu*—.

Galicia está presente no porto e nos seus restaurantes; nas *chiviterías* —de chivito, o bocadillo de carne característico do país— máis clásicas, como Arocena ou La Pasiva, ou cafés como o Expreso Pocitos. Nos carteis, pegadas por todos os recunchos: La coruñesa, El orensano, Morgadáns. Nos supermercados hai Albariño local, elaborado pola adega Bouza, antigos donos das pizzas Sibarita. Un descendente de emigrantes reuniu nunha soa páxina web as historias dos bares de galegos máis destacados da cidade. Alí están o Fun Fun, Su bar, Tasende, Unibar, El Hacha, Facal e moitos nomes históricos máis.

Antes de Internet, un home afanoso chamado Manuel Losa contou a historia da galeguidade de Montevideo en libros como os que amontoa na esquina de Colonia e Tacuarembó, no centro. En Losa Libros non hai paredes, senón volumes e máis volumes repartidos en andeis con nove estantes, no chan, no mostrador, en caixas. Parece unha libraría de película, conservada no formol montevideano, allea a tempos e modas: no recanto, un apartado de saldo («todo a 150 pesos»), manuais de informática, empresa e cómic e unha escaleira para as alturas, onde sobe Manuel como se tivese cincuenta anos menos dos que ten. Pero Losa distínguese polos seus fondos sobre Galicia. Noutro recuncho un cartel anuncia un «outlet de libros en galego».

Cando baixa da escaleira senta no seu escritorio. Teno coma se fose o mostrador dunha mercería: organizado, minucioso, con cheiro a madeira, o aire morno do ventilador de pé á beira da cadeira de coiro estragado de escribir milleiros de páxinas sobre emigrantes como el.

—Eu sempre fixen a graza de dicir que son contador, como se lle chama ao contable aquí, deixo un silencio e despois digo: contador de historias.

O seu aire non dista moito do oficinista de horarios ríxidos e cóbados cravados na mesa: camisa beis, pantalón gris e lentes cadradas de hipermetropía. Dunha morea de libros empeza a sacar exemplares de obras súas, editadas por outros e por el mesmo. A súa autobiografía *Relato dun emigrante* conta a historia do mozo de Santiago de Compostela que embarcou no Juan de Garay en 1955, que traballou en varias empresas antes de converterse en vendedor —e contador— de historias. Xeneroso e sen admitir obxección, prepárame unha bolsa de libros na que colle toda a Galicia montevideana e despídeme cun sorriso de orella a orella.

A república dos ómnibus

Durante unha época os galegos baixaban do barco sen saber se aquilo era o Uruguai ou a Arxentina. O único que tiñan claro era que ían traballar a CUTCSA, pero tampouco sabían se iso era unha cidade ou unha empresa. Preguntaban polo señor Añón e sen moitas máis disquisicións poñíanse a traballar.

José Añón naceu en Vilaño, unha parroquia da Laracha de Bergantiños, e emigrou ao Uruguai na década de 1920. Traballou nunha granxa leiteira, pero uns anos despois interesouse polo mundo dos autobuses, o transporte colectivo popularizado polos seus paisanos de Buenos Aires. En Montevideo quen podía investir compraba un ómnibus —nome local— e asignábao a unha liña. Añón comprou un veículo e afiliouse a un gremio de pequenos propietarios que non tardou en dirixir. Na década seguinte, a compañía propietaria dos tranvías quixo comprar os buses aos emprendedores, pero Añón e os seus compañeiros opuxeron resistencia. En 1937 atoparon a fórmula para convencer o Estado: formar unha sociedade anónima. E así fundou a Compañía Uruguaia de Transportes Colectivos (CUTCSA). Dende ese momento, pintaron unha faixa vermella horizontal, como o seu propio logo, para distinguilos do resto. A directiva estaba chea de galegos —Lois, Sande, Varela, Pombo— e algúns italianos.

Añón tiña madeira de líder. Ademais do seu traballo, foi directivo da Casa Galicia e do Centro Republicano Español, amais de recibir líderes exiliados, como Castelao, na súa casa de Villa Biarritz. Gañou a presidencia de Nacional nunha etapa exitosa do club de fútbol. Non daba puntada sen fío: empregaba os galegos e vencellábaos á entidade deportiva. Tamén os integraba en CUTCSA, ao permitirlles comprar unha cuarta parte do bus. Din que a esposa de Añón os ensinaba a facer as contas para que soubesen devolver o cambio do billete e facer a caixa.

Un deles foi Severino Couselo, de Ordes, e terminou sendo accionista. A súa filla, Mari Carmen, criouse dende nena co autobús á porta de casa como un integrante máis da familia. Cando creceu, Mari Carmen converteuse na primeira condutora de transporte público no Uruguai e atou para sempre a súa vida ao autobús ao casar con outro traballador da empresa. Un dos seus fillos tamén está en nómina e ela integra o consello de dirección de CUTCSA. Hoxe hai máis de cen condutoras na empresa, que xa ten 1200 vehículos, o operador privado de transporte de pasaxeiros máis grande de América Latina.

Vasos comunicantes

Un xornalista madrileño ficou pampo unha noite de 2005 no estadio de San Lázaro, en Santiago de Compostela. No palco de prensa pasáronnos as aliñacións do partido que estaba a piques de celebrarse e pensou que se trabucaran. Dun lado aparecían apelidos como Mallo, Bouzón, Otero ou Losada. Do outro figuraban uns tales Pereira, Pouso, Varela, Castro, Salgueiro. Os primeiros pertencían á selección galega. Os segundos, á uruguaia. Aínda por riba, os dous equipos compartían cores. O reporteiro debruzouse sobre o pupitre e díxolles aos compañeiros:

—Non sabedes a sorte que tedes, podedes facer dous equipos de galegos!

Aquel era o primeiro partido da selección de Galicia desde a II República. Que o opoñente elixido fose Uruguai non era casual: por cifras de emigrantes gáñanlle Arxentina ou Cuba, pero non por peso demográfico e influencia. E algo máis: é o país máis próximo en carácter de toda a diáspora. O *paisito*, como o chaman os seus veciños e eles mesmos, naceu como estado tapón entre Brasil e Arxentina e sobreviviu no medio do sandwich, escoitando as brincadeiras dende o outro lado do Río de la Plata: Uruguai provincia arxentina, Montevideo último barrio de Buenos Aires; pero eles danlle a volta e deféndense pelexando polo fútbol ou pola orixe do tango, do mate, do doce de leite, de Carlos Gardel. É inevitable a comparanza: mesmas paisaxes, mesmo acento, mesmos costumes, mesma orixe maioritaria, pero noutra escala, como vasos comunicantes a través do río. E nótase.

—O xeito galego pegou máis no Uruguai que na Arxentina, máis italiana. Somos o mesmo, con porcentaxes diferentes: nós máis galegos, eles máis italianos.

Fala claro César Troncoso, actor de longa traxectoria con gran presenza no cinema e nas plataformas audiovisuais. En *Yosi* ou *El eternauta* desempeña roles de arxentino, peaxes naturais por compartir área xeográfica común e forma de falar, pero orgulloso do seu país e a súa orixe emigrante. Troncoso, de ollada poderosa, coma o seu perfil, apura unha auga con gas nunha terraza de avenida Italia, en Montevideo. Amable e falador, explica tras dunhas grosas lentes de pasta a súa historia. O seu pai, de Borreiros, en Gondomar, Pontevedra, chegou con dezaoito anos, entrou a traballar nun par de bares de paisanos e terminou caendo no dun bo señor chamado José Barros, de Cerdedo, tamén Pontevedra, cuxa filla namorou do novo mozo.

Xa casados, abriron un almacén no barrio da Aguada, con vivenda ao fondo, pero non o puideron comprar. Eran desa maioría de emigrantes que nin se enriquecen nin o pasan mal, que ven pasar a vida e teñen fillos que constrúen a súa como americanos cun asterisco enriba. César, pelazo negro frondoso sen media cana, loce unha barba branca e gris que non se sabe se é por un papel ou para descansar de vivir en personaxe.

—Eu era galego de berce. Nacín aquí en 1963, cando o meu pai xa traballaba dezaseis horas ao día no almacén e a miña nai facía *shorts*. No meu colexio poderiamos dicir que estaba ben situado economicamente: comiamos carne todo os días se queriamos, porque ademais tiñamos o almacén, e o meu pai, en canto empezou a facer algo de diñeiro, fixose cun terreo en Parque del Plata —unha zona de praia a cincuenta quilómetros de Montevideo—. Pero claro, eu era fillo do almaceneiro. E había esa cousa da vergoña de que te chamasen *gallego bruto*, o mesmo que se dicían outras cousas dos italianos e os xudeus. No barrio había sobre todo dos nosos. Eu era o César o *Gallego*, pero estaba tamén o *Gallego* Turnes e o *Gallego* Tomé. Pasábame que me avergoñaba do meu pai por non escribir, pero tamén creo que había un complexo de inferioridade de parte deles. Ata que tomei conciencia de onde viña. En Galicia unha vez fun ás casas de meus tíos, casas de aldea pero modernas. Eles facían vida nunha planta e logo tiñan un comedor ou unha cociña que non usaban. Entón entendín por que nós tiñamos tamén un salón comedor que non usabamos, só para recibir visitas ou para grandes momentos. Aí daste conta do galegos que eramos.

A César cruzóuselle a vocación artística no camiño e a súa familia potencioulla, primeiro con libros, despois, ao alentalo para facerse socio da Cinemateca, con quince anos, logo ao teatro cada semana, e ao cinema todos os días: sempre diñeiro e facilidades. Ata que chegou á gran pantalla.

—Serían brutos estes galegos, pero mira.

Flor de Galicia

—Por cada galego que tivo sorte, outros cen simplemente viviron.

Di Mónica Ramos, nacida en Montevideo hai cincuenta anos, que a emigración dos seus pais non tivo nada de especial, como a maioría. Estamos en Hocquart 1501, esquina Batoví, a unha *cuadra* e media do Lexislativo, un palacio xigantesco e esaxerado onde se sitúa o congreso da República. Este é o punto central ao redor do que xirou a vida da familia Ramos. Aquí estaba o bar do seu pai Pepe: Flor de Galicia, que ofrecía «*minutas, pizzas, parrilla, buenos tragos*». Vémolo xuntos, e Mónica, co rostro cheo de emoción e o sorriso levantándolle as lentes, comeza un relato abrindo un álbum de fotos.

—Ao meu pai tocoulle o sacrificio de facelo todo, porque era o vinculeiro de doce irmáns en Lema, Arzúa, e detrás del viñan moitas mulleres, así que xa sabía que sería o candidato para emigrar. Ao chegar viviu cun parente, como todos, que non o tratou demasiado ben. Dicía que tiña tanto frío na casa que se tapaba coa maleta, porque non tiña outra cousa. Cando se independizou, traballou nunha empresa metalúrxica doce anos, e con iso comprou dúas casiñas en La Teja, un barrio obreiro perto do Cerro. Coñeceu a miña nai na Quinta de Galicia e xuntos abriron o bar. Ela traballaba nunha casa de familia en Pocitos, aínda que a min, de nena, non mo dicía porque lle daba vergoña. Detrás do bar había unha sala e nós viviamos alí. Nunha entreplanta durmiamos miña nai e eu, e abaixo o meu papá nun sofá. Comprar a vivenda de arriba foi un cambio importante.

Mónica amosa as fotos segundo vai facendo o relato, e nunha delas aparece, con vestido colexial de saia de cadros, xunto á caixa rexistradora, mentres o seu pai abre unha botella sobre a barra de mármore, cunha garrafa para gardar o viño detrás, a bandexa apoiada e as botellas aliñadas sobre as súas cabezas. O bar tiña mesas de formica verde, con cinceiros de cristal da época, o xornal aberto e un grande espello ao final, baixo a lista de prezos.

—O meu pai só vivía para o bar. Abría ás seis da mañá e pechaba ás doce da noite. O domingo pola tarde non abría, único momento de descanso para botar un sono arriba ou, se non, nun catre no almacén, entre as caixas das cocacolas. Cando marchaba todo ben compraron unha casa en Pocitos, onde traballaba miña nai. Iso significou un triunfo, pero o meu pai xa nin viña a casa a durmir, non lle valía a pena desprazarse para esas poucas horas. Cando se xubilou, dedicouse a andar e descubrir a cidade: non coñecía Montevideo! Desde que chegou viviu só para o traballo, escravitude total. Pero nunca dixo que quixese volver a Galicia, traíalle mal recordo, e en cambio si volvía por aquí, como nós agora. A min gústame velo aínda que estea así, a verdade.

Péchase o álbum e miramos cara á esquina do bar. Onde estaba o Flor de Galicia hoxe hai unha casa semiabandonada sen cartel nin persoas e coa persiana botada sobre unha vida enteira cunha reviravolta máis. Mónica casou en 2014 con Alfonso, un curmán da Coruña que hoxe vive con ela en Montevideo, no eterno retorno da familia Ramos ao Uruguai.

Bolos celtas

Montevideo transpira galeguidade en cada esquina. Nunha rúa de Villa Dolores, coa luz degradada entre os plátanos de sombra, descóbrese un cartel en grandes letras metálicas: «Club Deportivo y Sociedad de Bolos Valle Miñor». O edificio ten unha fachada longa e apaisada, dunha soa altura, que non deixa ver a súa enormidade. Ao coñecelo tampouco se pode encadrar nunha soa cousa: podería ser un complexo deportivo, un salón de vodas, un club social, un restaurante, un ximnasio de artes marciais, unha biblioteca ou todo á vez. Pero entre os seus usos esconde unha tradición, núcleo do centro, descoñecida para os uruguaios e para moitos galegos: os *bolos* celtas.

Nacido dun antigo xogo tradicional trátase de tirar, con bólas de madeira, unha serie de birlos colocados ao outro extremo dunha pista de terra de vinte metros de lonxitude. O xogo forma parte da cultura do Val Miñor, en Pontevedra, e coa emigración enraizou tamén en América. Aquí, no patio interior do bloque, manteñen a pista de céspede artificial e terra, cun mural ao fondo con bandeiras e o logo do centro.

Dende aquela bisbarra, unha das máis uruguaias xunto a Bergantiños, espallaron a tradición a ambos os dous lados do Río de la Plata. En Buenos Aires tamén hai un centro con birlos celtas, e dende hai décadas, por cada aniversario de cada centro, o outro cruza o charco para celebrar un campionato: o clásico rioplatense máis galego.

Así o conta Juan Valverde, —apelido típico da comarca pontevedresa, e tamén moi uruguaio xa— presidente dun club cheo de nenos e actividades, a rentes dos sesenta sen aparentalos, cun galego nativo e todos os matices locais da zona, o centro da súa vida malia ter nacido e vivido sempre nunha cidade americana dun millón e medio de habitantes.

—Viviamos no barrio de Blanqueada e na miña rúa eran todo paisanos, un detrás do outro. Faciamos vida como na aldea. Para empezar, elaborabamos viño. Comprabamos mil quilos de uva e iámolo facendo entre todos. Era tan bo que había que mastigalo para tragalo —ri Valverde, mecánico de coches e barcos, barba retrincada case sen bigote, varudo e de pelo grisallo, cunha bóla de madeira maciza na man—. E unha vez ao ano faciamos a matanza de porco, como alá. Traiámolo de fóra e xuntabámonos todos no fondo dunha casa, nun patio, apartados. A min ensináronme de neno como facelo para que non sufrise o porco. Había matachíns e facíase a coitelo, todo igual que alí, pero aquí.

A Celeste das dúas beiras

Dicía Eduardo Galeano que a camisola celeste da selección «era a proba da existencia da nación, de que o Uruguai non era un erro». Un monstro de formigón, ovalado como un prato voador e cun rectángulo de céspede no centro, lembra esa frase e sobe o envite: ademais de existir, pode gañar. O Estadio Centenario é unha das atraccións turísticas da cidade, pola mística que desprende —aínda ten asentos de cemento— e polo museo que lembra que a Celeste se proclamou multicampioa. No primeiro Mundial da historia, en 1930, impúxose nese estadio a Arxentina cunha aliñación na que había catro galegos ou descendentes. Dous eran fillos de emigrantes, cada un cun alcume máis florido: Álvaro Gestido Pose, o *Caballero del deporte*, e Héctor Castro, o *Divino Manco* —cortou unha man traballando cunha serra mecánica; logo converteuse no primeiro goleador uruguaio nun Mundial—. Sobre os outros dous non hai unanimidade sobre o seu lugar de nacemento. Segundo versións, Lorenzo Fernández e Pedro Cea naceron en Redondela ou en Montevideo, pero non hai dúbida da súa orixe, aínda que por riba o segundo tiña como apelativo Vasco, polo apelido materno.

Pasaron dúas décadas e Uruguai logrou a súa gran proeza futbolística: gañou ao Brasil no seu Mundial no chamado *maracanazo*. Nese equipo brillaba como dianteiro Óscar Míguez, fillo de emigrantes de Meicende, nos arredores da Coruña, e que o enxeño rioplatense transformou no Cotorra Míguez. Foi o máximo goleador uruguaio do Mundial, que tamén gañaron grazas á sabedoría antiga do seu capitán. «No miren hacia arriba, el partido se juega abajo. Los de afuera son de palo» dixo antes de empezar o partido perante douscentos mil brasileiros. O seu nome era Obdulio Varela e alcumábano o *Negro*

Jefe, pero en realidade tiña outro apelido no medio polo seu pai galego, Muíños. Daqueles nomes históricos ata os actuais hai unha ponte invisible estendida entre Galicia e o Uruguai, e viceversa.

Cando era neno, cada domingo aparecía en Riazor unha bandeira que chamaba a miña atención. Era unha especie de negativo da bandeira de Galicia pero en cor Dépor, o que me despistaba aínda máis: fondo azulón, faixa diagonal branca e unhas siglas no medio que non entendía: C.N. de F. Cando me explicaron que significaba Club Nacional de Football, así, sen dicir de onde, asentín sen saber moi ben o que era.

Tres décadas antes, a milleiros de quilómetros de Montevideo, fundábase nunha parroquia de Arteixo un equipo chamado Peñarol de Lañas, na honra do gran rival de Nacional. O seu traxe, como a matriz uruguaia, era de listas verticais negras e amarelas, e pantalón negro con medias amarelas. O escudo no peito, para darlle máis mística aínda, era igual ao do Deportivo.

A historia agrandouse nos anos setenta, cando Peñarol disputou o trofeo Teresa Herrera na Coruña e o seu presidente, Washington Cataldi, casado cunha arteixá, prometeu que levaría o seu equipo para ver ao seu homónimo de Lañas, como conta Xabier Maceiras na súa historia de fútbol local.

En agosto de 1975 Peñarol aterrou en Alvedro e, poucas horas despois, saíu ao campo de terra de Elviña a confrontar nun amigable ao Peñarol de Lañas. Coas bancadas cheas, o campión uruguaio impúxose por 8 a 1. Dous días despois tamén gañou o Teresa Herrera.

Neste século, Nacional brindou a súa homenaxe aos seus seareiros galegos noutra edición do trofeo. Desprazouse até Malpica, na Costa da Morte, comprobou o fervor dos galaicouruguaios polas cores e asistiu ao izado dunha bandeira do club que ondea no paseo marítimo, mirando ao mar que todo o uniu, e que tivo unha última cambadela en 2016, cando Deportivo e Celta xogaron no Parque Central, o estadio de Nacional. Foi o primeiro derbi celebrado fóra da Galicia territorial.

Martínez xoga na casa

De Andrés Martínez, que xogou no Racing de Ferrol nos anos dous mil, dicían que era uruguaio non só polo acento, senón porque parecía ter catro pulmóns e varría a parcela central deixando os folgos en cada xogada, a famosa garra charrúa. Pero o que non sabían era que cando o partido remataba, saía da Malata no seu coche ata a aldea da Andragalla, en Zas, A Coruña, chamaba a unha porta e alí recibíao a súa familia: avós, tíos, curmáns, todo a mantel posto, os manxares afumando e o anecdotario preparado para sentar a cear.

A casa estaba rodeada de millo, o cultivo máis habitual da bisbarra. O que para Andrés era un bonito tapete verde, para o seu pai fora a súa condena.

—Cansei de traballar coas vacas e as ovellas e de comer broa, tanto que marchei con dezaoito anos a Montevideo. Traballei nunha fábrica de zapatos, nun bar e, mira, acabei facendo pan. Xusto eu, que non sabía o que era o pan de trigo salvo dous días ao ano, fuxín por esa broa que aínda me persegue.

Óscar Martínez, nacido en 1937, ten un corpo vigoroso. Mandilón e coitelo na man, trincha un asado exquisito sobre a grella da súa casa en Pando, perto de Montevideo, de case dúas hectáreas, normal en termos americanos, «imposible» en

Galicia, di. Con el, Dominga, a súa muller, de orixe italiana, e o seu fillo Andrés, que non se puido quitar o apelativo dende que empezou a xogar ao fútbol con cinco anos. Para todos foi e será sempre o *Gallego* Martínez. Mentres o seu pai abría camiño para vivir con certa largueza no país que o acolleu, Andrés empezou a súa carreira en Pando e axiña pasou a Peñarol. Con dezaoito anos chegou ao primeiro equipo e debutou da man de César Luis Menotti no estadio Centenario. Xa podía contar algo aos seus fillos.

Uns meses despois entendeu, *in situ*, a importancia do seu alcume, cando viaxou a Riazor a disputar o trofeo Teresa Herrera con Peñarol. Na semifinal, contra o São Paulo, Andrés sobresaíu no centro do campo.

—E eu quedei abraiado —conta co asado na mesa— porque sentín o meu nome na bancada. Cantaban por min! Logo entendín. Estaba toda a aldea de Andragalla. Logo, como non chegamos á final, puxéronnos a ver o partido nunhas cadeiras na pista de atletismo, pegadas á xente, e dábannos empanadas e a bota de viño. Os meus compañeiros, cando me viron tan integrado, dixéronme: «*Quedate, Gaita, hablá con el presidente de acá y te quedás, que es tu lugar en el mundo*».

Á fin, fichou por Osasuna, xogou en Italia e recalou en Ferrol, onde debía de ser o único futbolista que non ía a un restaurante de moda e de festa na súa noite libre. El marchaba á Andragalla a escoitar na lareira as historias do avó para entender a súa propia vida.

A Santiña

Chámase *Santa* pero non é unha representación relixiosa nin unha muller idealizada, senón unha escultura de madeira policromada de case dous metros dunha labrega, espida agás o pano que lle cobre a cabeza, co ventre avultado de tantos partos, as mans cheas de calos, as pernas rexas do campo, un xugo sobre os ombreiros e unha vara na man. Francisco Asorey tallouna en 1926 e foi trasladada ao Uruguai en 1951, adquirida pola poderosa Casa de Galicia de Montevideo. Como un equivalente do Centro Gallego de Buenos Aires, era a mutua de asistencia sanitaria de referencia no país xunto á Sociedade Española de Socorros Mutuos. Igual que o seu espello porteño, tamén tiña unha sección social, un panteón no cemiterio e un rico patrimonio cultural.

É preciso falar en pasado, porque en marzo de 2022 Casa de Galicia pechou despois de máis dun século de historia. O goberno uruguaio decretou o seu clausura despois dunha intervención de varios anos e unha débeda acumulada de millóns de euros. Tiña corenta e cinco mil socios (chegaron a ser cen mil) e 1300 traballadores, que pasaron a outra empresa de saúde. «Era inevitable», recoñeceume un exdirectivo, pola ausencia de remuda entre os socios, polas débedas e por unha xenerosa dose de mala xestión.

O patrimonio corría perigo de pasar a mans alleas á comunidade, ao formar parte da propia casa. Houbo mobilizacións para salvar o patrimonio, ata que a Xunta e o goberno do Uruguai asinaron un convenio segundo o cal Galicia compraba a escultura e esta quedaba en Montevideo. «Estamos seguros de que vostedes nola van coidar igual que coidaron dos galegos», dixo o conselleiro de Cultura ao seu homólogo uruguaio durante a sinatura en Santiago. Desde entón está exposta no museo Zorrilla de Punta Carretas. Quen a queira visitar, alá estará a esperar estoutro símbolo da diáspora.

A loita dun grupo de exsocios, que fundaron unha nova asociación chamada A Casa de Galicia, conseguiu recuperar outras obras e tamén o panteón no cemiterio do Norte da cidade, un cubo acristalado con vidreiras coloridas, onde hai miles de galegos enterrados: «Patrimonio son tamén os ósos dos nosos pais e nais».

E tamén os que aínda viven. Nos anos sesenta, cando a segunda onda aínda era nova e a Suíza sudamericana xa non era tal, polo menos en termos económicos, os galegos abriron o Hogar Español de Montevideo. Previsores, para cando chegaron as primeiras crises, xa inauguraran un centro para asegurarlle un teito aos seus anciáns. Durante moitos anos, cada vez que había unha viaxe oficial a Montevideo os políticos visitaban o palacete. Á entrada, tanto fai quen fose o visitante, unha señora tocaba a melodía do himno galego como benvida, outra escena indescritible que vivín moitas veces. Do Hogar fíxose cargo hai uns anos La Española, a mutua creada en 1853, na mesma cidade que en 1879 viu nacer o Centro Gallego máis antigo do mundo.

Pero a decadencia non entende de datas e saudades. Ao pouco de pechar a Casa de Galicia, a súa antiga sede social, na Avenida 18 de xullo, presentaba un aspecto desolador. Baixo as letras da extinta sociedade, xunto á cruz de Santiago, víase un ilustrativo anuncio dunha tenda de saldos: «Miles de pezas a prezos únicos».

Jesús Canabal, o fío

Nunha foto de 1923 está sobre un carro tirado por cabalos e a marca da súa empresa en grande, enmarcada por unha cruz de Santiago: «Fábrica de sobres Suevia», en referencia ao primeiro reino de Galicia, do século V, e o seu nome no teito: Jesús Canabal. Recentemente chegado, aínda non sabía que se convertería no vector transversal que une dúas vagas de emigrantes, a través da empresa, pero tamén da cultura e da política.

Suevia converteuse nun emporio papeleiro cun nome de menos fantasía, Industria Papeleira do Uruguai, Sociedade Anónima, IPUSA. Con esas siglas o emigrante do Amenal, Arca, na Coruña, gañou unha fortuna que puxo ao dispor da causa republicana e galeguista, empregou exiliados e exerceu como anfitrión do Consello de Galiza.

Coa Arxentina gobernada por Perón, Uruguai, máis proclive a aceptar movementos étnicos contestatarios, erixiuse como lugar fundamental na reconstrución do galeguismo, con Castelao no centro. O seu paso máis importante foi crear en 1944 un goberno galego no exilio: o Consello. Fíxoo xunto a Elpidio Villaverde, Antón Alonso Ríos —Siñor Afranio— e Ramón Suárez Picallo, deputados da Fronte Popular. Castelao foi o primeiro líder e Alonso Ríos o segundo, pero ao volver a democracia Galicia non seguiu os pasos de Cataluña, que recoñeceu como presidente da Generalitat a Josep Tarradellas. O Congreso da Emigración, celebrado en Buenos Aires en 1956, tamén foi ideado na casa e na fábrica do empresario, tamén ministro delegado da república a presidente do Padroado da Cultura.

Creado para manter do galeguismo nos anos sesenta como contrapeso ao Centro Gallego, inclinado ao réxime, o Padroado converteuse en faro comprometido do idioma e da cultura na diáspora, primeiro nunha sede paga por Canabal, logo nun caseirón que conserva a esencia dos seus fundadores e tamén do propio mecenas. Alí estaba Antón Crestar, personaxe aventureiro saído de Miño, mariñeiro, fogueiro buscavidas en Nova York e A Habana, contrabandista de opio por unha vez, ata que, asentado no Uruguai revelouse como artista e sobre todo como activista do galeguismo desde o enderezo da súa *lechería*, Piedras 411.

Crestar auspiciou, xunto a Canabal, Manuel Meilán, Lois Tobío, Alfredo Somoza e varios mais, o nacemento do programa de radio Sempre en Galicia en 1950, en homenaxe a Castelao, e que aínda segue en activo, en galego e en directo cada domingo. En Buenos Aires non permitían audicións que non fosen en castelán, así que os da outra banda do Plata estiveron rápidos. O 3 de setembro de 1950 escoitouse por primeira vez en Radio Carve de Montevideo un saúdo imperecedoiro até hoxe: «Bos días galegos, eiquí Sempre en Galicia, a audición radial ó servizo da arte e da cultura do pobo galego».

Canabal foi o primeiro representante da diáspora en recibir a Medalla Castelao, en 1985. Días despois, de regreso a Montevideo, morreu durmindo unha soneca.

A batalla de Montevideo

Un comando de guerrilla cultural asaltou os corredores do palacio Lexislativo de Montevideo en 1954. Nel celebrábase a Asemblea da Unesco, alto organismo da ONU para a educación e a cultura, na que fora aceptada a España franquista dous anos antes. Antes de que entrasen ao pleno os delegados de decenas de países, tamén os españois, un grupo de galegos saíron ao seu encontro para entregarlles un texto escrito en tres idiomas —galego, francés e inglés—: *Denuncia ante a Unesco da perseguizón do idioma galego pol-o Estado Hespañol*. Nela se debullaban sete puntos sobre a situación da «milenaria e gloriosa lingua dos cancioneiros medievais, do rei Sabio, do padre Feijoo, padre Sarmiento, de Rosalía, Curros Enríquez e Castelao». O texto redactouse na Galicia interior e imprimiuse no Río de la Plata, como unha voz coordinada a nivel global contra Franco. Corrían novos tempos para o galeguismo, coa creación da editorial Galaxia, e agora mostrábase nunha das capitais do exilio, ata chegar á batalla de Montevideo, así bautizada por Xesús Alonso Montero.

Os delegados quedaron atordoados. Non estaban afeitos a unha acción directa, por simbólica que fose. Moito menos os representantes de España: o ministro de educación e cultura, Joaquín Ruiz Giménez, o académico Pedro Laín Entralgo e un político novo chamado Manuel Fraga Iribarne.

A acción veu referendada polos apoios doutros centros na diáspora e os posteriores editoriais da influente prensa galeguista no exilio. *Galicia emigrante*, de Luís Seoane, dicía que os delegados da Unesco parecían máis preocupados por preservar unha cerámica antiga, unha moeda romana ou un texto antigo que «polo idioma que falan uns cantos millóns de peninsulares».

O franquismo abriu un chisco o xogo e puidéronse publicar algunhas colaboracións escritas en galego na prensa, editar algúns libros e traducir algunhas obras universais. Algúns atribuírono á man, ou á mala conciencia, de Fraga Iribarne.

Letra, música, acción

Chamábano El Viejo Pancho e pasou á historia como o poeta costumista do rural uruguaio, o que idealizou un mundo de gauchos afastado do modelo urbano e europeo de Montevideo, pero en realidade o seu nome era José María Alonso Trelles e naceu en Ribadeo. Moi novo instalouse en Talla, unha localidade a cen quilómetros da capital, e alí dirixiu un semanario e escribiu poesía, á luz do candil, nun despacho ateigado de papeis e botes de tinta. Existen moitas fotos dos seus últimos anos, cando xa se lle podía dicir Viejo Pancho. Impoluto no vestir, con longos traxes negros e chapeu, peiteado cara a atrás, con dous quevedos sobre o nariz en tobogán cara ao bigote.

Os seus textos de vidas desfeitas cantáronos Carlos Gardel e Alfredo Zitarrosa. Dixo o Viejo Pancho na súa autobiografía que escribiu poesía para adurmiñar a señardade «como me puidese ter dado á bebida». E así queimou o vicio, dándolle letra á máis auténtica expresión musical da rexión. Non foi o único: tamén ocorreu cos *tangueros* deste lado do Plata, como Víctor Soliño. Emigrado cos seus pais dende Baiona na bisagra dos dous séculos, escribiu innumerables cancións populares e tangos. O máis famoso, «Garufa», —musicalizado por Juan Antonio Collazo, orixinario de Carballo—, ademais doutros títulos compostos en sociedade co ourensán Joaquín Barreiro.

O caso de El Viejo Pancho —emigrado como adulto en 1875— foi diferente. Viviu e escribiu desde o rural, e cos seus textos perpetuou a cultura criolla, igual que o tango á cidade. Ao cabo, os dramas humanos son os mesmos, de sombreiro calado ata os ollos e traxe cruzado á luz dun farol xunto ao conventillo, ou boina, bombachas e facón; de feito, os dous prototipos crúzanse no nacemento do primeiro tango a través da milonga. E tamén a través do galego que non era gaucho nin tangueiro, senón un señor vello de Lugo.

Pola orixe de Gardel pelexan arxentinos e uruguaios, pero do que non hai dúbida é da imaxe que o inmortalizou. En 1933, dous anos antes da súa tráxica morte, foi retratado fitando a cámara, elegante como nunca, gravata escura e camisa a raias, o sombreiro impoluto e a cara alumeada, o sorriso de perlas e os ollos brillantes mirando fóra de plano. Era o retrato dun ídolo, a imaxe de cabeceira que lle vén a todo o mundo á cabeza.

O seu autor é José María Silva, de Souto, A Estrada, que coñeceu a Gardel —cando era «un home gordo que se peiteaba con raia ao medio e sen xel»— e desde entón, coa súa transformación artística e física, retratouno ao longo dos anos de todas as maneiras, vestido de gaucho —para vender a imaxe rioplatense que se tiña en Europa— de medio lado ou en mangas de camisa, e por suposto na foto inmortal. «*Che* Silva, nin os gringos me quitaron así», díxolle Gardel. Para entón Silva xa tiña unha fama gañada como retratista de artistas e políticos.

En 2024 celebrouse unha exposición en Montevideo sobre as fotos de Silvita, como o chamaba o tangueiro, cun título expresivo: *O inmigrante que nos legou a Gardel.* «Cada día canta mellor», dise do cantor, igual que loce na foto do galego.

Marta Traba Taín e Ángel Rama Facal coñecéronse sendo xa figuras da literatura e a arte, ela arxentina, el uruguaio, ambos os dous de catro apelidos galegos. E, ademais, con orixe moi próxima sen que eles o soubesen. Ela, posiblemente de Fisterra, onde o seu apelido está moi estendido. El, de Bergantiños. Os pais de Marta asentáronse cara a un lado do río e os de Rama, ao outro. Despois a cultura xuntounos.

Coñecéronse nun congreso de escritores en Bogotá, en 1966, os dous con fillos de anteriores matrimonios, os dous con intelectuais: Traba co colombiano Alberto Zalamea, Rama coa uruguaia Ida Vitale. Instaláronse no Uruguai, onde a el lle outorgaron a Vieira de Prata do Padroado da Cultura, polo seu labor a prol da literatura e a crítica latinoamericana. A parella tivo que exiliarse das ditaduras militares do Cono Sur, primeiro en Caracas, logo en México, Barcelona e nas universidades de Estados Unidos, antes de ser convidados a saír do país polas súas inclinacións esquerdistas. Instaláronse en París e desde alí saíron un día de 1983 cara a Bogotá, onde se ía celebrar o I Encontro Hispanoamericano da Cultura. Ao iniciar o descenso para facer escala en Barajas, o avión de Avianca, que levaba o nome de Olafo, esnafrouse e finaron os dous xunto a 180 persoas máis, entre as que estaban outras figuras das letras do continente, aquel que Marta chamou deliciosamente Homérica Latina.

A cultura galega perviviu nos faiados da diáspora. En 2008 a Cinemateca do Uruguai recuperou dun deles unha xoia que entregou ao Centro Galego das Artes da Imaxe. Tratábase dunha película dos 1920 sobre A Coruña e os seus tranvías. Aquel achado inédito formaba parte do cinema de correspondencia, un xénero de intercambio emocional, consistente en películas financiadas polos emigrantes para traer de volta a América as tradicións ou os avances da terra en formato audiovisual, e á vez un xeito de comunicarse cos seus afectos. Nos anos vinte, José Gil, o pioneiro do xénero, xa filmara os portos galegos e tamén o da Habana. Un par de décadas despois, Eligio González ideou especie de noticiario da emigración, e deixou o seu sinal coas gravacións de Castelao en Buenos Aires, mesmo cando xa gardaba cama, e xa nos cincuenta, Manuel Arís achegou as súas películas de viaxe por Galicia. O cinema de correspondencia permanece como unha achega xenuína da emigración, transversal a países e épocas.

Votar despois de morto

A melodía pesada de sintetizadores métese no cerebro por enésima vez. Ondean as bandeiras do partido, flop, flop, que se repartiron nas horas previas. Xa están en pé as máis de mil persoas —ancians, na súa maioría— que foron chegando ao recinto coa entrada para o xantar gratuíto nunha man, un sobre na outra e o pasaporte no peto da chaqueta. Antes de entrar, pasaron por unha mesa onde se lles fotocopiaba o documento de forma discreta para despois ubicalos nas cadeiras. Agora si, entra o candidato, soan as gaitas, cómeno a bicos e abrazos, coma se o coñecesen da aldea, e escóitanse os discursos de sempre, tanto ten onde e cando: imos loitar polos seus dereitos, Galicia está en débeda coa diáspora, terán acceso a programas asistenciais e teñen as portas abertas, vostedes e os seus descendentes, para volver á terra querida. Despois, cea e show con todos os paisanos que pasaron idénticas penas e alegrías da banda americana do charco.

Esta escena, mestura recreada de actos políticos no Uruguai e a Arxentina, resume o combo pendular do Río de la Plata que funcionou durante moito tempo como viveiro electoral da Galicia Exterior. Non é ficción: a min tocoume cubrir ducias deses eventos, máis próximos a unha verbena na parroquia que a un mitin á europea, con comida, bebida e música, e tamén a sospeita de que se cometían manobras turbias, nunha carreira co cóbado aberto onde todo valía para conseguir o ansiado voto emigrante.

A campaña galega librouse durante moito tempo, sobre todo na primeira década deste século, entre dous continentes. En Montevideo e en Buenos Aires vivíase a política a pleno. PSOE e PP vestían as fachadas das súas sedes con fotografías dos candidatos, ofrecíanse debates nos medios da colectividade entre os representantes locais, como unha provincia máis. Facíanse tamén pegadas de carteis. Lembro unha que se converteu nun acontecemento maior que en Santiago ou Madrid, programado para as sete da tarde para que coincidise coa medianoite española, a xente convocada para o aplauso, os flashes listos por parte da activa prensa da colectividade.

O BNG, aínda que podería ser o depositario do galeguismo histórico, tivo historicamente menos peso no voto exterior, pero en Montevideo tiña presenza na rúa cun local no centro onde lucía unha gran estreleira pintada sobre o peche metálico.

As eleccións na diáspora eran un acontecemento con toda lóxica: a primeira andana, que viviu a Restauración, a monarquía e a ditadura de Primo de Rivera, levaba a América unha percepción laxa da democracia; sufraxio restrinxido e controlado polo caciquismo. A segunda chegou en pleno franquismo, sen eleccións dende a República. Así que para case todos resultou unha novidade que na Transición, xusto cando as ditaduras se sucedían no Uruguai e a Arxentina, se aprobase o voto para a emigración e se oficializase a voz da diáspora.

Nos noventa albiscouse a importancia do electorado emigrante para Galicia, onde a opinión do residente ausente —pinchacarneiro lingüístico creado no franquismo— podería desequilibrar balanzas. Aínda se fixo máis patente co cambio de século, cando aumentou o número de votantes pola cantidade de descendentes que adquiriron a nacionalidade española na procura dun futuro tras as crises económicas no Cono sur. Os cambios nas leis de memoria tamén ampliaron o censo e, con iso, aumentou o voto exterior: un impulso cara ao poder en caso de marcador apertado cando é limpo; un ariete do caciquismo máis groseiro cando hai trampas. Aínda que pareza doutra época, había censos fraudulentos, os votos comprábanse e multiplicábanse as prácticas sospeitosas, o que podía alterar unhas eleccións dada a porción de electores no exterior en Galicia, case un vinte por cento en 2024 (a Arxentina, Cuba, o Brasil e o Uruguai á cabeza), con cifras que se multiplicaban nalgunhas comarcas. Era un botín gorentoso de máis para desprezar.

En 2005 o futuro político de Galicia decidiuse na Audiencia de Pontevedra. O 27 de xuño, oito días despois das eleccións. O mandato de Fraga parecía rematar segundo o escrutinio da semana anterior. Pero Galicia é anómala e tivo que conter os folgos porque faltaban por contar os votos da emigración, que poderían inclinar o resultado cara ao lado do PP se arrebataba un escano ao PSdeG. O reconto non cambiou o tanteo, así que Fraga abandonou o poder porque, como moitos dixeron, «a emigración abandonouno a el».

Un mes antes, Fraga fora a estrela do acto central da campaña en Buenos Aires, ao reunir dez mil persoas nun recinto feiral. O presidente subiu ao escenario, prometeu dereitos sanitarios e laborais e censurou o goberno do PSOE por «deixar de lado á diáspora». Ao día seguinte viaxou a Montevideo e alí conmemorou o Día das Letras Galegas, dedicado ao exiliado Lorenzo Varela, para quen non aforrou eloxios, só faltaría. Para desengraxar a imaxe de Fraga arrodeado de anciáns que o acompañou na Arxentina, no Uruguai celebrou un acto con centos de descendentes; o churrasco deu paso ás hamburguesas, e os pasodobres, á música electrónica. Tamén deixou unha frase lapidaria: «Son un mozo de oitenta e dous anos». Non lle foi suficiente.

Despois daquelas eleccións xubilouse como presidente, pero non como político —converteuse en senador— e tampouco deixou de viaxar. Na seguinte campaña das municipais acudín aos seus mitins rioplatenses, el con cada vez menos voz, nos que reconvía con agarimo aos emigrantes polo abandono das anteriores eleccións. Nesa época había unha ponte aérea de candidatos cara ao Cono Sur nos meses previos ás eleccións e despois de presidentes. Todos repetiron cerimonias, mensaxes e convenios asinados dos que nunca ninguén despois sabe.

Eran épocas feroces en acusacións cruzadas. En 2007 o PP criticou o PSOE por entregar axudas á colectividade na precampaña electoral, e este contraatacou facilitando fotografías de Fraga e os seus conselleiros repartindo cheques asistenciais aos emigrantes. Tamén había leas polas artimañas do voto na diáspora, que eran moitas e variadas. Lémbrao Alejandra Marcote, de cando traballaba no centro de xubilados de Avellaneda:

—Ao noso centro mandaban autobuses para que a xente acudise ás comidas cando viñan de Galicia. Pedíannos que a xente levase o pasaporte, dicían que para que soubesen que eran galegos. Eu dicíalles aos máis velliños que o ensinasen se llelo pedían, pero que non llelo desen a ninguén, nin para fotocopiar, porque aí estaba o tema; con iso xa podían mandar unha papeleta con ese pasaporte e valía. Por iso había tantos mortos que votaban.

Era máis fácil emitir un sufraxio en Montevideo ou Buenos Aires que en calquera lugar de Galicia. Só había que ir a Correos, ou nin sequera, porque podía ir o fillo ou o cuñado co documento fotocopiado. E por aí empezaba a fraude, un monstro de varias cabezas que asomaba cando alguén na familia levaba as papeletas de todos os membros adultos.

—Voaban votos por todos lados, estaba tolerado porque todo o mundo o facía e era normal —conta un dirixente de segunda xeración—. Ían casa por casa. Chegou a papeleta ao teu pai? E á túa nai? Dille que complete todos os datos e eu lévollo a Correos. Fotocopiaban o pasaporte, cambiaban o voto e enviábano. Pregunta, a ver quen o nega. Boh, a moitos xa non podes preguntarlles, porque xa non viven.

Podía ser que votase un morto, tamén, porque non se comunicaban as defuncións ao consulado e iso provocaba a alteración do censo. En mans das súas familias estaba o votar por elas se quería, porque ninguén se ía a decatar. Outra opción, máis organizada, sucedía a través da recollida de papeletas en domicilios de barrios galegos ou nos centros. E por último está o tráfico de sacas, explicado á perfección por Anxo Lugilde no seu libro sobre o voto exterior. Nel pon en boca dun histórico deputado do PP, primeiro emigrante no parlamento, José Manuel Castelao Bragaña, unhas palabras definitivas: «*Vós tenés* un amigo en correos, valo ver e dáche unha saca. *Volvés* a casa e *votás* por cen». Ese mesmo ano, prosegue Lugilde, un deputado do BNG afirmou que a fronte nacionalista rexeitara ofertas para comprar unha saca a cinco dólares a papeleta: eleccións a granel.

Ao chegar a España, en troques, o sobre abríase como se fose unha carta bomba, coas sacas vixiadas como prisioneiras perigosas, desbaratando recursos para un problema moito máis fondo. Pediuse durante anos o voto en urna, tamén a circunscrición electoral propia, ou sexa, que a emigración elixise os seus deputados ou senadores como calquera provincia, igual que o fan en Italia ou Portugal. O que terminou acontecendo é que se aprobou o contrario, unha restrición a través da burocracia chamada voto rogado, que implica a solicitude previa no censo para votar.

Durante unha década a participación baixou a cifras case residuais, ata que se recuou e derrogouse o voto rogado para ampliar de novo o voto exterior. Malia todo, a participación xa non ten nada que ver coa de antes. En 2005 votaron máis de cen mil persoas; en 2024, unha cuarta parte. Polo menos cumpriron cos emigrantes máis críticos, opostos á perda dun dereito gañado dende había medio século.

—Eu non vou andar rogando algo que me pertence —díxome unha vez, como unha sentenza, un dirixente da colectividade uruguaia.

4. BAHIA

Se Buenos Aires fose a capital do país invisible
e A Habana a súa cidade mitolóxica, Bahia sería
o seu paraíso secreto

GALÍCIA

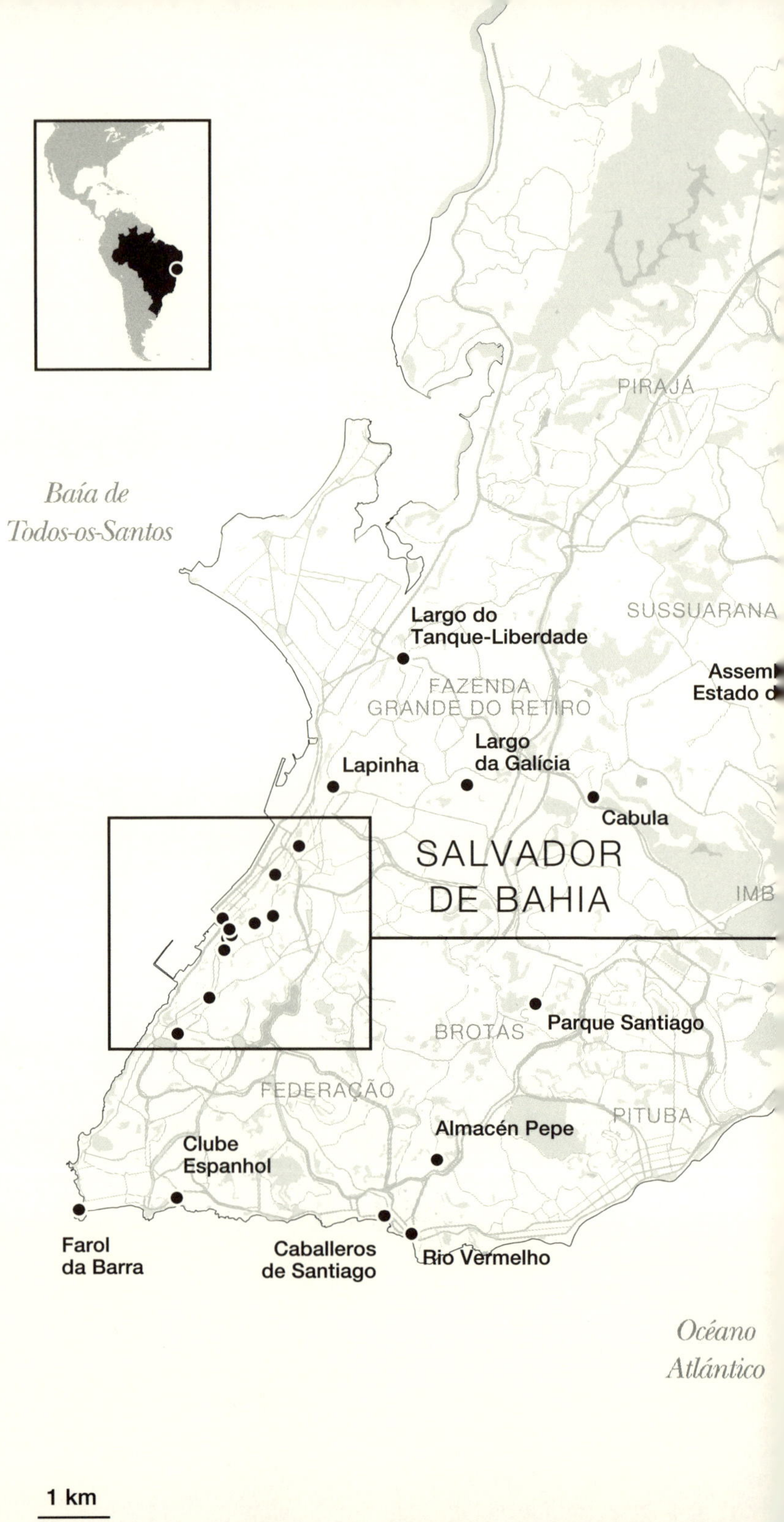

PIRAJÁ
Baía de
Todos-os-Santos
Largo do
Tanque-Liberdade
SUSSUARANA
Assem
Estado d
FAZENDA
GRANDE DO RETIRO
Largo
da Galícia
Lapinha
Cabula
SALVADOR
DE BAHIA
IMB
Parque Santiago
BROTAS
FEDERAÇÃO
PITUBA
Almacén Pepe
Clube
Espanhol
Farol
da Barra
Caballeros
de Santiago
Rio Vermelho
Océano
Atlántico
1 km

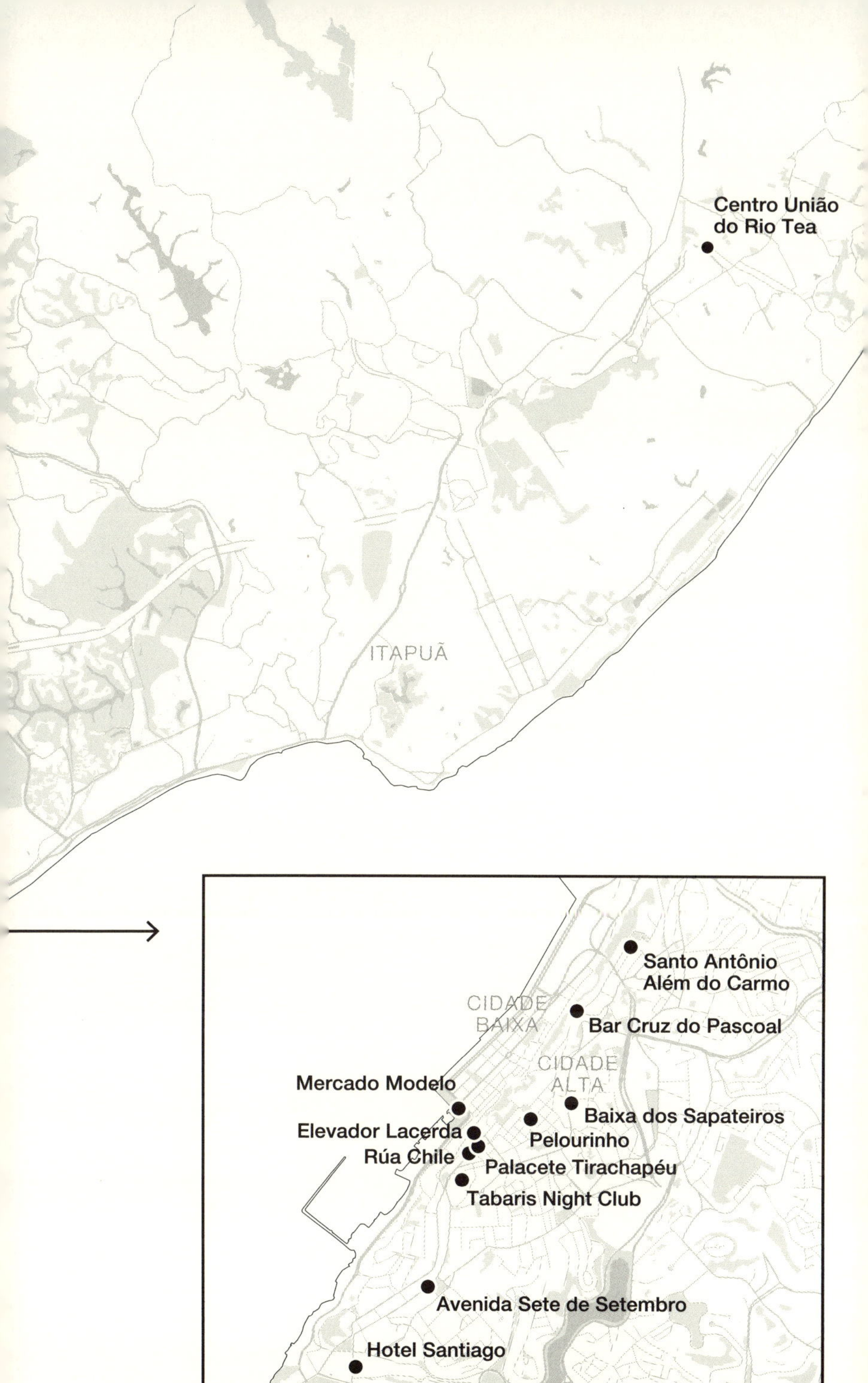

Centro União do Rio Tea
ITAPUÃ
Santo Antônio Além do Carmo
CIDADE BAIXA
Bar Cruz do Pascoal
CIDADE ALTA
Mercado Modelo
Baixa dos Sapateiros
Elevador Lacerda
Pelourinho
Rúa Chile
Palacete Tirachapéu
Tabaris Night Club
Avenida Sete de Setembro
Hotel Santiago

«Secos e molhados»

Se Buenos Aires fose a capital do país invisible e A Habana a súa cidade mitolóxica, Salvador de Bahia sería o seu paraíso secreto. No estado máis africano de Brasil habita unha pequena e singular Galicia dende a década de 1880.

Salvador, que fora primeira capital e principal porto do Brasil, precisaba coa chegada do século XX un pulo á industria e os servizos. Por esa fírgoa entraron os grandes pobos migrantes. Entre eles, os galegos. As ondas de europeos engordaron a pirámide socioeconómica polo medio: nin herdeiros de facendas tan quilométricas como os seus apelidos portugueses nin desposuídos descendentes de persoas escravas. Era unha clase feita de suor e lama que encaixaba perfectamente na nova sociedade, e cobrou tanta importancia que levou a súa esencia máis lonxe ca en ningures. Na Bahia ser galego non só é un xentilicio, senón un fenotipo: os galegos son persoas pálidas de ollos claros.

Ao estilo dos *ultramarinos*, os *colmados* ou os *abarrotes*, en Salvador apareceron os *armazéns de secos e molhados*, que engadían un sabor europeo á *feirinha*, o comercio tradicional de rúa no Brasil. Os impulsores e donos deses almacéns onde se compraba de todo foron os galegos, que desenvolveron unha competencia de proximidade, de esquina a esquina, sen que ninguén quedase sen negocio; máis ben ao revés, así se estimulaba a oferta. Gañar a confianza do fregués era a chave, cunha atención personalizada a medida de cada realidade, por máis que non tivesen fama de afables relacións públicas: no imaxinario das primeiras migracións era un comerciante avarento e desconfiado que pesaba ata o último gran e cobraba ata a última moeda. A compra anotábase no caderno de mostrador e o cliente pagaba a fin de mes. Sen as redes de distribución dos supermercados actuais, os produtos vendíanse a vulto e os almacéns necesitaban espazo para acumular stock. Por iso a parte de atrás era xigante, e nela tamén vivía como podía a familia propietaria.

Hoxe aínda hai almacéns abertos, aínda que teñan outro uso. Este no que entro, chamado Cruz do Pascoal, parece un museo etnográfico. A casa, de dous andares, viste un azulexo xeométrico e portas e xanelas de arco pintadas de azul. Ao entrar déixase a un lado unha rexistradora antiga, prateada con botóns de marfil, aínda en funcionamento. O mostrador, unha barra de mármore puída polo tempo, ten embaixo un expositor con cristaleira. Ao fondo hai un andel de madeira escura repleto de botellas, bolsas de lambonadas, comida, pilas, velas, tabaco, latas de conserva. Por riba da zarapallada reloce a fotografía enmarcada dunha cidade que se estende ao longo do relevo montañoso costeiro. No ceo da imaxe aparece o seu nome en grandes letras vermellas: Vigo.

En Santo António Além do Carmo, un dos barrios máis antigos e pintorescos da zona histórica, fincaron moitos galegos na primeira metade do século XX. Despois comezou un declinar ata quedar semiabandonado. Agora, co turismo, o barrio vive certa revaloración, nunha contorna de conto tropical, que transporta a outro século, entre igrexas barrocas, fortes militares e reliquias arquitectónicas. E aínda por riba está pegado ao Pelourinho, o barrio máis famoso da cidade. Por iso son cotizados os vellos almacéns que dan cara ao mar, como o Cruz do Pascoal, dos que se podería facer unha guía cartográfica —xa case arqueolóxica— por toda a cidade. Hoxe funciona reconvertido en bar con encanto para turistas, con dereito a terraza fronte a unha pintura gloriosa, co ceo da tarde arrubiando nun solpor impoñente sobre a Baía de todos os Santos. Alí abaixo, co sol tremelucindo na auga calma, os barcos manobran para atracar no porto ao que chegaron os inmigrantes desde a súa propia esquina empoleirada, como Salvador, sobre o mesmo océano.

As leccións de María das Caleiras

Cada vez que lle preguntaban pasaba sempre o mesmo con este veciño túzaro e de puño pechado.

—Toma unha, home.

—Non quero, xa tomei.

Ao pouco, aparecía outro con outra volta, pero a negación continuaba.

—Non, xa tomei.

Acababan acumulándose os vasos, unha voltiña por cada fregués.

—Veña, ho, a arrancadeira.

—Xa tomei!

E claro, quedoulle o alcume Xatomei. Son os anos cincuenta na Aldeíña, parroquia de Petán, concello da Caniza, provincia de Pontevedra. Nesa microxeografía cohabitaban os restos das familias que emigraran nas décadas anteriores a Uruguai, México, Arxentina, Brasil. Ao Xatomei marcháranlle varios irmáns e un deles, Antonio, deixoulle a cargo a súa muller e cinco fillos.

A ela coñecíana por María das Caleiras e tiña que termar dos nenos mentres atendía a taberna da casa familiar. Pasou un ano, dous, dez. Antonio regresou á casa durante un ano. Despois marchou acompañado da súa esposa e dous fillos homes. Pero ela levaba unha barriga de sete meses. Ao pouco de chegar a Salvador naceu Benito.

A chegada foi traumática para María. En canto puxo o pé no barrio de seu home, Santo António Além do Carmo, abrolláronlle os prexuízos imbuídos polos que volvían do Brasil á aldea: coidado, non se pode confiar en nada nin ninguén, e ollo que hai moita bruxaría. Resulta que Dona Zélia, unha negra que vendía comida na rúa, regaláralle como presente de benvida un *caruru*, un prato tradicional bahiano tan descoñecido e cun cheiro tan especiado que a botou para atrás. Quizais foi porque lle dixeron que era unha comida asociada ao candomblé, a relixión de matriz africana que profesan moitos bahianos. Ela aceptou o agasallo, pero logo, ás agachadas, tirouno sen comelo. Ocorreulle o mesmo a primeira vez que lle ofreceron unha *jaca*, unha froita enorme con aspecto extraterrestre. Ante a dúbida, negación. Ante o descoñecido, escudo. O medo ao preconcibido puido á curiosidade, ata que María se pechou dentro de si mesma.

Antonio, que á súa chegada fora empregado por galegos, agora xa voaba só con almacén propio. O local chamábase Armazém Brasil, non polo país, senón polo apelido do antigo propietario. Ocupaba o baixo dun sobrado —unha casa colonial de dous andares— na Rua Direita de Santo António, facendo recanto cun canellón sombrío. Eran dous mundos unidos: o almacén, coa súa fronte de catro portas e as súas xanelas de arco no primeiro piso repartidas cara á rúa principal, e a parte traseira, oculta no lateral da calella, cunha porta independente e unha xanela con reixa pola que apenas entraba luz. Tampouco corría o aire, moito menos se intuía vista máis aló do edificio de en fronte. Só calor e mosquitos.

Alí, entre sombras, María das Caleiras cosía, facía a casa, coidaba de Benito, pero nin sequera atendía o mostrador, porque decidira non poñer un pé fóra desa gaiola escura.

Sesenta e cinco anos despois, o bebé de María, agora un home de ollada analítica e fondo triste, observa o edificio pechado, coas persianas baixadas e enferruxadas e un cartel de «alúgase». Benito, cara chata, cabelo branco con entradas, camiseta informal, bermudas e zapatillas deportivas para o verán eterno da Bahia, deixou a moto na que chegou e agora mira e remira a casa. Nega coa cabeza e xulga o pasado familiar.

—Miña nai case tolea nestas paredes. Como non lle ía pasar iso? Pasou de vivir no medio do verde de Galicia a unha casa escura, de fondo de almacén, cos ratos pasándolle por riba dos pés, sen ver a ninguén, só facendo traballo da casa. Non tiña nin que saír a comprar, todo o tiña alí. E o meu pai tampouco a animaba; tiña medo de que lle pasase calquera cousa. Era para volverse tola.

Ata que un día, impulsada por quen sabe que forza interior, levantou e dixo: «Vou á rúa». María decidiu ir ao lugar onde tantos galegos tiñan os seus negocios, a Baixa dos Sapateiros, o corredor comercial de Salvador, a dez minutos a pé desde Santo António. Aquel traxecto, bordeando o barrio colonial do Pelourinho, fíxolle entrar por primeira vez nas cores e aromas dunha cidade vigorosa, a mestura barroca portuguesa coándose entre as exuberancias tropicais. María viuse de súpeto nun mundo novo, do que tamén formaban parte os paisanos que vía nas rúas, mesturados pero sen perder a esencia, breando con teas e cacharros, ferramentas, madeira, comidas, ou nos *secos e molhados*.

—Por aquela época o meu pai fixo unha casa no Cabula, unha zona apartada do centro, onde comprara un pequeno terreo, que á miña nai lle cambiou a vida, porque tiña verde e luz, e a partir de entón ela integrouse. A *jaca* converteuse na súa froita preferida. Á súa maneira, matou o prexuízo. Foi outra, e ben que o merecía, por ela e por todas —di, apoiado na moto, e entón eleva o relato familiar ao sociolóxico—. As miñas tres irmás tiveron que quedar na aldea. Unha muller non podía vir pola súa conta e casar cun brasileiro, iso non era aceptable, creo eu que por temor a mesturarse con negros ou mulatos. Dicían que eran preguiceiros e non conviña: como era posible que alguén do propio país non se fixese rico e o galego que viña de lonxe si. Tamén pasaba o contrario. Un paisano non podía casar cunha brasileira, porque dicían que manter unha muller sen producir facía perder diñeiro. Así pasou con outro irmán meu, que anunciou o seu compromiso cunha morena —«entendes o que é morena, non?», di, baixando a voz—, e miña nai non llo cría. Por sorte acabárona aceptando e máis adiante pedíronlle desculpas. Agora xa non pasa, todo está moito máis mesturado.

Unha das súas viaxes á aldea serviulle como lección antropolóxica. Ao chegar non entendeu por que nunca lle falaran o galego e sempre o portugués. «Como se lles dese vergoña», di. Un día quixo asar unha mazaroca de millo, tan común en América, e mirárono raro. Pedíronlle que non o dixese fóra da casa, porque daba mala imaxe e lembraba a pobreza. Como se borrar o pasado axudase a esquecer o malo. Viuno claro cando ofreceu facer un cocido bahiano, elaborado con cinco carnes diferentes, tubérculos e verduras. Cando xa estaba todo na pota, engadiu algo propio da súa casa, aprendido de María das Caleiras, é dicir, saído dese mesmo lugar onde agora miraban para el con curiosidade. Chamábano petelo.

—A miña nai facíao sempre na cociña de Santo António, fixese cocido galego ou bahiano: botas caldo limpo nunha pota, colles unha boa presada de fariña de millo, mestúrala co caldo e fas unha bóla. Co dedo fas un buraco na bóla, e dentro metes un anaco de touciño e vólvelo meter na pota do cocido de novo. Unha delicia. Pero os meus sobriños non sabían que era aquilo.

A receita do petelo representa a cociña esquecida polo cambio veloz operado en décadas, e nese contexto a Galicia exterior semella o elo perdido. Quizais unha onda *vintage* resucite o seu esplendor, como lle pasa á broa, que pasou de tomarse con leite ou fervida en auga para matar a fame a ser prato fino agora nas panadarías máis selectas.

Benito nunca deixou de ser emigrante, malia nacer na Bahia. Non viviu outra cousa, porque pasou a vida enteira pegado á súa nai estranxeira, en permanente desarraigamento, sen o triunfo económico que imaxinaran, instalado nun punto calquera no mapa do país invisible. Benito incorpora ao estoicismo herdado a cadencia relaxada brasileira. Cando acaba de falar, colle a súa motiño e vaise. Rematou un domingo máis e mañá toca traballar.

Tabaris Night Club

Salvador non é unha cidade, senón dúas: a alta e a baixa, e están separadas por un promontorio de setenta e cinco metros de altura que salva o elevador Lacerda, antes medio de transporte e agora atracción turística. Os galegos asentáronse na Cidade Baixa, a do porto e o comercio, e na Cidade Alta, da rua Chile á avenida Sete de Setembro, coa vida máis efervescente da colonia, de día e tamén de noite.

José chegou nos anos trinta e xuntou un bo aforro seguindo o olfacto do capitalismo intuitivo: exportaba vasoiras a Portugal e importaba whisky de Escocia. Co diñeiro que gañou abriu o cabaré máis famoso da Bahia, o Tabaris, así nomeado polo teatro de variedades de Buenos Aires. A noite bohemia espallábase desde o Pelourinho ata a praza de Castro Alves. Nese punto final erguíase o night club antes de que José o comprase xunto a un socio de orixe alemá, na década dos corenta. Eran varios conceptos de local á vez: tocaba unha orquestra ao mesmo tempo que se servían viandas elaboradas á moda francesa, mentres paseaban prostitutas entre as mesas.

A clientela, homes brancos de clase media alta, facían a útima parada despois de xogar nos casinos. No Tabaris xuntábase o sector bohemio da burguesía cos terratenentes do interior, ademais de escritores e artistas. No palco, shows toda a noite. José non era tímido: participaba da carallada e animábase a tocar o violín, xunto ao seu socio que tocaba o saxo.

Os sesenta botáronse enriba de José coa súa nube de modernidade. A mocidade arrasaba con novas músicas eléctricas, os espectáculos diversificábanse, había cabarés que programaban espectáculos de transformismo. E o Tabaris quedaba en terra de ninguén. O galego nunca tivo moito reparo en cambiar de vida, así que vendeu a súa parte e fincouse nun suburbio arredado logo dunha vida acelerada. Morreu en 1967, sinal dos tempos: ao ano seguinte o club pechou e o edificio foi derrubado. Salvador, entre unha ditadura que se endurecía e o movemento tropicalista que tiraba portas a guitarrazos, tamén pasaba páxina.

Candomblé

Había galegos que tiraban ao monte por máis que cambiasen a veiga polo asfalto. Pasoulle ao matrimonio González, da

Cortegada, en Pontevedra. Tras dúas décadas a traballaren sen descanso no centro de Salvador, instaláronse nos anos setenta nun barrio do norte da cidade onde a vexetación tropical lindaba cos asentamentos informais. A cidade multiplicaba habitantes co éxodo rural e eles ían cara ás marxes. Querían levar unha vida semellante á da aldea. Conseguiron comprar media hectárea —impensable algo así na Cortegada— e cultivaron froiteiras do país: *mamão, jujuba, caju, maracujá, seriguela, abricó*, un ramallete de nomes musicais cruzados coas linguas africanas. En realidade, non eran só os idiomas o que se mesturaba.

Ademais de froitas e verduras, Seu (señor) González , como o chamaban no barrio, tamén criou todo tipo de aves, sobre todo galos e galiñas. En principio eran para consumo propio, pero axiña percibiu que había un nicho de mercado e empezou a vender. Un día dixéronlle de ir vender galiñas á porta do *terreiro*, o lugar onde se celebran cultos afrobrasileños como o candomblé, que inclúe rituais de sacrificio de animais. Sen o prexuízo que traían outros, especialmente os europeos da colonia, Seu González pasou a integrar a expresión cultural máis popular da Bahia.

De Brasil proxectouse sempre unha imaxe mestiza na que o discurso oficial acepta a herdanza africana na música, o baile, a comida. Pero a relixión foi sempre obrigada a discorrer por camiños laterais. Aquelas persoas obrigadas a traballar a golpe de látego nos enxeños de azucre tiveron que derivar as súas crenzas á súa intimidade, a das *senzalas* ou aloxamentos colectivos de escravos. Como sucedeu coa capoeira —os señores pensaban que era un baile: en realidade era un tipo de loita encuberta de danza e acrobacia—, a raíz relixiosa disfrazouse en forma de socialización, que tamén lle viña moi ben ao señor para manter a paz na casa: «Baile na sala de visitas, samba ao fondo e batucada no terreiro», como dixo o músico Pixinguinha. Mentres, á hora do culto sincretizábase a matriz africana co catolicismo. Así naceu o candomblé, no que se fan ofrendas ás divindades ou orixás, incluídos animais.

Aí entraba González, pero asistía el ao culto? Facíano máis galegos? Din os propios emigrados, con máis xestos que palabras, que moito máis do que se pensa, pero sempre en secreto. Nada estraño vindo de Galicia, onde o catolicismo vive tinguido de tradicións pagás. Non hai tanta distancia entre as cerimonias sincréticas brasileiras e as romarías da aldea.

Corrupción

—Ninguén se fai millonario porque si —di a media voz—. Pero claro, ninguén cho vai reconocer.

Manolo, chamémolo así, porque non quere que se dea o seu nome, é un testemuño prezado por vivir todas as etapas da emigración, e por contar os camiños tortos da diáspora que, ás veces, terminan no cume sen que se saiban detalles.

—Un amigo meu, que morreu millonario, abriuse camiño a machetadas. Tiña un pequeno almacén, despois transformado en supermercado, que creceu moitísimo, grazas, en parte, a que compraba mercadoría roubada. Por ela pagaba moi pouco diñeiro, e quitaba máis marxe malia reservar unha parte para subornar policías e inspectores de varios ministerios. Isto é habitual en moitos países latinoamericanos: os estados poñen unha chea de obstáculos a través da burocracia, pero ao final son só portas que un pode ir abrindo se vai co diñeiro por diante. Os atallos para gañar moito diñeiro son case obrigados se un quere prosperar. A miña opinión é que se non é imposible facerse millonario.

Durante décadas os controis eran case inexistentes: o pagamento de impostos nin se coñecía, e cando apareceu tamén xurdiron fórmulas para ir pagando porcentaxes mínimas. E iso non cambiou. Algo ten gañado o emigrante para pasar desapercibido: non compra, non fachendea, non sobresae. Xusto o contrario á cultura da ostentación doutros países onde parece menos problemático exhibirse.

—Cantas veces vin eu funcionarios que teñen un salario para comer e pouco máis, pero teñen unha lancha amarrada no porto. A impunidade está neses detalles que xamais un galego deixaría á vista.

Albertina e a máquina do tempo

Cando levaba as ovellas ao prado despois da escola, na posguerra de Salvaterra de Miño, Albertina Gómez Lage repasaba datas para aprender e pasar o tempo. «O 12 de outubro de 1492 Cristóbal Colón descubriu América. Foi un mariño xenovés ao servizo dos Reis Católicos», repite agora Albertina con setenta e seis anos, nun español prestado, con acento moi galego e brasileiro á vez.

O domingo de festa está a piques de rematar cando xa empeza a escurecer no Centro União do Río Tea, situado na Estrada do Coco, paralela ás praias ao norte, só un reflexo do que algún día foi. Hoxe houbo *feijoada* e cocido. Quedan apenas vinte persoas, case todos xubilados; os homes xogan ao dominó, as mulleres ás cartas. Albertina —camisa estampada, pantalón longo e alpargatas, cabelo cobreado e a faciana pálida, a cara dunha xubilada de Galicia vestida de verán— deixa a mesa e empeza a recitar datas coa súa regra mnemotécnica das súas xornadas de pastoreo extraescolar, asociando fitos da súa vida a eventos históricos: a miña primeira vez en París foi cando a torre Eiffel cumpría cen anos; viaxei a Galicia o ano do atentado das torres xemelgas; cando visitei a miña filla en Tennessee sufrimos o furacán Katrina. O recital de datos, que metralla co reloxo movéndose na man ao compás da charla, serve para coñecela en liña cronolóxica. Pero para o día que chegou á Bahia para vivir, o 20 de febreiro de 1969, non ten preparada unha efemérides de libro: para ela non hai nada máis importante que a súa propia data de chegada, logo dunha cambadela transoceánica.

Con catorce anos xa se lle vía que, ademais de necesidade, tiña espírito. A esa idade deixou as ovellas e o colexio, marchou a Vigo e empezou a traballar nun quiosco do Berbés, paso previo a emigrar a Arxentina. Esa era a súa intención, pero no camiño pasou unha veciña e díxolle que en Bélxica había traballo.

—Non sabía nin dar o *bon jour*, pero fun igual. 6 de xuño de 1964. O 29 cumpría dezaoito anos —insiste na exactitude das datas— e empecei a traballar na casa dun enxeñeiro civil nas minas de Charleroi. Logo estiven a piques de ir dende alí até Australia, e de feito anoteime para ir.

Pero algo lle ocorreu. Vólvelles dar cara a atrás ás agullas do reloxo, volta á aldea, cando unha Albertina de dez anos lembra a marcha do seu veciño Pepe da Estrela, de vinte. Unha década despois, os dous coinciden na aldea, nas súas primeiras vacacións, el da vida esgotadora en Salvador e ela tras a súa aventura belga. Pepe, que xa era coñecido polo alcume de O Brasileiro, vira unha foto da Albertina adulta en mans dunha amiga común na aldea. Non a recoñeceu. «Quen é esa?». «Albertina». E xa non se lle foi do pensamento. Ao pouco, chegou ela a pasar o verán. Aí volve o bombardeo de datas para resumir a súa nova vida en catro lóstregos:

—Cheguei o 22 de xullo. Ese mesmo día Pepe e eu sentamos a falar. Unha semana despois, o 29, día de Santa Marta, fixémonos noivos. O 13 de agosto volvín a Bélxica a traballar. O 4 de novembro volvín a Galicia para preparar a miña voda. O 11 de xaneiro casamos. O 20 de febreiro chegamos aquí. Ao ano seguinte, o 11 de xaneiro, día do aniversario da voda, naceu a miña primeira filla.

Viñeron despois unha segunda e unha terceira. Daquela xa se aclimatara a un lugar nas antípodas da aldea (e de Bélxica). Despois de ir acaneando de casa en casa, conseguiran comprar un baixo para abrir unha ferraxaría en sociedade cun paisano e construír a vivenda enriba, no barrio popular de Lapinha. Era suficiente para aforrar e ir a Galicia cada tanto, traballar seis días e o domingo, ao Tea de lecer; un avance respecto a a xeración anterior.

—O meu pai era albanel, non tiña formación, construía casas de pedra. Pero o diñeiro non chegaba a nada. Grazas a emigrar puiden pagar as débedas dos meus pais, porque vivían de fiado. E mandeilles moito diñeiro, a verdade —sáelle un acento máis cantaruxeiro e alegre cando fala disto—. Sempre tiven saudade, pero todo está na mente. Mira, aquí conseguimos tenda e casa propias, e un apartamento para as fillas. E alá en Galicia? Todos teñen iso? E a xente nova?

Pepe morreu en novembro de 2020 e a Albertina fóiselle outra raigaña, a máis importante. Agora só pretende que os seus descendentes teñan os papeis en regra para seguir vencellados a Galicia.

—Hai unhas semanas dixéronme no consulado español que un dos meus netos perdeu a nacionalidade por non renovar o pasaporte ao seu debido tempo. Cando me chamaron foi coma se me dixesen que estaba morto. El di que non quere saber nada de España. Pero xa me vou a encargar eu de arranxar iso.

Escravos da famlia

De súpeto, no medio do paseo marítimo de Rio Vermelho, un barrio bohemio e costeiro, aparece unha catedral de Santiago, xunto a un gaiteiro e unha bailadora idealizados nunha paisaxe de palmeira e sol. Son os muros pintados no altísimo medianil dun edificio de catro andares con fachada semicircular de azulexo vermello, con grandes fiestras e un gran cartel que anuncia: «Caballeros de Santiago. Asociación cultural hispano-galega desde 1960».

En subindo á planta nobre deste centro cultural invade un estado de desorientación: un camiña por un corredor con fotos da Galicia rural pero embebida nun recendo a praia e froita doce, dunha humidade que se maciga entre os libros antigos e os carteis románticos das aldeas. Completan a escena os emigrantes que por alí pasan para asistir ás actividades ou a trámites da Xunta, exemplos dunha colectividade avellentada, pero con xente nova coma o seu presidente, Javier Garrido. Fillo e neto de panadeiros e ferreiros, criado entre a Bahia e Galicia, viviu, a través dos seus parentes próximos, a dureza da emigración nesta cidade, atravesada polas relacións familiares, case sempre tan ásperas que rozaban a escravitude laboral.

—A maioría chegaba de Galicia e poñíase a traballar no negocio dun irmán, un tío, un sogro, ou un veciño. Alí traballaban o tempo que fixese falta sen levar un peso ao peto. Ás veces, durante anos. Pagábanlles a viaxe, así que os tiñan da súa man ata que pagasen a súa débeda. Dábanlles durmida, comida e pouco máis. Poderíase dicir que os emigrantes antigos non deixaban que os máis novos prosperasen. Ata que se independizaban, moitas veces con rupturas e traumas.

O mellor retrato da situación eran os almacéns. Naqueles lugares escuros, os que ían chegando traballaban arreo e durmían alí mesmo. Moitas veces os sacos de fariña ou de gran servían de colchón. E cando se acababa o xénero, usábanos para facerse pantalóns, aproveitamento máximo ao mínimo custo.

—O meu avó veu emigrado nos anos trinta para traballar no almacén dun tío, en condicións durísimas, como todos. Despois veu o meu pai, Paco, e repetiu a historia —relata Garrido—. O meu avó non aceptaba ningún dispendio, e ao meu pai só se lle ocorreu comprar un coche cando por fin cobrou e fixo cartos. Non só iso: tamén construíu un teito para lle dar abrigo ao coche. O avó derrubouno e díxolle: «Antes de comprar un coche compra un terreo, fai o garaxe e aí si, xa podes comprar o coche».

A diáspora bahiana ten unha orixe focalizada en catro bisbarras cunhas férreas relacións de dependencia. No caso dos Garrido, a nai e o pai de Javier eran da mesma aldea —As Estacas, en Fornelos— pero coñecéranse en Salvador. A unión axudou a prosperar a Paco, que puido abandonar a panadaría do pai e pasou a rexentar a ferraxaría da familia da súa esposa, ata que puido construír casas para alugar, lonxe da tutela dos maiores.

Cóntase na colectividade unha historia dos anos vinte, cando un mozo galego, emigrante novato, moi arrichado e pouco dado a someterse á autoridade, foi a unha tenda do centro de Salvador co seu primeiro aforro e comprou un chapeu de palla e unha camisa de liño. Feliz co adobío adquirido, paseou pola elegante rúa Chile, o lugar de encontro social onde ver e ser visto, e onde había un edificio alcumado *Tirachapéu*. Non sabía o coitado que estaban a observalo os galegos que traballaban nos establecementos da rúa. Non tardaron en interceptalo para quitarlle a roupa de malas maneiras, pois eses hábitos fachendosos non se correspondían a alguén acabado de chegar. Non era un bo exemplo para a colonia e fixéronllo saber a labazadas.

O conto da Lila e a Rosa

Quen se achegue a Pazos, en Pazos de Borbén, Pontevedra, e pregunte polas xemelgas, axiña o levarán á casa da Lila e a Rosa. Feitiñas, rechamantes, festeiras, idénticas. Cantaban, tocaban a pandeireta e bailaban nos seráns, e aos que se achegaban a facerlles as beiras enguedellábanos xogando ata que atinasen quen era quen. Pasoulle ao Avelino e mais ao Manuel, da veciña aldea de Amoedo, pero adiviñaron e namoraron, o primeiro coa Lila e o segundo coa Rosa. O detalle estaba en que eles tamén eran irmáns. Os irmáns Feijoo.

Na década de 1950 media bisbarra está emigrada na Bahia. O Avelino, a piques de cumprir quince anos, tamén marcha para alí. Na aldea queda agardando a Lila, que asiste á voda da Rosa co Manuel. Hai idas e voltas dos uns e dos outros, unha ponte marítima, ata que deciden que xa é hora de reunir a familia e vivir todos xuntos no Brasil.

Pulamos medio século. A Lila, xa avoa, enferma de gripe. A súa filla maior, Mercedes, lévaa ao hospital en Salvador. Fanlle análises mentres a súa nai, sen perder o humor, fai brincadeiras e canta. Dinlle que debe ingresar porque lle falta osíxeno. Non o parece: cando entra no ascensor do hospital arráncase coa copla «Campanera», de Joselito. «*Ayy, campanera. Y aunque la gente no quiera tu eres la mejor de las mujeres porque te hizo Dios su pregonera*». Chega tan alto o falsete do final que o médico pregúntalle se foi cantante profesional. Sobe á planta e deseguida pásana á UCI, porque algo non vai ben. A Mercedes, preocupada, atende o teléfono. Dende Pazos chama a súa prima —curmá por partida dobre, de pai e nai—. Dille que a tía Rosa enfermou mal de súpeto e está internada cunha infección. Unhas horas despois, a Lila morre. Cando a Mercedes avisa a súa prima, esta dille entre choros que a Rosa tamén acaba de falecer. Sen moita explicación médica, as xemelgas marchan deste mundo ao mesmo tempo. É 23 de xuño de 2018.

Recuamos a 1978. Nesa final de década, na que a ditadura brasileira abre un pouco a manga, Salvador ofrece para unha adolescente todos os ingredientes de festa, praia e diversión. Aínda máis para unha moza de clase media e galega, coa rede recreativa dunha colectividade vizosa á dispor. Pero Mercedes Feijoo, quince anos, acaba de chegar á cidade dende unha aldea do interior de Pontevedra e está a sufrir a clásica síndrome do primeiro ano. Non se acostuma á súa terra de acollida e pensa para si onde estará aquel Brasil máxico que lle contaran. Pasa o tempo, entra na roda da colectividade e coñece o que será o seu marido. Ademais, vive con intensidade o negocio familiar: unha funeraria. Está na Baixa dos Sapateiros, onde os galegos fan vida (e tamén morren). Cando iso sucede, acoden á empresa Santa Isabel, moito mellor estar en mans de paisanos mesmo para a despedida. Mercedes aprende moi rápido e aos vinte e tres anos faise cargo do negocio. É unha rareza: muller, nova, estudada e agora tamén, xefa. Vaille tan ben que abre unha segunda funeraria, Luz, perto do camposanto, máis grande e moderna.

No florecente negocio funerario, Mercedes explora un novo sector. O estado da Bahia, coa superficie de Francia e cun catálogo inmenso de atractivos de mar e montaña, é un dos máis visitados do Brasil. E de todos eses turistas, por estatística, algúns —por unha caída na Chapada Diamantina, afogados nunha praia de Trancoso, por accidente de tráfico en Porto Seguro ou un asalto en Salvador— tamén falecen. Entón a policía chama ao consulado de turno, que á súa vez encarga a unha empresa todos os trámites para a repatriación do cadáver ao país correspondente. Esa funeraria é a de Mercedes.

Cun aire máis novo que os sesenta anos que cumpriu, cabelo longo e loiro, camisola e grandes lentes, Mercedes fala cunha motivación inesgotable polo seu traballo. E emprega un galego con toques de portugués bahiano dunha sonoridade máxica.

—Nun dos primeiros casos que tiven pedíronme que incinerase o corpo. Houbo que levalo a São Paulo, aquí non había. Todo funcionou perfecto e converteuse na porta de entrada a un mundo descoñecido. Dende entón levo a área internacional de todos os consulados que hai na Bahia, 35 no total.

Mercedes dá charlas sobre repatriación de corpos en congresos, colecciona recoñecementos de España e Brasil e conta historias que encherían libros de aventuras sobre turistas nocturnos, mochileiros, militares, curas e mariñeiros. Todos morren e a todos hai que atendelos: darlle cobertura á familia mediando con consulados e seguros, escoller o cadaleito e as flores, cumprimentar toda a documentación e encargarse do traslado ata a recepción en destino. Entre todas as repatriacións, hai unha categoría extra: a dos emigrantes.

—A relación do galego coa morte é espectacular —di, animada como se falase dunha tendencia social ou un *hobby*.

—Espectacular?

—Si, espectacular. Porque pode estar toda a vida fóra, ou mesmo ter nacido aquí, pero sempre vai querer volver. Para o galego antigo, de primeira xeración, volver á terra, aínda que sexa morto, é fundamental. Van marchando e eu despídoos a todos, son o último vínculo dese sentimento pesado que é a morriña, e que non se vai coa morte. Cando sucede, emociónome, pásame cada vez cando penso: esta personiña xa retorna á terra. Ás veces hai pedidos especiais, coma o meu tío, que deixou dito que o levasen alí onde estivese o irmán, meu pai. Agora están os dous xuntos no cemiterio de Amoedo.

Hai tres formas de tratar a morte: enterro de corpo, enterro de ósos e cinzas. A terceira opción, que é a menos empregada polos emigrantes, é a que escolleu Mercedes para levar a súa nai de volta xunto á súa xemelga a Pazos. Máis doado e rápido. Porque o reto para Mercedes era cumprir as súas propias esixencias e as da súa nai.

—Eu só tiña unha condición: que na parroquia de Santa María de Pazos soase «Un canto a Galicia», de Julio Iglesias. Pero cando llo dixen ao cura, negouse. E xa me ves a min en Barajas coas cinzas da miña nai embarcando a Galicia, explicándolle por teléfono o que significaba para nós saír da terra e regresar a ela. Fun tan pesada que ao final convencino —e ríe coa boca aberta—. Chamei entón ao rapaz que toca o órgano e pregunteille se a sabía, e que se non lla mandaba para que a preparase para cantala todos na igrexa. E así foi.

Lila e Rosa naceron xuntas, morreron xuntas e agora descansan xuntas, igual que os seus maridos-cuñados, pero non no mesmo camposanto que eles, senón no da súa aldea. Familia si, pero o sangue é o sangue.

O canto a Galicia metéuselle no corpo a Mercedes como o falsete da súa nai. Desde entón, integra os grupos de gaita dos centros, onde baila e canta.

—E ti, has volver? —pregúntolle.

—Volverei, si, pero en vida. O meu final quero pasalo alí. Se non arranxo a casa da miña nai na aldea é que non valerán de nada os cincuenta anos no Brasil.

Do Modelo ao Galícia

Aquela cidade dos galegos almaceneiros xa non existe. Di un emigrante a piques de retirarse: «Na miña infancia Salvador tiña trescentas mil persoas. Agora somos tres millóns e está totalmente desnaturalizada». Hoxe é un monstro de autoestradas entretecidas e un metro en superficie que atravesa *morros*, outeiros de vexetación salvaxe e urbanización precaria, as favelas onde viven decenas de miles de persoas. Cara á liña costeira, unha sucesión de praias onde se alternan os barrios altos de torres impersoais con peches de seguridade con outros humildes de sabor autóctono e colorido, ata chegar ao centro histórico, ao porto e ao seu mercado, a xénese de todo.

Este edificio neoclásico con fachada e tellado a dúas augas era, nos anos da primeira ondada, a alfándega que regulaba o comercio de mercadorías entre dous mundos. Dende o barco, os emigrantes divisaban centos de mozos carrexando xénero arriba e abaixo por unha rampla que caía ao mar dende o primeiro edificio que se vía en terra, empotrado entre a auga e o elevador Lacerda. Era o Mercado Modelo, a praza de abastos da cidade, en funcionamento desde 1912, onde chegaba a abondosa materia prima que dende alí se distribuía ao resto do país e a Europa. Entre froita, peixe, cereais, animais e *cachaças*, os augardentes de cana para beber e para os ritos africanos, asomaban os emigrantes mercando polo miúdo na rampla do porto e vendendo despois nos seus postos do mercado.

Manolo Muíños foi un deles. Chegou desde A Lama en 1950 reclamado polo seu tío, dono dun bar no mercado, unha pequena cantina onde preparaban o café nunha pota e o coaban cunha saba, listo para servir aos mariñeiros e traballadores cun pan para o almorzo. O tío de Muíños ía para casa, moi perto, na subida da Cidade Baixa á Alta, onde había unha fileira de casas que funcionaban como repúblicas, vivendas colectivas con liteiras e sistema de camas quentes, refuxio de migrantes: o equivalente aos *pisos patera* actuais. Como non tiñan ducha, atravesaban a rúa e bañábanse no mar, sempre tépedo, e aseábanse con area e xabón. Despois volvían sobre os seus pasos e quitaban o sal como podían na fonte do barrio.

O tío acaboulle por vender ao Manolo unha parte da cantina, xusto cando este ía casar por poderes cunha moza da aldea. Muíños evolucionou e mercou un pequeno terreo na Avenida Sete de Setembro. Seguindo o clásico, construíu un baixo para abrir unha ferraxaría, e un piso enriba para vivir coa familia. Alí naceu outro Manolo, o seu fillo, e con el, outro cambio de rumbo: nos anos setenta montou un hotel por horas, o Santiago.

—Inaugurámolo cando se estaba a xogar o Mundial de España, en xullo de 1982. Vinte e un dormitorios. Tiñamos dous sotos e alí tamén metemos cuartos. Non había nin fiestras, pero o que quería a xente era namorar e marchar —di Manuel Muíño fillo.

A ubicación do lugar é óptima, nunha fervedoira comercial xunto á Avenida Sete de Setembro. Hoxe o Santiago pouco ou nada ten que ver co orixinal, salvo a implicación familiar. Mentres fala Manolo, entra no despacho o seu fillo, con pouco máis de vinte anos, terceira xeración dos Muíños no hotel.

Para a primeira, o aforro destinábase a reinvestir en solo e ladrillo. Así conseguiron mercar nos anos noventa dous solares contiguos, para ampliar o hotel e mudarlle o perfil: máis confort, máis amplitude e ambiente familiar.

—Meu pai era de vellos hábitos. Eu dicíalle, por exemplo, que puxese fío musical nos cuartos. «Ti estás tolo», dicíame indignado. «Gastar cartos para poñer música!». Quitei os espellos e demais adornos e cambiou todo. Agora son dormitorios normais. Iso si, que cada un faga o que queira.

O negocio dos hoteis por horas segue a mesma lóxica que noutros lugares da diáspora: a súa xestión non necesita instrución específica, ten mantemento fácil e xa que logo un manubrio de facer cartos, sobre todo nos setenta e oitenta. Un dos máis famosos era dun de Ponte Caldelas, que tiña un hotel de 140 cuartos.

—E había cola! —exclama Muíños, mentres lembra escenas tremendas tamén no seu propio hotel—. Aquí había días que na sala de abaixo estaban esperando varias parellas a que saísen outras, alí sentados todos xuntos, como estamos ti e eu agora. Nós repartiamos tickets co número de quenda, coma nun comercio.

Na crónica transversal de Manolo Muíños non falta o fútbol: desde 2017 é presidente do Galícia Esporte Clube —con acento no i, como corresponde en portugués do Brasil, que prefire este vocablo a Galiza—, fundado en 1933 como símbolo de identidade e máis vía de integración.

Nas fotos desa década xa se aprecia que os deportistas son, na súa maioría, brasileiros, porén embutidos nunha redundancia de símbolos familiares: a camiseta é a bandeira galega, faixa azul celeste sobre branco. O escudo parece unha repetición, cunha cruz de Santiago engadida no medio e as tres iniciais da sociedade: GEC. Non tardarían en sumarlle un requinte de prestixio, as tres estrelas: o primeiro tricampión baiano. Nos anos noventa empezou a baixada a rolos.

Arrombado na segunda división baiana, agora trata de saír adiante cun investidor privado, que aposta por reformar o Parque Santiago, as instalacións do club no barrio de Brotas, para incentivar o socio a seguir apoiando o club. Á vez, a comunidade trata de manter o vínculo e tamén busca apoio en Galicia.

—Fixemos acordos coa Xunta. E loitamos durante anos por ter convenios con clubs galegos. Pero é difícil. Ninguén do outro lado vai investir se non ten retorno. Reunímonos con Deportivo, Celta, Lugo. Pero o que máis nos axudou foi o Pontevedra.

Así se ve na camiseta actual, onde aparece un escudo dese club sobre as bandeiras de Bahia, Brasil, Galicia e España.

María del Carmen

Ela agardaba e agardaba. Sentada nun valado na curva que daba acceso á casa familiar, unha nena esfollaba margaridas, collía bechos e cantaba. Había tempo para que pasasen as horas: pola mañá, despois de comer e antes de deitarse, case sen moverse desas pedras, porque o momento máis importante da súa vida, apenas catro anos, estaba a piques de chegar. O seu pai emigrado volvía á casa.

Eran os comezos dos anos cincuenta, cando o tempo se medía doutra maneira. Nunha carta, o pai da nena escribira que tomaría un barco desde Salvador ata Lisboa e que de alí chegaría en coche entre un luns e un mércores de tal semana. Ese cálculo a ollo representaba, na cabeza da nena, toda unha vida. Así que ocupou o lugar de vixía na súa particular atalaia. E finalmente chegou. Era un coche enorme, con maletas sobre o teito. Cando pasou ao seu lado, o coche parou, saíu o seu pai tras do volante e colleuna nos brazos.

Setenta anos despois, aperta os labios ao contar a historia. Está nun sillón dun despacho na Asemblea Lexislativa do Estado da Bahia, onde é deputada do Partido dos Trabalhadores.

Nese intre, mesmo co traxe de chaqueta impecable, as lentes que lle dan un toque aínda máis formal e o cabelo arranxado coma se fose dar un discurso, María del Carmen é unha nena de catro anos nunha aldea de Pontevedra.

—Foi tan impactante para min saudar a meu pai que parece que o estou vendo: a camisa branca, a gravata medio dourada, o corpo forte, os ollos ben azuis. Eu admirábao tanto. Cando me colleu, abraceino forte e non o soltei.

Na casa, na parroquia de Petán, na Caniza, esperaban a nai e a avoa, ambas viúvas de vivos da diáspora no Brasil. O avó pasou de cargar sacos a traballar nunha fábrica de xabóns e velas, e foi un dos que contribuíu co seu diñeiro do alén-mar para construír unha escola na parroquia. Pero nunca volveu. Entrementres, a súa avoa tiña ao seu cargo a familia enteira na aldea. A súa nai seguiu o mesmo camiño: casou, o marido marchou pouco despois de nacer a nena, a quen chamaban Mari Carmen, e só regresou catro anos despois.

Fixérao á americana, co coche dun matrimonio amigo que fixera fortuna co cacao. Chegaron xuntos a Lisboa e de alí saíron directos ata a curva onde a nena esperaba o pai descoñecido.

—Eu durmía sempre coa miña nai, pero cando chegou o meu pai tiven que ir durmir coa avoa. «Eu quero durmir con vostede e el», dicíalle á mamá. Non me fixeron caso.

Unhas semanas despois, a nai anunciou un novo embarazo e, logo do parto, marcharon todos. Embarcaron en setembro de 1954 no Alcántara, o pai por unha banda e a nai coas nenas noutra. Dende a saída mareouse sen poder levantarse, mentres tiña que alimentar a maior e a bebé. Trece días de penurias despois, chamaron a cuberta. Aleuta, alí subiu Mari Carmen e deulle de socato un aire morno e húmido na cara. Alboreaba e alá ao fondo, coma unha ensoñación, víase unha sorte de belén xigante, unha montaña de casas de cores, igrexas brancas e barcos amarrados no porto coma nun cadro. Era Salvador de Bahia.

Na política brasileira, coma no resto da vida pública, non se adoitan usar os apelidos dos personaxes máis famosos, só o nome ou alcume. E por iso o cadro que preside o despacho, unha foto dunha señora con faciana *galega* pasada por décadas de sol, camisa vermella e unha estrela da mesma cor, di, ben grande, María del Carmen. Así, en castelán, nin o Carme galego nin o Carmo portugués, nin sequera o Mari Carmen familiar. E ao lado, un lema: «Alá onde existe a Bahia chega o mandato de María», figura prominente da Asemblea do Estado, equivalente a un parlamento autonómico de quince millóns de habitantes.

A antesala do seu despacho é un formigueiro de xente nesta mañá de marzo. Situado nunha ala do enorme edificio lexislativo bahiano, un labirinto de corredores e salas, nesa sala —fileiras de cadeiras estilo sala de espera, un verxel de plantas e demasiada luz branca— recibe veciños de todo o estado, cada un co seu problema. Política latinoamericana pura e directa. Unha nube de asesores móvese dun lado ao outro ofrecendo auga e café aos visitantes, a amabilidade cotiá desta terra. Cando por fin remata a axenda de visitas, abre a porta do seu despacho, que ocupa un gran retrato de Lula da Silva, e di «*Buenos días*» en castelán de cortesía. E axiña volve ao portugués con trazas de galego e o mesmo sorriso do cartel.

Estamos nese despacho para falar de como fixo carreira política no Brasil, pero non fai falta faísca ningunha para que fale de volver á parroquia onde naceu en 1948: non pode ser que a leven, coma a seu pai, directa ao cemiterio.

—Ao chegar e comezar o colexio sentín certa discriminación, pero non por galega, ou por falar a lingua, senón por ter menor poder adquisitivo ca os meus compañeiros. Creo que iso xa me encamiñou cara á política. A miña militancia ten orixe de clase e remíteme á miña condición de migrante. E o migrante, se pode, volve.

Comezou a militancia na época máis dura da ditadura brasileira, en 1969, na facultade de enxeñaría. Cursar esa carreira era xa de seu un feito revolucionario sendo muller e filla dun obreiro emigrante. Lembra María del Carmen unha disputa cun compañeiro fillo de galegos que renegaba da terra familiar:

—Dicía que non lle gustaba, que alá estaba todo atrasado. Eu non tiña vergoña en dicir que os meus pais eran campesiños e que non estudaran. Sabes que? Ese home acabou indo vivir a Galicia.

Unhas semanas despois, na homenaxe que lle fixeron na Asemblea Lexislativa polos seus cincuenta anos de enxeñeira e as cinco lexislaturas, o seu discurso tinguiuse de emigración: «Cando cheguei namorei instantaneamente. Quen lle ía dicir a aquela nena que chegaría ata aquí!»

Amalia, a nai de Mari Carmen, non se acostumaba a Bahia. Non había unha razón evidente, ningunha cuestión física, en aparencia tampouco psicolóxica, ata que chegaron a unha conclusión por decantación: faltáballe o viño.

Ela chegara co seu marido e as dúas fillas: trópico nos vestidos, aroma penetrante nas rúas, doce de froita nas cociñas. Novas fragrancias, novos sabores. E ela enfermaba sen saber de que. Pasaron os meses, non melloraba. Tempo despois ingresárona por apendicite, e cando xa non sabían onde buscar máis pistas da misteriosa doenza, o médico dixestivo preguntoulle:

—Pero dona Amalia, vostede que comía na súa terra?

—O mesmo que aquí. Claro, con outros ingredientes e especias, pero o mesmo.

—E que tomaba coa comida?

—Iso é o único que muda. Tomaba un vaso de viño en todas as comidas.

—Entón vai ser iso.

—Pero é que aquí non hai viño, e se algunha vez o hai é moi malo.

—Tanto ten. Consiga o viño e beba coma alí.

A receita do médico fixo efecto: dona Amalia encamiñou os cen anos tomando dúas medicinas, a da tensión e aqueloutra prescrita polo médico da apendicite.

Clube Espanhol

Un cruceiro de cantaría pontevedresa escolta un hórreo de catro pés construído co mesmo granito. A estampa non ten nada de raro, agás o detalle de que pega un sol abrasador e baixo a sombra do hórreo hai un vixiante de seguridade uniformado. As cruces das dúas construcións sobresaen cara a un ceo que semella sacado dunha película de debuxos animados, co fondo perfecto de mar e o horizonte enmarcado por palmeiras.

No Clube Espanhol de Salvador, centro por excelencia da diáspora da Bahia, non podía faltar a imaxe tópica —e extemporánea— á que se suman as gaitas do corpo de baile «do Espanhol», que aquí quere dicir «galego». O club significou un avance na colonia. Das xuntanzas dos domingos no Farol da Barra, lugar icónico da cidade, pasouse a gozar dun primeiro centro no barrio de Vitória e despois a esta sede en Ondina, guindada sobre un cantil suave e verde cunha praia aos pés.

O recinto, xigante e a ceo aberto, está presidido por unha enorme piscina de formas redondeadas, xunto a varias pistas deportivas, un parque acuático infantil e o edificio principal, onde están os salóns, as aulas de actividades e un ximnasio. Na planta baixa, un gran restaurante con ducias de mesas mirando ao mar. Dende alí dá para ver un gran edificio ondulado de apartamentos de factura *made in Miami*.

—E ese edificio? —Ese edificio ocupa o terreo que lle vendemos a unha construtora. Non había xeito de manter o centro e tivemos que desprendernos dunha parte.

No club chegaron a ser case dez mil socios. Hoxe son dous mil. Vense nenos, non moitos. Máis vellos, máis cartas e menos monopatíns. No salón grande ensaian varios gaiteiros en chinelas e pantalón curto. Sosteñen, só con iso, un lume que para os máis vellos está a piques de apagarse. Así o cre Manuel Míguez, Manoliño Grilo, director do grupo de gaitas:

—A esencia pérdese porque hai menos mozos e teñen menos sentimento. Agora xa están noutras atmosferas, non pasan a vida aquí. E se non tes o ADN para tocar a gaita ou sentirte galego, non o podes crear. Eu diría que non teñen saudade.

O contraintuitivo da situación: sen morriña do pasado non hai futuro.

Liberdade

Para chegar a Liberdade hai que percorrer unha ruleta de curvas entre casas de ladrillo á vista e deixar atrás un ronsel de vivendas a medio construír, talleres, mangueiras cargadas de froita, nenos cos papaventos, marañadas imposibles de cables, furgonetas con fume pestilente, motos e máis motos. Liberdade é un barrio cunha historia fecunda dende o propio nome, que alude aos quilombos, comunidades de persoas escravas emancipadas antes da prohibición, lugares de resistencia que hoxe son símbolo da cultura afrobrasileira.

Co crecemento da cidade, o barrio recibiu unha enxurrada de xente que pasou a vivir nas ladeiras dos montes, sen infraestruturas suficientes, sen saneamento: o barrio máis negro e carnavaleiro dunha cidade negra e carnavaleira, urbanizado con moita dificultade e con moitas zonas favelizadas. E no medio de todo isto chegaron os galegos, que viron alí unha oportunidade para facer negocio. Só había que mirar arredor: se todo o mundo levantaba as casas coas súas propias mans, entón o que facía falta era material de construción. E empezaron a abrir tendas.

Sobre unha parede de cor cru desgastada polo tempo hai un cartel que di «Matel», e debaixo, como subtítulo explicativo, «Materiais eléctricos e hidráulicos». O local está no baixo dun edificio branco de tres plantas comido polo tempo, facendo esquina no Largo do Tanque, unha inmensa rotonda cunha cancha de fútbol no centro. A praza serve de nó de transportes entre diferentes zonas da cidade e de base para os mototaxis que soben ás zonas altas do barrio. É un bo resumo do Brasil urbano máis popular: barullo por enriba do saudable, unha farmacia, un banco e un grande templo da Igrexa Universal do Reino de Deus. E dun lado, sen molestar, a tenda Matel, que rexenta o home que espera na porta.

Supera os oitenta anos, reborda vitalidade en pouco máis de metro e medio de altura. Ten unha cabeleira gris que lle cobre a calva de lado a lado, ollos grandes como focos azuis, lentes penduradas dun cordeliño, camisola da selección española, pantalón curto e tenis. Naceu en 1941 en Pazos de Borbén nunha casa sen pai. Con quince anos picoulle o becho das Américas alentado por un curmán que lle contaba historias de aventuras. Na casa da aldea vivían sen fame, pero coa auga do pozo, luz de carburo e cartos só cando se vendía algún cordeiro ou becerro. El, que axudaba na misa, só traía algo de diñeiro cando había unha voda ou un enterro. Así que embarcou no Alcántara e ao chegar á Bahia acolleuno seu irmán maior e o tío, dono de dous establecementos: un «bar de raparigas» no Pelourinho, e outro bar de barrio na esquina xusto en fronte do lugar onde estamos a falar, cando todo aquilo era só un descampado.

—Só me deixaron traballar neste bar, non no outro. Incentiváronme para estudar e fixen a primaria. Para min era difícil. Non sabía portugués, nin español, só galego e sen escribir. Pero seguín estudando e cheguei á Universidade Católica, da que me apartaron por subversivo, porque era membro do movemento estudantil.

Fala un portugués agalegado, usando a zeta e pouco máis. Interrompe unha señora que entra a mercar unha bandexa para o microondas. Pepe atende, sen cambiar a súa lingua particular, e continúa o relato.

—Resultado: —o seu retrouso preferido, e o de tantos bahianos, para recapitular e enunciar unha conclusión— estiven dezaseis anos no bar e despois montei outro co meu irmán. Pero sempre quixen ter algo propio, así que comprei, cimentei e levantei esta casa, co negocio e a vivenda.

A tenda é un conxunto caótico de cousas ciscadas. Un mostrador de formica cunha balanza Hobart vermella dá a benvida á clientela. Nos estantes hai sifóns, tapas de inodoro, silicona en bote, arame por metro, cola profesional, tubaxes de todo tipo, mangueiras, garrafas de plástico, pas, vasoiras, sacos de argamasa, billas de ducha, rodetes e botes de pintura, todo baixo o ventilador perenne que refresca a estancia, á que se accede por unha persiana metálica, sen portas nin concesións.

Tampouco convén presumir nun barrio que cambiou moito nos últimos tempos. Conta Pepe que décadas atrás o pai de Bebeto, o futbolista do Deportivo, tiña un supermercado case enfronte, e que algunha vez lle levou paquetes á Coruña nas súas viaxes á aldea. Perto do barrio, no Largo da Galícia, xógase un coñecido campionato de fútbol de rúa.

—Levo case setenta anos aquí e nunca sufrín un asalto grave. Pero a tenda pola noite, si. O que pasa é que agora non teño case nada —di mirando á montaña zarapallada de artigos, e ao fondo a traseira, cunha escaleira que leva ao primeiro andar: a vivenda que xa non usa—. Antes vendía ladrillos, agora só esta pouca cousa. Pero é que cando abrín aquí todo se construía e non había competencia. Agora hai como trinta. Toma unha cervexiña, home, e non volvas dicir que non queres nada, porque nada non teño —e volve ao seu discurso—. Xa teño que ir pechando para sempre esta tenda, se non, de que me vai servir cambiar seis por media ducia?

Pepe Míguez é unha mostra perfecta da cartografía galega na Bahia. Por unha banda pasou a vida a traballar nesta zona popular, pero ao mesmo tempo, ao prosperar, fixo vida no lado privilexiado da cidade: agora vive en Itaigara, un dos mellores barrios de Salvador, e ademais ten unha casa na paradisíaca praia de Guarajuba, a menos dunha hora da capital. Tamén foi dirixente do Clube Espanhol e do Hospital Espanhol, pero non pode negar a herdanza dos devanceiros: cando mercou a casa da praia, aproveitou para abrir alí perto outra tenda de construción, que só abre sábados e domingos, cando pecha a de Liberdade.

—Non é que precise traballar os sete días, pero alí teño unhas árbores froiteiras e, xa que vou, así me entreteño na tenda.

Ese é, aos seus oitenta anos, o seu descanso.

A xogada mestra de Pepe da Perini

A vida de Pepe Faro resúmese en tres contradicións. A primeira é que se criou en Aboal, unha aldea a cinco quilómetros do balneario de Mondariz. Mentres un fato de ricos gozaban das súas augas medicinais, Pepe e a súa familia vivían sen luz e sen auga da traída, coa única calor da lareira eternamente acesa e a calefacción natural dos animais na corte baixo os cuartos. Aínda que quixesen, non podían nin achegarse ao balneario porque non tiñan roupa axeitada: mundos veciños nas antípodas.

A segunda é dobre: emigrou e dende o primeiro minuto adicouse a facer pan. Tanto fixo que labrou unha das maiores fortunas da diáspora cun oficio que non aprendera antes, basicamente porque nunca antes tiña comido pan branco. E ademais logrouno nun dos lugares con menos consumo per capita do mundo.

A terceira e definitiva é que o seu emporio, o maior da terra máis galega do país, leva nome italiano: Perini. Co tempo vendeuno ben vendido e abriu outra cadea de panadarías de marca moito máis enxebre. Bautizouna como Almacén Pepe, así, en galego ou en castelán, non en portugués, porque todo o mundo sabe quen está detrás: Pepe da Perini.

No Brasil conviven polo menos dous países. Un confórmao a base da pirámide demográfica, que sobrevive contando os centavos para poder comer. A súa renda cóntase por salarios mínimos, que aquí se poderían chamar ínfimos, e vive nunha roda de hámster perversa: érguese de madrugada na favela para chegar ao traballo, emprega dúas horas de transporte público (e outro tanto de volta) e espreme os domingos entre o churrasco, o fútbol e a telenovela.

O outro é o bico da pirámide, un dez por cento da poboación, sendo xenerosos, que vive en lugares paradisíacos, pero encerrados por valos eléctricos, porteiros, alarmas e medo multiplicado polo seu propio medo. Nese líquido amniótico no que flotan saen á rúa en cochazos a restaurantes ou a luxosos centros comerciais onde non teñen nin que aparcar: sempre hai alguén que o fai por eles.

Son dous mundos concomitantes na superficie: uns compran, piden, ordenan. Os outros obedecen, serven, venden a soldo de alguén do primeiro grupo. É o capitalismo versión *hard*, onde achou o seu lugar, dentro das porcións medias altas, unha clase emprendedora de raíz europea que, ao revés de rendistas e herdeiros seculares, escalou socialmente dende abaixo e vivindo intensamente os dous *brasiles*.

O Horto Florestal está de moda. Encaixado nas abas do *morro* que o separa do barrio popular de Brotas, composto de estreitas torres de apartamentos, con coches mastodónticos subindo entre voltas de estrada con grandes palmeiras. No centro do barrio levántase unha superficie comercial cun gran letreiro vermello: Almacén Pepe, un supermercado de dúas plantas só con produtos *premium plus*, só para clientes requintados. No primeiro andar, un universo de viños caros dispostos en anaqueles circulares e andeis iluminados. Xunto ás fiestras ábrese un salón de mesas e cadeiras acolchadas para o goce da comida máis suculenta do día na Bahia: o *café da manhã*, un almorzo exuberante que hai que reservar con antelación as fins de semana, cando os clientes de luxo dan libre ao servizo doméstico e saen para darse a homenaxe matinal antes da praia.

Hoxe é martes e está case baleiro. Só un home espera sentado na mesa cuns papeis e o teléfono botando fume. A metade do cranio despexado, camisa Lacoste cos dous primeiros botóns abertos e unhas lentes esaxeradamente grandes. É o xefe de todo, Pepe Faro, sempre coñecido como Pepe da Perini, home de retranca notoria. Di que a súa historia non lle interesa a ninguén, pero non vai parar de falar durante as dúas horas seguintes.

—Con quince anos fun a Vigo pola primeira vez. Cando vin o mar pensei que era unha poza de auga, mira a miña ignorancia. E cando volvín á aldea para traballar no campo, levando uns bois, dicíame: cal é o meu futuro aquí? Estudar, cero. Á escola ía comer papas, nada máis. Que futuro ía ter? Eu vía que todo o mundo marchaba ao Brasil, porque así é a emigración, vaise un e logo van todos detrás. Así que eu tamén o fixen.

Naceu en 1942 co nome de José e co apelido Faro na aldea de Aboal, en Mondariz, zona *bahiana*. Atravesar o Atlántico era algo cotián, nun sentido ou noutro. Porque cando volvían os homes revolucionábanse as aldeas.

—Parece que os nenos nacían por carta. Un emigrante avisaba de que viña, chegaba e a muller quedaba embarazada.

Un dos que aparecía en Aboal cando Pepe era un neno, con estampa de rico, era o seu irmán Fernando, emigrado e acollido polo seu tío, Delmiro, irmán da súa nai. A Pepe dúas cousas voáronlle a cabeza: os pantalóns brancos e as moedas tinguileando no peto. O efecto imitación fixo o resto: marcharía e volvería algún día con esa roupa nova, recendendo a gloria. Vivía á carreiriña dun can dos ricos de Mondariz-Balneario, pero o elevador social dos aldeáns era o barco que transportaba a outro continente. As distancias emocionais e físicas son tan moldeables que cinco quilómetros era moita máis distancia que os sete mil á Bahia.

Embarcou con catorce anos, en setembro de 1956, pensando que tanta auga daría para regar Mondariz enteiro. Se non sabía o que era o mar, moito menos sabía o que era unha piscina como a que tiña o Monte Umbe. Viuna só de esguello: os pasaxeiros de terceira, como el, non tiñan dereito a tocala. Da súa aldea viaxaron seis só nesa pasaxe, pampos ao atracar, catorce días despois de partir.

—Eu non vira xente negra na miña vida. De súpeto, ao achegarnos ao porto vin unha nube de cabezas escuras. Dixen: que vin facer aquí? E eu mesmo respondín: ou vences ou vences. Porque axiña me decatei de que o sol podía saír para todos, pero non todos poden mirar o sol —e detén o discurso motivacional para dicirlle algo a unha empregada, nesa mesma lingua mesturada que usa para falar comigo, con trazos de gheada—. Nisto tivemos vantaxe, no galego. Na aldea non falabas nada de español. E agora levo case setenta anos aquí e sigo sen falar portugués de verdade. Pero todos me entenden.

Soa Elis Regina mentres unha camareira de uniforme leva unha fragrante bandexa de torradas con manteiga fina. Esta escena sería imposible na Bahia de inicios do século XX: aquí non se comía pan. Os galegos, xunto a portugueses e italianos, popularizárono despois. Aínda que nunca chegou ao consumo do sur do país —máis europeo—, por mor da influencia de fariñas autóctonas como a tapioca, terminou introducíndose a través dos almacéns, onde atendían as tribos de inmigrantes. Por aí arrincou tamén Pepe.

—Cheguei e púxenme a traballar co meu irmán Fernando, o meu tío Delmiro e outros vinte paisanos nun almacén enorme no Largo do Tororó. Oito anos estiven alí. Non era escravitude, pero eramos obrigados a traballar demasiadas horas ao día, así eran as normas non escritas, sen leis laborais. Traballar por comida e durmida. Polo caldo. Tampouco che daba tempo a pensar moito: tiñas que pagar a viaxe que che adiantaban. E Deus te libre de que saíses da empresa para ir traballar con outros galegos, porque entón che facían a guerra total. Pero un un día meu irmán chegou e dixo: «Como empregados non imos a ningún lado. É traballar e morrer de fame. Hai que montar un negocio». Se non temos un patacón, dicíalle eu. Pero o meu irmán era un visionario e conseguiu que outro paisano nos vendese, pagando aos poucos, a panadaría máis cara da cidade, na Barra. Traballabamos todo o día, e eu durmía enriba dos sacos de fariña. Pero en tres anos a panadaría estaba paga.

Era 1964 e empezaba o crecemento da Panificadora Elétrica da Barra. Abriron unha segunda, e outra, e outra, cada un no seu rol: Delmiro, o financeiro. Fernando, o comercial. Pepe, o panadeiro. A finais da década seguinte cambiáronlle o nome á Panificadora, Sorveteria e Doceria Perini e seguiron espallándose, en barrios altos, centros comerciais, ata converterse nun clásico. Finalmente levantaron un edificio de sete mil metros cadrados, onde centralizaron a produción, a administración e o depósito de mercadoría. O emporio tomara a directa: chegaron a ter 1280 nóminas. Pepe resume por aproximación:

—Tiñamos un Corte Inglés de delicatesen.

Sobre o nome hai quen di que o Pepe viaxaba continuamente a São Paulo a ver novas tendencias e quedou extasiado vendo o mercado enorme de pans e doces dos italianos, e decidiu que ese nome daría máis atractivo ao negocio. Outra versión, máis acorde á tradición moderna galega, é que responde o acrónimo do fundador e a súa muller. Pepe e Almerinda, cun toque italiano final para poñerlle a lazada comercial.

Tres eran os emigrantes que fixeron toda a viaxe desde o bulleiro de Aboal ata o éxito de Perini; os irmáns Faro e o seu tío Delmiro Carballo. Este axiña sería tamén sogro do máis pequeno, Pepe. A súa filla Almerinda, seis anos menor, terminou casándose a distancia antes de xuntarse en Salvador. Antes estiveron xuntos de espírito.

A familia Carballo era devota de Santo André de Teixido, na outra punta de Galicia, Almerinda a que máis. Ata alí peregrinaba, porque «a Santo André de Teixido vai de morto quen non foi de vivo». Fíxoo despois de curar os ataques epilépticos. Unha vez casada con Pepe, prometeulle ao santo que volvería de xeonllos se lle ía ben ao negocio familiar. Cando pagaron a primeira panadaría, baixou axeonllada a ladeira que vai desde a estrada salvaxe que une Cedeira coa aldea máxica de Santo André. Tan agradecida estaba que ao seu primeiro fillo púxolle André. Hoxe, xa avoa, coida da descendencia no mesmo edificio no que viven, incluídos as familias dos fillos, todos xuntos, coma se nunca tiveran marchado da aldea.

Os galegos ampliaron a cultura do pan cara á produción, ao crear unha cadea desde a compra do trigo ata que o billete entraba na caixa. Algúns dicían que tiñan un cártel do pan. Para abaratar custos montaron un muíño propio en plena cidade, o Moinho da Bahia. Todos, cada un na súa medida, pasaron a ter a materia prima da súa man, e sobraba excedente para vender a outros. A maioría do trigo era importado de Arxentina, Uruguai e ata de Birmania, así que abrían un mercado de importación que enseguida diversificaron para desenvolver unha liña gourmet. Trouxeron mestres panificadores de Galicia e tamén fermento da aldea tratado con esmero.

—O pan non sabe igual e a cortiza non é a mesma, porque non é forno de leña, e tampouco é o mesmo trigo que o de alá, pero ten gran calidade. Creo que ensinamos a comer pan ao bahiano.

—Había un *lobby* galego do pan?

—*Lobby*? Non, ho, de galegos en todo caso habería nos buses, ou na construción civil. Nós para que iamos ter un *lobby*? Para vender pan? —e ri a gargalladas unha vez máis, expandindo o bandullo, quitándose importancia.

Pero o nome de Perini soaba en cada esquina da cidade. Aló ían famosos cada fin de semana, de cantantes a escritores como Jorge Amado, que tiña mesa propia para almorzar e tomar un viño ao mediodía. Pepe estaba orgulloso de emprender un emporio desde o nordeste periférico, un pouco á galega. Comezado o século XXI, Perini chegou á portada da revista de actualidade máis lida do país. Na *Veja* de abril de 2002 aparecía unha foto de Pepe, xunto a outras caras de empresarios, baixo o título «De cero ao millón», cun subtítulo, a rentes do *coaching*: «As leccións dos brasileiros que nada herdaron e construíron fortunas».

En xullo de 2010, logo de medio século de crecemento sostido, Perini foi vendida a unha multinacional chilena por vinte e sete millóns de dólares, e Pepe separou camiños co seu irmán. Ambos asinaran unha cláusula de non competencia por cinco anos co grupo chileno, así que Pepe buscou unha vía alternativa: abriu unha distribuidora de importación cuxo maior cliente foi, xustamente, Perini. Agudo, pero insuficiente, porque el quería vender pan. Así que esperou a corentena da cláusula e fundou, co seu fillo André, unha marca nova, recoñecible grazas ao seu propio nome: Almacén Pepe. Abriu sedes nos mellores barrios, á vez que lle seguiu vendendo á súa antiga empresa os seus produtos. Non tardou en volver ás portadas de prensa: «Despois de Perini, a reinvención de Pepe Faro no mercado do luxo».

—O emigrante é moi colado ao diñeiro que gaña, somos unha raza diferente. Sempre estamos a pensar en gañar. Pero eu xa estou a pendurar as botas e creo que non nos expandiremos máis. Estou contento porque o fixemos de novo.

—Entón venceu, como dicía ao chegar no barco? As revistas dicían que a súa fortuna superaba os cen millóns.

—Non, non cheguei. Faltoume pouquiño. E non, non conseguín o meu soño de vencer.

—Cal era?

—Mal non me foi, pero o meu soño era máis alto: quería ter unha rede de supermercados grande, como teñen en España. Non o conseguín por falta de profesionais.

—Como definiría Pepe da Perini a emigración?

—É boa para quen venceu, e mala para quen foi vencido. Pero en si mesma a emigración é un problema, iso téñoo claro.

Benjamín e as Núñez de Portocamba

Os medos, como as pedras, son erosionados lentamente polo tempo: Benjamín precisou vinte e cinco anos de traballo no Brasil para comprender que xa non morrería de fame. Só entón colleu vacacións. Nos camións que transportaban o entullo da obra do ferrocarril, en Portocamba —a aldea de miña avoa— adiviñou o neno Benjamín os resortes mecánicos que lle darían a vida máis adiante.

O seu pai, Victorino, casou dúas veces e tivo once fillos con dúas mulleres. Benjamín tivo a sorte de ser o penúltimo de toda a descendencia e puido estudar na escola. Nunca esqueceu a profesora, Sarita, outro deses fíos perdidos da emigración: nacida na Bahia, volvera á terra dos seus pais emigrantes e alí ensinou a ler, escribir e facer contas a nenos como Benjamín, que logo emigraron. El reuniuse cos seus irmáns maiores, que saíran a Belém do Pará primeiro para acabar nunha facenda nos arredores de Salvador.

Cando chegou, recibiu un cabalo, unha mula para a carga, un caderno para as contas, unha faca e un revólver, polo que puidese pasar. Pero neses primeiros meses tamén aprendeu a conducir, e pronto o mandaron co camión da facenda para transportar carbón ata a cidade. Tanto lle gustou o encargo que co aforro dos primeiros tempos pensou en comprar un camión. Alguén lle dixo que mellor era comprar un autobús para o emerxente transporte urbano. Así o fixo e en 1957 conseguiu licenza para operar unha liña.

A diferenza da cooperativa de ómnibus de Montevideo ou dos vehículos compartidos de Buenos Aires, aquí a fórmula consistía en comprar o bus completo e, aí si, sumarlle o investimento laboral do dono. Ou sexa, conducir sen descanso para amortizar a compra canto antes. Benjamín Núñez contratou un condutor ao que lle daba un quince por cento dos ingresos por compartir horarios, e dáballe outro quince a un paisano por gardar o bus nas cocheiras e —o máis importante— por engraxar os contactos coa secretaría de tráfico. Todo se facía entre galegos, e confluían na vida diaria con outros, os pasaxeiros que se movían entre os seus traballos e as repúblicas onde vivían. Un día os irmáns preguntáronlle desde a facenda polo traballo na cidade. Benjamín respondeu con indiferenza:

—Gañei máis nun ano que en sete da facenda.

Así que os irmáns fixeron o camiño inverso. Xuntos compraron outro ómnibus e montaron a súa primeira empresa conxunta, á que lle deron o nome de Jordão, o mesmo da facenda onde deixaron a pel. Nos anos sesenta crearon Vibemsa, a primeira empresa privada de autobuses da cidade, e deulles trinta anos de ledicia, ata que as administracións ordenaron a escisión da compañía, repartida entre socios galegos. O boom de infraestruturas do Mundial de 2014 cambiou as regras de novo. A construción dun metro na cidade superpúxose aos seus mesmos traxectos e as compañías terminaron pechando. A de Benjamín, en 2021, precisamente o ano que morreu, con noventa e dous anos.

A filla, a neta e a bisneta de Núñez saúdanme ao chegar a unha fermosa casa no barrio de Rio Vermelho. Pasamos a unha terraza cuberta, unha desas estancias típicas no Brasil onde se coa a brisa entre o fume do café recentemente filtrado. Son tres xeracións e as tres resúltanme familiares, como parentes distantes de Portocamba.

Erika, a filla maior, lembra a primeira viaxe á aldea xunto a seu pai e a súa nai, bahiana alemá. Para ela era outro mundo. Morrera Franco, certo, e había televisión, aínda que aínda non a cores, pero Portocamba seguía a ser un lugar humilde, formado por unha ringleira dobre de casas con solaina en subida desde a vía até o monte. Os mozos xa non emigraban a Brasil, senón a Cataluña e Andorra. Co diñeiro que trouxeron empezaron a levantar grandes casas na parte alta da aldea para pasar o verán, chalés que poderían estar en calquera parte do mundo, mentres as construcións tradicionais empezaban a caer sen remisión. Aínda había taberna, co seu teléfono de pasos, tamén funcionaba a escola, pero non por moito tempo: non había nenos. Os nomes importados que se sentían no verán viñan da diáspora.

Os Núñez non faltaban un ano para experimentar a vida oposta á de Salvador. Todas falan de Portocamba como o seu paraíso perdido. Durante dúas horas intercambiamos nomes e lugares coñecidos; falamos dos montes do Invernadeiro, rapados por enriba, tupidos de castiñeiros por embaixo, con fauna salvaxe para regalar. Troitas nos ríos. Cervos, corzos, cabras montesas en terra.

Cando cae a tarde e os mosquitos masacran os nocellos cos dentes, Erika e Mila, a neta, chegan a outro tema recorrente, os lobos. Cando se oe esa palabra, case que ouveada, co o ben pechado do galego e do portugués, sae o nome de Gumersindo. Aquel era un veciño moi famoso en Portocamba porque emigrara a Estados Unidos, e regresou falando inglés e contando que traballara con Thomas Edison, o que soaba a fábula imposible nun lugar onde aínda estaba a chegar a luz eléctrica. Gumersindo representaba unha referencia mítica, unha promesa de futuro para os que collían un barco, coma o meu tío Salvador a Cuba ou Benjamín á Bahia.

E entón acontece algo sorprendente: elas empezan a narrar unha historia que eu escoitara mil veces na casa coma se fose un conto de Ánxel Fole. De súpeto, as vidas de dúas familias separadas por miles de quilómetros únense nun mesmo punto da memoria oral, ubicado en algún lugar do Atlántico. Tanto que eu acabo completando as frases que elas inician, con lixeiras variacións.

Segundo a versión da miña familia, Gumersindo ía polo monte cando se lle cruzou no camiño unha loba cos seus lobetos. Asustado, o animal atacouno, e el, cunha forza prodixiosa, desencaixoulle a mandíbula dunha puñada e matouna, man a man, como un reverso violento da fábula de Androcles e o león. A versión das Núñez dá unha volta máis que incorpora o seu familiar ao relato: Benjamín sempre contara que el acompañaba a Gumersindo, e que cando viron a loba mandouno a pedir axuda a Portocamba, mentres el mantiña o animal a distancia. Cando volveu, xa matara a loba coas súas propias mans.

A memoria tamén se transmite por escrito na familia: Emília ou Mila, a neta, ollos turquesa enormes tan habituais na nosa aldea, autora de libro infantil e gañadora de importantes certames literarios, gravou longas conversacións durante máis de dez anos con Benjamín, e han ver a luz para pechar o círculo de Portocamba, onde seus fillos aprenderon a andar da man do seu bisavó. Non parece que haxa algo máis simbólico do que iso.

Fitzcarraldos galegos

José Barcia, afouto emigrante de Padróns, en Ponteareas, penetrou no río Tapiche, un dos arrevesados afluentes do Amazonas peruano, e fíxose cunhas terras impenetrables cheas de árbores do caucho. A facenda chamouna Galicia. Conta Gonzalo Allegue no seu valioso *As mans de América* que partiu o territorio en catro e cada anaco bautizouno cos nomes da Coruña, Lugo, Ourense e Pontevedra. Por se houbese algunha dúbida, ás dúas grandes barcazas coas que se movía púxolles de nome Galicia e La Gallega, un monotema. Secundado polos seus irmáns Benito e Generoso, tiña dúas mil persoas traballando para eles, a maioría indíxenas locais, e fixo unha fortuna tan grande que foi coñecido como o Rei do Caucho.

Os galegos adoitaban ser os primeiros europeos en acudir ás febres extractivas americanas. Non como millonarios investidores, senón como man de obra. Aquelas modas, con data de caducidade, consistían en absorber toda a riqueza dun punto específico do mapa, arrasando con todo ata que non quedase nin unha pinga, e no camiño levaban por diante as vidas de comunidades enteiras: a historia da colonización económica. Por iso desde 1880 as correntes máis fortes —Arxentina, Uruguai e Cuba á parte— dirixíronse ao Brasil, que non só alentou, senón que subvencionou a inmigración: prohibida a escravitude, requiríanse mans para levantar un país continental.

Importantísima, e pioneira, foi a colonia de Santos, principal porto de entrada ao país, e a de São Paulo, o estado máis rico do país. Alí chegou a maioría da primeira onda, ata 1930, e alí abriron os primeiros centros. Moitos chegaron directos á cidade, pero a maioría ofrecían os seus brazos para as grandes obras de infraestrutura da época, como o chamado ferrocarril do diaño Madeira-Mamoré, en Rondonia, onde morreron por centos se non por milleiros, e tamén para as explotacións agrícolas, como o café no estado de São Paulo ou a extracción a de ouro e diamantes en Minas Gerais.

Un terceiro continxente sucumbiu á febre da *borracha* ou caucho, alentada pola nova industria do automóbil, ávida de material para a fabricación de pneumáticos. O destino era a Amazonia, un mundo diferente a todo, polarizado en dous puntos clave: Manaus, a París selvática, e Belém do Pará, na desembocadura do río, por onde saía a mercadoría cara ao Atlántico. A goma, branca e leitosa, extraíase de forma artesanal mediante unha incisión lineal no tronco da árbore da *siringa* e vendíase ás factorías do norte do mundo. Pero os migrantes buscavidas non só quedaban no Brasil: tamén probaron sorte ao oeste, no Amazonas peruano.

O labor non era apto para espíritos fráxiles: había que enfrontarse a animais letais, febres, malaria. Tamén había comunidades locais coas que negociar ao entrar nas súas terras: armas, alcol ou bixutaría servían de moeda de cambio —ou de engado— para facer as Américas naquela rexión inaccesible. A onda durou o que o ciclo: ata a Primeira Guerra Mundial, cando todo se esborrallou pola popularización do caucho sintético. A maioría, os invisibles, gañaron o pan e mudaron de sector, pero naquelas tres décadas tamén houbo tempo para historias protagonizadas por iluminados, parentes de Fitzcarraldo, personaxe inmortalizado na película de

Werner Herzog, que soña con facerse millonario co caucho e construír así unha ópera en plena selva.

Por exemplo, o vigoroso Barcia, que vivía cos seus irmáns en Iquitos, despois dunha primeira fase río abaixo, en Manaus. Alí coñeceron, en 1895, o pontevedrés Wenceslao Barreiro, a súa man dereita en todas as súas aventuras: manexaba os campamentos, coordinaba o transporte en canoa das grandes bolóns de goma extraídas polos sangradores das árbores, negociaba nos poboados indíxenas de chozas de palla e vendía todo en Iquitos.

A Iquitos tamén chegara desde Filipinas Cesáreo Mosquera, natural de Costeira, en Ribadavia, Ourense. Pero a súa ansia non era a *borracha*. Da guerra do extremo Pacífico levou á Amazonia unhas tesoiras e unha navalla de afeitar. Traballou no Pará e de aí foi a Iquitos, onde abriu unha barbaría —dúas cadeiras de brazos vellas e un espello—. Logo sumoulle algunhas revistas, algún libro e despois unha máquina de escribir. Terminou baixando os espellos e cambiou de negocio sobre a marcha: nacera a libraría Amigos del País de Iquitos. Alí, baixo a enredadeira que cubría o frontal, retratábase Mosquera, graúdo e de cabelo ensarillado, xunto á súa familia. Tiña estantes cheos de libros, artigos de papelaría e máquinas dispostas en mostradores para escribir. Naquelas mesas corridas narrou, letra a letra, unha documentación valiosa ditada por un paisano do seu mesma ladeira da montaña do río Avia. Chamábase Alfonso Graña e pasou á historia grazas a un título que ninguén lle deu en Perú, senón nun xornal madrileño nos anos trinta: Alfonso I da Amazonia, o rei dos xíbaros.

O rei dos xíbaros

O río Marañón discorre ao longo de cincuenta quilómetros entre canóns profundos e estreitos como gorxas de rocha, baixo os que pasa un caudal turbulento, mestura explosiva de torrentes, rápidos e remuíños. Circula entre a cordilleira oriental dos Andes, de seis mil metros de altura, e a chaira amazónica, de pouco máis de cen. Eses canóns chámanos pongos: portas en quechua. E alí está está o Pongo de Manseriche, lendario pola súa perigosidade desde que hai rexistros, cos primeiros expedicionarios españois do século XVI que buscaban a cidade mítica de El Dorado.

En 1922 Graña penetrou e saíu airoso do embate contra a natureza e, tamén, do encontro cos habitantes milenarios desa rexión. Eran os indios xíbaros, como os españois chamaron os shuar. Na actualidade teñen gobernos autónomos e son considerados nacións orixinarias; mais naquel tempo aínda se sacudían a fama de salvaxes pola tradición de reducir as cabezas cortadas dos seus inimigos, unha vez que os vencían, para gardalas como amuleto. Segundo as súas crenzas, as cabezas reducidas ou *tzantsas* permitíanlles adquirir a forza dos seus rivais mortos. Ata hoxe o dicionario toma o seu nome como sinónimo de reducir: *xibarizar*. E cada vez que aparece esa palabra, en Galicia alúdese a que tiñan un rei nado en Ourense.

A historia de Ildefonso Graña Cortizo comezou en 1897, antes de cumprir vinte anos. Fillo de xastre e labrega —coñecidos como Os Chulos, de Barro, en Amiudal, Avión, Ourense— emigrou ao Pará e de aí a Manaus. En 1910 remontou o río ata Iquitos. Coa crise do caucho, Graña deixou a cidade e cambiouna pola selva. Segundo un dos relatos coñecidos, acompañábao un paisano de Abelenda, que os xíbaros mataron tras o seu encontro na selva. Sen razón aparente, a

Graña perdoáronlle a vida. Hai máis versións: que este tiña unha tenda e comerciaba cos shuar e por iso entrou na selva. Ou, incluso, que se refuxiou cos indios tras matar a outro comerciante.

O incrible era que conseguise vivir en comunidade con aqueles que sempre evitaran o contacto co branco. Non só iso: segundo as hipóteses que sobrevoan a súa historia, Graña emparellouse coa filla do líder dos xíbaros e, ao morrer o seu sogro, sucedeuno como persoa de referencia —de aí o de «rei»— ata a súa morte, en 1934. O xornalista Víctor de la Serna informaba eses anos sobre el no diario *Ya*, coa axuda de Cesáreo Mosquera: «Alá pola xigantesca fenda que o Amazonas abre no Ande vivía, mandaba e reinaba un home branco. Graña era o rei da Amazonia. (…) Dominaba Graña unha extensión como a de Andalucía, Estremadura e Castela A Nova xuntas. Pobóana os indios máis indómitos do continente, os temibles xíbaros, desecadores de cabezas, magos e xigantescos guerreiros, inatacables á civilización. (…) Un día, cara a Iquitos, avanzou polo río unha *jangada* con indios, moitas mercadorías e Graña. Recoñecérono os seus amigos e, sobre todo, con dobre alegría, Mosquera».

A partir de entón, o libreiro Cesáreo construíu a súa historia a través de fotografías e relatos que Graña lle facía de viva voz, porque de Ourense chegara analfabeto. Existen fotos de ambos os dous, a máquina polo medio, un ditando, o outro escribindo e, xunta eles, indios en coiros co pelo recentemente cortado polo propio Cesáreo. O destinatario desas cartas e relatos compón un terceiro vértice: o capitán Francisco Iglesias Brage, de Ferrol, capitán da aviación da República, empeñado en poñer en marcha unha expedición científica ao Amazonas que nunca se chegou a concretar. Na primeira carta Cesáreo díciall e a Iglesias, na lingua propia, que había galegos «a barullo dos catro contornos». E enumeraba: de Ribadavia, Verín, Carballiño, Viana do Bolo, Ponteareas. E Avión, como Alfonso. Noutra contáballe que cando lle expuxo a Graña a posibilidade de facer unha película da expedición, este replicoulle con sinxeleza: «Eu poño ao dispor do capitán cinco mil indios».

Tiña presenza de anxo, con pelo e ollos claros e un corpo de fiuncho. En Iquitos aparecía vestido de branco, con roupa de pescozo redondo cinguido, floco con raia a un lado e lentes deliñando un rostro alongado de nariz prominente. A elegancia infundía respecto aos shuar, pero o que os gañaba era o seu poder para negociar. Grazas a el conseguiran que lles devolvesen a mulleres e fillos nun intercambio con outra comunidade. Un mozo indio que chamaba polo seu mesmo nome, Alfonso, e tratábao como afillado —ou fillo?— falaba castelán e galego e facía de tradutor dos seus compañeiros cando trataban de explicarlle a Mosquera o proceso para as *tzantsas*. Este escribía, coma se fose unha receita e todo de vez: «Déixanse os mortos ben picados, a algúns se corta cabeza, un día chegan casa cocíñase a cabeza en pota hai que poñer encima pau despois de cociñado ponse encima pau que se seque da pota, sácase picando cun pau (chuzo) cando se seca hai que asar pedras así pequeniñas e quente póñense dentro da cabeza». Esas cabezas logo vendíanas a turistas peruanos e aventureiros anglosaxóns.

Nas balsas, desde a selva, logo de dez días de travesía, traían caucho, ouro e todo tipo de animais salgados ou afumados, de bois a tartarugas, de cervos a monos. A estampa era rechamante mesmo para o seu amigo Cesáreo: «Acaba de chegar o noso paisano Alfonso Graña da súa tribo do río Santiago e Marañón con moita metralla para vender aquí. Animais e aves curados, parece un *necroterio* con tantos *difuntiños*, que diría Darwin», narra en linguas mesturadas.

As cartas son un banquete de datos antropolóxicos e mostras naturalistas da vida na selva. Vendía o que traía, pero tamén paseaba cos indios e mergullábaos na civilización occidental: quitáballes o medo aos coches subíndoos ao Ford 18 convertible de Cesáreo, levábaos ao cinema ou a probar o xeo, que os fascinaba, e mesmo os vestía con frac e chistera ao estilo dos masóns de Iquitos. E así vestidos saían nas fotos xunto ás fillas de Mosquera. Nunha carta datada o 16 de agosto de 1932, Cesáreo relataba en castelán agalegado: «Xa nos retratamos e todo con eles e ata coa *cachola* dunha *mociña* que estragaron eles saberán por que».

Logo da crise do caucho, a Standard Oil, propiedade de Rockefeller, propúxose explorar o Alto Amazonas, onde saía petróleo —aceite chamábano Graña e os seus raparigos— con só rabuñar a terra. Fixo de *fixer*, deulles cobertura e protección, e trabou amizade cos xeólogos e enxeñeiros estadounidenses. No Perú tamén cobrou notoriedade en 1933, un ano antes de falecer, ao rescatar o corpo dun militar caído en combate contra a aviación colombiana no Pongo de Manseriche. Cando chegou a Iquitos, foi recompensado pola familia e polo propio exército.

Cesáreo regresou a Galicia coincidindo coa morte de Graña, pero fuxiu tras o golpe de 1936 polas súas simpatías republicanas e regresou a Perú, segundo conta no seu libro o investigador Maximino Fernández Sendín. Alí deixou escrito un texto durísimo:

«A parede ao pé das camas todo callado de esputos secos dos terribles que asusta dicilo e no chan o mesmo, toda a casa sen baldear unha vez na vida, as galiñas teñen entrada franca e ata poñen ovos nas camas da xente (...) Pulgas no verán a moreas e no inverno tamén, as persoas andan sempre co pescozo cheo de picadas vermellas. Nunca na vida foi ninguén ao dentista. Ninguén ten un mísero cepillo de dentes. O sarrio fedorento dos dentes e moas está como unha pedra, agarrado á dentadura. A broa queda podre enriba do sarrio que xa tapa o intervalo de dente a dente».

Pero Mosquera non falaba do Amazonas, senón das aldeas de Ribadavia.

5. NOVA YORK

Como se tivesen un compás inmobiliario, zahorís do ladrillo e do metro cadrado, deron coa veta boa na rúa 14

UNITY GALLEGA OF THE U.S. INC.
CASA GALICIA
NEW YORK

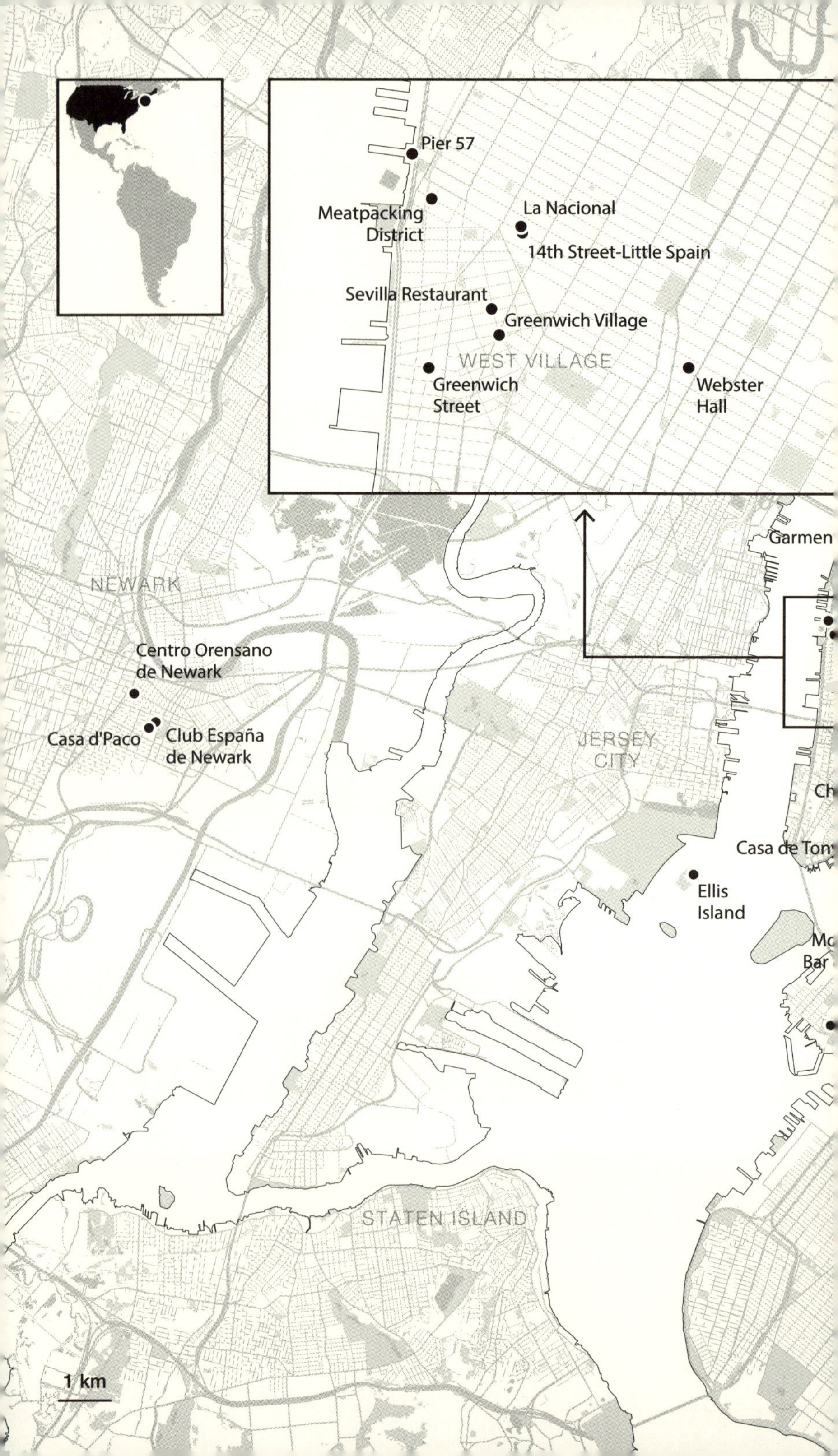

Pier 57
Meatpacking District
La Nacional
14th Street-Little Spain
Sevilla Restaurant
Greenwich Village
WEST VILLAGE
Greenwich Street
Webster Hall
Garmen
NEWARK
Centro Orensano de Newark
Casa d'Paco
Club España de Newark
JERSEY CITY
Ch
Casa de Ton
Ellis Island
Mo
Bar
STATEN ISLAND
1 km

NYPD - 44th Precinct Bronx
BRONX
South Bronx
Eliseo Torres Books
Casa Latina Music
HATTAN
Casa dos los Romanov
Tower
Casa Galicia
d District
QUEENS
ificio Nacións idas
Greenpoint
VA YORK
Richmond Hill
BROOKLYN

De Ellis Island a Cherry Street

«As cubertas do vaporciño estiveran ateigadas de centos de estranxeiros, nacidos en case todos os países do mundo: teutóns de mandíbula potente e pelo curto, rusos de barba pecha, xudeus de patillas ralas e, entre eles, campesiños eslovacos de rostro sumiso, armenios de fazulas lisas e bronceadas, gregos con grans e dinamarqueses de pálpebras engurradas». A postal que debuxa Henry Roth na novela *Call it sleep*, o mellor retrato migratorio daquela Nova York desde a óptica dunha familia xudía da Galicia do leste, serve tamén para os galegos que chegaban dende os portos da Península Ibérica ou dende Cuba.

Non foi un destino masivo, por razóns obvias de lingua, cultura, política e relixión, pero si para varias comarcas envorcadas ao mar, por exemplo As Mariñas Coruñesas: en 1930 oito de cada dez emigrados dende Sada vivían en Nova York. Nesa década, de quince mil españois na Gran Mazá, o noventa por cento eran galegos que atracaban nos peiraos do East River e do Hudson e iniciaban unha historia que se conta a través do mapa da cidade.

Todo comezaba xusto antes de desembarcar, en Ellis Island. O xigantesco edificio construído para recibir os emigrantes é hoxe un museo inabarcable e cheo de contido, a memoria como ferramenta didáctica. O visitante mergulla nos padecementos do acabado de chegar e aprende as probas ás que era sometido: a dos seis segundos, un exame físico fugaz, triaxe extrema; a entrevista persoal, con tradutor se había sorte; o test psicolóxico. Non era doado o cambio de mundo, da palleira ou da chalana aos monstros de cemento que rañaban o ceo, os fumes das chemineas e o vapor das sumidoiros, o ruído dos coches, as pontes xigantescas, o cheiro a modernidade marciana que os reclamaba. Nas paredes de Ellis Island aínda se pode ler a frase dun italiano descreído: «Vin a América porque escoitei que as rúas estaban asfaltadas de ouro. Cando cheguei aquí, descubrín tres cousas: primeiro, que as rúas non estaban asfaltadas de ouro; segundo, que non estaban asfaltadas; terceiro, era eu quen as ía asfaltar».

Até o *crash* de 1929 a cidade vivía coma unha desaforada ola a presión. Así o comprobaban os inmigrantes ao baixar ao asfalto, axiña instalados en barrios étnicos, mil veces recreados no cinema. Entre eles había un pequeniño reduto no Lower East Side, no baixo Manhattan. Alí, ao sur de Little Italy e Chinatown, pegado á auga, estaba Cherry Street, a primeira Little Galicia de Nova York.

A lóxica dicía que se establecían onde podían desenvolver o seu oficio. No caso dos galegos, nos peiraos. Alí traballaban de estibadores, mariñeiros ou fogueiros, alimentando de carbón as caldeiras dos barcos de vapor. En torno ao traballo ían tecendo unha rede social propia cos da súa mesma orixe. En Nova York, como na Habana, preponderaron as sociedades do mesmo concello ou parroquia: Bergondo y sus contornos, Socorros Mutuos Muradanos, Sada y sus contornos, Unión Cultural Bueu y Beluso.

Cherry Street, hoxe chamado Two Bridges —sitúase entre a ponte de Brooklyn e a de Manhattan—, compoñíano a rúa homónima e varias adxacentes, como Water Street e James Street. Hoxe mantéñense algúns nomes, pero o barrio foi derrubado para construír vivendas de maior calidade e substituír os *tenements*, as precarias casas colectivas onde vivían centos de familias amoreadas xunto aos seus primeiros negocios e os centros territoriais. Axiña se traladarían ao outro lado de Manhattan.

A 14

A rúa Castelao do Grove ofrece o menú habitual das vías principais das localidades turísticas galegas: tendas e negocios de todas as cores, hoteis de tempada coas súas cafetarías e unha variedade de farmacias para os xubilados que pasean entre grandes testos e bancos, dos de sentar e dos outros. Nada fóra do normal. Agás que, salvo polo mapa e a placa, ninguén usa o nome oficial, senón outro de raíz popular: a rúa Castelao é para todos A Catorse —léase con seseo do Salnés.

Do Grove saíron moitos traballadores do mar espallados por augas de todo o globo. Algúns deles foron dar aos peiraos do río Hudson, que baña o oeste de Manhattan. Aquela illa chea de rañaceos e migrantes dos cinco continentes tiña para os galegos un punto neurálxico. Era a Fourteenth Street, a rúa 14. Por analoxía, cando retornaban á vila e caían na céntrica rúa Castelao, a lembranza ía inmediatamente ao seu hábitat neoiorquino, por máis que non se parecese en nada. E iso fíxolles cuñar un nome informal que axiña arraigou. Dende entón e para sempre sería A Catorse.

Ao final da rúa 14, sector oeste de Manhattan, onde a cidade abandona a trama cuadriculada e xa toca co Hudson, varias fileiras paralelas de piares emerxen do río. Desfeitas polo paso do tempo, lembran que alí había un peirao, un *pier*. Manhattan tiña un cada par de *blocks* e formaba, visto dende o aire ou nun mapa, un colar de pugas marcando o litoral da cidade. Hoxe os esqueletos de madeira lembran —menos explícitos, máis poéticos que Ellis Island— que por alí baixou un enxurro de millóns de persoas.

Aquí non hai museo, pero si un monolito cun gran Pier 57, xunto a un parque flotante chamado Little Island, entre o videoxogo e a recreación *solarpunk*, que ocupa os antigos peiraos en número decrecente ata o 54. Nese tramo histórico desembarcaban os europeos, tamén os galegos, que por proximidade xa quedaban dese lado de Manhattan. Sen cambiar de rúa, camiñaban pola 14 ata pousar a maleta no bloque situada entre a Sétima e Oitava Avenidas. Alí agrupáranse tantos emigrantes de toda a península que acabaron chamándoo Little Spain.

Negocios de comida, tendas onde se podía atopar dende unha bota de viño a un par de alpargatas, unha axencia de viaxes. Tamén a igrexa de Nosa Señora de Guadalupe. E mesmo funerarias. Todo estaba alí, e gravitaba arredor dunha mesma ágora social: a Spanish Benevolent Society, tamén coñecida como La Nacional, creada en 1868 do outro lado de Manhattan para axudar a comunidade con manutención, aloxamento e servizos médicos. En 1925 compraron o edificio que hoxe é símbolo da colectividade e aínda saúda coa súa inconfundible porta vermella e o número 239. O centro ofrecía residencia temporal en apartamentos mínimos con baños compartidos.

En apenas douscentos metros de rúa escoitábanse todo tipo de acentos españois e, por suposto, galegos. Nun primeiro momento foi só unha colonia máis, pero axiña a documentaron nos libros de historia local de Nova York como o grupo maioritario: «É un grupo homoxéneo, en orixe e en clase. Practicamente todos os seus membros veñen da provincia da Coruña. Como operarios do porto, de fábricas ou con traballos manuais, teñen en común un emprego de estatus e salario baixos».

Moitos dos chegados dende Galicia conseguiron saír dos oficios físicos do porto e deron o salto ao sector servizos. Alí abriron todo o que necesitaba un desprazado: tendas de comestibles, carnizarías e ultramarinos, casas de hóspedes, xastrarías, florarías, axencias de viaxes, xoiarías, estudios de fotografía e funerarias. Tamén, por suposto, *bar and grill.* A Guerra Civil abriu feridas palpables a pé de rúa: houbo piquetes de boicot a unha das tendas máis tradicionais, Casa Moneo, de orixe vasca, polo seu apoio aos sublevados. Pola outra banda, Ramón Mosteiro e Xosé Castro, da Fronte Popular Antifascista Galega, abriron unha licoraría de referencia para os republicanos na Avenida das Américas. Logo da contenda, a pingueira de paisanos foi copando Little Spain.

A 14 servía de fronteira entre Chelsea e o Greenwich Village, pero daquela o barrio non se parecía en nada ao distrito xentrificado de hoxe. Nin sequera agromara o Village de Kerouac, de Bob Dylan ou da revolución gai. Antes diso todo, había grupos de música e baile como Terra Nosa, que tiña o seu local na moi galega Greenwich Street. Na zona, aínda dominada polo ambiente portuario e do distrito cárnico, aínda non proliferaban os clubs de *jazz*, senón restaurantes con nomes evocadores como o Coruña, o Port of Vigo, o Santa Tecla ou o Chantada. O Faro naceu dos restos dun *speakeasy* durante a lei seca e converteuse nunha das tabernas portuarias por excelencia. Alí se foron mesturando mariñeiros galegos e irlandeses con veciños famosos ou que o serían, como un actor moi novo chamado Marlon Brando.

Dicíao ben claro aquela revista americana de nome difícil de pronunciar, *Reader's Digest*: se un traballaba uns anos nos Estados Unidos podía retirarse como un marqués. E Rogelio Álvarez, con apenas vinte anos e unha folla en branco por toda experiencia, non o dubidou. Pediu os papeis e marchou cara a Nova York. Axudaba o feito de que a súa vida fora, ata entón, un tránsito constante entre as dúas beiras da diáspora. Nado en Buenos Aires en 1932, nunha familia emigrante de Celanova, retornou a Galicia con vinte anos e pouco despois leu aquel reclamo americano. Embarcou no Alcántara e, dúas semanas despois, chegou ao peirao 57 do Hudson. Aquel mesmo día fixose socio de La Nacional.

Pola porta da taberna do centro asoma a cabeza Rogelio, noventa anos, cárdigan e camisa abrochada ata o último botón, pel azulada de tan branca e lentes de sol por mor dunha recente operación de vista. Vén camiñando desde a súa casa, a dúas rúas, no West Village. Sorri e saúda a todos os camareiros, hoxe xa non paisanos, senón mexicanos, venezolanos, cubanos. Todos lle contestan: «Como está, don Rogelio?». El asente, pide unha ración de xamón serrano e queixo e unha Estrella Galicia, e senta nunha mesa da terraza nunha noite animada de outono en Nova York, entre mozos algareiros, todo tan diferente e tan igual como sempre, como se fose unha foto dixital superposta a unha en branco e negro da súa época.

—Isto está moi ben, pero comparado co que viviamos naquela 14 dos galegos, non é nada —di, elevando a voz mentres o metro ruge baixo os nosos pés—. Todo isto era noso. O día libre pasabámolo saltando dun bar a outro. O Día de Galicia pechabamos a rúa entre a Séptima e a Oitava avenidas para sacar o santo en procesión. Alí atrás comezaban as carnizarías do distrito de Meatpacking. Colgaban as medias reses coa pel, esfolábanas, embrullábanas e vendíanas. Agora semella todo tranquilo, pero aquel Manhattan non era doado. Eu vivía na 11 con Washington Square —hoxe un centro turístico e universitario— e non parabamos de pelexar cos irlandeses.

Dicían que viñamos quitarlles o traballo. E non era certo, porque había para todos.

Rogelio comezou lavando pratos e acabou traballando en restaurantes de media cidade, sempre de galegos, ata que abriu un propio, o Mediterráneo. Moitos destes locais en América levan nomes que evocan outras latitudes, como se o estilo turístico e soleado da España franquista tivese máis tirón comercial. Tamén traballou en hoteis, investiu en edificios e negocios, e hoxe continúa paseando a memoria e as lentes de sol pola zona oeste de Manhattan, morriñento por un lugar que apenas coñeceu.

Take a walk on the West Side

Dun lugar chamado Malvas, en Tui, saiu Bernardo con once anos cara a Nova York, onde vivían os seus avós. Era 1955. Hoxe fala a borboriños, cunha voz fina, as faceiras inchadas e os ollos fixados no prato de ensaladilla, a copa de ribeiro do lado. De fondo, unha pantalla coa Televisión de Galicia sintonizada. Estamos no Centro Español de Queens, pero podería ser a súa casa. A súa familia vivía no West Side, oficialmente toda a franxa occidental de Manhattan, pero que o propio Bernardo centraliza nun anaco de vinte bloques.

—Sabes a película dos portorriqueños, West Side Story? Pois alí mesmo. De feito, todo está inspirado no noso barrio. Estaba entre as rúas 50 e a 69, xusto onde agora está o Lincoln Center. Xa non hai nada en pé, pero aqueles anos non dabas un paso sen ver xente de Tomiño, Taborda, Rebordáns, Tui, A Guarda.

Manhattan é un mundo xeométrico de tamaño perfecto para exercer como o centro mundial do sistema capitalista.

Unha illa máis pequena có concello de Ourense, pero con dous millóns de habitantes, vinte quilómetros de cuadrícula de norte a sur, catro de leste a oeste e unha selva de rañaceos no medio, onde se decide o destino da metade da humanidade. Na cerna desa grella situábase o cadrado de Bernardo, exemplo do urbanismo centrífugo, do que se foi expulsando uns veciños para substituílos por outros máis ricos. Alí situábase San Juan Hill, unha comunidade de afroamericanos e irlandeses, considerado «o peor *slum* de Nova York»: edificios abandonados, descampados, pobreza. Coa posterior migración destes ao Bronx, foi ocupado por portorriqueños —chegaron máis dun millón—, que transformaron o barrio. Na súa contorna naceu o musical que enfrontaba unha banda de brancos de raíz europea, os Jets, e unha boricua, os Sharks, e desenvolvía unha historia de amor inspirada en Romeo e Xulieta. Naquela realidade creceu Bernardo.

—A miña infancia lémbroa entre irlandeses e italianos, moito máis que latinoamericanos, que empezaran co tema das *gangs*. Logo os europeos tamén formaron as súas e comezaron os problemas. Eu non estiven en ningunha, pero pelexaba, moito. Non me amedrentaba nunca. Dei moito, déronme moito e ata me partiron o nariz —di, apalpándoo, tantos anos despois—. Nós viviamos na 52 entre a Oitava e a Novena. O meu pai era cociñeiro e a miña nai, costureira. Traballaba no Garment District, o sector téxtil do centro onde moitas galegas traballaban nas fábricas dos xudeus. Meu pai levábame ver amigos que estaban con italianas e irlandesas, eu creo que porque éramos todos católicos e cidadáns de segunda.

Cando rematou a secundaria, un deses amigos díxolle que estaban procurando asistente para os servizos da sección comercial das Nacións Unidas, na célebre sede da rúa 42. Entre as cociñas e os comedores da *caixa de mistos* da ONU pasou varios anos, servindo a presidentes («e a Fidel Castro», subliña el). Seguiu vivindo no West Side. Dende a súa casa atravesaba Manhattan camiñando, de leste a oeste, en pouco máis de media hora. Até que cansaron dos cambios no barrio, cada vez máis desleixado, e mudaron a Queens.

—Un día atopamos un dominicano morto no corredor do edificio. Acoitelouno un irlandés. Tres familias galegas que alí vivían, de Goián e Tomiño, xa marcharan, e cando vimos aquel corpo alí tirado miña nai díxolle a meu pai: «Se queres queda ti. Eu marcho».

Os anos setenta recórdanse en Nova York como unha distopía de antonte. Coas arcas municipais en bancarrota e o país mergullado nunha crise severa polo petróleo, sobreviviu como puido a folgas, disturbios raciais, violencia policial e moita droga. Era a cidade de *Taxi Driver*, *Serpico* ou *Super Fly*, de bocois ardendo en inverno, bocas de rego a chorro aberto no verán, o porto fedorento, os teatros de Broadway con horario de tarde para evitar a inseguridade nocturna, Times Square convertido nun cine X a ceo aberto, atracos en cada esquina e no metro, territorio comanche. O verán de 1977 é unha escuridade. Os tabloides, insaciables en espallar a violencia, publicitan a historia do Son of Sam, un asesino en serie que se dedicaba a matar parellas de namorados dentro dos seus coches. Un apagón, o *blackout* que deixou a cegas Nova York durante varios días e levouna ao caos, acapara os titulares. Casi dous mil comercios foron asaltados, cinco mil persoas detidas, cincocentos policías feridos. Pero aos paisanos non os colleu desprevidos:

—No noso *block* non houbo disturbios nin saqueos. Cen galegos colocáronse nas avenidas Séptima e Oitava, pechando a rúa, armados con bates de béisbol e cunha mensaxe clara: aquí non entra ninguén.

Da crise dos setenta moitos saíron mal parados. Para moitos emigrantes, en cambio, foi unha fenda de oportunidade. Aqueles que xa fixeran pé cos seus restaurantes no Village e Chelsea, barrios bohemios e propiedades baratas, felicitaríanse despois por ter comprado locais e fincas nunha zona que multiplicou exponencialmente o seu valor nas décadas seguintes. Algo así lle ocorreu a José García, propietario de varios pisos nun edificio na 14, a tres portais da igrexa de Guadalupe. Durante anos alugou un dos seus apartamentos a unha muller divorciada co seu fillo preadolescente, un rapaz de pai italiano e nai irlandesa criado en plena zona galega. Chamábase Robert de Niro.

La Nacional

—La Zaragozana, a Bilbaína, a Casa Valencia, o Club Catalán, todos foron pechando. Os galegos mantivéronse. Non importaba se era un barrio malo, se había crise ou calquera outra circunstancia —explica Robert Sanfiz, director executivo de La Nacional, na súa mestura de inglés con palabras españolas e acento galego, amplo sorriso, pouco máis de cincuenta—. Hoxe non hai centros españois e nós temos varios, con edificios en propiedade. Porque a nosa mentalidade sempre foi comprar, comprar, comprar. A comunidade española tiña un bloque enteiro na rúa 30 que hoxe valería moitos millóns. Pero vendéronna na peor época. Nós en vez de vender, invertimos. Esa é a gran diferenza.

Como se tivesen un compás inmobiliario, zahorís do ladrillo e do metro cadrado, deron coa veta boa na rúa 14. Medio século despois, aquel barrio de rúas sucias e cheiro a matadoiro contén hoxe varios dos bloques máis desexadas de Manhattan:

Chelsea é o paraíso das galerías de arte e refuxio de hipsters abrazando a sede de Google; o Meatpacking District alterna parques retrofuturistas con zonas de aires *cool industrial* e museos de arte contemporánea; e no Village amoréanse os turistas para ver o barrio máis pintoresco de Nova York.

Pero ninguén sabe que moitas das súas fincas pertencen a señores miúdos e invisibles dun lugar chamado Galicia, un perfil case subterráneo que entra en colisión coa cultura norteamericana da exhibición. Sanfiz é avogado de varios deses millonarios anónimos.

—Aos emigrantes europeos en América, cos que me criei, encantalles amosar que son ricos. Os nosos son máis felices cando pensan deles que son pobres e non o contrario —e pasa ao inglés e ao spanglish—. Teño un cliente galego súper rico que me segue a pelexar cada factura. Cando lla entrego pon o aceno estraño de sempre e di: «Na vindeira vida quero ser avogado». E paga de mala gana. El, que é un *real estate mogul*!

Eses magnates do sector inmobiliario, como di Sanfiz en inglés, recóñecense polo apelido e pouco máis. O seu método é o da formiga: comprar un apartamento pequeno nunha zona barata, alugalo, aforrar, reinvestir, comprar outro e así até edificios enteiros. E o mesmo facían cos locais, restaurantes ou negocios onde eles mesmos traballaban. Nova York deulles a oportunidade de se camuflaren nunha Babel mutante. Hoxe, na 14, hai tendas de empeño, un pizza-chicken de esquina para levar, o diner cubano de moda, un pub irlandés, un restaurante xeorxiano, varios negocios de tatuaxes e salóns de unllas e un par de sotos con despachos de avogados latinoamericanos. Todo na mesma beirarrúa onde antes se multiplicaban os toldos dos negocios españois. E aí no medio, adobiando o paisaxe, unha supervivente chamada La Nacional.

Robert Sanfiz naceu en 1969 no barrio de Flushing, distrito de Queens. Fillo de galego e estadounidense, na casa só falaba inglés. Ao seu pai escoitáballe falar o seu idioma cando falaba por teléfono coa súa familia ou co seu irmán cando chegou desde Ourense tras unha mala xeira. Aquel tío ineseperado cambioulle a vida a Robert. Ao contrario que o seu pai, mergullou na colectividade: integrouse en La Nacional e foi nomeado tesoureiro. Un día a familia Sanfiz recibiu a noticia da súa morte repentina. Robert, adolescente, acudiu ao funeral e alí descubriu un mundo descoñecido e apaixonante. Na sala había mulleres en círculo por un lado, homes por outro, con look gris eles e floreado elas, pero todos co mesmo rictus indefinido e familiar.

—Nunca coñecera galegos fóra dos meus parentes e aquel día decateime do significado de comunidade —rememora na súa mestura de linguas—. Aínda gardo o libro de sinaturas dese día, e aí hai nomes de persoas que continúa a ver acotío.

Mediados os anos noventa, empurrado por unha forza interna, decidiu marchar a vivir ao Village. O mesmo lume no peito levou os seus pés ao sitio onde pasara a vida o seu tío: o 239 da West 14th St: La Nacional. O que alí atopou foi unha estampa tétrica: venda de drogas e prostitución aos pés da escalera fronte á mesma porta vermella que hoxe dá a benvida ao visitante. O restaurante animado e luminoso que ocupa o soto era entón como un *saloon* do *Far West*. Como un forasteiro, entrou e presentouse aos parroquianos. Mirárono con desdén e deron a volta. Pero algo quedou; en 2005, Lolo, o concesionario do restaurante, chamou á porta do seu pequeno despacho de avogados e espetoulle en castelán con toque galego: «Precisamos da túa axuda. La Nacional vai cumprir 150 anos e estamos a piques de quebrar».

—Eu pensei: non pode pechar. E iniciamos unha transición rápida con xente nova e espírito máis de aquí. Iso daba desconfianza aos galegos veteranos. Lembro que nun dos primeiros eventos un dos vellos líderes cortounos a electricidade. Anos despois, ese señor sufriu un infarto cerebral e chamoume dende o hospital para dicirme que sentía moito non ter confiado en min, e que agora todo quedaba nas miñas mans. Foi emocionante. Morreu aos dous días.

La Nacional mudou moito. Xa non é unha sociedade mutual —aínda que os socios son soterrados nos trescentos nichos que posúen no cemiterio de Queens—, pero é *benevolent*, ao xeito actual: alugan cuartos para españois expatriados con prezos vantaxosos e nos salóns acollen eventos dinamizadores da cultura galega e española.

Esta xornada de outubro é bastante indicativa. Na oficina do primeiro andar reúnese o Comité da Hispanidade co resto de centros para preparar o desfile anual na Quinta Avenida. Escaleira abaixo escóitase a barafunda na terraza do restaurante, unha adega clásica, hoxe modernizada, con cheiro a polbo, croquetas e viño. Non hai bandeiras nin escudos nin fotos de hórreos á vista, pero no acceso ao lavabo éntrase nunha máquina do tempo de arrepiar. As paredes están empapeladas con reproducións das fichas e fotos dos socios históricos da sociedade, formando un mosaico de caras, apelidos, datas e procedencias. É, en realidade, un pequeno museo da emigración. Está a máis de cinco mil quilómetros de onde debería estar, está no corredor dun soto no que un só se pode deter para facer cola antes de entrar ao baño, pero polo menos está.

As 250 toneladas de Eliseo Torres

Eliseo Torres ten unha vida de novela e non por ser libreiro. Naceu en Samieira, Pontevedra, en 1921, fillo dun emigrado a Nova York. Fuxiu da Guerra Civil para reunirse co seu pai en América. Empezou e abandonou os estudos de Literatura e montou unha pequena librería e unha editorial. Non toleu ao nomear o negocio: chamouno Eliseo Torres. O seu plan de negocio baseouse na distancia curta: vendía aos conterráneos da rúa 14. Cando Little Spain lle quedou pequena, comprou fondos e mudouse á que sería a súa primeira gran librería no Bronx, un distrito inmenso ao norte de Manhattan, moito máis diverso do que se cre, pero xa nos anos sesenta con grandes problemas de violencia.

Con ollo clínico, trazou unha regra de tres rápida: se Nova York era o centro migratorio para o resto do continente, entón tiña que facerse con libros latinoamericanos, así que comprou por miles. Pero ademais conseguiu acordos coas institucións educativas en español de todo o país para fornecerlles de fondos. Publicou estudos literarios e obras sobre cultura, co consello privilexiado do profesor exiliado Emilio González López. Chegou a ter un catálogo de cen títulos, e nin iso saciaba a súa fame voraz de libros. Cambiou varias veces de lugar, sempre no Bronx, até que unha compra mastodóntica o obrigou a buscar algo parecido a un galpón.

Con ese tesouro acabou enchendo unha gran nave de tres andares en Garrison Avenue, sen carteles nin porta ao público, convertida cos anos en lugar de peregrinación para bibliófilos e investigadores: ían ver, como nunha expedición secreta, o maior fondo de literatura en español nos Estados Unidos. Dicían que era o home do millón de libros. E acompañábao o escenario, agora sí, o lugar máis duro da cidade na época máis difícil, entre coches queimados, casas a medio caer, lixo por todos lados e un rumor de zombis da droga ao solpor que só convidaba a saír correndo. Rumoreábase que chegara alí porque lle venderan o edificio por un dólar. Non lle importaron os dixomedíxomes.

De Eliseo destacaron sempre o seu carácter sobrio e aforrador e o amor paternofilial polos seus libros. Dicían que as fins de semana, ben abrigado para non acender a calefacción, percorría as salas e os pisos contemplando enfeitizado a súa biblioteca. Parecía a imaxe habitual do galego emigrante, pero entre tinta e papel. «Supoño que o mellor sería vender todo isto a quen o queira, pero vai ser difícil», dixo en 1993, cando a súa figura prquerrecha comezaba a murchar e o seu mito bibliófilo a axigantarse. «Teño catro fillos e non lles interesa. E quen quixese isto quereríao baleiro. Entón que fago eu cos libros? Ninguén os quere». Trabucábase niso. Tras a súa morte chegou ao Bronx Abelardo Linares, coleccionista andaluz, e comprou o fondo á viúva, non sen dificultade e mediante unha operación lóxistica complexa que se dilatou durante máis dun ano. Cando os trasladou a Sevilla levou con eles a memoria de Eliseo Torres, un bocado máis do país invisible. Un bocadiño de 250 toneladas.

Tony Bouza, o comandante do Bronx

—Todo o mundo o coñecía por Tony Bouza, ou simplemente Chief Bouza, un personaxe poliédrico que citaba a Sócrates ou Aristóteles e rexeitaba a violencia policial, ao mesmo tempo que vestía un uniforme cheíño de estrelas, porque era o comandante xefe do Bronx no culmen da súa tolemia de violencia. Nese posto protagonizou un dos documentais máis laureados dos setenta nos Estados Unidos, *The Police tapes*, e inspirou o personaxe do capitán Frank Furillo da serie que cambiou a ficción televisiva, *Hill Street Blues*. Cando morreu, en 2023, adicáronlle obituarios ata no New York Times. Como tantos policías da cidade, era inmigrante europeo. Pero non fillo de irlandeses, o máis tópico, nin, como o ficticio Furillo, de italianos. Nin sequera integraba a segunda xeración migratoria: el nacera nunha aldea chamada O Seixo, en Mugardos, en 1928. E alí o Chief era simplemente Tucho.

O seu pai, José Antonio, entrara nos Estados Unidos de polisón na primeira década de século. Durante a Guerra Civil, cando Tucho tiña nove anos, a súa nai e el reuníronse co pai en Nova York. Instaláronse no número 2 de Willow Street, a ponte de Brooklyn aos seus pés. O seu pai, fogoneiro, andaba sempre embarcado e morreu cando el tiña quince anos. A súa nai, entrementres, gañaba a vida como costureira en casa. Tony comezou a traballar, de repartidor e lavacoches ao mesmo tempo que estudaba e lía filosofía. Intentou entrar na administración pública de sanidade, pero por consello da súa nai, («unha muller intelixente con espírito de aceiro»), optou por probar na policía. Era 1953. Nos sesenta entrou no servizo secreto do mítico New York Police Department. Bouza era xa a esas alturas un personaxe contradictorio. Dunha banda investigaba organizacións subversivas —«que palabra arcaica», dicía o propio Tony— e controlaba activistas contra a guerra de Vietnam —incluso a que sería a súa muller, Erica— e logo repartía café e galletas na comisaría entre os detidos.

Doutra banda, exercía de escolta de dirixentes que acudían á Asemblea de Nacións Unidas. Bouza era un deses homes de seguridade de gabardina que parecían sacados dunha película de Hitchcock. Existen fotos e testemuños da cantidade de dignatarios que acompañou: John Fitzgerald Kennedy, Tito, De Gaulle, Sukarno, El Che, Fidel Castro. Nun dos seus libros de memorias, no que cita a Lenin varias veces, conta a súa relación co cubano, inmortalizada nunha foto de 1960 na que o comandante saúda a xente en Harlem pouco antes da súa famosa aperta con Nikita Kruschev: «Nacín na mesma rexión que o pai de Fidel. (...) Castro era irresistiblemente carismático. Debatía comigo sen ter que ver rango ou posición, totalmente igualitario (...) En moitas cousas tiña razón: alfabetizou Cuba, deu profesores e soldados e o seu goberno non pareceu unha das cleptocracias que arrasou o continente».

Bouza tamén coñeceu a fondo a Malcolm X, a quen vixiaba máis que escoltaba. Da noite en que o despacharon a tiros en Harlem quedaron moitos cabos soltos que Tony coñecía. Un documental descubriunos e provocou, grazas ao seu testemuño, a exoneración de dous condenados.

Escalou postos no corpo ata que o nomearon comandante do Bronx: tres mil axentes divididos nos once distritos máis perigosos da cidade. Xa gañara sona de disidente. Como din os americanos de campo, era un *maverick*, un espécimen solto e sen marcar que se afasta do rabaño. Bouza declarábase policía por riba de todo, pero censuraba a violencia contra as minorías. Por iso, cando os irmáns documentalistas Alan e Susan Raymond acudiron ao Distrito 44 de South Bronx para solicitar permiso para grabar o traballo policial, Bouza recibiunos e díxolles o que nunca terían pensado: benvidos ao sitio onde pasa de todo polo que nunca ninguén se interesou.

Durante tres meses os Raymond embutíronse coas patrullas na milla cadrada co índice de criminalidade máis alto de Nova York. Incrustáronse como moscas na parede nun escenario de guerra non declarada e pariron o documental *The Police tapes*. Cámara ao ombro, son directo cun colchón estridente de música de sintetizador, imaxes superpostas en branco e negro con descampados cheos de entullos e gatos cebados a base de ratas pardas, entre gritos e sirenas, pantalóns de campá, detectives duros e xornalistas fumadores, escenas do crime, calabozos e mostradores de madeira maciza. Todo o que a ficción policial estadounidense deu ao mundo está antes nesta película. *The Police tapes* serviu de inspiración para a película de Paul Newman *Fort Apache: The Bronx*, e sobre todo para *Hill Street Blues.*

O momento culminante do documental chega coa aparición de Bouza. Vestido de uniforme, con entradas que lle fan case un tupé, cellas espesas e nariz recto, sentado nunha mesa de despacho, o galego tira de sagacidade e de carisma, tamén de idealismo nun mar de contradicións, para analizar aquel Bronx coma un bisturí a cortar unha ferida supurante:

«O policía medio vén da clase baixa e quere traballar para axudar a xente. Até que de socato sae á rúa e recibe un shock de realidade. El ve que o cidadán toma a mal a súa presenza e convértese en cínico, endurece e non permite que escapen emocións, e por tanto fai calo. Iso permítelle sobrelevar todo o que ve».

«Aquí temos pobreza, falta de educación, alcolismo, paro, vivenda deficiente e todas as condicións que desembocan nun gueto onde todo se resolve de forma violenta».

«Aristóteles dixo hai 2200 anos que a pobreza é a parente da revolución e o crime, e iso aínda serve hoxe. Ignoramos os pobres. Non houbo unha redistribución da renda significativa neste país nos últimos trinta anos. A burocracia e o goberno fracasaron, non veñen ver o que ocorre nos guetos. Ninguén filma nada, ninguén escribe nada, e así son invisibles».

«Eu estou ben pago, case como se fora un comandante dun exercito de ocupación do gueto, e iso é unha gran traxedia. De aí é de onde veñen a miña sensación de derrota e a miña frustración».

Cando remata a súa catarata de frases, o documental viaxa de novo ás imaxes de casas en llamas, un travelling da cidade devastada e os títulos de crédito coas sirenas esvaecendo. *The Police tapes* gañou varios Emmys. E, sobre todo, dende a súa estrea o mundo coñeceu a Tony Bouza.

Despois diso non fixo máis carreira en Nova York, pero si en Minneapolis, onde se mudou en 1980 como xefe de policía, un posto político prominente. E non quedou alí: en 1994 presentouse a gobernador de Minessota cun partido afiliado aos Demócratas. Perdeu cando prometeu acabar coas armas. Xa retirado converteuse en activista contra o abuso policial, a través dos medios e nos libros que publicou, máis de dez. Á súa morte, un obituario de prensa resumiu a súa vida nun oxímoron: «Bouza foi o xefe de policía máis liberal da historia dos Estados Unidos».

Brooklyn: os portos sempre cheiran igual

Poña un porto nun mapa e alí haberá un galego. Por exemplo, no East River, en Brooklyn. Como os pioneiros de Cherry Street, da outra beira da ponte, en Manhattan, estes tamén acompañaron a brutal transformación da fronte costeira. Estaban os que chegaran e se instalaron en Greenpoint, onde se atopaban os estaleiros que alimentaban a maquinaria de guerra estadounidense. Alí acumulábase tanto petróleo e aceite sen queimar que se decía que, se prendera, ardería todo o barrio. Outros acomodáronse nos portos de Red Hook; hoxe é un Ikea contornado por cafés hipster.

Un bo exemplo de como adaptarse á nova realidade da cidade é Casa Montero. Aberta por oriúndos de Sada nos anos trinta, como outros bares de paisanos nesas rúas, daba durmida aos galegos que chegaban nos barcos aos *docks*. Aquela pasou de ser unha paisaxe industrial —onde tamén creceu o coruñés Víctor Moscoso, artista da psicodelia hippie sesenteira— a converterse en solo cotizado neste século. Reformaron e edificios, pero Montero seguiu sobrevivindo na divisa entre dous barrios de moda: Cobble Hill e Brooklyn Heights. De non entrar os taxis á zona a pagar dez dólares por un café. E no medio, Casa Montero, un *bar and grill* típico, co seu aire á taberna da Illa do Tesouro, o seu rótulo luminoso, a súa decoración de motivos mariñeiros e todo o seu sabor neoyorquino. Nese bloque de orixe galega tamén está Goose Barnacle (O percebe), unha tenda-taberna cun cartel chamativo da Torre de Hércules. Pode non ser Sada ou A Coruña, pero o cheiro é o mesmo.

«Nena, dille a teu pai»

É un só bloque da rúa 47, a que vai da Quinta á Sexta avenida, a dous minutos camiñando de Times Square. Alí, entre executivos apresurados, turistas en masa, famosos e homeless, no centro simbólico do capitalismo global, un anacronismo refulxe mentres ve pasar a historia sen inmutarse. Chámase Diamond District e recoñécese pola cantidade de homes vestidos de negro, chapeu, barba e lentes que pasan entre a xente, e entran e saen dos rañaceos, coma se os estivese agardando o negocio das súas vidas. E pode ser que así sexa. Son xudeus ultraortodoxos hasídicos provenientes de Amberes e Ámsterdam negociando o mellor prezo de compra-venda de diamantes. Nove de cada dez pedras preciosas que entran nos Estados Unidos pasan por aquí, un sector da economía que se move só nesa rúa e especificamente neses edificios de cristal onde se escoita yiddish por riba doutros idiomas do mundo, e onde cun apertón de mans se pechan negocios millonarios a cada minuto. Teñen a súa propia liturxia, os seus códigos e o seu barallete, un mundo en aparencia pechado no que tamén, en tempos non moi afastados, cabían galegos como Enrique Mirón.

Con seis meses de vida padeceu meninxite e non puido desenvolver o oído nin a fala. Naceu en Lorbé, no concello de Oleiros, hoxe coa maior renda per cápita de Galicia, pero que a mediados de século seguía cuspindo emigrantes, Enrique quería aprender todo canto antes, a pesar da súa limitación, ou precisamente por iso: formouse e estudou carpintaría e logo, ao morrer o seu pai, a súa nai pediulle axuda ao seu cuñado para que o reclamase a Nova York. O irmán do seu marido foi cortante de tan sincero.

—Non podo manter a ninguén.

—Pois logo reclámame a min.

En 1970 chegou a Manhattan ela soa e entrou a traballar en PanAm, a liña aérea, limpando as oficinas nun rañaceos de sesenta pisos. En canto llo permitiron os seus papeis, convocou a Enrique. Ao chegar, atopou traballo cun ourive na 47. No frenesí de xente, berros e dólares cantados traballaba tamén unha moza portorriqueña separando os diamantes polas súas calidades. Ela tiña un trazo que a distinguía do resto nese mar de tirabuzóns: tamén era xorda. Casaron e tiveron tres fillos. Ningún tivo problemas de oído porque a xordeira dos proxenitores non era xenética. Entre eles falaban con lingua de signos e os fillos aprendían. Pero que variedade?

Existen trescentas linguas de señas documentados no mundo, que adaptan os signos da lingua oral. Enrique chegou coa española —con achegas galegas— e aprendeu a americana. A súa muller, en cambio, usaba a de Porto Rico, influenciada pola estadounidense, pero con léxico en castelán. Por iso a Michelle Mirón, filla de ambos, aínda lle din que cando fala lingua de señas o fai con acento español, diglosia extrema na diáspora.

—Eu obsesioneime co galego e o español falados porque vin a desesperación do meu pai por transmitirnos a súa cultura.

Como non podía, insistíalle ao seu irmán que nos falase nos seus idiomas. No seu caso era fácil, porque nin sequera dominaba o inglés. Así que entre el e sobre todo a miña avoa aprendín naturalmente.

Michelle converteuse nunha figura moi activa na colonia galega de Nova York. Creceu nos anos oitenta nunha zona de Brooklyn dominada por italianos de película, coa familia de Joe Gallo paseando o seu pelo engominado e os seus traxes cruzados. Naquelas rúas os Mirón facían piña con algunhas familias de Mera, localidade veciña a Lorbé.

—Cando tiña oito anos a miña avoa volveu a Galicia e perdín un pouco o idioma. Salvábame que as fins de semana, despois das clases nun curso de español para descendentes, ía co meu pai cear ao Círculo Español de Queens, e alí tamén me mergullaba, pero dunha maneira curiosa: traducía na lingua de signos para el o que dicían os seus amigos, que só falaban galego. «Nena, dille a teu pai…». E eu traducía a *sign language*.

O conto acabou con Michelle cuatrilingüe (inglés, galego, español e señas) e unha profesión adecuada ao esforzo de toda unha vida pola transmisión oral dunha cultura: é tradutora intérprete.

A Casa Latina de Harlem

East Harlem é coñecido dende hai un século como Spanish Harlem ou El Barrio, porque é o quilómetro cero a diáspora caribeña e da súa música. Nesas rúas, ateigadas de portorriqueños, dominicanos e colombianos, cristalizou a amálgama de ritmos que deron lugar a unha etiqueta global: alí naceu a salsa. Ata que pechou na pandemia de 2020, a tenda de música Casa Latina foi unha referencia do xénero. Uns anos antes fixen unha visita para comprar uns discos e unha camisola e axiña quedei enganchado do señor que atendía. Non porque falase un español diferente, senón pola comunicación non verbal, o rostro redondeado, o pelo branco, as lentes e ese aquel inconfundible: era un galego típico de mediana idade. Chamábase Vicente Barreiro e emigrara en 1960.

Vicente era asiduo de Casa Galicia, onde ademais de muiñeiras tocábanse mambos, guarachas e merengues nos timbais do *Rey de la Pachanga*, Juanucho López, de Carnoedo, Sada, —outro descoñecido ilustre na súa terra natal—, e alí atopou a Cristina, filla do dono de Casa Latina. Convertéronse en parella e acabaron por encargarse daquel lugar, que era moito máis ca unha tenda. Por alí pasaron grandes estrelas da música tropical, e ata o seu peche pandémico Vicente non deixou de atender os clientes cun sorriso e unha sapiencia torrencial, unha máquina de recomendar discos, novidades e rarezas. Aquel día acabei levando unha camisola da Fania que sigo vestindo ata hoxe.

Casa Galicia: do Webster Hall a Queens

Chámase Broadway, como a de Manhattan, pero non se lle parece en nada. Tampouco se parece a esta mesma avenida de hai medio século, cando xa era a vía principal de Astoria, no distrito de Queens. No abano migratorio da cidade, hoxe o barrio é un universo latinoamericano de comercios coloridos e restaurantes barulleiros, con grupos de xente nova falando español. E entre eles, algúns homes e mulleres metidos en idade, transeúntes de rictus serio, trazos de europeos vellos de pel engurrada, sen orixe definida para os norteamericanos.

—Sempre nos confunden con italianos e gregos, e non paga a pena quitalos do erro —di un xubilado de Queens, o maior *borough* da cidade (sete veces a superficie da Coruña). En canto melloraron as súas condicións de vida, moitos galegos preferiron saír da tolemia de Manhattan para afastarse aos barrios tranquilos de Queens: Bayside, Sunnyside, Flushing, Whitestone, Richmond Hill. E Astoria, onde chantaron a quinta sede na historia de Casa Galicia.

Ten pinta de banco doutro século, un edificio exento de pedra coas súas xanelas e portas arcadas, pero era unha antiga igrexa nunha esquina a uns *blocks* do *subway*. No lateral, un gran cartel: Unity Galega of the US. Casa Galicia. E unha cruz de Santiago. «Adeus ríos adeus fontes», reza un mural dedicado a Rosalía de Castro.

Na oficina principal, xunto á entrada, un tesouro de Castelao oculto nos recantos da diáspora: unha pintura de técnica mixta dunha labrega cos símbolos do galeguismo, a fouce e a estrela branca, sobre fondo azul cobalto, e unha lenda moi do autor: «Galegos de América: compride a manda dos nosos mortos». O cadro, asinado e datado (New York, 1938), foi entregado ese ano polo propio Castelao á Casa G, como lle din en inglés. Non está en lugar privilexiado; para que non coñece pasa desapercibido: descansa nunha parede sobre un taboleiro de anuncios e un cartel coas leis laborais estadounidenses, xunto ao retrato oficial do presidente da Xunta. A obra está enmarcada «e encaixada na parede», detállanme no centro, «porque xa tivemos roubos no barrio, non o vaian levar». Acto seguido pásanme ao bar.

Escóitase unha voz familiar. É Xosé Ramón Gayoso, presentador de Luar, en directo desde a televisión. Baixo o aparello, unha billa de cervexa deseñada por Sargadelos e un prato de polbo. Nunca se logra saír o suficiente de Galicia por máis que un queira. Así o acredita tamén Isidro Tajes, presidente número 29 da Casa G, todos homes agás unha muller.

—O sábado facemos oitenta e tres anos e moitos máis que nos quedan. Temos a sorte de que temos o futuro garantido polas nosas propiedades —conta sen fachenda, pero con orgullo.

O 14 de agosto de 1938 caían as carricantas da calor húmida de Nova York. A comunidade galega estaba convocada para acudir a Ulmer Park, perto de Coney Island, para unha xornada de celebración e reivindicación, dous anos despois do golpe de estado de Franco que deu inicio á Guerra Civil española. «Sensacional pic-nic». «Antifascistas! Non faltedes!», dicía o lema rechamante en grandes letras de caixa alta. Asinábano as Sociedades Galegas Unidas e a Fronte Popular Antifascista Galega, que organizaban un evento en favor dunha terceira república federal coa intervención especial de Castelao, que acababa de viaxar a Moscova.

O político asinou numerosas frases inmorredoiras nas súas estampas e álbums: «En Galiza non se pide nada; emígrase» é unha das máis repetidas, pero en Ulmer Park uníronse os dous verbos: alí había emigrantes e protestaban. O discurso de Castelao, «en lingua vernácula», segundo as crónicas, rematou así: «Os fascistas non dominan Galicia: Galicia tédela convosco mesmos».

A súa presenza tamén serviu para impulsar unha nova sociedade na cidade. Así naceu a Unity Galega ou Casa Galicia, da que Castelao foi nomeado primeiro socio de honra. Aínda sen vinculación a unha ideoloxía concreta, o centro funcionou como facho republicano e galeguista. En 1940 inaugurouse a súa primeira sede propia en Columbus Circle, a primeira dunha peregrinación caracterizada polas mudanzas proveitosas, marcadas por expropiacións ben pagas, ata chegar a unha dirección emblemática no East Village, porque alí estaba o Webster Hall, o mellor escenario musical de Manhattan. Construído a finais do século anterior, era e é un edificio recoñecible pola marquesiña da fachada. No seu interior de amplos salóns e escenarios, de madeira nobre e detalles *art déco*, celebráronse mitins nos anos activos da loita obreira. Alí celebrouse a maior festa de conmemoración do final da Lei Seca e tamén actuaron Louis Armstrong e Frank Sinatra.

A partir de 1969 tamén aloxou aunha comunidade de inmigrantes que acababa de comprar o lugar en man. O que realmente estaban a facer era investir en solo, nun edificio no que se reservaban un espazo para eles. O resto alugábano para grandes concertos. Ao chegar, pintaron o edificio en tons brancos e azuis, como a bandeira, e tamén o toldo da entrada, xunto a un gran cartel: Casa Galicia. Mentres o grupo de baile afinaba as gaitas, alén apiñábanse os mozos modernos para ver a Tina Turner, Sting, Prince ou Kiss. Alí U2 deu o seu primeiro concerto nos Estados Unidos e rodáronse películas como Toro Salvaxe.

Nos noventa Casa G mudou a súa sede á actual de Astoria, pero nunca abandonou o negocio rendista. En 2017 unha gran promotora asinou unha concesión do Webster Hall por corenta anos, a razón de dous millóns de dólares anuais para os emigrantes, donos á súa vez da sede de Queens, afastada da presión urbanística e os ruídos de Manhattan.

—Axúdanos tanto ese diñeiro que aquí a cota anual do socio é de sesenta dólares. E non se cobra nada extra salvo o restaurante, que é baratísimo —apunta cun medio sorriso o presidente, nado en 1985 en Muros.

Un prato de polbo á feira fumarento, con aceite de oliva e pemento, pasa por diante deixando un arrecendo inconfundible, e xorde a pregunta de se calquera pode entrar e pedir con eses prezos.

—Si e non. Se vés unha vez, ou es turista, non hai problema. Pero habitualmente non. Porque se non, que beneficio teñen os socios?

Castelao conta en *Sempre en Galiza* a historia de Manuel Castro, o tamborileiro de Cerponzóns, un ancián que nunca saíra de Galicia e que un día vai a Madrid e sabe dos emigrantes en América, «que non coñecen de España máis que a súa aldea e o porto no que embarcaron». Pasan as xeracións e segue a ocorrer algo do estilo. Isidro Tajes conta unha anécdota que rompe esquemas:

—Eu volvín a España con quince anos, despois de seis aquí. Fomos recoller a Green Card (o visado permanente dos Estados Unidos) para volver cos papeis definitivos. Eu neses anos de adolescencia sempre dicía: «Cando cheguemos a España vou bicar o chan». Así que aterramos en Madrid e o meu pai dime: «Veña, aí o tes, xa podes bicar o chan». Eu respondinlle coma un raio: «Non! Isto non é España!». Cando chegamos ao aeroporto de Santiago aí si que me axeonllei e biquei o chan.

Exactamente igual que o tamborileiro de Cerponzóns, que despois de quince días en Madrid, «inquieto pola morriña», dixo: «Eu quero irme a España».

Saltar o barco en Nuarca

Na década de 1960, un emigrante de Sada chamado Aniceto Rodríguez, presidente de La Nacional, organizou unha comisión para negociar o aumento da cota migratoria coa administración de Lyndon B. Johnson. O presidente asinou a acta e regalou o bolígrafo a Aniceto, un trofeo para a colonia. A medida era simbólica, porque as cotas continuaban sendo mínimas, pero sen os filtros actuais entraban moitos máis de maneira ilegal e logo regularizaban a súa situación.

Unha táctica rechamante empregábana os traballadores da mariña mercante que querían emigrar. Con paciencia, esperaban a que un dos seus roteiros os levara a Nova York. Cando chegaban alí, «saltaban o barco», como din eles e os seus descendentes, literalmente traducido do inglés: *to jump the ship*: na escala baixaban a terra co pasaporte e xa non volvían. *Caían* do barco, como lle pasou ao sogro de Isidro Tajes:

—El viña de traballar no mar de Francia. Con outros tres de Palmeira, atoparon un barco que viña a Nova York e planearon todo para quedar aquí. O barco chegou, el baixou, e o barco marchou. *He jumped the ship*.

Entraban, ademais, co pasaporte selado. Despois prolongaban a súa estancia máis aló do tránsito e quedaban a vivir sen visado, pero ao ser unha entrada legal tiñan máis fácil conseguir a residencia.

En 1985, mentres Felipe González asinaba a adhesión de España á Comunidade Económica Europea, un pelotón de mozos arremuiñábase nos mostradores do aeroporto de Lavacolla. Inaugurouse unha liña directa entre Santiago de Compostela e Nova York, consecuencia da saída masiva de rapaces cara a Estados Unidos en busca do traballo que non había en casa. Nove de cada dez mozos proviñan da franxa costeira que vai de Carnota, ao sur da Costa da Morte, ata Aguiño, a última punta da comarca do Barbanza. E nove de cada dez recalaban na cidade de Newark, en Nova Jersey, fronte a Nova York. Era unha emigración extemporánea, cando xa terminaba o ciclo de saídas cara a países europeos dos anos sesenta e setenta.

Desde 1982, a crise na frota pesqueira e a mercante deixou sen perspectivas de futuro a unha xeración de mozas do litoral e buscaron a porta de saída. A estes mozos chamáronos *murielitos*, por ser a maioría do concello de Muros, nun xogo de palabras que os emparentaba cos *marielitos*, os cubanos que pouco antes saíran en masa cara a Florida polo porto de Mariel. A comparación irónica tiña a súa faragulla: España entraba en Europa pero Galicia aínda tiña que emigrar.

—O meu pai veu porque o seu barco parou a actividade en 1985 —lembra Isidro—. Gañaba ben, estaba dous ou tres meses no mar e volvía. Daba para moito, pero pechou o barco e empezou a oír unha voz: América, América. E tivo o valor de vir aquí sen saber que facer nin como quedar.

Unha axencia contratouno por anticipado como temporeiro para recoller tomates en Florida, outra vía habitual para entrar con visado. Empezaban a traballar e ao pouco tempo trasladábanse a Nova York ata conseguir os papeis. No caso do pai de Isidro, nunha empresa onde pasou corenta anos cambiando tapas de sumidoiros por todo o estado.

—San Martiño, Carballosa, Xuño, Caamaño, Queiruga.

Escóitase a unha moza recitar no aire do Club España de Newark lugares e parroquias que atravesan desde Boiro a Porto do Son. A voz cantareira vai acorde á cara intensa de lentes grandes, oquiños marcados nas meixelas ao sorrir, que é case sempre, e unha cabeleira negra e coidada: é perruqueira. Se ela dixese que chegou onte do Barbanza sería imposible contradicila pola retranca, os acenos e a lingua, coa distintiva fonética da zona. E con todo nin sequera naceu en Galicia.

Chámase Erisandra Santamaría, naceu en 1990 en Nova Jersey, neta, filla e esposa de emigrantes.

—Pero son galega total, eh? A miña ilusión era ir desde aquí a Santiago a estudar, pero non me deixaron: son filla única e hai que amarrar. E tamén saben que son festeira, mimá! —e bota a rir.

O seu caso ten unha reviravolta. O 8 de novembro de 1986 casaron nunha igrexa de Xuño e ao día seguinte marcharon de lúa de mel a Nova York cun visado especial de quince días. Marcharon directos á casa dunha tía que vivía en Newark, e non saíron máis. Tamén chegou o avó, que tiña corenta anos, saltando o barco, e reuniuse coa familia.

Erisandra, aínda que estadounidense de pasaporte, nunca deixou de ter un pé en Galicia. Alí, durante un verán coñeceu un de Aguiño que levaba un par de anos en Nova Jersey, e así pechou o círculo, casando con el na Galicia neyorquina. Toni Palmeira, o seu marido, non o pasou fácil ao comezo da súa experiencia migratoria.

—Tiña a maleta sempre aberta no cuarto, preparada para enchela e marchar. Traballaba na construción, picando pedra, pero eu era pintor. O primeiro ano é realmente fodido. Se aguantas ese tempo, xa está —conta Toni, vestido á americana, con gorra de viseira dobrada, pantalóns rotos e unha camiseta branca coa lenda «*Live like a king*»—. A min cambioume ter papeis, porque non podía falar o idioma, non sabía nin as cores, e no traballo era imposible, ata o meu xefe era de Aguiño. Pero entrei na Union, o sindicato, e agora estou todo o día con irlandeses e americanos. E son pintor, que é o que me gusta.

Ofrécenlle unha cervexa. Non a acepta e ábrese un diálogo de bar de aldea.

—Onde che toca?

—Hoxe, toda a madrugada na Trump Tower pintando o garaxe.

—Pois mándalle un saúdo ao Donald se o ves, haha.

—Eu non vin, a min trouxéronme. E enganado. Dixéronme que viñamos visitar a meu pai e volviamos a Galicia. Pero cando cheguei e vin que me apuntaban no colexio xa me dei conta de todo. Tiña nove anos.

—Nacín en Flushing, entre os chineses, pero ser… eu son de Muros.

Os exemplos de dous homes de trinta ilustran a nova realidade nos centros máis activos de Nova York, hoxe en mans de descendentes dos emigrados, chegados moi nenos ou mesmo nacidos alí. Eles levan as rédeas e manteñen a galeguidade nunha comunidade máis encerrada en si mesma que noutros países. Entre eles usan o inglés, pero no ámbito familiar pasan ao galego —«sobre todo se falamos de cousas serias», di Isidro. Do español, só ecos.

Tecnicamente hai menos distancia en tempo de tren desde Manhattan a Newark que a Astoria, en Queens, onde está Casa Galicia. E con todo a distancia real é moito maior. Chegar á maior cidade de Nova Jersey é meterse nunha película realista crúa americana: logo dunha sucesión de chemineas industriais e guinches aparece Penn Station, con saída a unha praza que parece abandonada, e decenas de persoas sen teito. Ese estado, que Lucy Sante definiu como «a conxunción central entre Nova York e Filadelfia», con cidades «afogadas, agraviadas e ruinosas» como Newark, non sempre foi así.

No barrio de Ironbound, a uns minutos camiñando, adivíñase axiña a cidade suburbial, de pouco edificio alto —o único en construción é propiedade dun emigrante— e moito movemento comercial, aínda que de ritmo diferente ao de Manhattan. Aquí habita unha curiosa mestura de lusofonía, galeguidade e Iberoamérica. En Newark, rebautizada *Nuarca* no inglés agalegado propio dos emigrantes, continúa incandescente o núcleo da diáspora, palpable dunha ollada aos carteis: Fornos, Casa d'Paco, Don Pepe (restaurantes), Teixeira's Bakery (panadaría), Cuntis Inc. (carpintaría industrial), Meiga (boutique) ou Galicia Contracting (construción). Nova Jersey, o estado de Sinatra, Springsteen e os Soprano, é tamén o dos galegos.

O Club España de Newark (1964) é unha casa de planta baixa de ladrillo e entreplanta de taboleiros de madeira, de bandeira estadounidense na fachada e a cruz de Santiago no cartel de benvida. Ao entrar, o look é de bar americano —barra ampla e cadrada, varias pantallas dando fútbol para os que beben sentados en tallos, con mesas altas e luminosos de cervexa— e, ao contrario que noutros centros da emigración, a idade media non pasa dos corenta anos.

A presidenta, Mónica García, recibe en mandil e con cara de abafo. Explícase coa porta da cociña entreabierta: a nai da cociñeira enfermou e está a botar unha man. Senta a unha mesa redonda e á conversa vanse sumando mulleres novas. O faladoiro esténdese por espazo de catro horas ao redor de bebidas galegas e polbo á feira con todo o seu *kit.*

—Aquí somos 120 familias, noventa por cento galegos, e dentro deles, noventa por cento do Barbanza —di Mónica, nacida en Newark en 1990, con pais de Ribeira.

—De Ourense non hai?

—Hai, hai, pero están do outro lado do barrio —intervén Álex Álvarez, nacido en 1986—. Eu si son de Celanova, como case todos os ourensáns, pero a maioría preferiron estar por libre. Polo que contan, algún non os quixo servir e montaron o seu propio club.

Logo de camiñar oito rúas desde o Club España, uns dez minutos a pé, atravesando cruzamentos para coches tamaño tanque e buses escolares amarelos, chégase a esquina da rúa Lafayette. Alí está o Centro Orensano Social Club (tamén 1964), un bodoque con bandeiras na fronte. Ao entrar volve a sensación clásica da diáspora: un salón enorme cunha ducia de mesas, só dúas ocupadas por homes de sesenta anos que xogan a partida, fútbol televisado ás costas. Bufandas da selección española, bandeira de Galicia e dous carteis resplandecentes entre dous espellos. Nun, o escudo de Ourense coa silueta dun afiador. No outro, unha divisa colocada entre dúas estrelas brancas: Benvidos ao Centro Orensao (sic). «Fíxoo un portugués», escóitase desde a barra.

Agora fala Miguel González, presidente durante trece anos do centro e hoxe persoa para todo. Como Mónica, tamén está metido na cociña.

—Os sábados axudo no que se pode —e sinala ao baleiro, taciturno, co pelo branco nuclear, coas lentes un pouco baixadas—. Porque eu vou dúas ou tres veces a España ao ano e non estou sempre.

González emigrou en 1969 desde Ourense despois dun paso por Francia. Ao chegar a Nova York axudou a construír as Torres Xemelgas e trinta anos despois case as ve caer de perto. Salvouno a hora.

—O 11 de setembro tiña marcada unha cita alí perto, e o tren desde Newark ten a parada no propio World Trade Center. Se chego a ir antes xa me podía ir despedindo.

Empeza a dar un *tour* polo club que, recoñece, viviu épocas moito mellores. Varios salóns, agora baleiros, dan mostra do poderío da enorme colonia ourensá nos anos setenta. Viñan de Celanova, O Carballiño ou Ramirás á construción, ás fábricas e ao porto, moitos de rebote desde México ou Venezuela.

A visita guiada pasa pola biblioteca, un lugar para instrumentos tradicionais e unha oficina con demasiadas cousas sobre a mesa, facturas pegadas na parede, un xogo de queimada e unha bandeirola do Deportivo.

Volvo ao club España, onde pouco cambiou nestas horas. O fútbol segue nas pantallas; agora entran e saen nenos; hai clase de baile galego e os pais, segunda xeración de emigrantes en Newark, toman algo na mesa do faladoiro. Hai historias para repartir. Álex Álvarez naceu en 1986 en Nova Jersey, catro anos despois de que os seus pais reemigraran desde Venezuela, diáspora rebotada, nomadismo á galega, en busca da prosperidade.

—A miña familia non fixo diñeiro en Venezuela, iso desde logo, aínda estou a esperar a ver algo diso (risas). Pero aquí había traballo para todos e aquí seguimos os seus descendentes.

A súa muller, tamén Álex, de apelido Brea, leva o localismo serigrafado no suadoiro negro. Unhas grandes letras celestes rezan «Palmeira capital», para contradicir a oficialidade, que a reduce a unha parroquia de Ribeira, rivalidade desde a diáspora. Desde alí, desde Carnota, O Pindo ou Ézaro, viaxan familias enteiras cada mes de novembro a Newark para celebrar o Día de Acción de Grazas coa súa familia emigrada.

En Nova York os fillos non adoitan seguir os negocios dos pais, pero de cando en vez sae alguén que renova o oficio dos pais nunha versión moderna, ao saír da universidade.

—Desde os catorce anos ía axudar a limpar pratos ao restaurante onde traballaba o meu pai para gañar vinte pesos (así chaman os dólares). E gustoume tanto que despois de varias voltas na vida terminei comprando e abrín o meu.

Cóntao Ángel Lestón, nacido en Nuarca en 1987. Pasou os seus primeiros anos entre as dúas beiras. Cando cumpriu cinco tomou o voo definitivo. Axusta a gorra, calada como un debuxo animado, coa barba recortada e as fazulas coloradas, e compara a súa vida coa do seu fillo desa mesma idade, cinco anos, que apenas fala español e galego.

—Temos que metelo en clase, porque fomos a España e case non conseguía falar. A miña avoa, pobre, non se pode comunicar con el porque non fala inglés. Pero tampouco o fala o meu pai, nunca lle fixo falta. Eu pasei anos cun bo traballo no aeroporto, cheguei a ser xerente de cinco tendas, pero un día a empresa crebou, así que collín todo o que tiña aforrado e montei Casa d'Paco, por meu pai. El merece todo, é un fenómeno. Vive máis en Muros que aquí, e cando vén, gritámonos e márcha. Non lle pidas un prato refinado, pero cocido ou polbo, o que queiras.

A súa nai foi por outro camiño. Chegou e enrolouse como pasteleira en Newark. Pero axiña atopou unha casa de ricos onde traballou vinte anos. A ela contratouna a muller da casa, porque o seu marido apenas a pisaba para durmir. Chamábase Jeffrey Picower e era o socio e amigo de Bernard Madoff, o inventor dunha estafa piramidal que defraudou miles de millóns de dólares. Atopárono morto na piscina da súa casa.

Baixan máis nenos, falan inglés cos pais. Ao día seguinte toca clase de español e vermú, regulamentario como o resto de actividades. Na tele escóitase a retransmisión do fútbol. Chaman a outra moza, Lisette Álvarez, para que conte a súa historia. Neste caso, de terceira xeración.

—Os meus avós polas dúas partes, viñeron e montaron un restaurante. Por parte de pai, de Ourense, abriu o Sevilla, agora o restaurante galego máis antigo de Nova York. Por parte de nai, de Pontevedra, abriu o Málaga. E eu saín psicóloga —risas inesperadas no auditorio. Ela mira ao seu redor e continúa—. Pois iso é a cultura machista, non podiamos traballar nun restaurante, pero tampouco aprobaban que eu estudase «porque vas traballar cos tolos». É a nosa cultura e temos que enfrontar estas cousas e superalas.

Agora fálase na mesa do Consello da Galicia Exterior e das reunións da diáspora. «Todo homes vellos», resume alguén desde o fondo, axiña afogado polo berro de gol do partido da tele.

—Nós e Casa Galicia somos os únicos que recoñecen como garantía de futuro —toma a palabra Ángel Lestón—. Temos oitenta rapaces a daren voltas por aquí. E a cota non é alta, 150 dólares ao ano. Claro, non temos a sorte dos nosos amigos de Casa Galicia co Webster Hall. Nós temos o polbo a 25 pesos, e eles a 12. E o seu viño da casa é do bo!

Sae máis comida da cociña e unha sobremesa. De súpeto alguén grita:

—Chups, chups, chups!—e empeza un ganido tribal, ao estilo das películas americanas. Sacan da barra chupitos para toda a mesa, de cor viva e textura densa. Non é augardente de herbas nin licor café: é Jagermeister con Red Bull.

María Bermúdez de Tajes e Romanov

María Bermúdez, vinte anos, avanza na cola de Migracións do aeroporto JFK de Nova York. Leva un neno da man e un bebé en brazos. É outono de 1985. Un par de persoas máis adiante está o seu marido, José Tajes, peón da construción, emigrado o ano anterior, que regresa das súas vacacións cunha bolsa de ximnasia, un pantalón vaqueiro gastado e uns tenis.

—Eu adiántome e así non nos relacionan —planeara José antes de saír todos da súa casa en Galicia—. Cando che pregunten, dis que vés visitar uns amigos.

O home pasa o filtro migratorio sen problemas. Pero cando chegan María e os nenos á cabina, o policía pregúntalles que veñen facer.

—*Vacations* —contesta María, coa palabra mil veces ensaiada, incorporando ao bebé e os ollos fixos no garda.

De súpeto, o neno maior ve ao pai do outro lado e berra:

—Papá! Papá!

Despois dun interrogatorio no temido cuartucho do aeroporto e a ameaza de expulsión esa mesma noite, danlles unha solución «humanitaria».

—A policía díxome que infrinxira a lei. Eu recoñecín que mentira para entrar, pero que non tiña outro remedio —conta hoxe María, cincuenta e tantos, nunha comida no Centro Español de Queens, que ela mesma organiza coa mesma laboriosidade con que relata a súa vida—. Déronme unha semana para estar con José, pero a el requisáronlle o visado e o carné de conducir. Só llo devolveron cando acudiu ao xulgado co meu billete selado, despois de que nós fósemos de volta á aldea.

Un ano despois María repite imaxe no aeroporto. Agora xa van os dous nenos da man e ela ten os papeis en regra. Os primeiros tempos son duros: traballa cando volve o seu marido da obra. Primeiro, como secretaria dun pediatra en Queens. Despois, nunha axencia de viaxes, unha inmobiliaria, un banco. Pero sempre a deshora.

—Ao meu marido non lle gustaba que eu traballase de tarde e noite, así que tiven que cambiar. O amor é moi puto. Pero os ciúmes del foron o mellor que me puido pasar.

Nesa época, unha amiga peruana pediulle que a substituíse nunha das casas nas que traballaba de tempo parcial. Pola mañá, en casa dun escritor. Pola tarde na casa duns señores con moito diñeiro e pompa. Ela, italiana, María Valguarnera dei Niscemi. El, ruso. Alexander Romanov.

—Romanov, como os *tsares*? —pregúntolle mirándoa aos ollos claros e frontais.

—Claro, claro. Sobriño neto do último tsar.

A historia da parella Romanov Valguarnera ten o adubo folletinesco das nobrezas sen trono, convertidas en parias danzarinas polo mundo. En 1918, tras a chegada dos bolxeviques ao poder, o último tsar, Nicolás II, foi executado xunto á súa esposa e fillos. O resto da familia escapou como puido. Entre eles unha sobriña do tsar, Nikita, que se instalou en París, onde naceu o seu fillo Alexander. Xa adulto, refuxiouse nos Estados Unidos, onde casou con María, herdeira do principado de Niscemi, en Sicilia. Dúas dinastías sen coroa uníanse en Manhattan, cunha fecunda historia de príncipes destronados e xerarcas embarrancados, partícipes da dolce vita neoiorquina, debruzados nas fiestras dos seus pisos catedralicios mentres administran as súas fortunas ou fan equilibrios para non quedar a velas vir.

A amiga peruana de María retornou ao seu país e ela quedou limpando de forma definitiva na casa dos Romanov. En pouco tempo o rol de María foi mutando e alcanzou máis poder na casa, un *penthouse* enorme na Quinta Avenida coa 96, fronte a Central Park. vinte e tres millóns de dólares custaba a casa dos Romanov, di María. Por alí pasaban famosos da televisión, xuíces da Corte Suprema e amigas como Carolina Herrera.

—Encantáballes a miña comida. E eu, sempre que podía, facía comida galega, con peixe e marisco, especialmente vieiras.

A estas alturas María era xa a man dereita da familia, especialmente da outra María, como asistente persoal nos seus negocios de xoiaría e inmobiliarios. Non sabe —non di— que negocios tiña Alexander, pero si que «o diñeiro tíñao ela, el nada». E se faltaba algo, subidos como estaban a un tren de vida supersónico, vendían xoias. Unha chamada, unha bolsa para metelas e María de Tajes voaba a un deses sitios de Manhattan tan fértiles para a ficción audiovisual, unha ruela escura, timbre e contrasinal.

—Entrabas, subíante nun ascensor a unha sala pequena. Alí só había unha abertura, só vías uns ollos. Dabas a referencia, por un buraco metías a bolsa coas xoias e ao cabo duns minutos dábanche o diñeiro correspondente de volta. Se nalgún momento querías recuperar as xoias facías o proceso inverso, pero a outro prezo, claro.

María traballaba de nove a cinco, pero cando había ceas, e eran moitos dos días, quedaba. José xa non protestaba.

—Como para queixarse! Pagábanme 1500 dólares semanais —comenta María, deixando ver os dentes de alegría.

En total traballou alí trinta anos, ata que sufriu un ictus e parou. Pero María Valguarnera seguiu chamándoa para as cousas importantes que ela resolvía con discreción e eficacia. Moito por dicir, todo por calar.

—Teño moito segredo, si —exclama para responder a unha repregunta. E marcha coun riso aberto a probar un traxe de galega para o desfile do 12 de outubro.

En Nova York hai unha tradición enorme de *paradas*, como as dos italianos, dos irlandeses ou dos caribeños nos seus días grandes. Seguindo o costume, na década de 1960 a colectividade española formou un comité para celebrar un desfile polo entón chamado Día da Raza. Hoxe cambiou a nomenclatura, e igualmente pervive o Día da Hispanidade, dada a maioría latinoamericana. Pero o protagonismo é galego: o comité reúnese na Nacional e os seus centros abren a comitiva o día grande.

O 12 de outubro as carrozas de Casa Galicia e A Nacional enfeitan a rúa 44 con grandes espellos, carteis e veludos de cores rechamantes. É un domingo asollado e María axusta o traxe tradicional e empeza a quentar a voz cos nervios de saír á grande avenida. A Quinta espera valada, con neoiorquinos e turistas atentos a unha fileira de carrozas que debe despistalos, pensando en que fan esas gaitas que parecen escocesas á beira dunhas guitarras flamencas. Tamén ven faroliños de festa, uniformes da policía, tricornios da garda civil e ata txapelas da Ertzaintza tras as carrozas que abren con pandeiretas, acordeóns e unha solitaria frauta traveseira que planea sobre as muiñeiras.

Baixan os aplausos segundo avanza do desfile orgulloso polo Midtown. Perfilan o Rockefeller Center, e paran, por casualidade e durante uns minutos, á altura da Trump Tower, a mesma onde a esa hora aínda estaría Tony Palmeira pintando o garaxe. Seguen cara ao Upper East Side, a zona chic onde traballou a nai de Ángel Lestón coa familia socia de Madoff e tamén María Bermúdez de Tajes cos Romanov.

É un paseo polas nubes, unha vitoria efémera pero poética. A caravana, con María á cabeza, atravesa a Gran Mazá como unha fenda feita de abaixo arriba, cantando en galego e tocando con toda a forza, para dicirlle a todos que polo menos un día ao ano deixan de ser invisibles e convértense nos donos de Nova York.

Pepe La Muerte

Cando Pepe baixou do barco na Coruña a realidade esmagouno. Deixara unha vida na Habana e outra en Nova York para volver á súa aldea. Do Caribe e os rañaceos ao arado e os bois. Así que acomodou o chapeu, levantou o queixo, enxergou o horizonte mariño por última vez e baixou ao peirao con equipaxe lixeira. Non traía nin maletas nin baúis: só el fronte a si. Mantiña a temperanza e o andar pausados, pero traía un aquel diferente, rechamante para os que lle pasaban pola beira: unha cicatriz cruzáballe a cara, dun lado ao outro da meixela esquerda.

Non se agachou —tampouco tiña como facelo— cando chegou á súa parroquia natal, Sillobre, en Fene. Cando deu o berro na porta saíron a velo. Estrañados, os seus familiares abrazárono como quen abanea un espantallo. El separouse timidamente. Deu algunhas explicacións, poucas, durante a cea. Nun longo silencio, despois de que o chamasen varias veces polo nome, apuntou cun rumoreo atronador:

—Xa non son Pepe. Agora chámanme Pepe la Muerte.

Pola noite volveu ao cuarto onde crecera e, dende ese intre, emprendeu unha vida anónima, medoña, silente. Unha nova migración interior, sen saír da casa familiar, pensando que en calquera momento aparecería alguén para meterlle catro tiros e deixalo tirado na rega. Ao dicionario de Sillobre non chegara a noción da palabra mafia. Nin sequera chegara o cinema de gánsteres. Pero todo o mundo entendeu que se o Pepe volvera das Américas igual de pobre, cun sinal que debuxaba un mapa na cara e un alcume que metía medo, entón era mellor non preguntar máis nada.

Pasaran vinte e cinco anos. A familia tiña a taberna da aldea e algunhas terras no monte, e aínda así —grazas a iso, máis ben—, emigrou. Tempo antes marchara o seu tío á Habana: nunca máis se soubo del. Atrás foi Pepe, aínda adolescente, mergullar na noite da Galicia tropical, ruleta, ron e bordel.

Tiña dous atributos: facer contas e saber calar. Iso axudouno a conseguir traballo na hostalaría nocturna. De club en club, conseguiu chamar a atención dos americanos pola súa habilidade cos números e a súa facilidade para negociar, sempre polo baixo, sen un espavento. Coñecía os propietarios e os clientes dos locais máis famosos, pero sobre todo sabía manexar abrelatas: policías ben conectados, empregados do porto, funcionarios do goberno. Non tardou un deses americanos —dicían que eran italianos ou xudeus, pero aos seus ollos eran iso, gringos— en facerlle unha oferta imposible de rexeitar.

Os Estados Unidos aprobaran en xaneiro de 1920 a Lei Volstead, que establecía a prohibición de producir, importar, transportar e vender bebidas alcólicas: a célebre Lei Seca, que trouxo consigo un mercado negro millonario no contrabando dende Cuba, unha billa aberta de ron que alagaba o litoral de Florida. Aquel corredor etílico chamárono *rum-running* e encheu de billetes o crime organizado da costa Este. A mafia siciliana de Nova York tiña aberta unha vía nos portos cubanos. Mentres na Habana atracaban vinte barcos de turistas por semana, nos portos industriais do Mariel e Bahía Honda movíase un tráfico incesante de caixas de ron e outras mercadorías ilegais. As autoridades, ben untadas, miraban para outro lado. E aí mandaba Pepe.

Aquel que lle achegou a proposta díxolle que soamente tiña que facer o que sabía, que do resto xa se encargaban eles. E quen manda nesa organización?, preguntou o galego. Apenas lle deron un nome, ou iso pensou el, coma se fose un paisano da aldea.

—Chámase Luciano.

A familia Lucania chegou desde Sicilia a Nova York en 1907. Cinco fillos. O pequeno, Salvatore, quedou na corentena de Ellis Island ao diagnosticárselle varíola. A imaxe do rapaz de gorra e floco ollando a Estatua da Liberdade reflectida no cristal da súa cela converteuse en fotograma inmortal d'*O*

Padriño II, co menor dos Lucania transfigurado en Vito Andolini de Corleone. Aínda neno, no Lower East Side, o verdadeiro Salvatore aprendeu a poñerlle o peito ás balas, e enrolado na Five Points Gang soubo o que quería na vida. A mocidade foi unha escaleira ascendente de roubos e violencia, na que tivo que gardar o equilibro entre a lealdade aos *bosses* da época e ás súas amizades doutras orixes. Cambiou o nome, de Salvatore a Charles, e o apelido, de Lucania a Luciano. Vivía no gume da faca e iso só podía acabar no foxo ou no cume. Foi o segundo.

Xa coñecido como Lucky Luciano, logo de esquivar a morte e o cárcere de variadas maneiras, o siciliano —rostro inquietante, un ollo caído, a cella arqueada e un medio sorriso tras o chapeu de gánster— sementou un camiño sanguento ata chegar todo o máis alto da *Cosa Nostra*. Quitou do medio os seus inimigos e preguntoulle á súa man dereita, Meyer Lansky, que negocio daba máis diñeiro. Non era o xogo nin a prostitución, senón o alcol. A mafia xa era unha gran corporación. «Somos máis grandes que US Steel», dixo Lansky, o contable.

A carreira de Luciano pitaba en paralelo á Lei Seca. Para cando xa era capo de todo o negocio, a prohibición estaba a piques de rematar. Cuba era unha mina de diñeiro e Pepe funcionaba como un reloxo á hora de render contas aos xefes italianos. Un día preguntáronlle se deixaría A Habana por Nova York: mesmos xefes, diferente traballo, máis diñeiro. Pepe asentiu.

Hai un fío invisible que une as vidas de Pepe e Lucky Luciano e o nó está en Ellis Island. Cambian as nacionalidades e as circunstancias, pero alí queda rexistro de todos os que pasan. Nos libros quedou escrito que Pepe chegou no barco Havana desde esa mesma cidade a última semana de 1931. Tiña vinte e seis anos e chegaba para traballar «ao xornal». O que non dicía era quen o empregaba e para que. Sen a prohibición do alcol, o negocio debía continuar por outras sendas e había diñeiro que organizar. E por iso traían a Pepe, que gañara confianza dentro da estrutura de Luciano.

O labor non era fácil: querían que fose recadador da zona oeste de Manhattan, onde se manexaba moita mercadoría e cobrábase ao día nos clubs. O teimudo galego arrecadaba e anotaba. Pero nunha desas noites houbo de lidar con algo máis que un caderno: cortáronlle o rostro. Podemos aventurar que foi unha pelexa laboral, ou unha mala copa, ou algo máis prosaico e casual. Pero Pepe nunca abriu a boca para contalo. Foi dono e señor da súa propia *omertà*.

As vidas tamén se entretecen coa historia. No cumio da súa carreira Luciano foi detido por proxenetismo. Foi o 18 de xullo de 1936, o mesmo día que deu inicio a Guerra Civil. Lonxe quedaba Europa para Pepe, non tanto para Lucky, que conseguiu ser desterrado a Italia, pero mantendo o poder en Nova York.

A cidade e o negocio cambiaban e Pepe La muerte, descreído da súa vida, fixo clic. Cando lle dixeron que a policía estaba tras el, tirou ao Hudson as sacas coa recadación da semana, pero non evitou un arresto e un interrogatorio. Nunca se soubo se contou algo comprometedor para Luciano ou non; tampouco fixo falta. Sen avisar a ninguén, sen tardanza, colleu un barco e non volveu a Nova York. O seu destino era a súa aldea e alí ficaría oculto para sempre.

Hermético coma sempre, viviu cun ollo aberto pensando que o matarían calquera noite de lúa chea. Pero iso non sucedeu e morreu de vello trinta anos despois. Hoxe no cemiterio de Sillobre repousan os seus restos co nome real na lápida. Manterémolo en secreto por se algún día vén alguén pedindo contas.

6. RIO DE JANEIRO

Sen business plans nin outros anglicismos de parqué e gravata: era pura intuición aldeá

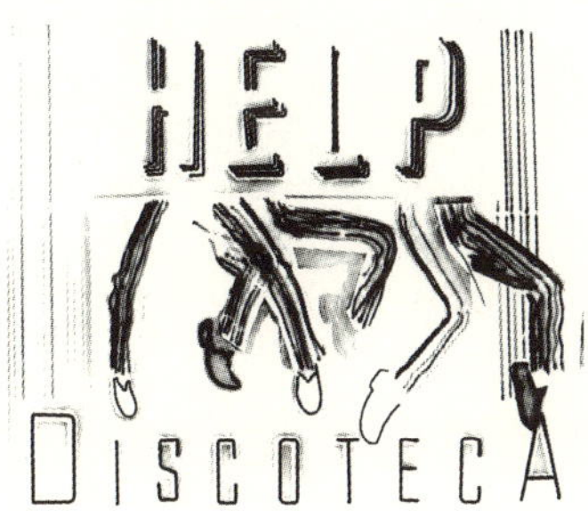

Aeroporto do Galeão
Instituto de Pe
Memória Pret
MÉIER
Estadio de Maracanã
Sambódromo Mar
de Sap
RIO DE JANEIRO
TIJUCA
Cristo Redentor
Casa de Espanha
Lagoa Rodrigo de Freitas
LEBLON
IPAN
Pizzaria Guanabara
Antonio's
Hot
1 km
ROCINHA

neiro
Praça Mauá
Restaurante Albamar
Urich
Casa Villarino
inho
Lapa
Museu de Arte Moderna
Taberna da Glória
Hotel Vitória
NITEROI
Pão de Açúcar
GO
rante
antes
Barbarela Boite
ante
gara
Meridien-Windsor-Hilton Copacabana
Ilha Cotunduba
Windsor Excelsior
COPACABANA
Master
ca
Help
Océano Atlántico
oador

Meia Pataca

Era 1999 e o corpo xa me fervía por coñecer o Rio de Janeiro. Mercaba libros de Rubem Fonseca, subliñaba mapas dos libros da bossa nova de Ruy Castro, enmarcaba fotos de National Geographic. E moíalle a cabeza ao dono do restaurante Meia Pataca, na rúa Galeras de Santiago de Compostela, onde vivía, a cabalo entre a universidade e os primeiros traballos. Don Julio tiña pel de rinoceronte, coas faceiras caídas coma un can tristeiro, que se tensaban cando sorría e deixaba ver uns enormes dentes con incrustacións de ouro. Vestía sempre camisas moi folgadas. Pesaba trinta quilos menos que cando, dicía el, era un dos reis do Rio. Eu ollaba para el entre desconfiado e admirado.

A Julio caíalle eu cada mediodía coa mesma leria: como sabía que fora emigrante, pedíalle que me contase as súas aventuras, e en canto comezaba a falar abríase un libro cheo de historias imposibles, cunha mestura de idiomas e modismos que poñían a conversa no límite entre o real e o ficticio. Para apuntalar os relatos, sacaba da barra un álbum de fotos e amosaba un paraíso descontrolado. Nas fotos aparecía un mozo obeso, con guayabera e un gran medallón pendurado no peito, rodeado de amigos entre vasos e copas. Non era unha escena de festa: eran os seus bares coas súas botellas de whisky e un desenfreo de novela. Aquel das fotos non parecía o mesmo señor adusto que cada pouco miraba á porta a ver se se enchía o mesón.

—Don Julio, eu quero ir ao Rio, dígame como facer.

—Vas, sobes ao avión e ao chegar vas a Copacabana, Avenida Atlántica. Camiñas ata o final da praia e alí atopas, fronte ao mar, o Meia Pataca.

—Como que Meia Pataca? Igual ca este?

—Si, claro. Aquel foi o primeiro, e a este púxenlle o mesmo nome cando volvemos. Entón sentas na terraza e dislle ao *garçon*: «Sou amigo do Loureiro». E axiña che poñen unha caipirinha cortesía da casa.

Eu sempre pensei que aos seus relatos lles metía fantasía a eito. Ata que merquei un billete, collín o avión, fun directo a Copacabana, Avenida Atlántica, camiñei ata o final da praia e fronte ao mar sentei na terraza do Meia Pataca e díxenlle ao *garçon*: «Sou amigo do Loureiro», e axiña me serviron unha caipirinha cortesía da casa.

Corenta anos antes das nosas tertulias, don Julio axudaba o seu pai nos labores de capador na aldea de Rial, no Val do Dubra, zona *brasileira* veciña a Santiago. Os relatos dos que ían e viñan fungábanlle no miolo. Así que con dezaseis anos pediu axuda ao seu tío, O Niteroi, alcumado así en honra á cidade onde se asentara, ao outro lado da Baía de Guanabara. Pasou da aldea aos fornos de panadaría e ás cociñas dos bares. Durmía nun cuarto con outros sete emigrantes e só catro camas, ocupadas segundo as quendas de traballo de mediodía. Das camas quentes entraban uns bocexando, saían outros rosmando, postal migratoria universal. Pasou catro anos duros, durísimos, tanto como para pensar en marchar o máis lonxe posible: a Australia.

Non o fixo e a vida mellorou. Un día viu a oportunidade de abrir un bar xunto a outros paisanos, en Lapa, e logo foi tomando participacións en lugares míticos —Taberna da Glória, Brazão, Porcão, Bozó, Lucas— até acougar en Copacabana. Don Julio percorría a Avenida Atlántica de punta a cabo saudando os galegos apostados nas portas dos seus restaurantes coa economía de acenos cotiáns da aldea. «Loureiro, e ló que?». Xa con familia numerosa volveu a casa nos oitenta, de forma atípica: no cumio dos seus negocios. Eu aínda o vin antes de que falecera; agora era eu o que vivía no Rio. Co churrasco na bandexa e a caipirinha no vaso, mirábame e sorría de medio lado con aquela boca grande e de marfil, como dicindo: «Agora xa cres a miña vida, non?».

Do porto á praia

Manuel Fernández Grille lembra o día, o mes, o ano e até a hora exacta da súa chegada a Rio de Janeiro desde A Coruña. Pero sobre todo lembra a calor inexplicable e a imaxe que o sorprendeu ao baixar do Juan de Garay ás catro da tarde do 12 de xaneiro de 1958. Na mesma Praza Mauá, contigua ao peirao, apareceu, tras a multitude local, estraña e colorida, un grupo abondoso de homes e mulleres moi parecidos a el, aínda que xa non vestidos como el, coma unha imaxe distorsionada. Non era un barco chegando a unha América: era a aldea a que viña buscar o barco.

O porto, núcleo da cidade antiga, hoxe parece un pequeno apéndice metido no mar dentro do xigantesco mapa. Convive a diario coa baía de Guanabara, unha gorxa de auga arrodeada de curvas verdes que enganou, o primeiro día do ano 1502, a Gaspar de Lemos —por certo, de orixe galega—. Pensou que aquilo non era o mar, senón un estuario como o de Lisboa, por iso a bautizou como o Rio de Janeiro. Co paso dos séculos, o porto converteuse na fachada dunha cidade vibrante. E arredor del perviviu unha axitada zona comercial e nocturna, próxima ao centro, onde atoparon sitio os galegos, especialmente os que chegaron na vaga da posguerra. Ao trasladarse a capital a unha nova urbe chamada Brasilia, en 1960, o porto entrou en decadencia, e aquel barrio efervescente foi caendo no desleixo.

O miolo ía mudando cara ao sur, onde están as praias de Copacabana e Ipanema, e os emigrantes, entregados á hostalaría, comezaron unha particular migración urbana. Seguindo os seus pasos no mapa enténdese mellor a historia contemporánea do Rio.

Un día próximo ao inicio do Mundial de fútbol 2014, celebrado no Brasil, fun xantar a un restaurante no frontal marítimo entre o porto e o centro. É un vestixio doutra época que se salvou da transformación urbanística. Unha torre octogonal con forma de palacete acristalado que formaba parte do antigo mercado municipal, do que só se preservou este pavillón que alberga o restaurante Albamar, propiedade de emigrantes durante décadas. Hai alí rexistros de banquetes polo 25 de xullo, o día maior de Galicia, nos anos cincuenta. En 2010 vendérono, pero non marcharon de todo.

Na planta baixa un pequeniño elevador antigo, de película de Wes Anderson, subía á sala principal do restaurante. Abriuse de repente a porta e vin un homiño dentro. Era un señor miúdo, calado, de pelo grisallo e ollada melancólica.

—*Bem-vindo* —dixo case con vergoña e unha fonética familiar—. Xuraría que dixera «benvidos», e tamén me soaba esa roupa e eses ollos de sesentón canso de estar canso. Non me animei a preguntarlle por se metía a zoca, pero si o fixen ao camareiro cando me atendeu na mesa.

—Quen é ese señor?

—É o antigo dono, un dos socios. Eran todos galegos. Cando o vendeu preferiu seguir como ascensorista antes que marchar para a casa. E non porque lle fixese falta traballar.

Cando baixei xa fun decidido por el.

—E que vou facer na casa? Aquí polo menos vexo como vai a casa —dixo, sen distinguir o lar doméstico do laboral. O ascensor detívose, el abriu a porta e marchei sen moita máis despedida.

Dende o curuto do restaurante víase a baía de Guanabara dun lado, co seu ceo laranxa, os barquiños nas augas mansas e a longuísima ponte cara a Niteroi. Da outra banda escoitábase o rumor do centro da cidade, tan diferente a como a verían cando abriron o restaurante, nos anos trinta. Nesa década comezou a idade de ouro de Cinelândia, a praza onde se concentrou a vida cultural carioca, cos seus correspondentes bares, sobre todo un amarelo por completo, o máis soado de todos. O Amarelinho foi de galegos ata que unha cadea hostaleira local tomou o control.

Un pouco máis alá esténdese a Lapa, o distrito bohemio, de tan auténtico que cae a anacos, co seu acueduto branco primoroso sobre o que pasa un tranvía amarelo, as súas rodas de samba improvisadas e as súas barracas de bebida e comida: un resumo do Rio nun só lugar, do que tamén teñen unha boa parte os galegos. Os emigrantes encaixaron coma anel ao dedo polo teor dos seus negocios: hospedarías, bares, hoteis e moteis. Un empresario de Santa Comba, —a capital da Galicia brasileira e da comarca do Xallas— conserva un bloque enteiro cos seus edificios. Alí estaba o Hospital Espanhol, na rúa Riachuelo. Por ese camiño sóbese ao barrio de Santa Teresa, unha pequena vila tropical no centro da cidade, un lugar para ficar a vivir. Alí, entre mansións e favelas, está o Armazém São Thiago, coñecido por todos como o Bar do Gómez. Quen abra a carta verá alí a historia de Jesús Pose, de Mazaricos, que fundou un almacén co nome do padroeiro de Galicia, e que o seu sobriño, José Gómez, transformou no bar máis famoso do barrio.

Baixando a montaña polo outro lado está o barrio da Glória e o Catete, a seguinte zona intervida polos galegos no seu camiño cara á zona sur, o itinerario da prosperidade. Alí estivo, ata 1960, o centro político do país, difícil de crer hoxe. Na rúa do Catete sitúase o que foi palacio presidencial, onde Getúlio Vargas se quitou a vida dun tiro, e xusto enfronte, coma se lles estivesen pasando revista, unha fileira de hoteis galegos: o hotel Riazor, o Imperial, tamén o Vitória.

Santa Cruz de la Sierra (Bolivia), primeiros anos dous mil. Cabina de teléfonos, colección de moedas facendo montonciño, auricular na orella e unha guía Lonely Planet arrebentada con números de teléfono rodeados a lapis, o xeito de viaxar de antes. En poucas horas voaba cara ao Rio e marquei hoteis de mochileiro para reservar. Co meu portugalego de feirón, collín a primeira moeda e chamei.

—Hotel Vitória?

Ao outro lado do teléfono contestou unha voz firme, rexa, cun toque familiar. Ao dar os datos da reserva, preguntei coa nosa imbatible fórmula de dobre negación:

—Vostede non será galego, non?

—Si. De Mazaricos.

A voz mudou de repente a amable.

—Cando chegues ao aeroporto avisa e se fai falta imos por ti. Chámome Domingos Moreira —dixo, coma se ao chegar á terminal e con só berrar o seu nome fose aparecer unha comitiva con gaitas e empanadas.

O hotel era un caseirón modesto e moi ben aproveitado, con decenas de dormitorios nos que se aloxaban viaxantes do interior do Brasil e algúns turistas europeos, con cama dura, almorzo abundante e boa localización. E, á parte, a parola impagable de Domingos. Tal foi a conexión con el e co seu hotel que volvín varias veces. Valíame máis a tranquilidade e proximidade do paisano que calquera promesa de vistas ao mar nos hoteis turísticos de Copacabana, ata que souben que alí tamén mandaban eles.

Un día nun bar fronte á praia unha velliña, algo subida de *cachaça*, achegouse e díxome:

—*Você é galego, galego mesmo*!

Como podía ser que o soubese, se non abrira a boca? Lembrei entón de que no nordeste do Brasil chaman galego ao pálido de ollos claros, pero no Rio multiplicábanse as acepcións. Hai ata un tipo de limón galego! A máis curiosa é a que funciona como sinónimo de portugués. Chámase «o boteco do galego» ao bar do inmigrante luso, case sempre do norte. No dicionario *Priberam* aparece, como novena acepción «portugués de baixa instrución». E tamén: a sexta («carrexador»), a sétima («individuo que fai o traballo pesado e intenso») ou a oitava («groseiro, malcriado ou rudo»). Hai estudos migratorios sobre o uso de galego como o portugués que ten «un afán insaciable de acumular aforros a través do traballo extenuante, coa vista posta en retornar á súa terra como un home enriquecido».

Os cariocas non fan distinción entre o norte e o sur da raia: os seus donos parecen iguais e falan moi parecido e, ademais, facían o mesmo, abrir bares. Así que os portugueses eran «galegos» e estes, á súa vez, e por distinguirse dos outros, fixéronse chamar «espanhois», dando lugar a unha metonimia contraria á do resto de América Latina, pero igual de confusa.

Os donos de Copacabana

É a postal do Rio de Janeiro: catro quilómetros de praia estendida, en perfecta harmonía entre ringleiras de montañas verdes. Nin á mantenta se podería crear algo así. Con só dicir o seu nome calquera se ve asolagado polo arrecendo almiscrado do trópico, ventilado pola brisa que acariña palmeiras e mangueiras. Copacabana foi feita a pincel. Despois pasaron a brocha.

Ao comezo do século XX, a avenida Atlántica era un paseo afrancesado xunto ao mar. Anchearon as calzadas, tiraron os caseiróns, abriron rúas e avenidas e construiron edificios fríos e rectilíneos no país da curva, un ensanche apertado, co seu cheiro a combustible queimado e o seu balbordo de sol a sol. Encheuse de xente, moitísima xente, a poboación dunha pequena cidade europea pero nun espazo mínimo, debrocada cara á praia e ao turismo despreocupado de día, entre churrasco e caipirinha, e ávidos de festa cando sae a lúa.

Os responsables da barra, a mesa, o mantel e a cama para toda a gandaina eran uns inmigrantes europeos calados, desconfiados, tamén festeiros, ao seu xeito, que traballaban de luns a luns. Dende os anos sesenta os galegos convertéronse nos donos do lecer diúrno praieiro e do neón nocturno. Tanto abarcaron que no seu maior auxe foron bautizados como *a máfia espanhola*. No momento de máximo esplendor, nos primeiros anos noventa, só un par de locais da longuísima Avenida Atlántica non eran galegos. De lado a lado, interviñeron a fronte praieira, e non na fachada marítima, senón todo o barrio, ata que non se puidese entender Copacabana sen eles.

Manuel Fernández Grille fixo a maleta literalmente: construíuna coas súas propias mans, porque era carpinteiro. Chegou en 1957, e aos catro anos un incendio arrasou a hospedaría onde vivía. O lume consumiu todo o que tiña dentro da maleta nun abrir e pechar de ollos. Non lle quedou nada. A el, por sorte, o incendio colleuno traballando. Lóxico, pois traballaba de madrugada a madrugada, cun curto espazo de tempo ao mediodía para botar unha soneca.

—Eu non sabía nada da vida —di facendo unha vista panorámica do seu bar—. Acolléronme amigos dos meus pais e un par de curmáns segundos, que xa me tiñan cama preparada. Tardei seis días en comezar a traballar.

Foi o momento de explosión dun barrio ao que ata finais do século XIX se chegaba en burro ou a cabalo. Nos anos vinte alguén percibiu o potencial dunha praia rodeada de selva e levantou o Copacabana Palace, un hotel de luxo. Nos anos cincuenta, coa creación dun túnel novo que o conectaba co resto da cidade, multiplicouse a construción, desatouse a especulación. O barrio transformouse nun festival de ladrillo e alicatados infames, asfalto a esgalla e coches pitando a oitenta por hora: un gorentoso barrio de praia para a clase media aspiracional, mellor encaixados en panais de formigón a tres minutos do mar que afastados nun suburbio calquera. Tamén concluíron iso os primeiros apóstolos do turismo masivo, que alentaron a construción acelerada de hoteis, e con eles unha oferta de lecer, comida, bebida e dispersión. E nisto chegaron eles. Cortados polo mesmo padrón, comezaron lavando pratos e remataron comprando, en sociedades numerosas, os mellores recunchos de Copa.

—Eu só tardei catro anos en establecerme —di na súa mesa de bar Fernández Grille—. Comprei o bar Pousada, na praza dos Paraíbas. Alí quedei nove anos, e xa comprei este, Alla Zingara.

A contorna do local é un compendio da Copacabana galega. Está situado na confluencia das rúas Belfort Roxo e Viveiros de Castro, a dúas rúas da praia, entre as dúas grandes avenidas que corren paralelas ao mar: sinfonía de claxon, cheiro de gasóleo mesturado co da goiaba que venden os ambulantes, o do mango das casas de zumes e a fritanga dos bares. Na rúa camiñan xubilados e turistas en bermudas e chinelas. Das amendoeiras autóctonas penduran orquídeas colocadas polos porteiros dos edificios. Hai quioscos de prensa, vendedores de lotarías informais, paradas de taxis con taxistas aburridos, algunha traballadora sexual despistada nestas rúas sombrizas que tanto gustan aos cariocas empachados de sol. Todo a un paso do Copacabana Palace e do Beco das Garrafas, o lendario calello de clubs musicais onde se destilou o bossa nova na mesma época en que aterraron os emigrantes, alleos á efervescencia musical e política.

Agora é 2016 e en Alla Zingara Manuel repasa a vida que comezou na aldea de Marcelle, en Negreira, e lembra a compra do restaurante a un italiano. Contratou brasileiros porque non precisaba socios. Tivo que acostumarse.

—Eles teñen outra forma de ver a vida: traballan pola mañá, gastan pola noite. Viven ao día. Nós, non.

Movido por un resorte, talvez ao falar de todo iso, propón camiñar ata o Cervantes, un templo da gastronomía carioca, na próxima avenida Prado Junior. Alí está, sentado nunha cadeira, o seu amigo Cándido Carballo, de corte semellante, mesmo na vestimenta: un con polo, o outro con camisa aberta, ambos pantalóns de tela gris e zapatos de cordóns. Mesmo acento —Carballo é de Vimianzo— e o mesmo portugalego mesturado.

—Éramos nove fillos, seis homes e tres mulleres. Só emigrei eu —di Cándido.

—Eu igual, eramos cinco e só vin eu aquí —responde Manuel.

—Máis que emigrar, marchei por non ir ao exército.

—E eu igual. Temía que me tocase ir a África, así que arrinquei. España estaba moi mal. Dábannos tabaco e azucre racionados. Nós tiñamos terra, e aínda así só comiamos pan de millo. Facíamolo na casa cocéndoo no forno para dez días. Despois matabamos un porco e tirabamos así meses. Unha comida ao mediodía e unha filloíña de millo á noite, como moito. A emigración para min era a única saída.

—Xusto. Eu tiña as mans cheas de calos de sachar e cortar herba —di Cándido, e mírase os brazos—. Había que marchar.

Aínda sentado, sen poder andar, ao dono do Cervantes ata a pandemia —despois pechouno e reabriuno unha cadea— non se lle escapan da vista os camareiros que entran e saen por un corredor. Aquí entrou a traballar como un deles cando abriu, en 1955, con só dezaoito anos, e cando o comprou converteuno nun dos grandes lugares da noite carioca. Gañou a fama polos seus bocadillos desbordantes de xamón asado con queixo e ananás, as súas cervexas *estupidamente geladas* e por estar aberto as vinte e catro horas do día.

—Aquí viñan deportistas, actores, sambistas, políticos, músicos. Acababan cada un o seu show e seguían ata a madrugada —ri Cándido.

—Algún día libre?

—Nada. Traballo sete días á semana, coma todos.

—E como facía coa familia? —interveño.

—Eu? —sorprendido—. Nin sei, rapaz.

Amancio Ortega á carioca

Durante anos correu polo Rio a seguinte lenda: na rúa Francisco Otaviano, que une as praias de Copacabana e Ipanema, había unha fachada cuberta con bolsas de lixo negras. A construción, ostentosa, con columnas e espellos, albergara o Bingo Arpoador e, ao ocultar o nome, caneaba unha multa logo de ser prohibido o xogo. Pero como no Brasil nunca se sabe que vai pasar ao día seguinte, o dono ordenou manter o local listo para abrir se cambiaba a lei. Limpábano con dedicación, comprobaban luces e aire acondicionado, abrillantaban os espellos. Dicían que tiña preparados empregados doutro negocio para sacar as bolsas do lixo, acender as máquinas e abrir ao día seguinte. O dono do bingo (e da idea) era José Oreiro Campos, propietario do imperio Windsor, unha das grandes cadeas hoteleiras de Brasil, pero descoñecido para case todo o mundo.

Ás cinco e media da mañá a praia de Copacabana é unha pintura naif. O sol emerxe do centro mesmo da liña do horizonte atlántico e derrama unha mancha escarlata no ceo. A esa hora están pechando os últimos clubs e retíranse os noctámbulos, prostitutas e zombis varios para dar paso a un batallón de deportistas afeccionados. Hai de todo: aspirantes a culturistas, corentóns moldeados, atletas das favelas próximas, executivas apuradas. Entre eles camiña un señor de idade avanzada, pisando con forza o paseo de pedra portuguesa. Avanza só, sen escoltas nin acompañante. Non lle fai falta porque é anónimo malia amorear unha gran fortuna. Ninguén, agás os galegos da súa xeración, podería recoñecelo, e ningún deles ten eses hábitos. Para o resto, José Oreiro é un señor de clase media que vive nun edificio insípido fronte á praia, de onde sae cada día para a súa hora e media de exercicio. Ás sete volve para almorzar no salón da súa casa, dúchase e ás oito volve saír do edificio, pegado a outro hotel galego que é competencia da súa cadea. Camiña dúas rúas ata a súa oficina, no Windsor Excelsior, e traballa ata a noite.

Nado en abril de 1940 na aldea da Pesadoira, parroquia de Alvite, concello de Negreira, emigrou ao Rio de adolescente e seguiu o mesmo camiño que todos: traballar, mercar pequenas partes de negocios e progresar en función da ambición. O seu caso tiña varias distincións: aliouse cun portugués e cando xuntou capital, levou ao extremo o modelo das sociedades numerosas de paisanos. Entraba en negocios e tentaba quedar coa maior participación de todas, para reservar capacidade de manobra.

A enxeñaría financeira da emigración —tanto da o país e a década— contemplaba un sistema informal de préstamo solidario entre socios: quen máis tiña, ofrecía participacións prestando el mesmo o diñeiro ao comprador. E como recuperaba ese préstamo? Con aquel método Tortoni: traballo sumado a capital. O novo socio cobraba unha remuneración polo seu traballo —o chamado *pro labore* no Brasil— pero os seus salarios destinábanse a ir liquidando a débeda. Era un plan perfecto: atraer a un novo asociado e ser o seu propio banco, obrigándoo a poñer a camisola do propio negocio, que á súa vez se beneficia porque ese socio estará sempre traballando tras o mostrador: un paisano con débeda é a máxima expresión da fidelidade. Dadas as amplísimas marxes de gaños, en pouco tempo saldaban contas e todos xuntos reinvestían en novos emprendementos.

Canto máis prosperaba Oreiro, máis mercaba, grazas ao seu instinto agudo para o investimento inmobiliario. Localizaba os poucos soares que quedaban nos barrios turísticos do Rio, mercábaos e neles levantaba hoteis. Non era o primeiro galego que o facía, pero si o máis audaz. Tamén rescataba negocios en apuros para sumar activos á súa carteira. Os primeiros quince anos deste século, de crecemento desatado no país, coincidiron coa época máis voraz de Oreiro. A súa cadea hoteleira, Windsor, converteuse na número un do país. En 2009 gañou a poxa a grupos internacionais para facerse co Meridien, un rañaceos negro de cristal de corenta pisos na cabeceira da praia, icona de Copacabana. Pagou uns sesenta millóns de euros e reformouno por vinte máis. A cambio, converteuse no amo indiscutible do sector turístico da cidade, con máis de 2500 cuartos.

Malia o seu baixísimo perfil, foi un dos empresarios que viaxou a Dinamarca xunto a Lula da Silva para ver en persoa a proclamación do Rio como sede olímpica en 2016. O mundo asinábaIle un cheque en branco a Oreiro. As súas boas relacións co Comité Olímpico de Brasil e coa Confederación Brasileira de Fútbol déronlle prioridade para albergar dirixentes e estrelas do Mundial de fútbol e dos Xogos. Todas as roldas de prensa e os actos protocolares celebrábanse tamén nos Windsor. Os correspondentes internacionais daquela época pasabamos horas e horas nos seus hoteis facendo coberturas. Oreiro estaba no seu momento máxico, pero el non aparecía nunca; en todo caso, facíao a súa filla Mônica, directora financeira do imperio. O seu caso espertaba curiosidade no empresariado brasileiro e gañaba espazo nas revistas económicas. Nun perfil de Folha de São Paulo dous coñecidos confrontaban visións sobre Oreiro. Un dicía: «Sabe onde está un escarvadentes dentro do almacén». Outro, en cambio, aseguraba sen reparos: «Enriqueceuse coa prostitución e os xogos de azar».

Apenas se coñecen imaxes súas. En Galicia, só unha, dunha visita a Negreira cando aínda non peiteaba canas. No Brasil, algunha máis recente, nun vídeo corporativo e ao recibir unha medalla na Cámara Municipal. Pasados os oitenta anos, os ollos saltóns semellaban noces nun rostro curtido. Alí falou non máis de dez segundos: «É unha honra recibila, nunca pensei que me darían algo así». Como dixo un membro da colectividade, é un Amancio Ortega dos hoteis e á carioca.

Unha vez pasada a febre olímpica, coa recesión galopando, medraron as débedas, chegou a pandemia e machacou o sector, e Oreiro empezou a vender, incluído o Windsor Atlântica á cadea Hilton. Naquela torre negra de cristal hospedeime durante unha semana. O meu dormitorio, no andar dezaséis, deixaba aos meus pés a curva perfecta da praia de Copacabana e o revoltallo de cemento do barrio. E pensaba que cada punto de luz, cada hotel e bar e club puntuando esquinas daquela minicidade eran, en realidade, chatolas sobre un mapa da noite galega do Rio.

A Help

Cien mil persoas miraban unha pantalla xigante unha mañá de xoves na praia de Copacabana. Era o 1 de outubro de 2009, un día que marcou a historia contemporánea de Brasil. Resolvíase en Copenhague onde se celebrarían os Xogos Olímpicos de 2016. En Dinamarca secaban a suor da tensión minutos antes. En Copacabana tamén, incluído eu, que me preparaba nun palco para facer unha entradiña de televisión en canto se confirmase o resultado —outra das candidatas era Madrid—. O presidente do Comité Olímpico Internacional pronunciou entón as palabras máxicas («Rio de Janeiro») e liberouse un estouro de xúbilo coma un gol no Maracaná.

E, con todo, a cen metros de alí, onde a area dá paso ao asfalto, algunhas caras receosas denotaban preocupación. Eran os galegos donos de restaurantes, discotecas e hoteis, conscientes de que os Xogos ían cambiar o ecosistema do lecer. Sabían que se modernizarían as infraestruturas, pero a transformación implicaría unha limpeza na fachada turística dun país de douscentos millóns de persoas. Se en Barcelona varreron o *barrio chino*, por que non ían pechar as súas casas nocturnas aquí. Tiñan razón, e a primeira mostra estaba a piques de caer.

Aquela noite parecía unha máis. O neón máis famoso da cidade —oito pares de pernas bailando ao estilo Elvis Presley en amarelo relucente sobre fondo fucsia e unhas grandes letras: Help— iluminaba unha escena cotiá fronte ao mar: grupos de rapazas con pouca roupa alternando con turistas estranxeiros antes de entrar na discoteca. Dentro agardaba un mundo de espellos, abelorios, moqueta e sofás, cun cheiro rancio a decadencia. Aberta por un grupo de galegos en 1984, a Help naceu como unha discoteca orientada a un público de clase media alta, con matinés para adolescentes os domingos, pero nos noventa migrou cara a unha prostitución encuberta que xa non tería cabida no novo Rio. Por iso pechaba.

De súpeto, á medianoite, unha voz que saía da pantalla xigante paralizou a sala. Era un informativo que falaba sobre o peche da *boite*. Os turistas e as rapazas pararon de falar, os camareiros de servir, e cando rematou a noticia escoitouse unha apupada xeneralizada na discoteca. «Leididiana, de vinte e oito anos, explicou que a súa reacción se debeu a que Help ofrece "un ambiente ideal e seguro" para as prostitutas que alí traballan, e que agora terán que "saír á rúa para gañar o pan"», segundo recolleu nunha crónica Manuel Pérez Bella para a axencia Efe.

Un mes despois da festa de Copenhague remataba unha era, aínda que se mantería aberta ata despois do Nadal entre recursos cruzados na xustiza. Nese par de meses redobraron as protestas de clientes e traballadores, mentres os donos negociaban o prezo da expropiación. Unha pancarta aparecía na entrada esas semanas: «Señor gobernador: rogamos que a Help funcione ata o Carnaval e que non quedemos sen emprego. Asinado: os empregados (200)». Nos xornais, páxinas enteiras co impacto do peche: «Paréceme moi inxenuo crer que a prostitución vai desaparecer por isto», dicía un turista norteamericano a O Globo. Sueli, de corenta e catro anos, agradecía ao local a súa propia vida. «Aquí coñecín o meu mozo inglés. Levoume a Londres e tiven un fillo con el». E outra muller chamada Selma: «O turismo do Rio acabou».

O goberno do Estado pactou unha indemnización aos galegos duns sete millóns de euros e pechou para sempre o 7 de xaneiro de 2010.

Como tantos venres, no restaurante Urich, no centro financeiro da cidade, hai cocido. É marzo de 2022 e os camareiros achegan bandexas fumegantes á mesa longa do fondo, onde sentan vinte emigrantes —todos homes entre cincuenta e noventa anos— con coitelo e garfo en ristre, a roupa informal e estival de sempre, o prototipo do galego maduro asomando: caras ben barbeadas, cabeleiras brancas, siluetas xenerosas. Non perdoan a cita porque é marzo, tempada alta de cocido en Galicia, cando aínda arrefece, ao contrario ca no trópico. Pero a diáspora non entende de estacións. Hai botelo, chourizo encebolado, lacón. Un dos que degusta a carne con máis ganas é Avelino, socio fundador da Help e xerente durante os seus vinte e cinco anos de historia. El era a alma da discoteca. Agora disecciónaa entre talladas de tenreira, cachelos e botellas de Mencía e Rioja, todo traído da terra nai.

—É un pouco difícil de explicar o que era a Help. O que si che podo dicir é que foi un gran negocio —di, coa sinceridade dos case noventa anos, faciana redonda e rosada, unha mata de pelo branco encrespado, polo cor laranxa, reloxo de correa metálica—. A idea ocorréuseme a min —agora anímase e incorpórase na cadeira, cunha voz afónica que aumenta a sensación clandestina da historia non contada da Help—. Negociamos o terreo á viúva propietaria e chamamos uns arquitectos de Barcelona para que levantasen a casa. Fixeron un gran traballo.

Era un edificio de dous andares, chantado como se fose un canino a medio saír na enorme dentadura de edificios de corte setenteiro que é Copacabana, unha continuación de moles de doce pisos sen ningunha graza. Por iso a Help destacaba, e polo neón lucindo día e noite fronte á praia. Ao entrar, varias barras formaban arredor da maior pista de baile de Rio, co chan a dúas cores en forma de raios, como a bandeira de combate do Xapón. O piso superior remataba cunha balaustrada dende onde se podía ver o escenario retro, cun chan de luces ao estilo Saturday Night Fever. Nos altofalantes, música internacional, brasileira e, no Carnaval, samba a morrer. As luces estroboscópicas rebotaban nas bolas de espello, creando efectos que eran o orgullo máximo de Avelino:

—Botei unha *porrada* de diñeiro niso —brama en portugalego o empresario, co rotacismo propio de Ourense, comendo mentres fala.

—Se entraban os *mauricinhos* e *patricinhas* (como lles chaman aos señoritos da zona Sur da cidade) non podían entrar outros de menos categoría —tercia un compañeiro de mesa, socio noutros emprendementos.

—Parecía que só ían famosos de tantos que había —sorrí Avelino de novo, murmurando porque non lle dá máis a voz—. Faciamos festas privadas, eventos de televisión, todo o que se podía imaxinar, e sen pelexas. E iso que non entraba a policía, porque tiña un amigo comandante que me dicía: «Ti tranquilo que aquí pase o que pase non entra ninguén dos meus». Claro, eu xa tiña a miña propia policía, *O Monstrinho*, un exboxeador que mantiña todo en paz sen necesidade de uniformes.

Nese mundo paralelo con alcalde, sheriff e unha clientela de nenos ben, guapos e ricos, dá igual a orde, á Help sumáronse, dende comezos dos noventa, turistas internacionais. Tras deles, entre as luces láser e o fume, acomodábanse na pista rapazas bronceadas con vestidos mínimos que se achegaban ao oído de estranxeiros de mirada vidriosa e a man longa da impunidade. Segundo os donos, foi un proceso sen preparacións nin estratexias. Foi inevitable, porque primeiro a entrada era gratis con dereito de admisión, e aí filtraban, pero logo empezouse a cobrar e a solución foi o problema: se pasaban por caixa, as rapazas tamén, quen o ía prohibir? Enérvase Avelino cando se toca o tema recorrente, e trata de resolvelo cos seus argumentos.

—Mira, nós viamos o que había e poñiámoslles normas estritas: tiñan que deixar o bolso no roupeiro, por exemplo. E se as collíamos facendo algo sexual, botabámolas e non entraban máis. Elas sabíano. Ademais, os baños tiñan porta como as películas do Far West, para que se vise todo. Elas non traballaban alí. Cando marchaban, o que fixesen despois xa era cousa deles.

—Ían porque había xente, nin máis nin menos. E onde vai a prostitución? Onde hai homes. Aparte diso, Copacabana era o barrio máis turístico e non había ningunha discoteca fronte á praia, así que foron achegándose ata colonizala —conta un empresario algo máis novo fronte a Avelino, que asente coa cabeza e sentenza.

—Pasou aos poucos, pero non se podía evitar. Mira, garotas de programa (prostitutas) habíaas en todos lados, en todas as casas. Pero alí había tal cantidade de xente que era o sitio onde se gañaba máis diñeiro e por iso ían. Non ten máis explicación.

E ademais era só parte dunha engrenaxe, defféndense. E entón enumeran os hoteis, os taxis, os ambulantes e ata os bares, tamén de paisanos, onde se facía a previa: cervexa, caipirinha e carne de primeira calidade, outro clásico galego de churrascaría a un lado da estrada e *night club* ao outro, pero transportado a Copacabana. Tanto medrou a Help que montou restaurantes adxacentes no mesmo edificio, comunicados entre si. Ata tres mil persoas enchían o complexo de lecer as grandes noites.

Alguén sentado á nosa mesa, coñecedor das finanzas do grupo, resúmeo fácil: «Aquilo era unha mina de ouro». Sen que se escoite moi alto di que despois de pagar os douscentos empregados, a luz, a auga, a mercadoría e os impostos, aos socios podían quedarlles uns trescentos mil dólares ao cambio para repartir por mes. E así durante vinte e cinco anos. Dicían que Oreiro chegou a ter o cuarenta por cento da sociedade, e o resto repartíano Avelino e outros nomes históricos, como Pepe Maluco, Chico Recarey, Pedro González e algúns máis. Pero sempre se reservaba, como tantas veces entre os galegos, unha pequena porcentaxe para os empregados máis lonxevos, tamén paisanos. Non hai maior lealdade que a de quen participa da festa.

Avelino está lúcido e come con apetito, e de cando en vez, brinda. Repíteo varias veces nas horas que dura a reunión gastronómica, coas palabras máxicas, como unha ladaíña: «Saúde, diñeiro e amor!». Os que nos acompañan alzan as copas e bátenas, ata que unha racha. «Se non quebra *copo* non hai felicidade», di outro mesturando galego e portugués.

Tívoo todo, pero deixando un trisco de vida en cada escala do seu tránsito xeográfico e laboral do emigrante, tamén coas súas zonas de sombra. Nado en Celanova, vila migratoria multidestino, colleu o barco ao alcanzar a maioría de idade, en 1953. Ao chegar empezou o seu periplo de barrios, do máis afastado e popular ao máis exclusivo.

—É que nós xa viñamos coa maleta chea de España. Chea de esperanzas —ri, atragoándose.

Ao chegar comezou a traballar na venda de electrodomésticos e nun negocio de importación antes de entregarse á Help. Dende o comezo a discoteca abría 364 días ao ano, de dez da noite a sete da mañá. Só pechaba o 25 de decembro. Se aparecía unha pingueira non se pechaba nin sequera ese sector do club. Poñíase un balde e vía. Todos os días, salvo os domingos, Avelino cumpría o seu rol de xerente socio, fácil de recoñecer en calquera bar, restaurante, club ou hotel da América galega porque todos se parecen entre si. Son figuras recoñecibles porque nin serven nin cobran nin entran en cociña nin atenden. Pero fan todo á vez. E sempre están. Sobre todo sempre están. Aínda que lles leve a vida por diante.

—Agora arrepíntome —baixando e arrastrando a voz como un carro de bois—. Quedaban a miña muller e os nenos na casa e cando medraron, perdín a un dos meus fillos nun accidente. Despois a miña esposa enfermou e morreu.

Alguén do cocido pide que saquen as botellas de licor café sen etiquetar traído ex profeso dende Ourense. Bótano en vasos de chupito e xuntos entoan o brinde. «Arriba, abaixo, ao centro, adentro. Pola Help!».

Pioneiros do Rio Sexual

En *Agosto*, novela fundamental de Rubem Fonseca, un policía idealista investiga as tramas escuras do poder nun ambiente pesado no que se mesturan atentados, contubernios golpistas e violencia nas rúas da entón capital do país. Entre os seus compañeiros hai un do que sospeita que é corrupto, que está a soldo das mafias do xogo ilegal e, polo outro, «*dos espanhois que exploran o lenocínio*». A novela transcorre en 1954; nesa data os galegos eran xa coñecidos ata na ficción por ser donos da noite sexual da cidade.

O porto foi a orixe de todo. Alí chegaban no barco e instalábanse nos arredores. Abriron hospedaxes, con cuartos colectivos para os inmigrantes e algo máis. Naquela época non estaban tolerados os cabarets nin os clubs, así que a prostitución vivía nos bares dos baixos e subía despois aos cuartos a cambio dun prezo por hora: o xerme dos moteis, axiña explotados tamén polos «espanhois». Ou sexa, os galegos. E despois bares, pensións e puteiros.

Para engraxar os mecanismos que facían funcionar a maquinaria existían na colectividade certos operadores que alcanzaban coa súa man invisible os resortes do poder, aqueles que regulaban as actividades ilegais debaixo da mesa. Levado á prostitución non andaba con lerias: ou cobraba ou pechaba os garitos. Así, repartindo diñeiro vivo na man, certos empresarios ían caneando os rigores da lei sen que se resentisen os seus negocios. Contan que algúns destes engraxadores caían nos locais avisando de que a policía ia facer unha redada e ofrecíanse aos conterráneos para interceder a cambio dunha comisión. Recibían un sobre, dábanlle unha parte dos cartos ao comisario que tocase e o resto ía para o peto.

Os anos sesenta e setenta converteron Copacabana nun gran parque temático da noite. As primeiras salas contaban cos galegos entre os seus socios: o Bolero ou a Holiday. No medio da ditadura (1964-1985), cos seus altos e baixos, coaban números eróticos como podían. Era un modelo de noite particular: boates con mulleres bailando, *shows* e copas. Eles poñían o local; o sexo pagado ía aparte e noutro lado, e non participaban, como a Help despois.

Un dos maiores empresarios foi o ourensán Camilo Cuquejo, que chegou a ter dez clubs nocturnos: o Baccara, o Bataclan, Elite Club, Erótica. A Cuquejo coñecino cando ía cumprir noventa anos nunha churrascaría do barrio de Flamengo. Pelo abondoso, nariz largo e unha simpatía extrema, definía os seus negocios como emprendementos ousados.

—As fillas e fillos dos meus amigos ían moitas noites aos meus locais —díxome.

Cuquejo, que se codeou con famosos do mundo enteiro e era amigo de Julio Iglesias, tiña un método de investimento exponencial: pagaba traspasos e despois ía entrando e saíndo das sociedades, vertixe a medida da noite carioca. Foi pioneiro tamén na apertura de locais gais, como o Sky Love ou o Sótano (que era un primeiro andar), e deulle as primeiras oportunidades a Rogéria, a gran transformista brasileira.

—Os galegos fixemos fortuna por ignorancia, porque non nos cortabamos con nada, non nos moderabamos en nada, iamos a por todas —sentenciou.

Un bo exemplo disto último son os locais que o patriarca da música brasileira, Tom Jobim, bautizou como *inferninhos*, *strip clubs* no pequeno distrito vermello do barrio, un recuncho de rúas que servían de traseira do luxoso Copacabana Palace e outros hoteis elegantes do frontal marítimo. O Cicciolina non tiña desperdicio dende o mesmo cartel luminoso: unha silueta da actriz e política italiana, coa súa coroa floreada no pelo, as mans na cintura e as tetas ao aire. Unha barra con bailarinas e sofás con focos saudaba os turistas e empresarios estranxeiros. Collían duascentas persoas e encheuse todas as fins de semana durante tres décadas.

Moi perto estaba o Barbarela, con socios de Santa Comba e Pontevedra, en honra á heroína erótica sideral encarnada por Jane Fonda na película de Roger Vadim. Por casualidade ou por adaptación lusogalaica, bailáronlle un ele ao nome orixinal, Barbarella. Entre espectáculos eróticos e go-gos foi gañando fama ata converterse nun clásico.

Aparecía na canción «Só as mães são felizes», de Cazuza, famoso músico dos anos oitenta, cunha letra contundente: *Já frequentei grandes festas nos endereços máis quentes / Tomei champanhe e cicuta / con comentários inteligentes / máis tristes que os de uma puta / no Barbarela às quince pras sete.* Nos noventa visitouno o grupo U2, non para facer un concerto, claro. Sabiámolo pola prensa da época, que machacou a flashes os compoñentes da banda irlandesa cando entraban no local. Alí foron agasallados cun *show* particular de cinco bailarinas. Hoxe parece improbable algo así neses lugares destinados á extinción De feito, estes dous pecharon tras os Xogos e a pandemia levando con eles o cheiro dunha era.

Juliño na maresía

—Pareciamos Bebeto, Mauro Silva e Romario. Como eramos brasileiros, no colexio viñan vinte cun balón a xogar contra nós, como se tivésemos que ser *craques*. Como ademais xogabamos ben, despois pedíannos que os asinasemos na *carpeta*, como se fosemos famosos. Moi raro todo.

Mundo ao revés, Juliño Antelo, fillo de don Julio, o dono do Meia Pataca, era, igual que os seus irmáns, Carlos e Mauro, un brasileiro en Galicia. Naceu no Rio, marchou a Galicia con dez anos —cando se converteu en Bebeto— e neste século regresou á súa terra natal sen perder a galeguidade. E aí está, recuncando na vida dos seus maiores, sentado na mesa dun dos seus bares cariocas dicíndome entre risas cando traen un prato recendente:

—Come, ho, as patacas sonche de Xinzo.

O mundo de Julio contempla tres linguas á vez intercambiables no día a día: no Brasil criouse en portugués (na rúa) e en galego (na casa). Na diáspora da América portuguesa, ao contrario que na española, o emigrante non agachaba a súa lingua: sentíase máis próximo e protexido sen o estigma social que tiña o galego co castelán. Juliño sumoulle o español que aprendeu naquel colexio onde era idolatrado sen sentido.

—Eu flipaba moito. Unhas semanas despois de chegar de Brasil á aldea, apareceu a miña tía, que daba clase en Santiago, e viña falando castelán moi fina. Eu dicía: por que carallo falará así se aquí se fala galego? Cando pasamos da aldea a Compostela entendín. Metéronnos nun colexio de xente con diñeiro e non falaba ninguén a lingua. Só os pailáns de aldea, iso nos facían ver. Hai vinte e cinco quilómetros de distancia entre Rial e Santiago. E que diferenza, que cambio brutal!

Pasou o tempo e a Julio non se lle foi o becho carioca, así que con dezaoito anos foi onda o pai.

—Quero ter un bar coma ti. Eu podo traballar os teus negocios.

—Queres esa vida de verdade? Ti non sabes que isto se trata de esfregar a barriga por dentro da barra durante polo menos doce horas ao día. Queres iso?

Don Julio tomoulle á palabra e púxoo a traballar no Meia Pataca, o de Compostela, e logo aos seus irmáns pequenos.

A eles non lles fixo falta atravesar o Atlántico para queimar as mesmas etapas dos seus pais, porque en poucos anos foron construíndo un pequeno imperio na hostalaría nocturna compostelá, con nomes cariocas: o Meia, o Garoa, o Leblon, sempre Rio na cabeza. Alá foi Julio.

—Estaba dentro de min e fíxeno. Cheguei un mércores de cinza, o día máis triste do ano na cidade do Carnaval. Viña para traballar no Meia Pataca, que seguía sendo do meu pai e o seu socio, ou máis ben dos seus fillos. Non nos entendemos e busquei a vida eu só.

Estamos nun dos seus bares en Ipanema, impregnados de maresía, ou *maresia* en portugués carioca, o cheiro mesturado de salitre e humidade, a cincuenta metros da praia: «Garoa» lese no cartel dun bar atípico: é un caseirón de tres andares enteiro. Di Julio que non foi nada fácil alugalo: o dono non quería fiarse dun galego coma el, porque non esquecía que un paisano seu lle deixara un burato dun millón de reais. Diante de nós pasa un coche de policía. Detense ao pasar xunto a nós, inquietante, un axente baixa a xaneliña e di: «*E aí, tudo bem*?». «*Tudo*», sorrí Julio, que saúda coa man mentres o ve marchar.

—Hai que pagar á policía para que controle?

—Claro, si, pero nada, cen realiños [uns 15 euros] a cada patrulla os sábados, pouco máis —di, con voz de normalidade.

Cando nos despedimos, marcha cara a un taxi que o espera na esquina. É case un coche privado que o leva durante a noite dun bar a outro, para non deixar de atender ningún. «Sobre todo a caixa!», subliña. Só cando pecha, ás catro da mañá, descansa a cabeza do emigrante retornado dúas veces que non fai outra cousa que o aprendeu dende o berce: traballar.

A maldición olímpica

Xuño de 2013. Un enorme dormitorio dun motel no Rio de Janeiro. A cama xigante, un *jacuzzi* e un espello no teito, o Atlántico fermoso fronte a nós, un reporteiro entrevista dous señores de camisa de manga curta e pantalón escuro. Semellan clons. Un, galego. O outro, que fala case a mesma lingua pero ten outro pasaporte a pesar de nacer a uns quilómetros de distancia, pero cunha raia polo medio, portugués. Ambos son directivos da asociación brasileira de hoteis e explícanme, como correspondente, o seu plan maxistral de cara ao Mundial de fútbol. Como non había camas suficientes para a avalancha que se agardaba, o goberno brasileiro asinou un convenio cos moteis de parellas para reacondicionalos e convertelos en cuartos para turistas futboleiros.

Segundo datos oficiais, en só tres anos aumentou o número de camas nun cincuenta por cento. Sorprendida pola rapidez e polos datos mareantes, a prensa internacional apresurouse a invocar de novo o famoso «milagre brasileiro», pola flexibilidade das autoridades e o carácter emprendedor dos empresarios. O que non sabían era que a maioría deses hoteis (e moteis) eran de paisanos. Tampouco sabían, nin uns nin outros, que aquela xogada de multiplicar camas coma se fosen pans e peixes acabaría saíndolles pola culata.

—O Mundial e os Xogos Olímpicos case acaban cos nosos negocios. Para min sería mellor que non se tivesen celebrado. Tamén cho digo pasado o tempo, e despois dunha pandemia que case nos rematou. Pero case, porque aquí seguimos.

Fala Claudia Landeira, socia propietaria do hotel Atlantis, un dos clásicos do Arpoador, a zona turística entre Copacabana e Ipanema. Algo delata axiña os hoteis de paisanos: na fachada, onde todos poñen un abano de bandeiras, sempre aparece, xunto coa de Brasil, unha española e unha da Unión Europea. Ás veces, tamén unha galega. Este levantárono oito emigrantes. Tras unha prospección profunda, atoparon un terreo atraínte nun recuncho máxico da *cidade maravilhosa*. Comprárona decontado as ousadas formiguiñas da esquina europea que falaban «*aquele português engraçado*», como lle dicían ao pai de Claudia, de Rieiro, Santa Comba, un daqueles oito. Abriron en 1980, oitenta e seis cuartos repartidos en once andares. Nove meses despois xa recuperaran ata o último céntimo do investimento. Amortizada a compra, todo sería gaño nesas marxes estratosféricas.

—Eu comecei a traballar co meu pai como recepcionista aos dezaseis anos, ata que faleceu e eu suplino, ata agora, como xerente. Encántame o traballo —conta no comedor do hotel, na hora na que os turistas xa remataron e marcharon á praia, a tres minutos a pé—. Ten que vir no sangue.

Naquela época os hoteis aínda non daban diñeiro, por iso proliferaban os moteis, rotatorios e fáciles de manter. Xunto cos portugueses do norte repartían o nicho e situaban no mapa os seus puntos quentes, case sempre nós de comunicacións ou recunchos populares perto de zonas luxosas. Foron máquinas de facer diñeiro ata que, a comezos dos noventa, o turismo masivo trouxo consigo o cambio de modelo. E entón migraron ata conquistar Copacabana. Segundo Claudia, de cada dez hoteis do barrio, oito eran galegos.

—E aínda hoxe, quitando os de cadea, a maioría seguen sendo nosos.

Gañado o pan, as segundas xeracións preferiron estudar e dedicarse a outros negocios, na promesa do enésimo Brasil do futuro. Pero cando viñeron mal dadas, maldición olímpica mediante, moitos volveron ao negocio familiar.

—Os que se fixeran enxeñeiros ou arquitectos tiveron que reintegrarse no negocio dos seus pais a partir da crise. Creo que eu era das poucas que traballaba de sempre, e dende logo fun a única muller socia que ademais traballaba. Eles pensaron que o sector medraría sen límite cos eventos. E foi ao contrario, unha ruína, demasiado hotel e tarifas fixas sen marxe.

A maldición olímpica non levou por diante os galegos grazas a que repartiran ovos en diferentes canastras. Coa diversificación de negocios, quen tiña parte nun hotel e lle ía mal, recuperaba con moteis ou con bares. Todo encaixaba coma se fose un plan anticrise preparado con anticipación, pero sen *business plans* nin outros anglicismos de parqué e gravata: era pura intuición aldeá.

O órdago de Landeira

Juan Landeira acomoda o cigarro Winston na boca e déixao na comisura dos labios medio esmagado. Aspira e expira fume e, sen quitar a cabicha, pecha o abano de catro cartas que manexa con presteza e di con gravidade: «Mus».

Enfronte ten tres galegos e un portugués atentos ao xogo, con baralla Heraclio Fournier polo medio. A mesa cadrada de bar, de madeira escura, con fichas prateadas preparadas, está ao aire libre, no medio dunha rúa do centro financeiro, un submundo apaixonante, sobre todo un venres pola tarde coma hoxe. No momento en que pechan as oficinas e comeza a longa fin de semana, a rúa comeza a brillar coas risas e os berros do rebumbio, coma á saída dun colexio, ata chegar ao límite do descontrol. Centos de executivos e executivas, mesturados con obreiros, buscavidas e malandros comezan habitar ese tecido de rúas que se volve peonil por obriga. Rio, coma calquera cidade americana, ten un *downtown*, ese lugar de edificios corporativos que de nove a cinco se dedica a gañar diñeiro nunha carreira sen fin. Cando todo pecha, esa velocidade por chegar a ningures transpórtase do ordenador á rúa.

Os galegos forman parte dese frenesí, pero con destino fixo: *feijoada* seguida de café —é un dicir: son cubatas de whisky, con botella personalizada— para xogar a partida. Como na aldea, pero con mozos floridos no tránsito entre o traballo e a festa, camareiros apurados e vendedores ambulantes a pasaren dun lado ao outro da mesa. Juan Landeira latrica sen parar —de comida, de famosos brasileiros, de política galega— pero cala cando o naipe volve á mesa. Entón afumea cara a un lado ou outro, segundo dea o vento.

Landeira non é dos pioneiros, nin moito menos, pero converteuse nun clásico, e di ser dunha diáspora extraviada, rara no tempo, que xa chegou en avión.

—Que fixeches ao chegar aquí?

—Ir traballar nun hotel.

—E agora que fas?

—Traballo nun motel.

Hotel, motel, hostel, hospedaría, palabras que encheron de sentido as súas vidas nesta cidade. Non lles fai falta falar. Reparten cartas e chega máis xeo. Clin, clin, glogló. O compañeiro de Landeira berra de súpeto: «Órdago, mecaghoendios», con gheada forte, e por un intre o ruído xordo da rúa semella que apaga, o ambulante deixa o seu *jingle* gañador, o bus apaga o renxido dos freos, o piropeador da compañeira xira a cabeza. É un segundo conxelado no caos. É setembro de 2016, acaban de rematar os Xogos Olímpicos e, eles non o saben, dous anos despois chegará á presidencia Jair Bolsonaro e tamén sobrevirá unha crise resacosa dos eventos que arrastrará a moitos a volver a Galicia. Landeira non será un deles.

A seguinte vez que saberei del será en 2023. O seu nome chega polas ligazóns que me mandan de varios xornais de Galicia.

«Ferido un empresario de Santa Comba ao ser tiroteado no seu coche no Rio de Janeiro». En páxinas interiores: «O tiroteo produciuse cando circulaba ao volante dun turismo na zona portuaria. Dende unha moto que se achegou pola dereita, o coche de Juan Landeira, con negocios no sector hostaleiro, foi baleado en numerosas ocasións». Salvou a vida de milagre; feriu un ombreiro e iso fíxolle perder o control do coche e levouno a empotrarse na mediana da autovía. As causas do tiroteo —atraco ou tentativa de homicidio, ou ambas— non se chegaron a aclarar. Como dixo un coñecido seu: «Non sabemos que pasou, pero non importa».

Chico Recarey: auxe e caída do Rei da noite

5 de febreiro de 1989. A avenida Marques de Sapucaí, tamén coñecida como o Sambódromo, explota na primeira xornada de desfiles do Carnaval. Co día xa amencendo tras unha madrugada frenética, sae a escena Mangueira, a escola máis famosa do Rio. Os seus cinco mil compoñentes, caracterizados e organizados por ás, evolucionan, segundo a linguaxe carnavaleira, ao longo dos setecentos metros, ao ritmo da súa lendaria batería. Cada ano as escolas dedican o enredo —o tema do desfile—, a un asunto de actualidade, e nesta ocasión Mangueira presentaba Trinca de Reis, ou sexa, trío de reis, en alusión aos empresarios que dominaron a noite carioca ao longo de todo o século: Walter Pinto, Carlos Machado e, de colofón, un emigrante de Bergantiños que chegou ao máis alto da súa carreira nese preciso momento. O seu pasaporte dicía que se chamaba Francisco Recarey Vilar. Para os brasileiros é Chico Recarey, o rei da noite carioca.

Alí aparece el, subido na súa carroza, nos seus corenta anos longos, pura emoción, vestido de frac, zapato e chistera brancos, chaleco e camisa rosa, a cor de Mangueira. Baixiño, barrigán, de cara brillante, cabelo negro lambido ao cranio e o sorriso indeleble do que se sabe no cumio do mundo, vai sambando, tacatacatá, pé adiante pé atrás. A carroza avanza ao ralentí, cun gran busto xigante de cartón pedra de Chico sentado nun trono, co mesmo pelo fixado e o seu *smoking* de lazo, e o verdadeiro Recarey, escoltado por mulleres ataviadas con plumas e traxes que relocen baixo os focos do Sambódromo. O rei vai saudando os setenta mil tolos que enchen as bancadas, mentres atrona o estribillo do samba:

Mas hoje tem o Chico Recarey, Re-ca-Rey
E o Rio apresenta na noite o máis novo Rei

Nada se compara no Brasil a ser protagonista dun desfile de Carnaval, unha ópera popular moito máis complexa có cliché reducionista asumido en Europa. Convertido nunha industria que por aqueles anos medraba á máxima potencia, co Sambódromo acabado de construír e millóns de persoas véndoo na televisión, as escolas esmerábanse en renovar cada ano o catálogo de temas para o desfile. Podían ser homenaxes a países, rexións ou personaxes destacados. Por iso a aparición de Recarey chamou tanto a atención. Ao ollo do espectador a idea funcionaba moi ben. Non sucedía o mesmo coa crítica esixente do Carnaval, que estimou que era prematuro dedicarlle un desfile, e incluso xogou coa idea de que pagara por iso. Mentres tanto, o protagonista vai na súa carroza, cun mar de xente seguíndoo coma un profeta, a mirada ao fronte coa vista pampa, pensando como cheguei eu aquí.

Naceu en 1943 na Agualada, Coristanco, e partiu adolescente, famento de ambición. En pouco tempo pasou de lavar vasos a mercar, en 1964, unha esquina —sempre as esquinas— no Leblon. Nada facía pensar que aquel recuncho se convertería nunha referencia, porque alí só funcionaba un negocio de venda de bebidas. Pero Recarey transformouno nunha pizzaría. Púxolle nome local: Guanabara. Sen ningunha experiencia no sector, tirou de márketing agresivo: «Vendemos as mellores pizzas do Brasil», puxo nun cartel na rúa. Aos rapaces que volvían da praia camiño das súas casas no barrio máis rico invitábaos a unha porción. O boca oído fixo o resto. O negocio, que abría vinte e catro horas, encheuse. A Pizzaria Guanabara aparecía en guions de televisión e letras de cancións, e converteuse en parte da iconografía popular dunha cidade cunha personalidade extraordinaria. Artistas famosos pasaban a comer pizza e tomar un *chope gelado*, unha cervexa fría. Fóra, o cartelón xigante azul e vermello alumeaba a fila de xente e taxis que medraba sen fin. E Chico sorría deambulando entre as mesas, cheo de razón coa súa fórmula de risco e a súa cada vez máis tupida rede de contactos.

Así pasou a dominar a noite na lagoa de Freitas, a engaiolante traseira natural das praias, unha postal que de tan perfecta parece mentira. A comezos dos anos 1970 abriu o Castelo da Lagoa, o primeiro piano bar de Rio. Nunha revista, baixo o seu retrato de home de negocios peiteado ao estilo Gardel, soltou un titular definitorio: «Foi a miña vitoria máis grande despois de anos loitando por unha licenza. E iso foi grazas ao gobernador». O Castelo, templo de *scotch*, fume e musicón, foi transformándose en restaurante, pero ao seu carón abriu un novo bar de jazz e bossanova ao que se permitiu chamar Chico's Bar. Non só serviu de refuxio da bohemia musical, senón que foi referencia internacional da música máis sofisticada.

Nos oitenta emprendeu a aventura do Scala, do outro lado da Lagoa, no Leblon. Converteuse na mellor sala de baile da cidade, grazas a iniciativas pioneiras como as súas noites para público gai. A vida sorría a Francisco Recarey, que chamaba a atención incluso da prensa española. En 1986 declarou a *El País*: «Cada tres meses tento abrir algo novo. O Rio estame a quedar pequeno». E engadiu, como a cereixa do bolo: «Acabo de abrir dous hoteis e unha discoteca de luxo para tres mil persoas». Referíase á Help. En total chegou a ter once pizzarías, dez restaurantes, quince bares, varias discotecas e casas nocturnas e participación nun feixe de hoteis. «Non leva cetro, pero todos o chaman o Rei», dicía aquela última páxina, que falaba de Recarey como «ese galego pequeniño e tímido que se pechase á vez os seus locais nocturnos, esta cidade viraría un bocexo insoportable» e empregaba frases imposibles hoxe: «Pasea en Rolls cun bo cargamento de mulatas que miden dous metros».

Nesa década de neón e insomnio, o gobernador recibiu a Juan Carlos I. Na recepción, Leonel Brizola díxolle ao monarca que non podía darlle a festa que merecía, dada a crise que vivía o país nese momento. Cando chegou aos oídos de Recarey, este montoulle unha festa privada nun dos seus establecementos, o Asa Branca. Seica o Borbón lle fixo un chiste co seu alcume ao empresario, e este respondeulle entre reverencias grandilocuentes: «A súa Maxestade, o único rei aquí é vostede. Eu son só un obreiro que traballou duro e está orgulloso de seguir sendo español». Entre tanto almibre disque aquela noite saíu a bailar, incluso, a raíña Sofía.

Catro anos despois, o príncipe Felipe de Borbón acudiu ao Scala como tripulante do Juan Sebastián Elcano a unha cea *show* organizada polo vello amigo do seu pai. A mañá do evento, o comandante do barco e o embaixador de España visitaron o local e non marcharon moi tranquilos, segundo se conta no podcast *XRey*, cando viron entrar un camión cheo de mulleres novas. Recarey tranquilizounos: as «misses», así lles dixo, eran só acompañantes para facer vulto. Un elemento decorativo. Na mesa do príncipe sentaron unha rapaza que levaba unha cinta no pelo. Ao final da velada, un fotógrafo pediu ao grupo que se apertasen para un retrato. Unha semana despois saía *Interviú* coa moza na capa, desta volta cunha flor no pelo e unha folla de palmeira por vestido. Debaixo, un gran titular: «A *moza* brasileira do Príncipe, espida». E nas páxinas interiores, entre fotos cor carne, o retrato grupal coa rapaza da fita, ben visible, xunto a Felipe.

Nos glamorosos locais de Chico non faltaba ninguén. Eran os oitenta e a galería de personaxes convertían a noite carioca nunha alfombra vermella. Cando aparecía un famoso, había unha cámara e, detrás, aparecía sempre Chico, impecable con grandes camisas brancas ou de cores vivas ben pranchadas, pelo chupeteado cara a atrás, dando apertas a discreción.

Cada logro dáballe máis azos para seguir emprendendo ao ritmo da década máis tola do Rio: apertura política, inflación disparada, o narcotráfico irrompendo, e con el a violencia nas favelas, pero tamén o turismo en auxe e a noite no seu clímax. «Creo que ao meu xeito son un embaixador de España no Brasil», dixo nunha entrevista daqueles anos, na que se queixaba das restricións co xogo, porque iso sería o definitivo triunfo: «O diñeiro quedaría aquí en vez de saír».

A expansión esaxerada dos seus negocios empezou a traerlle problemas nos xulgados, con ducias de investigacións por supostas irregularidades contables. En 1999 subastaron máis da metade dos seus famosos establecementos por impago de alugueiros durante anos. O nome do Rei da Noite empezaba a luxarse, pero non se rendeu e contraatacou. Entre as novidades do novo século, remodelou o Castelo da Lagoa e rebautizouno como Botín, en homenaxe ao tricentenario restaurante madrileño. Alí recibiu un programa de televisión co seu habitual porte, pelo brillante, pantalón branco de pescozo alto e cinto negro. Ollando para a cámara, declarou o seu amor incondicional polo Rio de Janeiro —«unha cidade igualiña á miña Coruña, tan verde e co seu mar»— e ao pobo brasileiro —«alegre, aberto e hospitalario coma o galego»—. Logo glosou as belezas do novo Botín, que incluía reservados cun ordenador conectado a internet «para que os empresarios poidan ter as súas reunións cun *uisquezinho*». Chico, que dixo ter 1300 empregados, entrou na súa situación económica sen que ninguén lle preguntase por iso: «Estamos vivos, non estamos mortos».

Pero non melloraron as cousas; seguiu afrontando procesos laborais e fiscais, e a súa imaxe asociábase ao que no Brasil chaman «*ficha suja*», un historial con antecedentes que comprometían a súa reputación. Unha teoría dicía que Chico era só o mascarón de proa dos galegos que dominaban o lecer, a hostalaría e o turismo da cidade, ou mesmo o testaferro de xente máis poderosa. Ningún dos emigrantes aínda vivos que traballaron con el o aceptan.

—Chico tiña ideas únicas, era un adiantado en moitas cousas —di un exsocio—. Emprendemento que abría, emprendemento que triunfaba. Era o rei de verdade.

Abrollaron acusacións (non condenas) de todo tipo: contrabando de armas porque, segundo o Jornal do Brasil, atoparon unha metralleta no seu coche. Atendeu denuncias da Seguridade Social por irregularidades cos empregados do Asa Branca, o local da festa do rei. Investigáronlle os bingos. Perdeu a concesión dos palcos do Sambódromo, onde reinara no desfile. De adorado a apestado, tivo un desencontro incluso cun mito nacional, o mestre soberano da música brasileira, António Carlos Jobim: «Ti compós, escribes os arranxos, tocas e cantas, pero cando chegaba o show sempre o vías anunciado como "unha produción Chico Recarey"», dixo nunha biografía.

En 2007 foi denunciado por corrupción e branqueo de diñeiro na operación Ouro de Tolo, que perseguía unha mafia que contrabandeaba máquinas comecartos ilegais. Por aquel entón os veciños da zona sur do Rio comezamos a velo con máis frecuencia na caixa da pizzaría Guanabara, traballando a pé de obra, pero sen o glamur de sempre. Era o derradeiro intento de manterse mentres vía o seu luxoso piso poxado fronte á praia de Ipanema. Ata que desistiu e se mudou a Madrid. Pero el seguía volvendo, sobre todo no Carnaval.

—Estou cunha lenda —di o presentador en 2022—. Vostede creou practicamente o Sambódromo.

—Estou dende que isto era de madeira. Gústame o Carnaval, o samba, a noite, a vida responde, a mesma cara expresiva, menos pelo pero negro tinxido coma nunca, e a mesma expresión, e falando no portugalego que nunca se lle foi.

—Eu fun a moitas das súas casas de shows.

—Tiven moitas, pero cando o deixei acabou a noite desta cidade. Todos querían competir comigo e agora non se pode competir porque xa non hai nada.

Un ano despois regresou ao Sambódromo, pero xa non houbo entrevistas. Mentres miles de persoas gozaban outra noite máis, un coche de policía achegouse aos palcos. Del saíron varios axentes para falar con Chico. Despregaron unha orde xudicial e requisáronlle a cadea de ouro que levaba ao pescozo e o Rolex no pulso, co propósito de descontar unha débeda laboral de miles de euros. Despois deixárono marchar. Recarey non podía estar xa nin no seu propio reino. Non quería ser invisible e ao final quedou sen trono.

A traxedia do Bateau Mouche

Disque o *reveillon* de Copacabana é a maior festa de Noitevella de todo o planeta. Reúne, cada 31 de decembro, centos de miles de persoas vestidas de branco en homenaxe a Iemanjá, a deusa do mar, á que fan ofrendas botando flores ao Atlántico. Aínda que a súa liturxia remite a unha cerimonia espiritual afrobrasileira, o evento popularizouse nos anos oitenta. Un grupo de galegos, xunto con outros empresarios, pensou que a praia sería o escenario perfecto non só para o ritual do cambio de ano, senón para montar unha gran festa con shows de música e fogos artificiais. Un dos seus inventores, ou «patrocinadores», como prefire dicir el, era Avelino.

—Comezamos no tramo de praia á altura da Help. Coordinámonos con outros puntos icónicos da praia e sumáronse. Tamén entrou o hotel Copacabana Palace e o Meridien, que tirou unha fervenza de fogos dende o alto da torre, de corenta pisos. Semellaba que o edificio ardía, un éxito nunca visto.

A TV Globo decidiu retransmitilo e converteuno no máis visto do ano nun país de douscentos millóns de habitantes: unha Porta do Sol á brasileira, sen uvas pero cunha conta atrás, vinte minutos de fogos e un concerto de grandes estrelas cunha multitude na area e na auga ata altas horas. Colleitou tal éxito este novo reveillon que se comezaron a alugar barcos para celebrar ceas de noitevella privadas e ver os fogos dende o mar. Amantes da exclusividade e do mundo VIP, a novidade proporcionaba ás clases pudentes unha distinción por uns centos de dólares. Nese mercado entraron con forza os emigrantes, que ofertaban paquetes de luxo. Para moitos foi, sen embargo, unha traxedia.

En 1988 unha axencia lanzou unha oferta saborosa. Consistía nunha cea *show* a bordo do barco Bateau Mouche IV. Polo equivalente a 150 euros poderían degustar un bufé de pratos finos, barra libre incluída, e gozar da actuación dun conxunto de sambistas, mentres surcaban as augas da baía carioca dende Botafogo ata Copacabana, media hora de travesía. Fondearían fronte ao areal e terían unha vista privilexiada dos fogos de medianoite. Como dicía o folleto da axencia: «Navegando e vendo o amencer dun novo ano nun ambiente de festa e confraternización».

Ás nove da noite soben ao barco unhas cento cincuenta persoas. Grupos de mediana idade, parellas novas e familias de clase alta, todos vestidos de branco. O barco está ateigado. É partir e comezar a festa, coa cuberta decorada, os camareiros vestidos de frac —tamén branco— e abrindo botellas a pares. Malia as datas —inicio do verán austral— o océano percíbese axitado en canto saen da boca da baía, bordeando o Pão de Açúcar. É un lugar de correntes e mar picado. Hoxe, máis. Ao seu redor, algúns veleiros tratan de volver, non sen problemas, ao resgardo da baía. No Bateau Mouche IV xa hai xente devolvendo do mareo. Agárranse ás barras de cuberta entre os abalos das ondas, cada vez máis altas. A pesar de todo, porfía por chegar á altura de Copacabana, xa perto da medianoite. Os pasaxeiros máis despreocupados inclinan a embarcación a estribor ao tomar posicións para ver os fogos. Ás 23.50, unha onda inesperada, sumada á inestabilidade do barco, provoca que este vire e a pasaxe caia á auga, entre a illa de Cotunduba e a praia, onde centos de miles de persoas xa celebran o novo ano. Allea ao que se vive no mar, a multitude contempla con ollos iluminados o espectáculo de pirotecnia no ceo. Serán as últimas luces que moitos vexan dende o barco naufragado.

Nas horas seguintes van chegando os corpos dos afogados ao Yacht Club. Cincuenta e cinco cadáveres en total. As familias das vítimas abrázanse, choran, berran. Coa luz do día, as cámaras de televisión botan imaxes terribles no lugar do naufraxio: cadeiras e táboas de madeira flotan sobre unha mancha de aceite xigante. Vinte e sete metros baixo a auga, no leito oceánico, está o navío. Acceden os bombeiros, tamén unha cámara submarina de TV Globo, que ofrece unha película de misterio no telexornal: entre a néboa acuosa do fondo mariño iluminado vese a cuberta do barco con pratos rotos, latas de cervexa e refrescos. A cámara avanza ata o casco, onde se ve con claridade un nome: Bateau Mouche IV.

Uns días despois izan cun guinche o barco, un esqueleto branco coa cuberta aínda con restos dunha festa fatal. A esas alturas a investigación sobre o accidente xa apunta a graves fallos de seguridade: exceso de pasaxe, buratos no casco, zapóns por debaixo do nivel máximo da auga, bomba de achique inoperante, chalecos salvavidas insuficientes. E a certificación de que o navío non fora construído para navegar en mar aberto. Os indicios de neglixencia volven as miradas sobre os organizadores da noite. Aquilo non foi un accidente, senón unha traxedia previsible.

A xustiza comezou a apurar responsabilidades entre os donos do barco, do restaurante organizador e da axencia de turismo. Foron acusados nove empresarios, case todos eles galegos. Pero no primeiro xuízo, un ano despois da traxedia, saíron absoltos. As familias das vítimas emprenderon unha batalla xudicial que rematou en 1993, coa condena de tres dos empresarios —un portugués e dous galegos— a catro anos de prisión semiaberta por homicidio culposo, evasión fiscal e formación de banda organizada. Os medios abriron con grandes titulares e axitaron a opinión pública contra a *máfia espanhola*. Anos máis tarde, o xornalista Ivan Sant'Anna publicou un libro no que repartía a responsabilidade dos empresarios coa

Mariña brasileira e sumaba o accidente ás recorrentes traxedias por neglixencia que se saldan con tibieza na xustiza: «Ao ano seguinte da condena os tres reos, valéndose do feito de que só durmían en prisión e pasaban o día na rúa, fuxiron do país cara a Portugal e a España, sen tratado de extradición, librándose así das indemnizacións aos parentes das vítimas». A xustiza brasileira aínda espera por eles.

Galegos bossa nova

Un día de 1956 presentaron a Tom Jobim e Vinícius de Moraes para que compuxeran a música da obra teatral *Orfeu da Conceição*. O novísimo Jobim, que non tiña nin para pagar o alugueiro, preguntou: «*Vai haber um dinheirinho*?». Meses despois, a obra estreouse cun éxito sen precedentes, foi adaptada ao cine e gañou o Oscar á mellor película estranxeira de 1960. Ese foi tamén o sinal de saída internacional dun novo xénero chamado bossa nova, e aqueles dous artistas convertéronse en deuses pagáns no Brasil. Todo este proceso que cambiou a historia da música cociñouse nun bar do centro do Rio. Chamábase Casa Villarino e, claro, era de galegos.

Alí pasaban horas aqueles dous, pero tamén xornalistas, escritores, diplomáticos, políticos, cineastas. Nese punto da bohemia carioca creáronse obras audiovisuais, armáronse tertulias acesas de política internacional, e tamén se creou ese estilo que non tiña nome, e que atopou, parece que alí mesmo, o termo da modernidade: bossa nova (ou nova onda).

Luis Villarino, de Xinzo da Limia, xunto a outros tres socios tamén ourensáns, abriu o bar e púxolle o seu apelido. «Se hai un sitio arqueolóxico da bossa nova, ese é o Villarino», escribiu Ruy Castro. Neste século a noite carioca xa transitaba por outras músicas e outros barrios, pero o Villarino mantivo o seu toque artístico e intelectual. Non recibía turismo, pois quen sabía que aquel era un local histórico, salvo algúns fanáticos que xogabamos a sentarnos nas cadeiras dos artistas, impresionados ao ler un cartel que poñía «Aquí Tom e Vinícius se coñeceron, compartiron copas e tamén ideas». Seguían facéndoo ata a pandemia, cando pechou.

Ao outro lado da cidade, no Leblon, un home de barba recortada, chaleco e gravata alterna con Chico Buarque e Vinícius de Moraes. Quítanlles unha foto e mentres os artistas seguen bebendo, o home vai tras a barra traballar entre botellas de whisky. Detrás, un teléfono de disco e paredes forradas de fotos. O home chámase Manoel Rieiro Romar e todos o coñecen como Manolo de Buxán. En 1967 Manolo abriu xunto a outros catro galegos —Florentino, Álvaro e Antonio— un bar que miraba cara á intelectualidade burguesa do barrio. Puxéronlle o nome dun éxito internacional: Strangers in the Night. Cando o viu un dos seus primeiros clientes, o xornalista Armando Nogueira, suxeriu cambiarllo polo nome do cociñeiro, e quedou Antonio's. Xamais poderían adiviñar aqueles emigrantes fans de Frank Sinatra que tempo despois pasaría por alí o propio crooner, acompañado de Ava Gardner e Ursula Andress, e terían que dicirlle que non había mesa porque estaba todo cheo.

O tránsito explica moi ben o éxito do Antonio's e a vida vertixinosa de Manolo, nacido en Buxán, Santa Comba, sen luz nin auga, e emigrado en canto llo permitiron. Non saíra da aldea, non sabía nin o que era un teléfono, pero revelou un talento natural para as relacións públicas. Demostrouno ao pouco de chegar ao Rio, cando viu unha obra enorme a piques de rematarse no Aterro do Flamengo e chantouse alí dicindo que lle gustaría traballar no que abrisen, e preguntando con quen tiña que falar. Antes de que o botasen, unha muller escoitouno e falou con el. Chamábase Niomar Moniz Bettancourt e sería a directora do que alí se remataba, o Museo de Arte Moderna. Manolo non só conseguiu traballar alí, senón que Niomar se converteu na súa madriña e introduciuno nos círculos intelectuais.

Cando abriu o Antonio's aproveitou contactos e encheu o bar, pequeno pero moi ben aproveitado. Tiña unha barra acolchada e catro taburetes con respaldo. Pegadas, varias mesas con mantel de cheiro a lavanda e pratos relucentes. Sempre estaba cheo e só pechaba cando o último cliente cansaba e marchaba. Tamén era, sen selo, unha continuación do Villarino. Ademais de músicos, acudían a tropa de bohemios habituais e outros internacionais. Pablo Neruda escribiulle unha dedicatoria na súa *Oda ao viño*, con debuxo de copa incluído, e cada estrela que pasaba polo Rio posaba xunto a Manolo: Mick Jagger, Jorge Amado, Brigitte Bardot, Michael Caine. Manolo parecía Zelig, o personaxe de Woody Allen que se mimetizaba con todos os personaxes importantes da historia, pero sempre metido no papel de taberneiro.

Antonio's pechou en 1997 e Manolo regresou á súa terra. Correu a lenda urbana de que volvía para ingresar nun convento. Non era certo, pero sería un epílogo á altura da súa vida. As súas anécdotas escoitounas durante décadas en Galicia o xornalista Miguel Boo, que en 2015 acabou publicando o libro *Como conquistei Brasil*. Non foi moi esaxerado no termo: o libro foi presentado en Santiago de Compostela pola escritora galaicobrasileira Nélida Piñón, presidenta da Academia Brasileira das Letras e premio Príncipe de Asturias, que dixo: «En Manolo Rieiro había un personaxe que se converteu en lenda». Morreu na Coruña con oitenta e un anos.

Maria Pia Beiro: anónima e famosa

Na Copacabana galega hai tamén espazo para o espiritual. María Dolores Beiro, Maria Pia para a súa xente, en portugués, rolda os cincuenta e cinco anos, ten o cabelo avermellado nas puntas e decolorido ao gris natural nas raíces. Lévao curtiño e peiteado, a xogo cunhas cellas densas que sombrean uns ollos azul intenso. Unha cara como tantas galegas da súa idade. Camisa lixeira, de colo amplo, cor beis e botóns dourados, como a discreta cadea que lle cae sobre o peito. O seu neto, Felipe, de cinco anos, moreno carioca, míraa con atención ao tempo que ela comeza a falar á cámara. Pregúntanlle onde naceu. Ela arrinca a falar en portugués sen aparente acento foráneo, salvo unha gheada ben ao fondo, a voz moi aguda.

—O destino é o que resolve a situación da vida das persoas. Eu nacín nunha aldea perto de Santiago de Compostela —agora abre máis os ollos cando o entrevistador lle repregunta con quen emigrou—. Vin soa. Estiven once días sen facer nada. E entón entrei nunha casa da Avenida Atlántica para traballar, e aí sigo dende aquel día.

O seu interlocutor é o director Eduardo Coutinho, que en 2002 filmou *Edifício Master*, unha xoia do documentalismo latinoamericano, que divulga e entretén a quen, como era o meu caso cando se estreou, quere entender o Brasil, o Rio de Janeiro e ese barrio de tolos chamado Copacabana. Alí está o bloque de doce pisos e 275 apartamentos que chamou a atención de Coutinho, unha colmea que alberga un enxame variado de veciños, retratados polo director portas adentro das súas minúsculas casas, a poucos metros da praia máis famosa do Brasil. Hai brancos de clase media, mestizos e nordestinos chegados do interior, familias cariocas *da gema*, de toda a vida. *Edifício Máster* é un resumo perfecto do caleidoscopio social de Copacabana, e polo tanto alí non podía faltar a nosa emigración. Tan anónima, tan invisible como Maria Pia, que lle conta ao director que volveu varias veces a Galicia e a pasear por Europa. Así que a pregunta cae por decantación nun país onde os soldos de empregada doméstica son baixísimos. De onde tiraba o diñeiro?

—Sempre gardei as voltas, e nunca fun de gastar, por medo a que logo me falte.

O sincretismo relixioso, de enorme arraigo no Brasil, cruzou camiños coa cultura galega, de singular relación coa morte, a través de Maria Pia, a mesma do edificio Master, capaz, dicían, de comunicarse cos espíritos: era médium. Chamábanlle a *benzedeira* galega de Copacabana, a que dá a beizón, e así o fixo durante cincuenta anos. O 13 de maio de 2021 sufriu un infarto na rúa e morreu. Na igrexa que acolleu o seu funeral non cabía nin unha persoa máis, a pesar das datas aínda pandémicas.

O servizo en portugués de Radio Nacional de España emitiu un programa sobre esta muller anónima e famosa ao mesmo tempo, no que contaban que recibía centos de persoas na minúscula sala da súa casa cando saía do traballo. A cola chegaba ata a porta, pero non había salas de espera nin biombos: todos escoitaban todo. Contan que tiña o poder de aliviar enfermidades e depresións, cunha liturxia nada aparatosa: só pechaba os ollos, rezaba e cantaba —en galego—. Como moito «facía o pase» encrequenada e despois levantábase, mirando cos seus ollos grandes o cliente, ou mandándoo calar se non lles gustaba aos espíritos que alí flotaban.

Maria Pia atendía do esmoleiro ao empresario, dos nenos aos cans. E non pedía diñeiro, pero lle pagaban con agasallos e billetes: aí estaban as moedas que lle permitían viaxar a Europa. Ás veces, como facía unha residente de Nova York, chegábanlle transferencias xenerosas. Era «un ser de luz», nas palabras de clientes. Por iso cando morreu, cando «desencarnou», moitos non o creron. Marcos Araújo, perruqueiro do barrio, lembra o día:

—Chamáronme ás sete da mañá e dixéronme: «Marchou Maria Pia». E eu pensei: volvería á súa terra? Cando me dixeron que morrera non sentín tristura, pero quedamos orfos. Grazas a Galicia por darnos ese agasallo.

Lygia Castro, habitual do Edificio Master, ampliou teorías sobre a pertenza da benzedeira.

—Maria Pia non era carioca nin galega. Era universal, como Xesús Cristo. Ou, como moito, diría que era de Copacabana. Iso seguro.

Escravos no soto

Merced e Petrucio, unha parella de mediana idade, iniciaron unha reforma na súa casa, na zona portuaria. Ao primeiro día de picar o chan atoparon unha sarta de pequenos ósos, que un albanel creu que eran dun can. Axiña apareceron outros máis grandes, máis familiares, humanos. Cando descubriron mandíbulas infantís —«a min pareceume que sorrían», dixo ela despois— chamaron a policía. Pensaron que eran os restos dunha matanza.

Un líder veciñal máis enterado contoulles que nesa zona había mercados de escravos. Aquilo que descubriron cavando no seu soto eran os restos dos africanos que chegaban mortos tras a travesía infernal a través do Atlántico, ou que morrían ao desembarcar, en corentena, xusto nesa rúa. A aquela foxa común, onde eran botados sen contemplación, os libros de historia chamárona Cemitério dos Pretos Novos, pero non había rastro del. Estaba oculto e a ninguén pareceu importarlle descubrir onde podía estar. Ademais, foise tapando, capa a capa, coas sucesivas urbanizacións da cidade: «Foi horroroso para nós, porque non había interese en nada por parte das autoridades», díxome Merced cando visitei en 2010 a súa casa, reconvertida en sitio arqueolóxico.

O porto do Rio, punto clave do Brasil durante o período colonial e ata metade do século XX, entrou en decadencia cando a capital migrou a Brasilia. Só comezou a levantar cabeza coa revolución olímpica, que contemplaba a recuperación do barrio: hoteis, torres de apartamentos e un museo futurista chamado o Museu do Amanhã. Miraban ao futuro sen reparar no arquivo histórico que tiñan baixo os pés. E ao rañar a terra atopáronse coa súa memoria e a de toda a humanidade.

A un par de rúas da casa de Merced e Petrucio, na chamada Pequena África, as obras deixaron ao descuberto algo aínda máis impactante e macabro. Era a estrutura dun peirao antigo chamado Cais do Valongo, o porto escravista máis grande do mundo, polo que desfilaron medio millón de persoas negras e que foi tapado cando se prohibiu o comercio de seres humanos e —vergoña multiplicada— reasfaltado a comezos de 1840 para a visita da infanta Teresa Cristina das dúas Sicilias, a Borbón que casou co emperador Pedro II. Hoxe por fin é un monumento arqueolóxico de obrigada visita na cidade. O duplo nivel de desmemoria conversa co descubrimento de Merced e Petrucio. Alí atopáronse máis de cinco mil fragmentos de esqueletos, case sempre adolescentes e ata infantís. Calcúlase que foron polo menos trinta mil os corpos soterrados sen tumba.

Coa axuda dun colectivo de voluntarios, abriron un dos principais espazos de loita e preservación da cultura africana, piares identitarios do Brasil, xunto ao europeo e o indíxena. «Preguntáronme moitas veces que interese podía ter eu. É o noso legado, moi pesado, coma un holocausto, dunha historia da que só coñecemos unha parte porque enriba construíronse casas», díxome na súa casa-instituto.

Cando lle pedín o nome completo, Merced recitouno: María da Merced González Graña Guimarães dos Anjos, marcando os seus zetas e eñes. Levantei a cabeza do bloc como se fixese o meu propio achado: a súa nai, orixinaria de Pontevedra, acabou vivindo nunha casa calquera no porto principal do tráfico transatlántico de escravos. E ela elevouna a patrimonio no nome de todo o Brasil.

O neto de Preciosa Matalobos

Os dedos retortos pola artrite apértanse e marcan as engurras. Como pode, executando un movemento estraño, a avoa carga a punta do lapis sobre o papel, a cara arrebentando de tensión, e debuxa uns garabatos coma se fosen filigranas. Ao rematar retira o lapis e di:

—Quedou ben?

—Si, avoa, moi ben —respóndelle o neto, á luz do candil, xunto á lareira, na casa da aldea.

No papel só se ven dúas palabras tremelicantes, pero ese feixe de letras compendia as súas obras completas. É o seu nome, rubricado cunha raia tímida por debaixo que enaltece aínda máis o escrito: Preciosa Matalobos.

—Tiven que aprenderlle como asinar. Cantas habería coma a miña avoa daquela!

Fala o neto de Preciosa, Orlando Leis Matalobos, ao lembrar os días en que lle levaba o boletín de notas dende o seminario menor, onde estudaba con nove anos. Os seus pais vivían emigrados, como os veciños do lado, e os da casa de abaixo, e os de máis alá; igual que media Galicia na década de 1960. E moitos deles deixaban os fillos ao cargo das avoas e avós. Xa non eran só aquelas viúvas de vivos, como chamou Rosalía de Castro as mulleres que quedaban esperando aos seus maridos emigrados. Orlando e tantos outros eran orfos da diáspora. No seu caso, tras un pinchacarneiro que comeza no Brasil, con certa distorsión de datas.

—Nacín en outubro de 1962, segundo di a miña partida de nacemento brasileira, pero o meu pasaporte español di que o fixen en febreiro de 1963. Ao parecer foi unha xogada do meu pai cando volvemos a Galicia en 1966. Como non tiña diñeiro, modificou a data e aforrou a miña pasaxe, de pago a partir de tres anos.

Con aspecto de profesional de día libre, camisa elegante e cabelo grisallo, Orlando trae o móbil cargado de documentos e fotos para amosarme nun bar de Chamberí, en Madrid. A súa muller Elena, tamén de familia emigrante, apunta detalles cando falta algún nunha historia torrencial. Meses arriba ou abaixo, Orlando naceu no barrio de Estácio, o berce do samba, no centro. Aos seus pais, orixinarios de Negreira, uniunos a emigración.

Ramón, emigrado en Maracaibo, comezara unha relación por carta dende Venezuela cunha rapaza do seu mesmo concello. Chamábase Filomena Matalobos —levaba o apelido da nai porque Preciosa era nai solteira— e aceptou casar con el por poderes, que era o máis habitual na diáspora: consistía nunha cerimonia na parroquia da muller. A noiva vestía de negro, pola ausencia do ser querido, e ía acompañada do seu pai ou sogro, apoderado do contraente. Cos papeis en regra, embarcaron, un dende La Guaira, o porto de Caracas, e a outra dende Vigo, cun destino común: Rio de Janeiro, onde vivía o tío de Ramón, ao que se agarraron coma a unha liana nun bosque descoñecido.

Era 1960 e Ramón empezou a traballar nunha ferraxaría, mentres Filomena se dedicaba a coser. Tantos clientes colleitou que acabou reclamando a súa nai para que a axudase. Preciosa sumouse á tarefa da costura e tamén coidou do pequeno Orlando, recén nacido. Cunha man atendían o neno, coa outra daban á máquina. Estranxeira e analfabeta, pasaba o día pechada enfiando a agulla coa cortina botada, nunha casa que ardía durante o verán abrasador de seis meses, sen saber ben nin onde estaba.

Malia traballar coma mulas, a súa filla e o marido non facían diñeiro suficiente. Os seus mellores amigos, os Lavandeira, cambiaron o Brasil pola Arxentina. En Buenos Aires abriron un bar, ao que ía un tal Jorge Luis Borges a tomar un *sambayón*, un cóctel de Porto e ovo. Atraídos pola modernidade que transmitían os Lavandeira, pensaron en imitalos. Pero ao mesmo tempo recibían consellos doutros puntos da diáspora. Dende Alemaña recibían as cartas da irmá de Ramón —que para rematar se chamaba Arxentina—: «Vinde para aquí: gañaredes en marcos, que son moitas pesetas, e nas fábricas pagan todo o que fas e máis». Así que, con contrato por diante, cambiaron o trópico pola bacía do Ruhr.

Quedaba un pequeno detalle: o neno. Mentres eles trataban de facer pé en Alemaña, decidiron mandalo, xunto coa avoa Preciosa, de volta a Galicia. Orlando, de dous ou tres anos, segundo o documento que fose, coñecería Galicia tras doce días de barco. Ao chegar agardaban por el os avós paternos de Orlando. Dende entón converteríanse en Papá Ramón e Mamá Manuela.

—Eran pobres, pero tiñan bastante máis que a avoa Preciosa —lembra pasando fotos na pantalla do móbil—. Na casa de Ramón e Manuela, na parroquia de Xallas, tiñamos luz e auga corrente. Na de Preciosa, non. Cóntanme que chorei vinte e catro horas seguidas, pero eu só me lembro dunha nenez plena, pese a criarme sen pais.

Ramón e Filomena tardaron tres anos en volver a Galicia por primeira vez, pero Orlando xa tiña un vieiro marcado xunto aos avós, dun lado e doutro. Cando cumpriu nove anos, mandárono interno ao seminario para formarse e volveu vivir coa outra avoa, que recibiu de seu neto un agasallo único. Foi o neno Orlando quen a ensinou a escribir por primeira vez o seu precioso nome.

Transeúnte (II)

Se un disparase dende aquí unha corda cara ao ceo, uns centos de metros en vertical, podería amarrarse do Cristo Redentor, no cumio do morro do Corcovado. O símbolo do Rio sepárao unha parede verde selvática que comeza xusto onde remata a cidade. Nesa fronteira tropical érguese un edificio de grandes dimensións, cunha gran piscina ao aire libre, un pavillón deportivo, salóns de actos e un restaurante onde se pode conversar cos paxariños e cos macacos mentres grupos de xubilados xogan ás cartas. É o centro galego máis grande, pero aquí chámase Casa da Espanha. E aquí tiña eu a miña oficina.

O 13 de marzo de 2013 escoitouse un berro na sala nove e un insulto nada pío, xusto o día que saíu a fumata branca do Vaticano e se elixiu Papa a Jorge Mario Bergoglio, arcebispo de Buenos Aires. Estabamos atentos á televisión na redacción da produtora Maresia, que abrín xunto ao meu irmán de aventuras Francho Barón para cubrir a actualidade latinoamericana, e cando saíu o seu nome só se me ocorreu maldicir todo o posible, porque sabía que me ían chamar para ir a Arxentina e non podía. O limbo migratorio no que estaba impedíamo, igual que me retivo, case atado á mesa da raiba, oito días antes, cando morreu Hugo Chávez. Vivira o seu mandato con intensidade, non faltara a ningunha das súas convocatorias electorais, gravárao coa miña cámara de televisión nunha reunión na jaima de Gadafi durante un cumio na Illa Margarita, pero agora non lle podía ir ao funeral. O novo Papa coñecérao cando era bispo de Buenos Aires e tiña fontes na arcebispado, pero tampouco podía coller un avión. E todo polos papeis.

Cando cheguei para vivir no Brasil, dous anos antes, auguraba tranquilidade despois do labirinto do papeleo arxentino. Ao formar parte do Mercosur, pensaba que coa miña refulxente residencia do país veciño podería entrar e saír case como se viaxa por Europa. Erro. Por razóns de traballo, voaba a Buenos Aires polo menos unha vez ao mes, a ponte aérea soñada, e eu amosaba despreocupado o meu DNI de estranxeiro na Arxentina, sen tocar o meu pasaporte español. Ata que nun voo de volta cheguei a Galeão, o aeroporto do Rio, dous varudos cabaleiros pasáronme ao cuarto de migracións. Preguntáronme por que voaba tanto entre as dúas cidades e comunicáronme que pasara o límite de días permitido para estar no Brasil, polo que me mandaban de volta deportado a Arxentina no mesmo avión que me trouxera. Entrar con dous policías aeronáuticos ao avión cheo éche vivir nunha película, pero sen final feliz. Por sorte Buenos Aires era a miña outra casa, máis ben o meu lar, e en dous días tracei un plan, despois de falar cun amigo dun amigo que me deu as debidas recomendacións, deixémolo aí. A miña solución estaba na Triple Fronteira.

Dez anos atrás, nunha viaxe exploratoria polo continente e as súas fronteiras, materia predilecta, dedicárame a explorar a que unía e separaba Arxentina, Paraguai e Brasil, unha xoia da natureza: as cataratas do Iguazú. Logo volvín varias veces traballar e descubrín o poroso desa raia no mapa, nó de tráfico de armas, drogas e outras substancias ilícitas. Agora regresaba para saír de Arxentina, por terra, co meu DNI local. Ao chegar á garita brasileira entraría co meu pasaporte español e con ese documento tería noventa relocentes días para permanecer no país, mentres buscaba solucións e trataba de axilizar a miña residencia. Como non a conseguín nese tempo, tiven que repetir a xogada, pero ao revés: saíndo dende Foz do Iguaçu a Ciudad del Este, no Paraguai, alternando co outro documento, ata que ao fin puiden regularizar a miña situación meses despois. Pero no camiño pasaron cousas no continente e o meu traballo, que era contalo, resentiuse. De aí os berros cando fixeron Papa a Bergoglio ou os laídos pola miña ausencia no funeral de Chávez.

Logo de moitos altos e baixos burocráticos, visitas a Migracións durante meses e trámites absurdos, conseguín a residencia permanente, si, pero como proxenitor de dous fillos nacidos no Brasil. Pouco despois mudeime a Madrid, coa sensación, outra vez, de transeúnte, de coleccionista de dnis que non me valen máis que para volver de cando en vez e dicir: ola, eu tamén son un pouco de aquí.

7. VENEZUELA

Chamábannos mosiús aos estranxeiros,
por monsieurs, pero agora parece que é ao revés:
vas a España e a xente mira raro

Porto La Guaira
Praza La Candelaria
Restaurant La Cita
Hotel Plaza Mayor
Parque Carabobo
Parque Central
El Conde
CARACAS
Esquina El Muerto
1 km

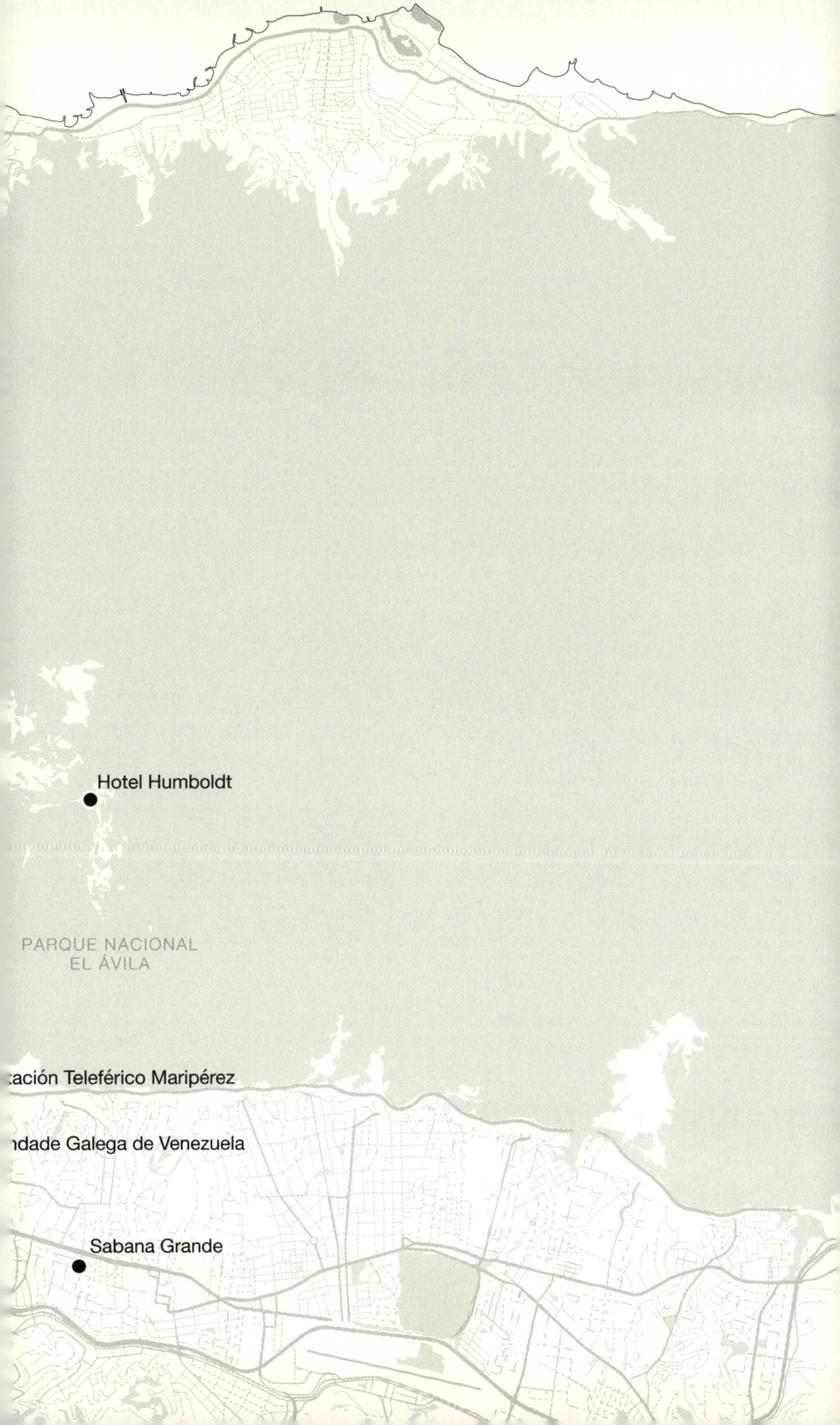
Hotel Humboldt
PARQUE NACIONAL
EL ÁVILA
tación Teleférico Maripérez
ndade Galega de Venezuela
Sabana Grande

O gardián do Humboldt

Unha sombra alombada boura ao contraluz dunha gran vidreira. É un home maior que varre, pasa unha fregona, máis tarde unha enceradora. Ao seu redor, un escenario baleiro dentro dun edificio inmenso, abovedado, entre futurista e decadente, unha posta en escena de cristal e aluminio que parece extraída de Playtime, de Jacques Tati. A imaxe corta a un primeiro plano do protagonista de cabelo cinza embrullado, e un bigote debuxando un acento circunflexo sobre a boca, borrada se non fose polo pito pegado aos labios. Mira o reloxo e di: «Vou prender as luces agora». A voz é nasal e o acento, galego cunha pátina venezolana. A secuencia pertence a un documental filmado en 1998 polo cineasta francés Thomas Sipp, a quen se lle ocorreu rexistrar a historia do hotel Humboldt e rematou por dedicarlle a metraxe e a trama ao seu único habitante. Chamábase Francisco López Fernández, pero todo o mundo coñeceuno como Paco. Sipp condensou a súa vida nun título sintético: O gardián do Humboldt.

Antes de Dubai existiu Caracas. A cidade era, a mediados dos anos , a máis promisoria do subcontinente. Elevada polas regalías petroleiras, Venezuela vivía nun furacán de rápido desenvolvemento e exhibición de luxo, en gran parte pago con diñeiro público, e a súa capital converteuse nun laboratorio arquitectónico ao servizo do Estado. A renda per cápita era alta, por iso é polo que se converteu en destino da emigración europea. Galegos, canarios, italianos e portugueses acudiron á chamada do traballo e a modernidade. O Novo Ideal Nacional do militar Pérez Jiménez contemplaba a construción de autoestradas, túneles, edificios administrativos, polígonos de vivendas ou a universidade pública. E tamén hoteis.

A historia de Caracas —como tantas outras capitais latinoamericanas— cóntase desde a orografía e a altitude. Está a quince quilómetros do mar Caribe, pero para chegar a ela hai que atravesar a cordilleira da Costa. O Parque Nacional El Ávila, que recuperou o seu nome orixinario, Waraira Repano (Serra Grande), ocúpao unha montaña verde e abrupta, explorada no século XIX polo xeógrafo alemán Alexander Von Humboldt. Polos seus descubrimentos cartográficos e naturais do continente nunha longa expedición, que por certo saíu da Coruña, é adorado en América do Sur. O seu nome foi o elixido para bautizar a xoia megalomaníaca de Marcos Pérez Jiménez: un hotel no cumio do Ávila.

O seu soño faraónico incluía un triángulo arquitectónico que conectaría a praia coa montaña e poría a urbe á vangarda das capitais mundiais. Levantaría tres edificios que unirían o Caribe (a cero metros sobre o nivel do mar), a cidade (a case mil metros) e o bico do Ávila (a máis de dous mil). En cada punto, un hotel que trazase unha liña imaxinaria para conversar cos outros dous, pois desde o último poderíase ver o primeiro: o Macuto no litoral, o Tamanaco na capital e o Humboldt na montaña, que soamente se comunicaría co exterior por un teleférico. Iso dáballe unha distinción extra ao proxecto —un hotel aéreo—, pero en orixe respondía a unha estratexia militar, que xeraba unha saída para a evacuación de militares en caso de emerxencia. Para completar o desafío, a construción debía facerse en tempo récord. Tiñan o diñeiro do ouro negro, o talento dos novos arquitectos e a man de obra local e dos europeos que chegaban por miles ao porto de La Guaira.

O 16 de maio de 1956 púxose a primeira pedra do proxecto liderado polo arquitecto Tomás José Sanabria, promotor da arquitectura tropical, que integraba a luz e a paisaxe co interior dos seus edificios. 600 obreiros traballaron en dúas quendas de doce horas, sete días á semana, nunha montaña arrodeada de nubes e vexetación, illado do mundo. A maioría eran europeos: os italianos traballaban moi ben o formigón; os portugueses, a madeira; os galegos, o ferro. A eles sumáronselles os venezolanos, bos operadores de maquinaria, para levantar en 199 días o hotel completo, un achado estrutural e de deseño. Incluía unha torre circular con setenta suites, acceso directo desde o teleférico cara ao luxoso *lobby*, corredores con chan de xaspe e mármore, salóns con chemineas de campá, restaurantes e bares de película de época, unha *boite* con pista xiratoria e unha piscina climatizada mirando ao mar Caribe desde a altura.

Fóra, as bóvedas achaparradas como iglús dunha base antártica, e xunto a eles o cilindro orgulloso, mestura de rañaceos, pagoda e faro, cunha vista de 360 graos —cando despexa—. As imaxes da súa inauguración, en decembro dese ano, remiten a unha utopía feita realidade: autoridades e xornalistas a bordo dun teleférico circular salvando o desnivel desde Caracas en oito minutos e chegando á nova icona co ceo por único teito. Lindo de máis, mesmo para a Venezuela saudita.

O brillo cegador das instalacións foise opacando por un cruzamento de factores, metáfora do paradoxo da época, entre o talento e o dispendio. O hotel levaba a sinatura de Pérez Jiménez, e iso non axudou na voluble política do país: ano e pouco despois de cortar a fita, o presidente foi derrocado, e en 1961 o Humboldt pechou as súas portas por primeira vez.

Dende entón, viviu unha historia agoniada, chea de aperturas efémeras e os seus consecuentes abandonos. As crises económicas, os vaivéns políticos, e tamén o rigor dos elementos naturais marcaron o seu destino: o hotel só funcionou aqueles catro anos de maneira continuada, e en total só nove, entre peches e remodelacións. En todas esas décadas, mesmo despois da súa morte, un nome atravesou a historia do hotel como un eixo transversal inesperado ao que hoxe renden tributo permanente. Non é Von Humboldt, nin o arquitecto, nin moito menos Pérez Jiménez, senón un galego chamado Paco.

—Do que van ver hai poucas cousas orixinais do hotel: algúns obxectos, os pisos e as tubaxes, e iso existe grazas a Francisco López, un humilde inmigrante fuxido da precariedade que protexeu o hotel por riba da súa vida. O Señor Paco saíu de Galicia nun barco como polisón. Descubrírono xa cruzando o Atlántico e obrigárono a lavar o barco todos os días de traxecto ata o primeiro porto. Ese foi La Guaira. Cando chegaron dixéronlle: quedas aquí. E aquí quedou e non volveu máis á súa terra. Tampouco tivo familia. Dedicou a súa vida ao hotel literalmente, pois nel habitou nos anos que estivo pechado ata a súa morte en 2009.

Rebeca Bejarano, vinte e un anos, abrigada cun plumífero lixeiro, fala co soniquete dos guías turísticos a un pequeno grupo de persoas que se apiña para escoitar o relato. É xuño de 2022 e estamos na entrada do hotel Humboldt, recentemente restaurado e dolarizado. Igual que na época de estourido capitalista, na do chavismo post Chávez a esencia é a mesma: aquí hospédase quen pode pagar 350 dólares por noite. Ou sexa, a elite dun país que pasou por mil fases diferentes, e en case todas perviviu a idea de facer do hotel un patrimonio nacional, ao tempo que unha evidente incapacidade para mantelo.

Vai frío mesmo dentro xa do maxestoso edificio, onde a guía continúa o seu discurso sobre o emigrante famoso e descoñecido á vez, cuxa figura cobrou unha dimensión mitolóxica. Da súa vida en Galicia nada se sabe de primeira man: xamais contou nada substancial. Apenas os retrincos que recita Rebeca ou que aparecen en biografías que, salpicadas polo ciberespazo, aumentan a súa lenda. Que naceu en Ordes, nos anos trinta. Que subiu ao mesmo barco onde se transportaban as máquinas para construír o teleférico do Ávila e que por iso desembarcou xa enrolado para traballar na obra. Que unha vez aberto o hotel, exerceu de fontaneiro, mecánico e electricista. E que ao pechar converteuse no seu gardián.

—Cando o hotel quedou abandonado, viña xente roubar o que había dentro. Para salvar o sistema de tubaxes, que eran de cobre, un botín para os ladróns, pintounas todas de negro, para que pensasen que aquilo non valía nada.

Paco non está xa, pero o documental de Thomas Sipp dá a oportunidade de recrear a súa vida, percorrendo co seu andar pousado as estancias do Humboldt. Cando se fai de noite, Paco entra no seu cuarto de ermitán: unha cama, un armario barato na esquina, do que saen penduradas dúas cordas con perchas e camisas, unha cadeira de brazos cuberta por unha saba e unha televisión precaria de antena portátil. «Aquí estou todas as noites vendo a novela ata as doce». Ten poucos trebellos persoais, pero no armario garda con celo unha caixiña. Dentro hai unha bolsa e nela hai unha medalla («de puro ouro»), ademais dun título pola súa vida entregada ao hotel. «Corenta anos de servizo entre o teleférico e o *Humbo*», di.

As avelaíñas pasan por diante da luz e de Paco, calado de novo. A súa silueta resulta enigmática. A medianoite apaga a tele, érguese e sae da peza, péchaa con caravilla e arrinca a rolda polos intestinos do hotel. Vai vestido cun abrigo longo ata o xeonllo, con enfeites nos ombreiros e un chapeu de palla. Leva tres cans por acompañantes —Laika, Negro e Pirulita—, unha lanterna na man esquerda e un machete na dereita. A sombra andante, se non fai graza, dá medo. «Todas as noites o fago. Asustado eu? Non, non. Mira!» di sinalando o machete. Aparece un gato cun rato na boca, matacandís, escaravellos, escuridade. Vén á cabeza o Jack Torrance d'*O Resplandor* de Stephen King ou a súa versión cinematográfica, con Jack Nicholson loitando contra os seus demos internos.

Igual que na ficción, trátase dun hotel ancorado na súa única época dourada. De se lle dar movemento ás fotos da época e lle engadir música, nun plano secuencia de presentación escoitaríase un piano de notas precisas na acústica abombada e unha orquestra tocando mambo, bolero e chachachá. As señoras elegantes levarían os toucados de pel de armiño que nunca poderían usar na cálida Caracas, os señores de cabelo fixado falarían de cartos e de petróleo. Cheiraría o fume entre os cócteles pasando en bandexas cheas baixo as lámpadas de deseño. Ao lado, na *boite*, bailarían os mozos, mentres no edificio contiguo uns nenos patinarían sobre xeo, co verde selvático e o Caribe de fondo. Na entrada do teleférico baixarían máis ricos para rexistrarse no vestíbulo. Alí recibiríaos un maleteiro vestido ao estilo dos grandes hoteis norteamericanos: abrigo de la vermella, luvas e gorra de prato brillante: Paco.

No documental intúese o mesmo lugar, pero baleiro e apagado. Só se acende na rolda do garda, cando prende as luces no cadro eléctrico ou explora coa lanterna: «Oín un vidro rachado e vin», di brandindo a arma. Hai algo de impostura ou esaxeración nos seus acenos. Paco entregou a súa vida ao hotel e no camiño botoulle unhas pingas de meigallo: inventou historias para non durmir e chegou a chantar caveiras arredor do edificio e outras excentricidades coa nobre razón de alimentar o misterio e afastar intrusos. Rumoreábase que nas alturas do Ávila vivía un misterioso vello que corría coa súa escopeta a todo o que se achegase ao Humboldt, un lugar maldito onde dicían que uns nenos afogaran na piscina e unha muller caera pola varanda dun dos dormitorios. E, no medio, un galego cun farol a pilas, co andar cansino e o sorriso a medio gas. Coa súa imaxe de Santa Compaña espantaba ladróns do edificio mastodóntico e logo refuxiábase no seu pequeno cuarto de servizo do soto, coma un verme nunha mazá xigante.

O hotel reinaugurouse unha vez máis en 1986, sen éxito, comido pola meteoroloxía salvaxe e pola falta de mantemento, segundo conta Zukkin.

—Cando o teleférico vivía as súas peores épocas, el intentaba arranxalo, aínda que fose ás bravas. Os seus amigos que traballaban no teleférico chamábano «mans de alicate», porque unha vez conseguiu enganchar un rodamento do mecanismo do cable soíño. Pouco tempo despois volveu pechar.

En 1998 privatizouse o complexo e comezou un novo camiño para reabrilo, a época do documental. Nel, un grupo de técnicos revisa a nova concesión, entre curiosos e distraídos. Visitan a torre dos cuartos, coas paredes descascadas pola humidade que entra polas xanelas mal seladas. Logo van á zona común, onde as palestras de madeira sobreviven ao tempo. Ao final, a comitiva atópase con Paco. Alguén avisa: «Oe mal». Fanlle unhas preguntas:

—Sabe vostede que están vendendo o hotel?

—Segundo din, si. Non sei, como unha privatización.

—E que fai vostede aquí?

—De todo —e ri e enumera con acento galego, tocando as xemas dos dedos como pedras—: son cociñeiro, varredor, xardineiro, electricista, caldeireiro, todo, todo.

—Vostede pensa que está no mellor sitio de Caracas?

—O *Humbo* é o mellor hotel de Venezuela.

—Séntese vostede responsable do hotel?

—Si. Claro (e move as meniñas dos ollos cara a un lado como pedindo aprobación).

Tamén se ofrecen detalles cotiáns do personaxe: comía legumes («garavanzos, fabas»), tomaba café todo o día («gústame máis cá auga»), erraba meditabundo polos corredores. Osvaldo Vera, un traballador do teleférico que pasaba tempadas naquela illa de formigón con cristais rotos, fala da convivencia: «É difícil vivir con este personaxe. Non me podo bañar porque me corta a auga, sabotea todo».

Nun momento da película estrala un trobón tropical. Paco pecha as fiestra e adícase a limpar as pingueiras nunha sala con chan brillante de xadrez. Cargado con farrapos, empapa e escoa a auga e repite a operación mil veces, coma un Sísifo baleirando auga en alta mar. Tamén escala ata a antena que coroa o edificio, entre o asubío do vento da foresta, ata quedar pendurado coa néboa aos pés. E todo para cambiar unha lámpada.

A secuencia final é reveladora. O teleférico achégase ao vestíbulo do hotel e del baixa unha comitiva de ministros, secretarios, subsecretarios e afagadores perseguidos por xornalistas, cámaras e sonidistas con pértega correndo, lixeiros para contar o novo amencer do Humboldt. Alí está o ministro de Turismo a falar con fachenda sobre a «reforma integral». Pero nese momento estoupa unha lámpada. O grupiño segue o seu paseo sen inmutarse, cos focos a outro lado ao ritmo de mambo, pero Sipp queda con Paco en primeiro plano.

Co mono azul varre os cristais coa vasoira con cara de poucos amigos, sen que ninguén repare, invisible ao resto. Logo os xornalistas marchan e el queda no seu castelo do curuto do monte.

Aquela tentativa no cambio de século foi un desastre no que non se respectou o proxecto orixinal (o arquitecto Sanabria, indignado, denunciou aquel emprendemento). En 2007 Chávez revogou a concesión e nacionalizou o complexo con vistas a outra reinauguración, só concretada en 2020. Xa era demasiado tarde para Paco, que morreu sen velo aberto de novo. Pasou os seus últimos anos entre o hotel e a casa do seu amigo Patiño, comendo na Irmandade Galega, próxima á estación do teleférico, e mirando cara ao Ávila. Sabemos a data da súa morte grazas a internet: 25 de setembro de 2009. Sen lugar nos xornais, nas redes (os blogs) reserváronlle un pequeno obituario no que se dicía que faleceu «a unha idade tan indescifrable como a súa personalidade».

—Lamentablemente Paco morreu só e triste —pecha Rebeca, sen máis detalle.

Meses despois da súa morte, o hotel foi declarado Ben de Interese Cultural, como un último aceno ao garda. Agora o seu nome está serigrafado en carteis das tendas, destacado nas cartas do restaurante, en pratos e cócteles co seu nome. E, por riba de todo, o seu espírito vive suspendido na atmosfera irreal do Humboldt.

Historia dunha Irmandade

En 1914 Venezuela descubriu o primeiro campo de petróleo e mudou a súa historia. E, de paso e con efectos retardados, a de centos de milleiros de europeos, coa chegada ao poder —previo golpe militar— de Marcos Pérez Jiménez na década de 1950. A súa idea de país, baseada no desenvolvemento económico acelerado e no férreo control político, contemplaba unha política de portas abertas ao europeo. Buscaba man de obra para modernizar o país a través da obra pública, de infraestrutura e servizos —como o Humboldt— co diñeiro ilimitado do petróleo. Nos anos cincuenta, nos que o país apenas superaba os cinco millóns de habitantes, entrou un cuarto de millón de españois. Deles, case a metade galegos, que acompañaron a tradicional emigración insular e a colonia vasca exiliada. Caído Pérez Jiménez, o fluxo deu unha freada mentres xiraba a Centroeuropa, pero quedou un pequeno país que permanece vivo a través de orixinarios e descendentes. Dez mil deles fan vida cotiá nunha cidadela moderna chamada Irmandade Galega de Caracas, a asociación sen fins de lucro máis grande de Venezuela.

Desde fóra só se percibe unha continuación de muros entre dúas avenidas barullentas na zona de Maripérez, un predio rectangular do tamaño de dous campos de fútbol e varios pisos de altura. O perímetro está fortificado con paredes de tres metros, peche de arame e valado electrificado. No portalón locen as bandeiras de Galicia, Venezuela e España —non é menor o detalle, como veremos—. Nunha urbe hostil, sometida a fumes e decibelios e cunha desigualdade rampante, a Irmandade é unha burbulla de paz, un mundo paralelo no tempo e no espazo. Todo funciona como un reloxo desde a entrada, onde se ve un marco xacobeo co punto quilométrico 6657 desde Compostela entre palmeiras frondosas. Nun cruce de camiños, un quiosco cun hórreo de tamaño natural enriba. Por alí pasan correndo cuadrillas de rapaces como antes fixeron os seus pais cos seus avós.

De xeito diferente ao doutros países, os emigrantes unificáronse nunha soa entidade, unha pequena cidade dentro doutra cidade, con colexio, teatro, centro de saúde, ximnasio, piscina olímpica e cinco restaurantes. O que naceu sendo unha forma de lecer e cultura identitaria, hoxe é un privilexio que os distingue, por tres dólares ao mes, da realidade que vive o país.

Citeime cun dos fundadores da Irmandade unha mañá de xuño rebordante de luz. Véxoo ao lonxe, sentado na terraza da cantina, entre o cheiro a froita e a batuxada da piscina. El encarna o elo que une mil cadeas entrecruzadas. Levántase ao meu encontro e saúda cun sorriso. Ten rostro antigo, abundante cabeleira branca, orellas que de tan lustrosas parecen esculpidas en cera, e leva, a medio colocar, unha máscara escura co escudo de Galicia. Chámase Manuel Quiroga e a súa memoria transmite todo o que cabería en cen libros sobre a diáspora. Di, sempre en galego, que naceu en Celanova, Ourense, «coa guerra», pero realmente unha vida nova comezou para el coa emigración a Venezuela.

Levanta pouco máis dun metro e medio e viste de inverno na eterna primavera caraqueña: pantalón de pana por riba do embigo, camisa de cadros en cores frías arremangada até o cóbado, zapatillas deportivas e lentes penduradas. Tamén gasta toques modernos: un reloxo electrónico aparatoso e un móbil no que non para de mirar un chat onde van actualizando, minuto a minuto, un partido do Deportivo. Vive coma se nunca saíra de Galicia aínda que estea en Caracas desde 1956. Á súa chegada fíxose socio do antigo Centro Gallego e desde entón a súa vida trazaría un arco ata fundar a Irmandade, onde recibe trato de autoridade atemporal. Quiroga pide para comer unha sopa de polo con millo e para beber, un whisky Buchanan's aguado, ao xeito local. Logo abre as mans, ensinando as palmas, e prepárase para impartir unha lección maxistral sobre a historia da colectividade.

—Se queres, cóntoche. Eu non teño présa ningunha.

Rodolfo Prada, secretario do Centro de Buenos Aires, traballaba como representante do laboratorio do doutor Andreu a mediados dos anos corenta. O seu labor era vender o produto estrela da marca, as milagrosas pastillas contra a tose, en viaxes comerciais por toda América. O que descoñecían na empresa é que aproveitaba aquelas xeiras para regar a semente do galeguismo fundando grupos afíns nos países da diáspora. Nunha desas viaxes chegou a Venezuela. Daquela, os exiliados eran maioría entre os conterráneos. Prada deulles o primeiro pulo para crear unha agrupación recreativa e social, e en 1945 fixose realidade. Ábrese a enciclopedia Quiroga pola páxina dese ano.

—O goberno venezolano non permitía centros de colectividades estranxeiras, ningunha, porque pensaban que eramos todos extremistas. Pero ao empezar a inmigración pensamos en crear unha asociación. Chegou Prada, que era a persoa de confianza de Castelao, e reuniuse con dous ou tres nomes, e de aí saíu a decisión de fundar o Lar Galego. Abrírono en outubro cun baile e por alí apareceron dous ilustres descendentes: o presidente da República, Rómulo Gallegos, e o escritor e presidente do Congreso, Andrés Eloy Blanco Meaño.

Segundo Quiroga, alistáronse trinta socios fundadores. Entre eles un capitán de mariña mercante, José María Mosqueira Manso, nacido na Costa da Morte, investigador das tartarugas do Orinoco e das ostras do Caribe. Coma nun conto, Mosqueira reuniuse cunha ducia de paisanos e díxolles: «Vou coller un candil e a percorrer os barrios caraqueños. Buscando ben, malo será que non atopemos cen galegos. Quen queira que me siga», díxolle o seu fillo a Lois Pérez Leira. Non foron cen, pero si corenta e nove os que o seguiron na fundación do Lar, na praza da Candelaria. Nel izouse a bandeira galega e a tricolor republicana. Prada podíase dar por satisfeito.

Dous anos despois, doce socios separáronse —máis ben foron expulsados— e crearon o Centro Gallego. Para non faltar ao tópico minifundista, logo produciuse unha esgazadura da esgazadura. Silvio Santiago, galeguista vinculado á CNT, fundou a Casa Galicia. Pero, contra prognóstico, uníronse de novo.

—O 12 de outubro de 1960 aprobouse a unión e nomeouse unha comisión para que buscásemos un terreo para a Irmandade. Un ano despois, abriuse esta sede —toca a mesa dúas veces e empeza un percorrido visual—. Mira, alí naquel edificio había un parque, e alí no ximnasio un terreo ermo. E esta cantina era unha barranca. Comprámolo en cinco millóns de bolívares, un millón de dólares. Por fin a Irmandade xa era de todos, pero había que facer convivir ideoloxías contrarias. As asembleas eran puras tensións sobre se había que izar a bandeira franquista ou a republicana. E entón non se poñía ningunha; durante décadas aquí só se puxeron a bandeira venezolana e a galega.

La Candelaria

Santiago de León de Caracas encáixase nun val corrido paralelo ao mar e separado pola impoñente cordilleira litoral, furada na década das migracións polos túneles, unha autoestrada da que penduran barrios de ranchitos no camiño á capital. Alí foron parar sete de cada dez galegos, entregados ás oportunidades dunha urbe en obra permanente, puxante e caótica polos cambios veloces da economía do petróleo.

Os portugueses tiñan panadarías, os italianos, fábricas de roupa e zapatos, os galegos, e españois en xeral, restaurantes. Xunto á colonia canaria, que xa era veciña do barrio, instaláronse na parroquia máis representativa do centro, La Candelaria. Alí creouse un tecido vivo, ao redor da praza como punto de encontro dominical. Coa avalancha de estranxeiros entre 1955 e 1960 —chegaron a ser máis do dez por cento da poboación— prosperaron os negocios que importaban viños, embutidos ou aceites españois —como despois fixo unha colonia de Celanova en El Junquito, coñecido dende entón polo seu comercio de produtos derivados do porco—. O auxe da gastronomía europea tamén se traduciu no éxito dos restaurantes para comer e socializar con nomes evidentes: Los gallegos, Las rías gallegas, el Pulpo gallego, La tertulia o La Cita.

Setenta anos despois, La Candelaria perdeu a súa pegada colonial, e con ela gran parte da súa esencia. Co centro cada vez máis deteriorado, os que prosperaban desprazábanse a sectores máis opulentos como Chacao ou Altamira, ao leste. Os que non, quedaron nun barrio depauperado polas sucesivas crises, con intensa vida comercial pero de aire decadente, nunha contorna de edificios con reixas e pouco recomendable de noite. Os únicos que permanecen inalterables son os restaurantes máis tradicionais.

La Cita segue a rebordar calquera día de semana. Ten unha barra cadrada de madeira na planta baixa e un salón no andar superior para degustar menús máis clásicos, co aire acondicionado a todo meter, estatus de clase. Os camareiros de chaleco e lazo circulan con pratos de peixe á galega, empanada e polbo. Aínda que o fundaron uns vascos, ao saír o cociñeiro, con cara de levar entre fogóns desde a mañá, empézase a escoitar galego de Ourense. Saúda a persoa que me levou ao restaurante e volve deseguido á cociña.

O meu anfitrión é Roberto González, un home de corpo fino e mente rápida, expresidente da Irmandade e membro dunha familia de Coles, en Ourense, prototípica da diáspora. O seu tío avó, Antonio Araújo, emigrado en Cuba, saíu da illa ao estalar a Revolución con destino Caracas, onde abriu unha zapatería. Naquela época penduraban os zapatos cuns fíos a modo de escaparate e Araújo foi o primeiro que lle puxo cristais. Espírito inquieto, cada semana ía ao porto de La Guaira cando chegaban os barcos. Alí debuxaba nun caderno os modelos que calzaban os pasaxeiros de primeira clase. Logo mostraba os seus bosquexos aos italianos donos de fábricas e replicábanos. Foi ben o negocio e montou unha zapatería (con escaparate) en Sabana Grande, outra zona comercial de arraigamento galego. Araújo tróuxo o seu novo sobriño reclamado, acompañado da súa muller. O matrimonio instalouse nunha pensión de paisanos, das moitas que había nos edificios coloniais do Conde, e atopou emprego na embaixada inglesa. Ela axudaba en cociña, el facía limpeza e servizo. Repetiron experiencia na casa dunha familia rica, ata que aforraron diñeiro para montar o seu negocio e tiveron dous fillos na década dos sesenta. Un deles era Roberto.

O comercio era unha especie de quiosco situado na porta dos bares, o que en Venezuela coñecen como *vidriera*. Vendía caramelos, xeados e larpeiradas. Foi un primeiro paso para despois montar un restaurante, o Alcabala, onde ao entrar cheiraba a caldo galego e frituras da casa, xunto á praza da Candelaria.

—Tivérono quince anos e non fixeron un bolívar —conta Roberto sentado na Cita—. Comían e vivían ao día, pero a miña nai na cociña, o meu pai na barra, traballaban moitísimo e non gañaban. E por tanto non volvían nunca a Galicia, imposible por vergoña. Montaron entón unha ferraxaría a un par de rúas, onde lles foi algo mellor. Empezaron a ir e desde o 2000 fixeron o que moitos: pasar o inverno aquí e o verán alá. Compraran un piso en Venezuela e outro en Ourense. Cando o meu pai enfermou, quedaron en Galicia. Eu casei e agora é a nosa filla a que estuda en Madrid.

E así se cumpre o eterno retorno de catro xeracións entre dúas beiras. Durante unha fracción de segundo, vestido con bermudas, Roberto deixa ver nunha perna unha tatuaxe da cruz de Santiago. Volve o cociñeiro de Ourense, pouco falador. Encároo.

—De que zona es de Ourense?

—De Entrimo.

—Ah, como a irmá da miña avoa. Chamábase Fe, era profesora, igual que o seu marido, Manolo.

—Non me digas, ambos os dous déronme clase hai sesenta anos.

Regresa á cociña mentres fóra segue a vida en La Candelaria.

Que pasaría en Venezuela se non existise Pepeganga?

Os emigrantes chegaban a unha capital repleta de terreos e cara a eles se encamiñaron a pedir traballo. Ao mesmo tempo que outros europeos, moitos galegos enroláronse como albaneis ou carpinteiros para levantar a nova cidade. Outros inclináronse por oficios urbanos de servizos nunha economía emerxente. E en canto aforraron fixéronse propietarios do seu propio negocio.

Dentro do ramo do comercio algúns destacaron, como os donos dos almacéns El Fortín, Tambi ou Cortés («*donde un bolívar vale tres*», segundo dicía o seu popular *jingle*, e que despois fundarían as tendas Pórtico en Galicia). E, por riba do resto, Pepeganga, alter ego de José Iglesias Lorenzo, un audaz emigrante de Boborás, dos de lapis na orella, que empezou vendendo teas nos anos cincuenta e terminou abrindo un establecemento tras outro ata formar a cadea máis famosa do país.

Como o seu propio nome indica, explotaba a golpe de saldo o enorme nicho de xente que non podía pagar a roupa das boutiques do leste de Caracas. Escarnecida polos *sifrinos* (ricos) da capital polo seu carácter popular, a cadea fixo sona polas súas tendas ateigadas de montañas de roupa a prezos mínimos e descontos imposibles impresos en grandes carteis ou nas súas bolsas de plástico: «*Pepeganga viste al alcance de todos*», «*Pepeganga, las tiendas del pueblo*». A clientela, maioritariamente feminina, botábase a moreas polas ofertas. A súa irresistible política de márketing levouno mesmo a crear o seu propio club de fútbol. O slogan da marca, inventado polo propio Iglesias, dirixíase ao cliente cunha pregunta retórica que lle tocaba a fibra nacionalista: «*Que pasaría en Venezuela si no existiese Pepeganga?*».

Estaba en todos lados: nos valos, nos xornais e nas televisións. Cando a economía empeorou, ideou novas fórmulas para atraer clientela: a finais dos oitenta lanzou unha campaña televisiva presentando o Plan Social Pepeganga: se comprabas un mínimo de mil bolívares (uns trinta dólares de entón), saías da tenda cun seguro médico e de accidentes de obsequio. A póliza asinábase sobre o mesmo mostrador.

Os grañudos

A venda ambulante serviu de primeiro paso para moitos acabados de chegar. Algúns vendían cadros pola rúa ou casa por casa. Outros, fotografías. E todos ofrecían o produto cun crédito rústico nun país laxo na cultura do gasto: diñeiro que cobraba o traballador, diñeiro que lle queimaba nas mans. Os galegos atoparon a fórmula de sacar diñeiro rápido; cobraban por adiantado a metade e a outra metade recibíana cando entregaban a foto enmarcada.

Un caso pouco estudado de ambulantes son os grañudos, especializados na venda de teas e panos. Eran oriúndos da Graña, unha parroquia do concello de Covelo, na Serra do Suído, zona quente de emigración onde Pontevedra vai ao encontro de Ourense. Os habitantes da Graña manteñen trazos socioculturais homoxéneos e distintivos respecto a parroquias e concellos veciños. Ata mediado o século XX non existían matrimonios nados fóra daquel punto no mapa. As familias eran enormes, eles mesmos negociaban os contratos de compravenda de terreos, sen escrituras, e se había algún problema —de lindes ou calquera outra lea habitual na repartición da propiedade rural— arranxábase de xeito comunitario, sen interferencias foráneas.

Segundo os estudosos da zona, os grañudos descenden de xudeus conversos, refuxiados tras a persecución sufrida na xudaría máis importante de Galicia, na veciña Ribadavia. Alén da relixión, mantiveron como cristiáns novos os costumes e as ocupacións dos seus antepasados.

A súa historia de feirantes ancora as raíces nos tempos do monopolio do comercio do sal, un ben prezado e sometido a impostos altísimos pola súa escaseza. Encerrados nas alturas pouco produtivas da serra —que o topónimo da Graña ilustra nunha palabra—, buscaron o seu sostén na fronteira. A proximidade con Portugal permitiulles contrabandear con sal e vendelo en viaxes por toda a xeografía ibérica. Era migración andoriña: saían cargados da aldea en setembro e volvían na primavera. Empezou a ser coñecida como A Graña do Sal, pero unha vez liberalizado o seu comercio, diversificaron o seu negocio, primeiro co viño do Ribeiro, despois con sabas, colchas e teas, o que lles valeu un novo sobrenome, A Graña dos paneiros. Aínda que podería ser tamén de paneiras, porque ao contrario que no resto do país, non só marchaban os homes á venda itinerante, senón tamén as mulleres.

Chegado o século XX, a trafega migratoria da bisbarra non os colleu descoidados. Moitos establecéronse en Vigo ou en Pontevedra, onde se facía mellor negocio que nos camiños e aldeas, e cando se empezou a mirar cara a América, tamén tomaron ese camiño. Todos a un tempo e ao mesmo sitio, como corresponde á súa tradición. Tampouco alí renunciaron ao seu aceno de identidade comercial, e así foron coñecidos, como grupo diferenciado, na propia cidade. Axudou que, á parte do galego vehicular habitual, os da Graña falaban o seu barallete propio, o dialecto gremial que usaban tamén os afiadores ou os paragüeiros, preñado de vocábulos exclusivos da parroquia.

Alí son lembrados polos *televisores*, unhas balas de tea cheas de cousas e tan avultadas que semellaban novos electrodomésticos. Subían con eles os outeiros nos que crecían barrios informais cada día. Primeiro a pé e logo en camioneta, ata que conseguiron abrir os seus propios almacéns; La Oferta foi o seu establecemento máis coñecido. Foi tanta a súa influencia que case monopolizaron a venda polo miúdo de teas, cuxa fabricación estaba en mans de libaneses e xudeus.

A Graña mantén unha poboación mínima no inverno (menos de cen habitantes segundo o último censo), e énchese no verán de grañudos do outro lado do mundo que volven un mes ao ano, co bolso forrado de billetes, a gozalo entre os seus.

Pensión, estacionamento, cabana e hotel

A Caracas colonial conserva a súa historia a través das esquinas. A tradición oral signou con nomes populares os recunchos por onde pasaban mil cousas por minuto. Os sucesos, as rexoubas, os alcumes e as lendas cítanse nas placas, como un libro aberto á cidadanía. Está a esquina da Bolsa, El Hoyo, da Pelota, da Gorda, do Socorro ou das Ánimas, por exemplo, cada unha coa súa historia. O restaurante Gallegos está situado na esquina El Muerto, así chamada por unha disputa política que acabou cunha suposta vítima, que con todo saíu correndo cando o foron atender. Por esta ocorrencia tribútase cunha placa de azulexos na fachada do restaurante. E aínda hoxe basta con dicir El Muerto, sen máis detalle, para dar as señas do lugar.

En moitas desas esquinas, nos sectores aínda coloniais da Candelaria, Santa Rosalía e El Conde instalábanse pensións ou vivendas colectivas ocupadas por veciños da mesma aldea ou colectivos agrupados por oficios, como os afiadores ourensáns de Nogueira de Ramuín. Tamén abondaban os recén chegados que compartían cuarto, hospedados por matrimonios de paisanos. Moitos non pagaban ata conseguir traballo, tanto tiña que fose un mes, ou ata un ano: solidariedade nas malas. Segundo se foi modernizando a cidade, as pensións foron desaparecendo e El Conde foi pasto da picaraña. As casas antigas deixáron espazo a edificios de pisos e oficinas e abríronse avenidas e autoestradas que atravesan o mapa urbano.

Sobreviviu o parque Carabobo, outro centro de reunión da colectividade, entre bodoques de parede desconchada e aire acondicionado pendurado. Na seguinte esquina, Bellas Artes, álzase un hotel galaico aberto este século. O Plaza Mayor abrírono Maricarmen Paz Miranda e o seu marido,

José Antonio Vilachá, despois de moito insomnio. Durante anos quedaban ollando para aquel edificio abandonado pensando cando poderían reunir o diñeiro para compralo, porque os bancos non estaban nin se podían esperar. Ao final recibiron o apoio que non pediran do pai de Maricamen, Gumersindo Paz.

Sindo, como o coñecen na colectividade, chegara na grande onda dende unha aldea da Bola, en Celanova, como albanel, mentres a súa esposa gañaba a vida nunha fábrica de camisas «dun galego arrecho», aínda que non vira unha máquina de coser na vida. Tantos pescozos e puños cosía, tanto gañaba. Por parte dela, o seu pai era *guachiman* (deformación do *watchman* anglosaxón, vixiante), e a súa nai, empregada doméstica. Eles coidaban da nena Maricarmen, na casa e no primeiro emprendemento de Sindo, outro clásico: un estacionamento. Comprárao de vez cando soubo que o propietario dunha construtora onde el traballara tiña un aparcadoiro no centro comercial El Recreo: «Fun empregado seu e quero comprarlle o estacionamento», díxolle directo.

—Crieime entre coches —conta Maricarmen, cincuenta anos pasados, pelo curto claro e unha voz que se eleva sobre o barullo do tráfico que sobe até a terraza do seu hotel—. Viviamos todos alí, nunha casiña, e os meus avós consentíanme todo sempre.

Os aparcadoiros reveláronse como un gran negocio cando Sindo mergullou na creatividade. Para rendibilizar as noites ideou unha tarifa única, e logo pasouna a horario laboral, de tal maneira que nunha cidade que vive no coche a xente podía aparcar e tomar o metro para ir traballar. Ao acumular capital, ampliou negocio cara ao sector dos hoteis de parellas, aquí chamados cabanas. Xunto a outros seis paisanos, comprou un terreo e construíu o Mediterráneo, aínda unha referencia.

Nesa contorna de emigrantes feitos a si mesmos se criou a moza Maricarmen. Estudou dereito, doutorouse e exerceu. Pero ao pouco de casar, díxolle a seu home:

—Hai que investir e montar un hotel. É o gran negocio, díxenlle. Eu sentíao así e non podía deixar de dicilo, porque aínda que son avogada e me encanta a miña profesión, mamei o que mamei na casa e saíume así.

Así que abandonou o seu traballo para enrolarse nos negocios. Ela leva a parte administrativa do Plaza Mayor e José Antonio a operativa dun hotel de setenta cuartos xigantes e unha terraza con vistas ao complexo urbanístico Parque Central, un soño de espellos e palmeiras nunha Caracas que xa non existe.

A axencia

Ao café coado en Venezuela chámanlle *guayoyo*, achado onomatopeico que une as culturas orixinais do país coas sucesivas ondas migratorias: lavado, solto de auga pero co punto exacto de sabor para tomar tres cuncas. Álvaro Gómez pide a primeira na cantina da Irmandade Galega, mentres mira un nome na axenda do seu teléfono, anterior á era dos smartphones. Está no medio do relato da súa vida.

Nos anos cincuenta, un feixe de axencias repartidas por Galicia facían negocio coa viaxe dos milleiros de mozos que marchaban a América. Liberaban de burocracia aos que marchaban, xente de pouca instrución á que lles pedían unha montaña de documentos, aínda que algunhas acarreaban fama de aproveitarse dos clientes ou emitir papeis falsos. A xestoría de Gómez, moi ben posicionada en Ourense, fervía de clientes, aos que daba pistas do que se ían atopar.

—A moitos emigrantes ensinabámolos a poñer o nome para que cando o cónsul vise como asinaban, pensase que escribían ben. Se non, era un problema conseguir o visado.

Nunha viraxe vital, América tamén chamou a Álvaro. Namorou de Nora, que lle anunciou que tamén debía marchar a Venezuela coa súa nai seguindo as súas catro irmás, as catro monxas. Como el tiña un irmán aló, foi á aventura. Ao chegar ao porto de La Guaira, colleu unha insolación que nunca esqueceu.

—Estiven a piques de volver, porque levaba moi mal o calor. Ás 7.30 xa había máis luz que ao mediodía no Ourense do seminario que vivín.

Non foi un emigrante ao uso, urbanita e con estudos, pero tamén lle chocaban os contrastes, riqueza e pobreza a niveis nunca imaxinados. Con vinte e un anos abriu a súa propia axencia para sacar partido ao outro lado do péndulo migratorio. En vez de emigrar, mandaríaos de vacacións ou á casa.

—Axudoume moito unha das miñas cuñadas. Tiña moitos contactos aquí e en quince días déronnos os permisos para abrir. Xa había moitas axencias, aínda que de paisanos só a Casablanca, pero vendérona e nós subimos en clientes unha barbaridade. Para que calcules, no barco Santa María cheguei a meter 240 pasaxeiros, entre galegos e portugueses.

A suma de traballo e aforro franciscano empezaba a encher os barcos de volta. A súa axencia facilitaba a compra de billetes a prazos coas grandes compañías: a Trasatlántica Española, a portuguesa Colonial de Navegación, a Grimaldi italiana. O negocio funcionaba de marabilla, na esquina de Miguelacho, na Candelaria, todo a base do boca oído. Apostaban polo márketing directo, na fonte mesma do negocio: visitaban as pensións cunha folla de bacallau e unha garrafa de viño. Con viandas a mensaxe entra mellor. E a conversa comigo, tamén.

—Campión, comemos? —dime Álvaro, e diríxese á camareira—. Que tes hoxe?

—*Pollo a la canasta*, pizza, empanada galega. E tequeños —respóndelle a moza, mestiza ataviada co polo da Irmandade.

Como se eu fose competir en historias, ocorréuseme contar que unha das alegrías dos nenos coruñeses dos oitenta era ir comer tequeños, uns cilindros de follado frito recheos dunha masa derretida de queixo que se vendían no bar La Viña. Aínda non se dera a invasión da comida norteamericana, pero nas rúas dos viños tiñamos unha oferta enorme de pratos internacionais grazas á diáspora. Naquel bar combinaban o Ribeiro en cunca cunha exquisitez para a cativada, reunida arredor da fritideira —outra novidade— da barra, esperando que saíse, dourado e brillante, iso que chamaban tequeño. Os donos do bar eran retornados e de alí trouxeran aquela especialidade. Polo diminuto do cilindro e a velocidade coa que desaparecían da bandexa, sempre pensamos que o nome real daquelas delicias era «*pequeños*», e que a señora do bar cambiaba a letra para facer unha broma. Pero tequeño vén de Los Teques, un apracible municipio de montaña nos arredores de Caracas onde recalaban moitos emigrantes.

Lembro falar disto todo en Venezuela co músico Xoel López, amigo daquela infancia compartida. En 2010 viaxamos durante moitas semanas desde Buenos Aires, onde viviamos, ao lombo da Caravana Americana, un proxecto no que el se facía acompañar de artistas que atopabamos por todo o continente —e eu documentaba en vídeo—. En Caracas sumáronse gaiteiros a un inesquecible concerto no auditorio da Universidade Central. Gaita, tequeños, amizade, infancia, todo do máis natural na Galicia americana. «Non hai maneira de separar unha cousa da outra», dicía Xoel. Conectado pola familia a Venezuela e a República Dominicana, a Caravana reafirmou ese vencello e amplificouno na súa carreira posterior, outro anaquiño máis do país invisible.

Non era pouca cousa a nosa historia, pero a de Álvaro non rematara. Cando volvín á comida el seguía falando da súa axencia, unha ponte atlántica durante décadas. Cando lle tocaba xubilarse, el fixo o contrario: montou unha importadora de material de construción. A súa vida hiperactiva foise coma un sopro. Meses despois daquela comida, Álvaro morreu de súpeto. Nunca se me foi a súa imaxe venerable, de pelo longo branco nuclear e barba de tres días, lentes escuras e, aínda sendo sábado, a roupa de traballo posta, ata o final.

Operación Compostela

Un home delgado mira a un lado e ao outro, nervioso, á entrada do porto de La Guaira. Parece máis loubán do habitual, un esqueleto andante, co seu pescozo de xirafa, o pelo fixado con entradas que semellan debuxadas sobre o cranio alongado. A calor faille suar o que non ten dentro do corpo, coas fazulas afundidas, o nariz caricaturesco e o bigote afeitado para a ocasión, a ollada viva do que leva media vida escapando. Vai acompañado do seu fillo Lino, e con el apréstase a subir pola pasarela dun transatlántico chamado Santa María.

O cabaleiro quixotesco ten uns corenta e cinco anos e responde ao nome de Xosé Velo Mosquera, segundo figura no carné que amosa para embarcar. É a identificación como profesor da Escola Naval de Maiquetía, o que lle franquea o acceso xunto a un pase de visitante que mostra agarrando o brazo de Lino. Dá a entender que sobe a despedilo e baixa de novo. Pero xa non o fará ata doce días despois e noutro país.

Cando chega á cuberta busca un lugar retirado co seu fillo e alí fan un cambio coa documentación. Lino dálle o seu pasaporte, ao que lle pega a foto do pai por se llo piden de novo, e este entrégalle o salvoconduto transitorio para baixar. Cando o fai e o ve marchar entre a multitude pola pasarela abaixo, o home senta, aliviado. É o derradeiro en subir a bordo de entre un grupo de idealistas que tamén integra outro de seus fillos, Víctor.

É 20 de xaneiro de 1961. O mesmo día que John Fitzgerald Kennedy toma posesión como presidente dos Estados Unidos, a tres mil quilómetros ao sur de Washington úrdese o primeiro gran secuestro dun medio de transporte de pasaxeiros por motivos políticos, o que obrigará a JFK a tomar unha das súas primeiras decisións en relacións exteriores. Nada diso é importante no momento en que xura o seu cargo no Capitolio mentres Velo fuma nervioso. Sen que ninguén o vexa, busca un lugar para estender os planos do barco, que roubou da axencia do seu amigo e xestor de viaxes Álvaro Gómez, onde comprou a pasaxe-engado para o seu fillo. Xa levantan áncoras; acaba de comezar a batalla que iniciou hai trece anos, cando se exiliou en Venezuela.

En 1948 chegara fuxido desde Portugal, cun pasaporte de cortesía grazas ao presidente Rómulo Gallegos, quen coñecera no seu exilio español. Velo, un personaxe con aura de líder, orador e poeta, fundara as Mocedades Galeguistas, pero na Guerra Civil tivera que combater co bando franquista. Cando arribou, atopou amigos da súa vila, Celanova, e prestouse a comandar o Lar Galego. No Congreso da Emigración en Buenos Aires pediu a proclamación da Terceira República e avogou pola loita unida en España e Portugal: sostiña que só con acción directa se poderían tombar os ditadores fascistas. Pero ninguén sospeitaba que o levaría á práctica, ata que o 22 de xaneiro de 1961 saltaron os teletipos: un grupo de activistas, reunidos baixo o nome de Directorio Revolucionario Ibérico de Liberación (DRIL), dirixidos por un exmilitar portugués, Henrique Galvão, e o propio Pepe Velo, secuestraron o Santa María ao saír con destino á península e rebautizouno co nome de Santa Liberdade.

O buque xa enfía a saída desde Curaçāo, escala caribeña antes de emprender rumbo a Canarias, Lisboa e Vigo, cando se desata a Operación Compostela, así bautizada por Velo, e despois coñecida como Operación Dulcinea. En teoría, un comando composto por doce galegos e doce portugueses faríanse cos mandos do navío, dirixiríano cara a África (posiblemente Guinea Ecuatorial e Angola, ás portas da súa guerra de independencia) e alí agruparían forzas anticolonialistas, insuflarían ventos insurreccionais e comezarían unha resistencia activa que acabaría co derrocamento de Salazar e Franco. Nada diso ocorreu.

Con Curaçāo ao couce, asaltan os puntos clave do barco e someten a tripulación. Na disputa morre o terceiro piloto do barco e resultan feridos outros dous oficiais. O capitán cede o mando a Galvão, Velo e outro galego que mediaba entre eles, un excomandante republicano coñecido como Jorge de Soutomaior. Mil persoas, —a maioría emigrantes portugueses e galegos, mais uns cen pasaxeiros americanos e europeos en Primeira, ademais dos tripulantes—, quedan baixo a tutela do DRIL, que de inmediato pinta o novo nome do navío, Santa Liberdade, en grandes letras sobre a ponte de mando. Desde alí Velo pronuncia unha alocución en galego por megafonía que resume o seu motor de acción: «Aínda os galegos emigran, aínda son oprimidas a nosa lingua, a nosa cultura e a nosa capacidade de autodeterminación».

Aínda que el estudara en profundidade o dereito marítimo internacional para evitar ser apreixados, Galvão carecía da pericia necesaria para evitar ser detectados polos radares. E ademais desvelaron a súa posición ao evacuar os feridos na illa antillana de Santa Lucía. Os desembarcados dan o primeiro aviso ao goberno da illa, baixo xurisdición do Reino Unido, e un destructor sae tras eles. Mentres o barco á fuga bordea a costa de América do Sur para tratar de enfiar rumbo cara a África, Portugal inicia manobras diplomáticas cos Estados Unidos para que deteñan os «piratas». Desde España, apenas o NoDo desinforma coma se fose un asunto interno de Portugal, liderado por «facinorosos a cargo do aventureiro Galvão». Velo e o resto de conterráneos, coma se non existisen.

En cambio, os semanarios americanos e europeos entréganse de cheo ao suceso, animados polo carácter rebelde dos seus protagonistas, nunha ladaíña de feitos que parecen unha película de acción: *Paris Match* mete un reporteiro a bordo tras tirarse en paracaídas e abre coas súas fotos en portada; o *New York Times* chega a intervir para que o goberno interceda entre secuestradores e pasaxeiros. Ante o acoso, Galvão e Velo tratan de pactar unha saída con Brasil. O 2 de febreiro, once días despois de iniciarse a aventura, o Santa Liberdade entra no porto de Recife. Libéranse os pasaxeiros mentres o DRIL pretende seguir só cara a África, pero Brasil, que non quere lerias con Portugal, ofrece asilo a Galvão, Velo e os seus mozos. Mal a gusto, aceptan ao día seguinte.

O secuestro non triunfou, pero supuxo un episodio inédito que colocou o exilio no centro da escena. Como resumo clarividente, o de Pepe Velo: «Foi unha acción brillantemente concibida, medianamente desenvolvida, mal acompañada e melancolicamente rematada». El quedou a vivir no Brasil, onde abriu a libraría Nós e fundou a editorial Galicia Ceibe, e nunca deixou de defender a súa idea nai, crear unha federación ibérica libre. Morreu en São Paulo en 1972, tras unha vida azarosa, coa bandeira galega cubrindo o caixón, pese a ser case anónimo na súa terra, mentres Galvão se convertía en heroe á morte de Salazar. Como epílogo consciente da súa vida, Velo deixou escrito nun texto inédito sobre a súa saída cara ao exilio a Venezuela: «Nada traio comigo. Unha maleta baleira, cinco dólares, moitas esperanzas arruinadas; pero sobre todo, a vocación millonaria de paz e liberdade que nos prohíbe facernos vellos».

«O país dos ananos»

A Irmandade non frea o ritmo durante os días de semana. Hai xente botando a partida, na piscina e nas pistas deportivas. Pero tamén hai xente no centro de saúde, unha colección de consultorios situados aos lados dun longo corredor, con cadanseu escudo de Galicia, coa especialidade escrita en carteis dourados: traumatoloxía, uroloxía, medicina interna. Son de pago, pero subvencionados pola Irmandade. Hai tamén un rebumbio de nenos nun edificio máis moderno, rematado por unha pista polideportiva cuberta: o patio de recreo do colexio Castelao, onde cursan xeracións de descendentes desde preescolar ata o último curso de secundaria. O seu interior é unha mostra permanente de fervor patriótico duplicado, coa imaxe de Castelao xunto ao pai de Venezuela, Simón Bolívar.

O interese por desenvolver unha educación propia naceu antes que a propia Irmandade. Pepe Velo xa fundara a Academia Castelao no antigo Lar Galego. Por iso, Velo tamén é homenaxeado nas paredes do centro, de forma inesperada se se pensa na historia do Santa Liberdade e na inclinación conservadora da colectividade: «Xosé Velo Mosquera, pensador e activista en favor de Galicia», di un gran cartel coa súa figura e unha sinatura curiosa: os concellos de Celanova e Ourense e Deputación de Ourense, daquela ambos os dous do PP, xunto á Confederación Intersindical Galega, a CIG, o sindicato nacionalista.

En 1966 nomearon director do colexio a Celso Emilio Ferreiro, outro celanovés universal das letras. Mentres continuaba a sangría da emigración, en Galicia tomaba corpo un caldo teórico de raíz nacionalista de esquerdas. Recollían teses dos galeguistas previos á Guerra Civil, pero tamén se alimentaban das teses emancipadoras anticolonialistas que abrollaban no sur do mundo: Alxeria, Angola, Mozambique. Esta nova corrente medraba en círculos estudantís clandestinos, pero tiña ideólogos de máis idade e bagaxe, como Celso Emilio, fundador da Unión do Povo Galego, que propugnaba unha Galicia independente e socialista como solución revolucionaria á ditadura de Franco.

Celso Emilio foi abafado laboral e policialmente. Convidárono a marchar. E nun movemento natural decantouse por viaxar á pequena Celanova venezolana. A Irmandade, dominada por galeguistas e antifranquistas, ofreceulle traballo «para o levantamento da cultura neste país». E aceptou. Antes, recibiu unha homenaxe no hotel Roma de Ourense, que adheriron 250 persoas e que significou algo así como o primeiro mitin político (encuberto) desde a Guerra Civil en Galicia. O acto forma parte da mitoloxía familiar porque meu pai foi un dos organizadores. Algúns dos asistentes tamén o foron despedir ao porto de Vigo. Cando desembarcou en La Guaira, foi recibido por outro grupo de amigos e seguidores, coma se atravesara o Atlántico a ombreiros. Ao subir á capital caraqueña esperaban aínda outros mozos, como Manuel Quiroga, que colle aire antes de aferrollar o relato:

—Celso Emilio era amigo dos Noya, unha familia de exiliados moi forte na Irmandade. Un deles, Óscar, ofreceulle ser director de Cultura, director do colexio Castelao, o xornal Irmandade e o programa de radio Sempre en Galiza. Todo ía ben ata que tomou o poder do centro unha directiva franquista e empezou a miralo con malos ollos. Ademais, un grupo de mozos socios que se facía chamar Os Eficientes foille facer a guerra. Eles querían que o despedisen, e para conseguir probas metéronlle panfletos políticos no despacho. Eu sei que era mentira, que non eran del. Si que tiña cartas con outros exiliados ou intelectuais, e revistas da embaixada de Rusia en México. Pois ben, quitáronlle todo, acusárono de subversivo e expulsárono por seis meses. Como tiña contrato e non o querían indemnizar, denunciou no ministerio de Traballo e iso foi imperdoable para eles —toma un respiro Quiroga, pero está buscando unha data no seu disco duro mental—. Así que o botaron o 24 de xuño de 1968.

Antes de marchar, Celso Emilio deixou a súa vinganza escrita en verso. Foi o resultado dun desengano palmario: onde pensou que atoparía un tecido vivo de progresismo, encontrou o que el chamou «tendeiros», caciques como os que denunciaba en Galicia. A carraxe transformouna nun libro publicado ese ano paradigmático: *Viaxe ao país dos ananos*, que se estuda nos institutos aínda hoxe xunto *A longa noite de pedra*: «Esqueceran o tempo da pobreza / e a fala dos avós; pro non sabían / a vileza sen fin en que vivían / agora que eran parias da riqueza».

—Saíu o libro cando el xa se ía —di Quiroga—. E formouse a de San Quintín.

Aquí salta Álvaro Gómez, amigo e antagonista político, e resume ao seu xeito sentado na mesma mesa, dando un bo retrato da polarización de entón.

—Celso Emilio? Ese só era un tipo de esquerda que pelexaba feo e caía mal.

—Nada diso, nada diso —retruca anoxado Quiroga—. Buscáronlle a volta e deron con el. E oe, amais vouche dicir algo que ninguén sabe, pódelo poñer aí: Celso Emilio deixou outro libro escrito que nunca quixeron publicar, está inédito. Seino porque o deixou para publicar a Pepe Sesto. A seu fillo, Farruco, que estudou aquí no colexio Castelao e foi logo ministro de Cultura con Chávez, díxenlle: Que pasou co libro de Celso Emilio? «Ese libro non se vai publicar nunca», díxome. E eu sei por que: porque cita a moita xente con nome e apelidos e, aínda que están todos mortos, sería moito peor que *O País dos ananos*.

O pensamento de Celso Emilio destílase na súa correspondencia. En 1969 escribíalle a Pepe Velo, en São Paulo: «Galicia non esiste na emigración e anque esistira, sería en todo caso un estafermo pasivo, condenado irremesibelmente a ser absorvido polos países receptores. Eu cuestiono a emigración, incruso nos seus orixes. Coido que un povo que emigra en masa é un pouco cobarde que non quere enfrentarse cos probremas que abranguen a comunidade. Cando Castelao dixo que os nosos paisáns non protestaban senón emigrando dixo unha grande e amarga verdade».

Con Camilo José Cela tiña unha estreita relación. O Nobel de Iria Flavia contestáballe así nunha misiva con membrete da RAE: «Pagaches moi dolorosamente a túa aventura que, doutra banda, non puido ser máis nobre nin gallarda. Non caias agora, coa distancia, na idealización do país e os seus homes; nin Galicia é o paraíso perdido nin as súas estruturas mentais sufriron cambio substancial algún. E isto entre nós dous, que somos dous emigrados e doentes», di na carta, enviada desde Palma de Mallorca. «Mentres os galegos non acertemos a resolver os problemas desde dentro, a nosa pobre Galicia será sempre a Cincenta hispánica parasitada polos falsos valores que finxen servila».

Logo de varios anos traballando como xornalista e corrector de probas dunha editorial, Celso Emilio trasladouse a Madrid, antes do seu regreso definitivo a Galicia, onde morreu en 1979. Máis tarde foi homenaxeado en 1989 co Día das Letras Galegas e con decenas de recoñecementos sen distinción política, e hoxe segue sendo honrado como un dos grandes poetas galegos da historia. Na Irmandade de Caracas, entrementres, continúa e continuará no centro da polémica.

Comunistas vs Franquistas

Na saída da Coruña, xunto á Coca-Cola e a un colexio do Opus Dei, agóchase un monólito lembrando que alí se erixía o pazo de Penarredonda, onde naceu a avoa de Simón Bolívar. A galeguidade do libertador, que visitou aquela casa durante a súa lúa de mel, loce alí e tamén no centro da Irmandade. O seu busto dourado elévase sobre unha palestra de pedra, enmarcado por un muro en lousa cun escudo de Galicia e unha «Irmandade Galega de Venezuela» en grandes letras e os catro escudos provinciais, con solemnidade de mausoleo. No lateral, un verso de Rosalía de Castro que condensa en catro palabras a esencia da diáspora: «Miña casiña meu lar!». O que non hai son bandeiras, xusto no lugar que se construíu para que lucisen.

O 25 de xullo de 1973 inaugurábase a praza Bolívar, e a directiva, de inclinación franquista, preparou unha xogada inédita: invitaron por primeira vez ao embaixador de España, ata entón vetado polo sector maioritario republicano. Centos de socios amoreábanse vestidos de domingo na chaira central preparados para o acto. Tamén foi convidado o ministro de relacións interiores, da Copei, o partido democristián que se alternaba con Acción Democrática no sistema bipartidista ata a chegada de Chávez. O resto de autoridades, xunto a varios sacerdotes con roquete de renda e estola sobre a sotana, atendían o acto con rostro circunspecto. Algo ocorrera que non estaba previsto.

—A razón de tanta visita era porque por primeira vez ían izar a bandeira *rojigualda* —lembra Quiroga—. Había unha orquestra de música preparada para tocar o himno de España, pero nese momento decatáronse de que a bandeira non estaba. E tampouco estaba a corda do mastro. Ninguén abriu a boca, coma se non pasara nada. O que aconteceu foi que algúns roubaron a bandeira de madrugada, e tamén cortaron a corda en pedazos iguais para conservar de recordo para sempre. —E co sorriso do que sabe máis do que conta, remata—: moitos aínda a gardan.

O episodio era o punto de xiro definitivo para o cambio político. Os republicanos, envellecidos, retirados ou mesmo falecidos, ían deixando paso a nomes cada vez máis próximos a un réxime que agonizaba.

A embaixada ía cercando os máis díscolos da república da irmandade e mesmo en Galicia facíase seguimento a quen ía a visitar ás súas familias. Ocorreulle a Álvaro Gómez, que nunca se inclinou ao antifranquismo.

—Cando fun a España mandáronme chamar da Brigada Social porque viñera a Caracas o xeneral Bayo, o republicano, exiliado e de xira polos países americanos, e deu un discurso no primeiros sesenta. Eu fun por curiosidade, e vin que sacaban fotos. Debéronme identificar e por iso mandáronme chamar.

Coa fusión de sociedades en 1960 parecía que se podía matizar a polarización, pero non foi así. Máis ben ao revés, segundo conta Quiroga de pé na propia praza Bolívar.

—Parecía que estabamos todos de acordo, pero non. De feito, aquí mesmo, nesta pista celebrábanse as asembleas e máis dunha vez acabaron en pelexas e lanzamento de cadeiras. Aínda que se empezase discutindo por contas ou outras cousas de números, todo era por política.

Para acougar os ánimos, celebráronse eleccións divididas por candidaturas agrupadas en dúas listas ou pranchas. Visto o funil ideolóxico da diáspora en Venezuela, a decantación cara aos dous polos foi sinxela. Para resumir, dicían que eran «comunistas e franquistas», pero con votacións polo medio: unha extravagancia. A incógnita sería que pasaría unha vez morto Franco. O que ocorreu non sorprendeu na Irmandade: a prancha 1 converteuse no bastión do PSOE, e máis tarde tamén do BNG, e a prancha 2 foi capitalizada dende o principio por Alianza / Partido Popular.

Na Transición e en toda a década dos oitenta gobernaron os progresistas, coincidindo cos gobernos de Felipe González, exactamente ata o ano en que Manuel Fraga regresou a Galicia e gañou a súa primeira maioría absoluta.

—Dende ese momento non volveu gobernar a esquerda salvo un mandato bianual a mediados dos noventa. Antes e despois, sempre e só a dereita —resume Quiroga, aséptico, sen enlamarse en números.

—E non volverá! —remata case berrando Álvaro Gómez, asomando por riba do seu colega, que o mira de medio lado.

Como un espello do seu molde orixinal, coma se a metesen nunha cámara sen carga e a remedasen punto a punto, a Irmandade permanece como a representación a escala de Galicia; a diáspora como territorio fértil para sociólogos e politólogos. Académicos, acudan.

«Eu non vin, a min trouxéronme»

—Se me chegan preguntar non veño. Eu non vin, a min trouxéronme.

Os pais de Luciano Sánchez Guitián abandonaron a casa familiar en Betanzos cando el tiña un ano de vida. Oito despois, levárono, como el mesmo di, á outra beira. Viaxou no Montserrat un día de 1963 xunto a dous irmáns, a súa avoa e a súa tía. Catorce días despois chegaron a La Guaira (A Ghuaira, con gheada).

—Ao chegar dinme: «Este é o teu papá e esta é a túa mamá». Que podía dicir eu? Para min eran descoñecidos completamente —di, cun lixeiro tremor do labio inferior.

Leva beche branco e lentes con montura de metal, e o uniforme sport venezolano: polo de raias e pantalón curto. Se non se lle pregunta, é outro emigrante máis de sesenta anos, pero ao rabuñar un pouco agroma o imposible de esquecer. Chegaron á casa onde vivían, grande e con terreo, como nunca vira o neno Luciano. O tamaño tiña un porqué: os seus pais tiveran, nese tempo, outros catro fillos, tan irmáns seus como aqueles cos que se criou en Betanzos. Pero diferentes.

—Aquela época tiñamos moitísimos problemas. Porque para min a avoa érao para todo: dáme isto, dáme aquilo. A miña mamá non contaba. O meu papá, menos. E os irmáns todo ben, pero eles eran os olliños dos meus pais. Claro, cando non se convive durante eses anos tan importantes nótase. Non é o mesmo. E creo que por iso nunca foi boa a relación cos meus pais.

—E os teus outros irmáns de Betanzos leváronse mellor con eles?

—Non, peor ca min —ri triste—. Á miña irmá díxenlle que convencese ao meu papá para que a mandase de volta a España. E fixo caso (di en galego no medio do castelán). Marchou e non volveu, e cando lle pediron que o fixese dixo que quedaba coa miña avoa en Betanzos.

A Luciano mandárono a un colexio español, pero pechou a escola e non estudou máis.

—O meu irmán e eu marchamos da casa, el con quince anos, eu con dezaseis.

—E onde fostes vivir xuntos?

—Si, xuntos —ri—. Xuntos a vivir na rúa. Onde nos collese a noite, aí quedabamos. Oito meses estivemos así.

Despois Luciano volveu a casa, entrou nunha vida formal de traballo e noiva. Perdera o contacto co seu irmán e foino buscar para que asistise á súa voda, pero estaba desaparecido.

—Quince días estiven a o buscar. Eu ía cunha fotografía del a bares, hospitais, funerarias. Ata que me dixeron que tivera un accidente e que o estaba coidando unha señora nun cerro, un barrio. Cando o atopei, viume e subiu ao carro, non houbo que facer máis nada.

Deulle traballo, porque de ningunha maneira podía el poñerse a traballar co seu pai, pola súa relación, e refixo un pouco a súa vida. O que puido, porque o drama continuou.

—En 2008 matáronmo —pensa en silencio—. En Caracas matáronmo. —sorbe as bágoas e non di nada máis.

Para Luciano a vida continuou no lugar onde o levaban sen querer. Traballou «de todo», non lle sobrou nada, e cando cumpriu unha idade empezoulle a marchar familia do país.

—A miña emigración foi mala, malísima. O meu papá fixoo para poder facer unha vida mellor, non volveron e ao final está morto aquí, como a miña mamá. Está claro que non fixeron as Américas —fai unha pausa e continúa o reconto— Dos meus irmáns: un está en Málaga, o outro en Alemaña, e quédame un en Higuerote. O outro tamén morreu aquí, de enfermidade, e a miña irmá morreu en España. Dos meus sobriños tampouco queda ningún: retornaron todos alá, a emigración ao revés. Só me queda a filla e o seu marido.

—E non marcharías ti de volta?

—Non podo, non teño recursos nin podo vivir de rendas. Tería a pensión mínima se volvo e con iso non se vive. Mira, a miña señora e un fillo si marcharon para alá. E a miña muller, que é venezolana italiana, atopou traballo coidando unha señora perto de Betanzos, en Coirós, e eu sigo aquí. Para min non foi fácil a vida —e volve saloucar.

Para romper o silencio mostra no móbil unha foto do seu pasaporte selado en Caracas, 3 de outubro de 1963. Na outra páxina, o visado de saída da Coruña, o 21 de setembro. Na foto, cravada e acuñada coa aguia franquista, un neno peiteado con xersei de pescozo alto e medio sorriso. O desarraigamento cruzado e unha certeza que verbaliza mentres mira a súa propia foto:

—A maior explotación de carne da España de Franco foi a emigración.

Segue soando bachata de fondo.

As *cotufas* son para os porcos

O pai de Mariví Bargiela comprou unha chaqueta de traxe e púxoa para subir ao Santa María no porto de Vigo. Tiña unha razón poderosa para vestirse como nunca o fixera na súa vida. Non sabía onde ía chegar e por tanto tampouco sabía como tería que ir adubiado. Serviulle. Porque ao desembarcar, directo desde a aldea de Areas, en Ponteareas, entrou na obra do hotel Humboldt, nas alturas frías do monte Ávila, a traballar como ferreiro —sen saber o oficio— e durante meses usou a americana por riba do mono de traballo para combater o frío. Ao terminar a xornada, se ía tomar algo cun amigo, tamén poñía o *paetó*. Era a chaqueta multiusos.

Deixou a Elvira, a súa muller, na aldea, cun bebé. Un ano despois, ela tamén emigrou e deixou o seu fillo cos avós. Cando chegou, quixo dar a volta ao ver os barrios de ranchos no camiño entre La Guaira e a capital. Pensou que tiña que vivir aí. O que lle esperaba tampouco era gran cousa: un dormitorio de pensión separado do resto de familias por unha parede de latón e un ferrollo enferruxado. Cando lle saíu traballo como porteira, non o pensou: tería casa e traballo á vez. O seu marido vendeu produtos médicos, traballou un supermercado dun portugués e montou un estanco (quiosco de prensa). No medio naceu Mariví, en 1964, e creceu como unha galega venezolana máis. O seu cordón umbilical eran as cartas que ela mesma escribía ao ditado da súa nai para o seu irmán Paco, o que quedou sen familia na aldea. Era a única relación que tiñan con el, ademais dunha chamada o día de aninovo.

Cando cumpriu quince anos a Mariví regaláronlle unha viaxe a Galicia.

—A miña primeira imaxe é ver á miña avoa botándose nos meus brazos cun pan na man. Así me recibiu. Ese día tamén coñecín o meu irmán. —Asómalle a bágoa, toma auga e continúa—. Un mes e medio estiven alí. Despiollei nenos na aldea, pasei días enteiros aprendendo cousas de alá. Eu tamén lles ensinaba: agarraba as mazarocas de millo e facía *cotufas*, que alí non existían. Logo souben que nas cidades as chamaban *palomitas*, flocos de millo. Pero a miña avoa dicía que era comida dos porcos, como vas comer iso? Fixen as *cotufas* nunha pota e todos os nenos quixeron comelas. Vin tamén a malla do trigo, vivín unha vida nova en menos de cen días.

Cando lle propuxo viaxar ao seu irmán foi contundente: «Non podo deixar os avós. Eles son os meus papás». E nunca marchou, nin cando morreron. Mentres, Mariví casou con outro emigrante e tiveron dous fillos que viven en España, onde se reúnen unha vez ao ano.

Vivir en crise

Ata os anos oitenta Venezuela viviu un período económico estable, cunha moeda forte que camiñaba en paralelo aos chorros de petróleo. Fluía o diñeiro e os emigrantes asentábanse, moitos como clase traballadora, outros como pequenos propietarios, algúns poucos como abastados. Pero o petróleo empezou a baixar e a moeda derrubouse, aumentou a débeda externa e con iso a premisa do país estable rompeu en mil pedazos. En 1989 todo estoupou co Caracazo, unha revolta con disturbios e saqueos contra a política económica do goberno que se saldou con centos de mortos. O país sentado nun trono sobre petróleo viraba cara a unha crise, palabra descoñecida ata a data.

Alargouse a fenda entre os que gozaban dunha vida de luxo e dólares e os que vivían no desabastecemento e na infravivenda. Unha maioría de galegos, como outros emigrantes europeos, encarnaban a clase media esluída coas crises, que tamén levaron por diante o soño capitalista, ben visible nas rúas. As autoestradas, sempre tupidas polos miles de coches americanos de consumo disparado —a gasolina foi durante décadas case gratis— eran unha sucesión de anuncios de produtos de luxo. Os carteis publicitarios de Chivas doce anos combinábanse cos de Mercedes, mentres as torres máis altas da cidade remataban en enormes logos tridimensionais de Pepsi ou Nescafé.

Dende a chegada do chavismo (1999) e o cambio radical na economía, con nacionalizacións de empresas e control de prezos, a paisaxe foi mudando. En cada viaxe a Caracas que eu facía ía vendo cada vez menos carteis de *scotch* ou de coches de luxo, substituídos polos de proclamas gobernamentais. Ata os rañaceos retiraron os reclamos que coroaban a silueta da capital. Tras a morte de Chávez en 2013, a crise política e económica combinároinse nun cóctel explosivo que deixou o país na bancarrota e xerou á súa vez unha diáspora propia esparexida por medio planeta.

A Europa chegaban, coa correspondente parcialidade política, mensaxes de alarma sobre a crise extrema que azoutaba o país, incluídos tamén os galegos, de expresiva maioría antichavista. Pero eles mesmos fanse preguntas. Como se protexe o emigrante ante unha crise estrutural? Ao deitar o tema nunha mesa da Irmandade, salta a tertulia.

—Cada un ten a súa forma, pero o primeiro é cubrirse o suficiente para garantir a saúde —di Fermín Ferreño, dono dunha pequena empresa de eventos—. E iso implica ter un seguro privado. Despois tentar aforrar en divisa, despois de todas as desvalorizacións da moeda e hiperinflacións que vivimos.

—Non se trata de vivir ao día, como fan moitos aquí, senón de ter para cando deixes de gañar, vivir do que capitalizaches. —opina Roberto González—. Porque tamén che permite viaxar a Galicia, que é o que facemos todos. Os que non chegan a iso, os que teñen que vivir ao día, para min son os que deberían volver a España, porque aquí o van pasar mal.

—E o que saiba rezar que rece —pecha Fermín.

Para moitos é complicado facer entender aos familiares en Galicia a situación real de tantos emigrantes que, sen ser ricos, levan un tren de vida pouco axustado ao que se proxecta do país. Volve o faladoiro entre Roberto, Álvaro e Fermín. Non fai falta nin poñer o nome de quen intervén: funciona como un ping pong de reflexións.

—Moitos pensan que morremos de fame e hai que explicarlles que non. Claro, se cadra somos o quince por cento do país, iso tamén é verdade, pero aquí vívese moi ben tamén.

—Miras a televisión española e dinche que se pasa fame. Pero abres o chat da familia e ves a unha prima nunha lancha en Morrocoy, no Caribe. Cal é a *vaina*? É moi difícil de explicar.

—Cando iamos de pequechos a Galicia todo era unha novidade, porque Venezuela era supermoderna e alá se vivía no campo, cos animais e sen entretemento. Non concibiamos como era posible que a tele empezase ás catro da tarde, cando aquí había mil canles. Iso agora é ao revés, España evolucionou rapidísimo e nós freamos e fomos para atrás.

—Mira, eu teño o meu negocio, cos meus empregados, como podería ocorrer alá, pero aquí son socio dun club de praia, teño unha lancha e un medio de vida moi bo, e alá non podería. A min fálanme sempre da calidade de vida en España, pero en que consiste?

—É outra filosofía. Alí tes seguridade social, que funciona moi ben, cando tes idade de xubilación tamén tes a túa pensión perfecta, para cubrir os teus gastos. Pero en América éche ao revés: dependes do que gañaches para vivir ben despois. Se gañaches, e aquí gañouse moitísimo diñeiro, estás ben. Para facer alá o que fago aquí, tería que gañar sete ou oito mil euros, imposible.

—Mesmo coa seguridade. Pódenme roubar, pero iso eu métoo no meu custo de vida, e na balanza compénsame, de verdade.

—Dimo a min, que tiven a desgraza de que me secuestrasen un fillo hai seis anos. Era 8 de setembro, seino ben porque estaba na Virxe dos Milagres, en Ourense, pero foi liberado. Seis anos despois, volveron chamar, cremos que desde o cárcere, para ameazarnos. E aínda así prefiro sempre seguir vivindo en Venezuela. E o meu fillo, igual. Pregunteille mil veces: queres que marchemos a Galicia? Non, quero quedar aquí. E aquí seguimos.

As sacas electorais de 1989

O 17 de decembro de 1989 amenceu como se nunca tivese marchado a noite. Nun tren de borrascas invernais, Galicia espreguizábase coa nube negra sobre as cabezas daqueles que saían votar. Eran as eleccións máis importantes da nova autonomía. Logo de dous anos de tripartito de esquerdas, Manuel Fraga Iribarne retirábase da carreira madrileña polo poder e regresaba a Galicia para reinstaurar a hexemonía da dereita. «O presidente para un gran pobo» dicía o seu cartel. Gañou e instalouse en San Caetano, a golpe de maiorías absolutas, ata que o derrubou o Prestige —e a idade— dezaseis anos despois. Pero naquel 1989 fíxose co poder por só un presa de votos. Na provincia de Ourense, o reino maior da emigración, PP, PSOE e BNG dirimían dous escanos por unha estreita marxe. Un deles, decisivo, levábao o PP por menos de cen papeletas ao peche do escrutinio, co que alcanzaba a maioría absoluta. Pero para cantar vitoria en Galicia hai que esperar a que cheguen as sacas de correos co voto exterior. O resultado definitivo deuse cinco días despois tras un reconto polémico e cunha insondable sombra de dúbida que nunca se esvaeu.

Na diáspora dábase un curioso denominador común: o voto emigrante, tradicionalmente conservador, viraba cara á esquerda cando esta gobernaba en Madrid. Así sucedeu dous meses antes das autonómicas, cando se celebraron as xerais e se impuxo o PSOE. A continuación, nas galegas, os socialistas gañaron en tres provincias, pero en Ourense saltou a sorpresa —e a sospeita— cando se abriron as sacas do censo de residentes ausentes. En outubro o PP sacara o 30 % dos votos, polo 49 % do PSOE e, de súpeto, en decembro os populares subiron ao 63 %, o que rompía con calquera gráfico de tendencia ou analoxía co resto de provincias. E tamén coa historia: nunca lle sacara máis de dez puntos nese reconto a dereita á esquerda e, con todo, de súpeto arrasaba (máis de trinta e tres puntos de diferenza) sen maior explicación. Con esas cifras, o escano en desputa levouno o PP, e grazas a el Fraga acadou a presidencia da Xunta por primeira vez.

Os socialistas elevaron un pouco a voz en Galicia e nada en Madrid, e a vida continuou. A prensa e a opinión pública dedicáronlle moi pouco espazo a un tema tan rechamante. Só o tratou a fondo anos despois Lito García Lago no libro *Pasou ou que pasou* e amplificouno Óscar Iglesias no texto *El pucherazo de Don Manuel*: «En 1989 a adulteración en Ourense de 1452 votos da emigración, unha saca que apareceu tarde, pasos cambiados na xunta electoral e o *trágala* do PSdeG, subxugado por Ferraz, cambiaron o destino da autonomía e elevaron como presidente a Fraga Iribarne. Sabían vostedes algo disto? Galicia Máxica ou a Historia como misterio?».

Ambos os dous reproducen as palabras reveladoras dun cargo socialista: «Á hora do reconto calculamos que faltaban uns cinco mil votos en Ourense, sabiamos que pasaran por Barajas. Onde estaban? Dous meses despois o gobernador civil descubriu sacas nun despacho de correos de Ourense. Xa non se abriron, non sabiamos o que había nelas, pero o normal é que alí estivesen os votos que nos faltaban».

O goberno de Felipe González, que tiña a potestade de impugnar, ou polo menos investigar a votación, non moveu ficha, e Fraga iniciou o seu reinado. Nunca máis se remexerían esas sacas. Pero na Caracas de hoxe, como no resto de centros da diáspora, ninguén oculta a facilidade para cometer irregularidades co voto. Nunha mesma mesa de restaurante, varios emigrantes, todos da provincia de Ourense, falan da manipulación como algo cotiá. Entre todos disputan o titular máis rechamante.

—En parte o do voto rogado introducírono porque aquí se facía trampa coas papeletas. Aquilo é verdade total. Eu mesmo fun a Correos aquí, subornei o empregado e levei sacas á miña casa. Preparaba os votos e mandábaos a España de volta. Iso chegouse a facer.

—Tamén se facía a menor escala. Ías a unha zona de galegos, a un edificio que sabías que votaban dez ou quince, falabas co carteiro que entregaba e cambiabas o voto.

—Eu era o encargado de recadar os votos do meu partido para enviar alá. Un ano recollín 37 do meu concello, pero logo non chegaban a Galicia, algo pasaba no medio.

—Aquí fixéronse moitas trampas, e non só os ourensáns. E non só un partido, os dous. Non digo os nomes, pero os dous fixeron trampas.

As cosedoras de botóns xogan naipe

—Elas din que eu son a súa mamá pero é ao revés, elas son as mamás de todos nós. Imaxina a dureza: traballaron toda a vida para que os seus fillos tivesen un medio de vida mellor e eles mesmos convertéronse en emigrantes de volta a España. Eran cociñeiras, conserxes ou traballaban en fábricas de camisas, con crédito conseguiron ter casa propia. Pero Venezuela empezou a caer e elas tamén: teñen unha pensión que non dá nin para un cartón de ovos. Se non fose por España non terían que comer. Nin que falar de medicamentos. Temos axuda de goberno central e a achega maior, que é da Xunta. Eles reciben a non contributiva de 1200 euros cada tres meses, 400 ao mes. Con iso poden vivir. E grazas a Galicia temos este sitio de encontro.

Sara Rodríguez, responsable do Centro de Día da Irmandade, vive conectada a un espazo que acolle anciáns emigrantes, unha burbulla especial. É un espazo diáfano con grandes fiestras, chan de madeira cor caoba e sofás no perímetro. Ao seu redor camiñan en círculo ás preseas unhas trinta persoas maiores de setenta anos. Sete de cada dez son mulleres. Case todas da mesma estatura, corte de pelo curto funcional tinguido, roupa estampada en cores vivas e calzado deportivo. Lidéraos un monitor que tras o quecemento mándalles exercicios de tren superior. Sara, cincuenta e tres anos, loira, unllas pintadas, lentes a modo de diadema, ten cara de cansa pero a disposición intacta.

—Abrín o 15 de maio de 2006 con doce persoas. Viña aprendida desde pequena. A miña nai tiña unha pensión para emigrantes e eu axudaba desde os nove anos. Aquí dáselles de comer e ademais, dende a pandemia axúdaselles cunha bolsa de provisións: azucre, arroz, *caraotas* (feixóns), fariña para arepas, *arvejas* (chícharos), aceite. E teñen medicinas e probas garantidas coa Fundación España Salud. Non sabes o que é iso para eles. Agora teño corenta e sete mociños. Deles, trinta son mulleres. As máis divertidas.

Segue o deporte a rachar, igual que outros días hai ioga e tai chi. Todo forma parte dunha rutina diaria, que continúa na estancia contigua, onde xogan ás cartas e conversan. A peza, ampla e moderna, ten mapas de Galicia e fotos de paisaxes, ventiladores de teito e televisións. No centro, varias mesas redondas de madeira. Alí sentan as mulleres, e eu con elas. Domina o arrecendo forte dos perfumes, as tinturas, as cremas. E o inconfundible cheiro a naipe usado, cando reparten para xogar a brisca e ao tute coas mans artrósicas. Chega o profesor de tai chi e saúdaas efusivamente. Respóndenlle como un equipo, ao unísono, porque comparten a xornada igual que compartiron vida sen sabelo, cada unha nun recuncho de Caracas, pero todas nunha fábrica e a coser. Aquí van os seus testemuños, memoria viva da diáspora en seis fogonazos. O de María Dolores Nodar, oitenta e un anos, que empeza preguntando se pode falar galego, a herdanza maldita doutros tempos:

—Eu nacín en San Xurxo de Cereixo, A Estrada. Vin cando tiña vinte e tres. Xa vin crecida.

—Por que veu?

—Porque me cansei de andar coas vacas, sementar millo e pataca e de todo. Así que vin e traballei moitos anos nunha fábrica de camisas.

María del Carmen Moa, setenta e sete.

—Vin con nove anos. Mamá veu para aquí cando non había emigrantes aínda en Venezuela. Perdeuse ao chegar. O meu pai abandonounos, pero ela deixoume coa miña avoa ata que aos nove anos puiden viaxar. Traballei todo en fábrica. *De vaina* (de milagre) non parín alí ao meu primeiro fillo, porque traballaba moitas horas. Era de camisas de home, alá estabamos moitísimas galegas para os Rosenthal, os donos.

María Estrela de Salgado, de Monforte de Lemos:

—Traballei nunha fábrica de roupa de nenos ata que casei. Foron uns anos inesquecibles, inmellorables. E iso que nos miraban de esguello a nós. Chamábannos *mosiús* aos estranxeiros, por monsieurs, pero agora parece que é ao revés: vas a España e a xente mira raro.

Dorita Rodríguez, noventa anos, Amear, Lalín:

—Tiña vinte e tres cando vin e teño noventa. Tiña un irmán e unha cuñada aquí e tiñan casa, vivín moi ben. Empecei a traballar en casa de familia, dos netos do ministro de facenda. Logo entrei a pasar o ferro durante oito anos nunha fábrica de galegos. Levantabámonos ás seis da mañá para traballar de oito a seis da tarde. E logo volta a casa tan contenta.

Julia Mariña, da Pastoriza:

—Casei un 19 de agosto e chegamos aquí o 19 de outubro. El estaba aquí e quería casar por poderes, pero eu non quixen, así que me foi buscar. Aos oito días xa estaba a traballar como costureira en Ángelo, unha casa de modas de italianos en Sabana Grande. Déronme traballo sen papeis. Alí cosín cinco anos e logo establecinme pola miña conta, unha tendiña que eu mesma abrín.

E María González, diferente ao resto:

—Non podo falar porque choro. Escribino no móbil —di, e dámo a ver, como unha vida espremida nun parágrafo—. Teño oitenta anos e son de Rodeiro. Vin en 1961. Traballei na Marrón por varios anos e tamén na Goldi. Cando naceron os meus fillos puxen taller de costura na miña casa. Chamábase creacións Gonbar. Logo puxemos un restaurante en Chacao. Chámase Testa Unión, hoxe está pechado. O meu esposo morreu e agora vivo soa, porque perdín tamén o meu fillo no prazo de seis meses, hai tres anos. Quedei sen eles —e asente cando se asegura de que o lin.

Poderíase seguir con centos de testemuños parecidos. Case todas pasaron a traballar en casa cando casaron, case todas tiveron fillos, e case todas marcharon de volta pola situación do país, como se queixaba Sara ao principio.

—A emigración é diferente porque agora van estudados, e nós non, e iso cámbiao todo —di Dorita, a de noventa, cunha filla en Barcelona—. De aquí só saín para ir a unha vez a Canarias. Pero onde non volvín nunca máis foi a Galicia —e dío en castelán acriollado con gheada, iso non marcha nin en setenta anos.

Galicia campión

Un obxecto voador non identificado debuxa unha parábola de vinte metros no ceo de Caracas. Un segundo despois escóitase un clang metálico e seco, seguido dun tinguilear de axóuxere, cando o ovni —un disco de ferro plano e redondo chamado pello— impacta con violencia na chave, unha peza metálica con forma de cruz de caravaca, pero con tres aspas que viran sobre un eixo como un muíño cando baten nelas. Todo depende da habelencia do tirador, que agora está do outro lado dun corredor de herba artificial co brazo dereito estendido e o pulso morto, e un aceno de satisfacción mentres os seus compañeiros de equipo festexan o tanto. Este é o xogo da chave, deporte autóctono por excelencia, con variantes locais, pero todas, incluída a da Galicia exterior, coa mesma liturxia: grupos de amigos en confraternización, bebida e comida por medio. A cuadrilla, situada no lateral da cancha, compón unha escena galaicotropical: comen empanada e beben whisky, mentres as súas parellas bailan a salsa enxordadora que sae polos altofalantes. Nas paredes, o escudo do club da Irmandade, exposto ata nos servilleteiros, sempre co pergamiño que os define: Chaveiros.

Na tele, deportes: béisbol, deporte nacional, ou fútbol, que lle vai comendo terreo no país, aínda que aquí xa estaba gañado, porque houbo unha época na que no país reinou o equipo da Irmandade, o Deportivo Galicia.

O fútbol é a mochila sentimental do emigrante. Aquí, os primeiros emigrados e exiliados crearon no Lar, un club de nome salomónico: Deportivo Celta. Xogou en Primeira División cando aínda o fútbol era amateur no país. O Centro Gallego, pola súa banda, tiña outro club chamado Deportivo. Cando os dous centros se fundiron nun e naceu a Irmandade, xurdiu a necesidade de crear un novo club e bautizalo sen cabrear a ninguén. Non foi fácil navegar na ensalada onomástica, como lembra Manuel Quiroga, que tamén estivo na xénese do club.

—Despois de moito falar, sometémolo a votación nunha desas festas con gaitas e baile dos domingos: Atlético Galicia, Sporting Galicia, Club Galaico, Unión Galleguita, Deportivo Galicia. Nunha reunión da comisión decidimos directamente pensando no máis apropiado: Deportivo Galicia. Ninguén protestou.

A enxurrada de emigrantes europeos trouxo consigo, dentro da veloz transformación demográfica e social que provocou, un novo fenómeno, o fútbol de colonias. Así chamaron a nómina de clubs fundados polas diferentes colectividades e que se transformaron en acérrimos rivais nos campos de fútbol. O Galicia foi campión ao ano seguinte de chegar ao fútbol profesional. Gañou varias ligas máis e foi o único equipo venezolano en gañar un título internacional. Pero máis importante era que o club operaba como ferramenta de política interna.

—O club era a bandeira máis importante para as eleccións da Irmandade —di Quiroga, que foi delegado e secretario xeral—. Se lle ía ben, o goberno gañaba as eleccións.

Nos noventa desapareceu tal e como se coñecía: trasladou a súa marca á cidade de Maracay e cambiou o seu nome polo de Aragua Fútbol Club.

«¡Qué hiciste, papaíto!»

Venezuela sempre tivo paixón polos mundiais. Durante un mes o país transfórmase e convértese nun mar de coches embandeirados coa preferencia de cada condutor. Hai mofas, quinielas e moito bar coa televisión vestida de verde. Ao non xogar a súa selección, nos anos setenta e oitenta unha gran maioría animaba o veciño favorito, Brasil, e tomaba o resto como un entretemento lúdico. Nesa forma de ver o fútbol tivo moito que ver Lázaro Candal, nado na Coruña en 1931. As súas narracións graciosas e afastadas da flegma televisiva da época selaron un estilo inconfundible, con fonética galega mesturada con caribeñismo.

O seu momento máis soado naceu dun erro do xogador brasileiro Leandro, durante un partido do mundial 1982 que narraba el. «¡Qué hiciste, papaíto!», reprochoulle gritando desde a cabina ao futbolista, e a frase quedou gravada no imaxinario do país, na era pre internet en que as modas e os retrousos pasaban á fala da xente coa mesma espontaneidade coa que naceran. Candal cuñou esa frase, e en cada mundial —narrou dez— incorporou outras, pioneiro nas modas das frases gancho dos relatores latinoamericanos.

Fillo dun condutor de tranvía na Coruña, xogador de rúa na praza de María Pita, caneou xenios como Luis Suárez no fecundo fútbol modesto coruñés, e despois fíxoo como profesional en Costa Rica e Venezuela. Alí traballou nunha tenda de deportes e como xornalista á vez, e a súa vida persoal confluíu coa profesional: cubrindo o secuestro de Di Stéfano coñeceu a que sería a súa muller. Quince anos despois narrou o mundial de Arxentina 78 acompañado no palco de prensa por don Alfredo.

—Foise metendo no tema sen querer. Chegou un momento en que sen ser ninguén en apariencia acabou narrando o mundial pola súa naturalidade e o seu talento —di Roberto González, que o coñeceu na súa infancia—. A súa tenda estaba á volta da ferraxaría dos meus pais. Unha vez regaláronme un balón. Lembro saír da tenda e marcharme o balón á rúa; pasou un coche e bum, estourou. Quedei chorando pola miña pelota. E fun onde Candal e el reaccionou regalándome outra. Toma. Iso quedoume gravado para sempre.

Candal viviu o seu retiro na Coruña, logo de sesenta anos fóra. En Riazor viámolo na tribuna de prensa, pero pasaba desapercibido, mentres en América seguiu sendo o inconfundible Lázaro Papaíto Candal ata o final. Faleceu en 2023.

A voz xusticeira de Finita Gay

—Acórdome daquel día coma se fose hoxe. Estabamos na casa, en Caracas. Era 16 de febreiro de 1989 e avisáronnos de que a miña avoa Fina morrera na Coruña. Ese mesmo día marchaba o meu pai para vela, porque estaba maliña, e cando xa ía para o aeroporto chegou a noticia. O meu irmán pequeno nacera había unhas semanas. O meu pai sacou da maleta unhas fotos do bebé que lle ía a mostrar e no seu lugar meteu unha gravata negra.

Fala Carol Martínez, galega venezolana de 1977, última xeración na emigración dunha familia cunha muller diferente no centro da historia. Fina Martínez Gay naceu en Castelo de Abaixo, Culleredo, a quince minutos da Coruña. Como naceu na casa do Martelo, foi coñecida sempre como A Martela. Era, conta Xurxo Souto, multidifusor de todas as culturas, unha desas costureiras das que ían porta a porta coa máquina na cabeza. Pero tamén foi a primeira muller que se atreveu a subir a un escenario na bisbarra.

—Con catorce anos xa ía ás orquestras e non se cortaba un pelo. Subía e cantaba. Tiña unha voz moi bonita e a xente alucinaba. Pero ao meu bisavó parece que non lle gustaba —di Carol.

Ela xa ía doutra banda. Tivo un fillo de solteira en 1947 e a inicios dos cincuenta emigrou soa, e alí confrontou as desgrazas co seu traballo como padronista nunha fábrica e, mentres puido, coa súa voz na efervescente noite caraqueña. Pouco se sabe da súa carreira venezolana, alén da memoria familiar. Con seguridade viu en directo a orquestra Os Satélites nunha histórica xira. Debeu de estar presente nun entroido tumultuoso na Irmandade Galega, no que tocou a Sonora Matancera, con Celia Cruz á fronte. Encheuse tanto que houbo pelexas e, contan os máis vellos, tiros ao aire.

Naquela época Finita non só cantaba, senón que co seu don de xentes facía de contacto das orquestras que chegaban desde Galicia. Pero un día deixouno todo, condenada á submisión común a tantas mulleres da emigración, as que tanto soportaron. Emparellouse cun italiano que lle prohibiu cantar fóra de casa. Tiveron un fillo e desde entón limitouse a vivir baixo a bota masculina ata que finou a súa parella, e entón decidiu darlle a volta.

En 1980 volveu a Galicia. Tiña aforros, pero non investiu en pisos ou garaxes, senón que abriu un café-concert en Tabeaio, a uns quilómetros de Castelo, e bautizouno co seu nome: A Martela. Alí tocaba o acordeón e cantaba, pero tamén gañaba diñeiro. «Como persoa son boa, como artista, marabillosa, e como empresaria, durísima», dicía. Vestíase con traxes elegantes que ela mesma confeccionaba, gababa o seu rostro con colares de perlas, grandes pendentes e o pelo curto. Compoñía e tiña retranca. Ao ver que rían dela pola súa idade, faltoulle tempo para escribir un corrido chamado *Vieja*.

A estas alturas as orquestras de herdanza latinoamericana pola emigración xa eran un fenómeno en Galicia. E estes conxuntos bebían de artistas como Finita, talentos que se curtiron na diáspora e trouxeron desde alí repertorio e ritmos que hoxe se pode dicir que pertencen á cultura autóctona. Queda como exemplo a versión auténtica e bilingüe, que Finita fixo de «Me voy pa La Habana» de la Sonora.

As mulleres en Galicia sonche as mais traballadoras
van a misa, fan ou caldo e máis fan de labradoras

Esta versión xa forma parte do repertorio de artistas actuais e púidose oír varias veces nas festas da parroquia da Martela, onde se celebra un admirable festival chamado Castelo Conta. Alí tamén se descubriu un mural da artista que ocupa unha parede no centro da localidade.

—Os meus recordos da avoa Fina son dunha persoa moi botada para adiante, moi cariñosa e tamén con algo de mal xenio —ri—. Cando viñamos a Galicia quería que subísemos ao escenario con ela, pero eu non me atrevía. E agora vexo a miña filla e ela si sacou a vea.

A Valentina, a bisneta da Martela, víuselle xa cantando a copla que repite os versos como un mantra onde se condensa a muller da época. As máis traballadoras, as que van a misa, fan o caldo e son labradoras. E, no caso da súa avoa, bastantes cousas máis.

A terra onde nin ou demo chegou

A Venezuela levoume por primeira vez o secuestro dun galego. Durante as cíclicas vagas de raptos a empresarios, os emigrantes enriquecidos eran carne de canón, xusto na época na que os medios apostaban pola información sobre a diáspora e me desprazaban desde Buenos Aires ou o Rio de Janeiro. Aquela primeira aventura transportoume a Valencia, unha das grandes urbes do país. A seguinte, ao estado de Cojedes. A terceira, a unha cidade chamada Puerto Ordaz. A esas alturas preguntábame: Que carallo fago eu aquí? O traballo de reporteiro —buscar testemuños, acceder a fontes, coñecer centros en lugares ignotos— deume respostas dunha certeza acoirazada: a diáspora é un conxunto de puntos moi parecidos pero illados que hai que unir para descifralos.

Unha noite de 2007 coñecín a Emilio Vázquez, un home sabio e xeneroso que presidiu durante moitos anos a Irmandade Galega de Puerto Ordaz. Afeito á de Caracas, aquel espazo mínimo non permitía comparacións de poderío, pero repetíanse símbolos e xeitos, tamén a hospitalidade dos que xogaban ás cartas esperando noticias do seu amigo secuestrado. Apareceu días despois, cando eu xa non me quería ir de alí, logo das historias que me contou Emilio. Prometín que regresaría pronto. Fíxeno cando conseguín financiamento para elaborar unha reportaxe documental para televisión sobre a Guayana venezolana, o lugar no medio da nada que el me definiu cunha frase enrevesada e sonora: «A terra onde nin ou demo chegou». Agás os galegos.

O estado de Bolívar é o máis extenso do país e un dos menos habitados: cando chegaron os emigrantes eran apenas cento cincuenta mil persoas nunha área que ocuparía media Península Ibérica. Hoxe a poboación multiplicouse por doce, unha explosión perceptible no balbordo de Puerto Ordaz, planificada nos anos cincuenta por empresas mineiras na confluencia do río Orinoco co Caroní. Nese mundo de promesas instalouse Emilio Vázquez, de Lalín. Desde alí, un día de 2009, entre centros comerciais, autoestradas a escape libre, salsa e calor pegañento, iniciamos un *road trip* dun par de semanas, connosco o fotoxornalista Delmi Álvarez, mestre de diásporas. Por estrada e pistas en pickup, tamén por río en canoa e por aire en avioneta, entramos onde nin o diaño chegou, seguramente porque non había por onde facelo.

O parque nacional de Canaíma ten o tamaño de Galicia e está cuberto por dous terzos de selva e un da Gran Sabana, unha paisaxe única de formacións xeolóxicas de miles de millóns de anos chamados tepuyes, fortalezas de pedra rematadas en anchas e áridas mesetas. Parecen as montañas d'*O mundo perdido* de Conan Doyle, monstros prehistóricos nun escenario inaccesible ao que chegaron aventureiros para poboalo desde outra fin da terra europea.

Unha camisa de manga curta, co peto a rebentar de papeis e bolígrafos. Un botón desabrochado, un chapeu de palla para frear o sol e, de súpeto, un insecto na cara que quita do medio como se fose aire, coas mans arxilosas. Pablo Vázquez chegou desde Lalín en 1956, «cando non había nin camiños abertos», e en catro anos conseguiu unha pequena fortuna explotando a madeira nun lugar selvático perto de El Callao, a tres horas ao sur de Puerto Ordaz. Cos dedos tallados agarra un pano e limpa a suor da fronte.

—A selva dá moito traballo e moito pracer. A min ver caer unha árbore das de aquí, que son cinco metros cúbicos de madeira, dáme alegría, que queres que lle faga —conta, metido na espesura atordoada polos zunidos de insectos—. Abrín un serradoiro, pero só había unha plantación de plátano ao redor, o resto era todo virxe. O primeiro nadal paseino refuxiado na selva rodeado de xaguares e para conseguir a madeira tiña que entrar a machetadas. Outra vida.

Volvemos ao coche para trasladarnos a El Dorado. Como na lenda, o lugar tamén vive do ouro e dos diamantes, pero pola proximidade de minas, porque o seu aspecto é só un gran zoco de terra avermellada, «compro ouro» por todas partes, toldos de lona para cubrirse do sol e o río Cuyuní como vía de transporte.

Do outro lado, un cárcere de alta seguridade, coñecido por aloxar a Papillon, o personaxe creado por Henri Charrière na novela que relataba as súas fugas nas cadeas das Guayanas e Venezuela, no Esequibo, territorio en disputa. No porto —unha rampla de terra desde a precaria rúa adxacente á praza— subimos á *curiara*, unha canoa lixeira, estreita e longuísima, que navega o río desde hai milenios e onde antes portaban as toradas enormes desde o bosque impenetrable. Hoxe o patrón manexa o leme na auga mansa da tarde. O ceo acéndese cando o vapor das nubes deixa pasar o sol e o recalmo é unha queimadura de lupa. Baixo o casco ferve o río marrón.

—Isto está lonxe de todo. Cando en Caracas preguntaba se había carro para chegar a El Dorado a xente miraba para outro lado. Tiñan medo, era como falar doutro mundo. Mira, alí vese un pouquiño do cárcere. Na época de Pérez Jiménez había moito preso político. Olla, neses barracóns non se ve a luz do día, xusto onde estivo Papillon —e sinala o muro xigante da prisión, os mosquitos molestando—. Eu levábame moi ben cos presos cando saían do cárcere para traballar na vila mineira e alternaban connosco. Para min eran boas persoas. E en cambio falabas na capital dos presos de El Dorado e parecía que eran o diaño.

De novo ao carro. Antes non había case acceso para levar a madeira para vender e agora gasta unha enorme camioneta Chevrolet con rodas de camión para vencer as fochancas.

Quere ensinar o lugar ao que chegou con vinte e cinco anos. Chámase El Callao, outro centro aurífero. Aquí todo é ouro, xoias, reloxos. Entramos na casa de empeños Stalin, un señor de bigote que funde ouro a golpe de pedal, desafiando a historia. Pablo segue coa súa historia.

—Cando cheguei aquí habería cinco ou seis xoiarías, pero chegou a haber trescentas. Agora hai unhas cincuenta. Pero a min non me gustaba o ouro. Dicían que o que se metía no ouro non prosperaba, que estaba maldito.

El Callao que el coñeceu tiña un hospital onde a súa muller, Isabel, deu a luz os seus dous fillos, Karina e Pablo, nos anos setenta. Hoxe está en ruínas. Visitámolo e parece unha zona de guerra, coas paredes de azulexo á vista e cheiro a rancio. Cando a madeira ía ben, diversificou cun taller de repostos e unha bomba (estación de servizo) e chamouna Lalín. Está en Guasipati, nunha estrada ancha e transitada. Dá a benvida un cartel co nome e uns mastros coa bandeira local e a branca e azul de Galicia. Os autóctonos non entendían que era Lalín nin por que esa insignia branca e azul; a resposta de Pablo é sinxela:

—Vivo en Venezuela hai xa unha vida, pero eu son galego.

Un par de horas ao sur chégase a unha poboación mineira que non ten praza nin edificios, nin sequera un centro. Pola estrada chea de camións levantando nubes de po accédese a unha rúa de terra con casas de chapa e trafego de motos entre postos de comercio informal e buscavidas que gañan todo nun día e pérdeno nunha noite. O lugar naceu sen bautizar, pero como había que situalo no mapa, chamárono pola súa localización segundo abrían o roteiro ao sur: Kilómetro 88, unha fronde salvaxe do tamaño de seis mil campos de fútbol furada para quitarlle o ouro ás súas tripas. Hoxe de tan esquilmada xa é máis vermella que verde.

O seu municipio ten a superficie de toda Galicia e só cincuenta mil habitantes. A terra orixinal era dos indios pemóns. Despois apareceron os españois e as súas misións capuchinas, desaloxadas á súa vez polos criollos que loitaban pola independencia. Mediado o século XX, chegaron os mineiros enfebrecidos pola chamada do ouro e, tras eles, un puñado de emigrantes que cheiraban o negocio. As caravanas detíñanse, montaban un campamento e ao seu redor crecía un tecido económico informal no que se movía moito diñeiro: destino selado para os emigrantes extremos.

Por exemplo, Enrique Cid, o home que chega cruzando desde a súa casa, do outro lado da estrada —sinxela, con tellado a dúas augas e grades nas xanelas— ao seu negocio, unha estación de servizo que funciona como referencia do Kilómetro 88. Enrique, cincuentón de pelo cor cinza, anda entalicado, con lentes de sol afumadas e unha camisa celeste co logo da petroleira estatal. Nacido en Xinzo da Limia, Ourense, navegou nos mares de Nixeria, o Caribe, o Gran Sol. Logo instalouse aquí co seu pai, un dos pioneiros.

—Chegou a este lugar vendendo refrescos Dumbo, que levaban o debuxo dun elefante. Eu xa vin por primeira vez cando tiña doce anos e logo aos dezanove. Aquí non había nada de nada, só selva, estrada, aventura. Había unha película sobre a febre do ouro que representaba este lugar perfectamente: *A lenda da cidade sen nome*. Era tal cal iso. Cando me cansei do mar, vin e quedei —di Enrique, e saca unha foto antiga da gasolineira. Onde hoxe hai un caos de camións, busetas e pickups, antes había un afastado oeste—. Aquí vivía o meu pai. Eran só ranchos, pero el conseguiu ir construíndo ata montar a gasolineira, importante porque non había onde encher en 200 quilómetros, e ademais había que abastecer as minas.

Unha camioneta de caixa descuberta e dobre banco de madeira prepárase para arrincar. «Saíndo para a mina, saíndo, saíndo! Os boletos, vexa os boletos, para embarque», grita a vendedora. Enrique convida a subir a un dos seus camións cisterna, cun escape de ruxido de tigre e bandeiras vermellas de mercadoría perigosa. Imos a unha mina uns quilómetros terra dentro. «Epa, artista», di ao chegar á entrada. O encargado saúda, mentres a súa muller e un neno descansan na súa casoupa: un telladiño, hamaca, unha sombra e un póster de Chávez. Ao encargado entrégalle a cisterna para baleirala, catro mil litros de gasóleo para as bombas que permiten ás mangueiras bater a terra con auga e extraer, oxalá, algunha pebida de ouro.

—Aquí traballan a minaría artesanal. Agora tamén teñen estas pistolas a presión que pican o material, esmiúzano e vai caendo nesta lagoíña onde hai chuchadoras que o levan todo a un plano inclinado de táboas onde van batendo os sólidos pesados. Aí pos o peto e algo de ouro vaiche quedar —explica Enrique ríndose.

A mina ao descuberto é unha paisaxe marciana: pozas enormes nunha terra vermella intensa baixo un ceo pesado como chumbo gaseoso. Homes chapicados, algúns coa mangueira, outros coa chuchadora, varios mirando aos ollos metidos na lama encarnada ata o peito, imaxe rediviva de Omayra, a nena sepultada pola erupción do Nevado del Ruiz. Outros, mineiros ilegais, cada vez máis e máis, acoden só cunha peneira, unha pa e moita fe. Parecen uniformados: gorra de viseira, pantalón gastado, camiseta de ombreiras e chinelas. «Conseguín algo mellor que o ouro: Xesús Cristo», di un. E deseguido métese a peneirar. Un compañeiro quita do peto un boteciño que abre con coidado. Dentro ten mercurio ou azougue, moi contaminante pero necesario, porque amalgama o ouro que vai saíndo e sepárao da terra dentro do filtro. O que queda é unha pequena pebida, case escorrida entre os dedos, que gardan no peto. Quéimase para eliminar o mercurio e xa está listo para vender o neto.

—Se conseguen unha pebida, véndena e gastan o diñeiro. Pero se teñen medio quilo de ouro fan o mesmo. Como os mariñeiros que gastan todo despois dunha marea —compara Enrique—. Pero aquí peor, fano todo nun día, aínda que sexa casar nunha camioneta, logo marchan pola noite e divórcianse.

Soa a salsa unha vez máis en Kilómetro 88. Na rúa, unha muller que leva unha piña nunha man protéxese cun parasol coa outra. Unha fileira longa de coches agarda para repostar, moitos deles contrabandistas de combustible que logo revenden no Brasil. A dez minutos está tamén Las Claritas, o poboado formal deste campamento de tolos.

—Isto é de todos e de ninguén —resume Enrique entre un ruído enxordecedor das radiais, a máquina que fai caldo de cana e os coches—. Cadaquén vive ao seu xeito. Aquí estás e non estás, non hai rúas nin beirarrúas. A xente chega, gaña o seu diñeiro e marcha. Colombianos, peruanos, americanos, canadenses. E galegos.

Agora convida a camiñar un par de minutos polas calellas mal feitas de Km 88. Nun espazo no medio desa xungla de aventura e perdición aparece un establecemento iluminado por fóra, escuro por dentro: Licorería Don Pepe. Ao fondo da tenda, está José Viéitez, un personaxe de debuxos animados, coa cabeleira prateada repeiteada, bigote branco coidado á tesoira, lentes de sol de piloto espelladas a pesar da luz escura da tenda, unha escrava no pulso, polo de raias de manual e retranca de orixe certa.

—Aquí non busques fábricas nin ministerios, que non vas atopar nada. Só mineiros. Porque aquí se vive do puro ouro.

Don Pepe arrinca falando en galego con acento venezolano case sen mover os labios. Atende un home que entra e pide unha augardente. Son as nove da mañá. A licoraría cae de chea: botellas en estantes ata o teito, neveiras con portas de cristal ao longo de todo o lateral e un monitor que vixía o negocio. En Kilómetro a vida é *arrecha*, agre, de arma no cinto ou a man para manter os borrachos baixo control.

—Aquí almorzan con cervexa e ron. Augardente branca e *padiante*, aquí é o que hai. Se abro ás cinco da mañá xa están a buscar a botella para beber. É como o seu café.

Acto seguido, Pepe ofrécelle a Enrique unha lata de cervexa e abre outra para el, brindan e meten o primeiro grolo fresco do día dobrando o pescozo cara ao falso teito renegrido. Despois posa para unha foto de Delmi como un campión, bandullo prominente, impertérrito, cunha cotorra verde sobre ombreiro, a media luz diante dunha neveira cunha foto de anuncio de cervexa, unha muller bronceada en bikini e un slogan: «¿Te provoca?»

Ladra un can remuiñando a cola diante da licoraría, co chan case sen asfaltar e o cheiro acre dos sitios sen ventilar, onde a esta hora da mañá non pasa nada porque todo pasou onte á noite: o grolo, o xogo, a prostitución, as drogas, ou todo xunto. E a quen non cumpre, ferro. Un western do século XXI.

Kilómetro 88 marca unha fronteira natural entre as selvas e a Gran Sabana, que despois do verdor exuberante se abre perante os ollos coa sobriedade dos seus tepuyes e fervenzas. A paisaxe alucinaría a John Ford. Ao final daquela rexión chégase a un último punto no mapa chamado Santa Elena de Uairén, fronteira co Brasil. Alí está Juan Otero.

A el, a vida levouno alí por un azar, el cre que por unha equivocación, pero fixo negocio ata que a actividade foi minguando pola minaría ilegal e a intervención do Estado, cada vez máis esmagador no sector. Cando o coñecín, dividíase entre a súa casa de Santa Elena, grande e espazosa, e o campamento na mina, unha construción de taboleiros entre palmeiras, un catre e un poleiro no patio. Alí vivía como un franciscano, lendo e escribindo en verso as mil peripecias da emigración, que conta con xiros de Ferrol, onde naceu. Na casa da cidade, Otero fala sentado na súa mesa de despacho, que parece un camarote, cun cadro de barcos veleiros no medio dunha treboada e un hórreo.

—Eu vin de Ferrol porque navegaba coa compañía Elcano de petroleiros. En Caracas acusáronme de contrabando de armas e non tiven nada que ver, pero como era primeiro oficial de garda arrestáronme. Estiven preso e saín na primeira páxina dos xornais. Chamábanme contrabandista e non o era, e ademais o que moveron eran quince revólveres, nada máis. Despois tiven que traballar de taberneiro e moitas cousas máis, ata que vin a porta aberta nos setenta, co fondo de desenvolvemento diamantífero. Conseguín unha concesión dunha mina por corenta anos. Ao principio un gramo de ouro eran tres bolívares, logo subiu a cinco, a dez, e nunca parou de subir. Tiven traballando ata trinta homes, pero agora está todo baixo mínimos.

Levántase e pon música dos Billo's Boys, a orquestra máis famosa do país, e saímos a pasear en coche por Santa Elena. Aquí sente, como o resto dos galegos atopados no camiño, pioneiro —«cando cheguei había quince casas, e agora é unha cidade de fronteira»—, e termina arrincando cara á estrada para levarme á curva que lle salvou a vida.

—Aquí batín a miña camioneta contra outra. O outro condutor botou un *coñazo* de sangue, pero non lle pasou nada. E eu empecei a ter unha dor enorme no costado. Pensei que eran as costelas, pero termináronme abrindo e estiveron nove horas e media de operación, porque tiña un cancro. Grazas a escarallarme, salveime.

Segue a conducir, co seu pucho mineiro de á curta, que lle tapa o cranio salpicado con manchas do sol, as lentes a escorregarlle no nariz, o sorriso de avoíño. Xa pasaba dos oitenta. Nunca máis souben del e das súas lembranzas.

8. MÉXICO

En Avión é máis esaxerado o asunto: hai máis persoas centenarias ca bebés

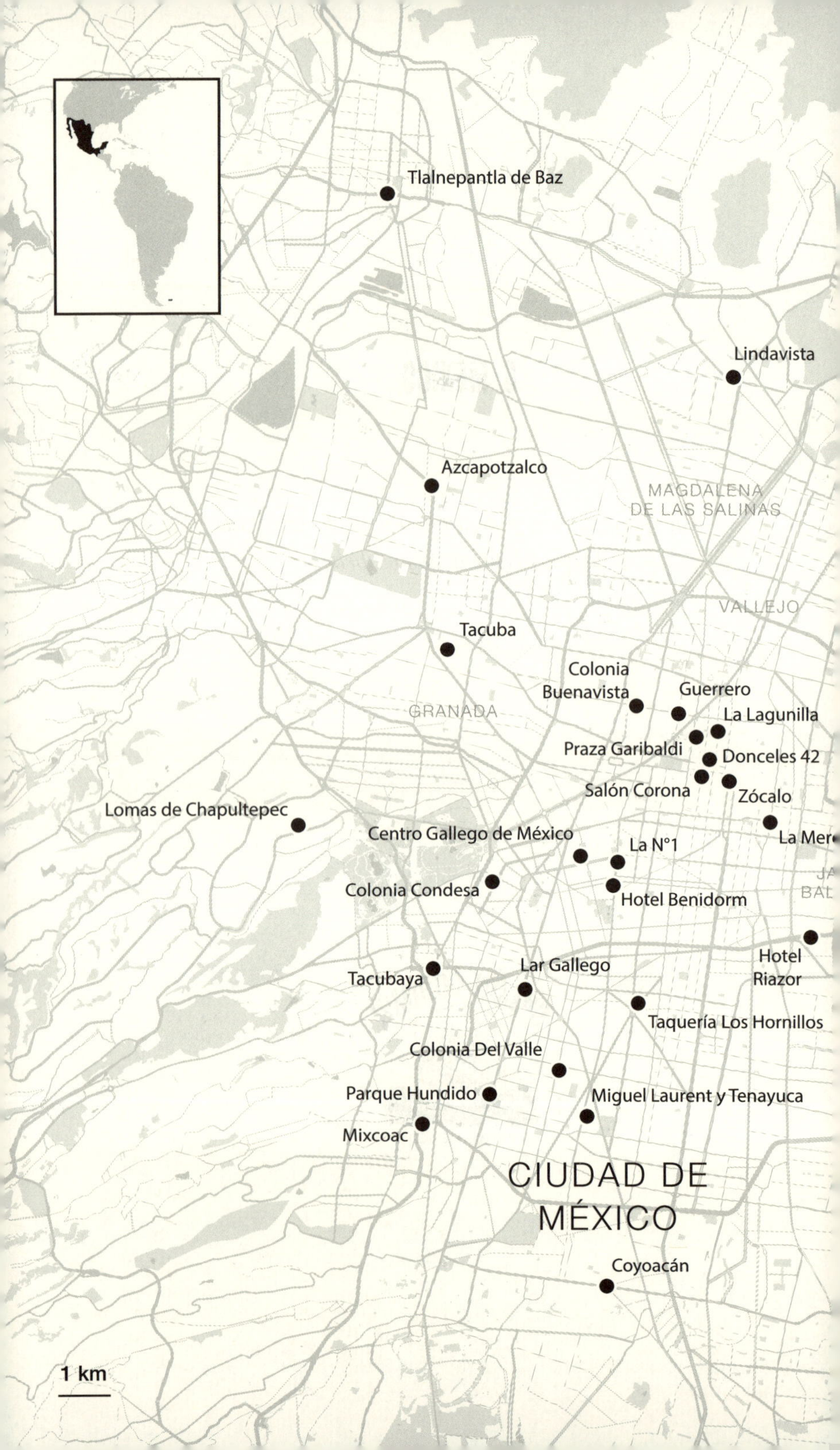
Tlalnepantla de Baz
Lindavista
Azcapotzalco
MAGDALENA DE LAS SALINAS
VALLEJO
Tacuba
Colonia Buenavista
Guerrero
GRANADA
La Lagunilla
Praza Garibaldi
Donceles 42
Salón Corona
Zócalo
Lomas de Chapultepec
Centro Gallego de México
La Mer
La N°1
Colonia Condesa
Hotel Benidorm
Hotel Riazor
Tacubaya
Lar Gallego
Taquería Los Hornillos
Colonia Del Valle
Parque Hundido
Miguel Laurent y Tenayuca
Mixcoac
CIUDAD DE MÉXICO
Coyoacán
1 km

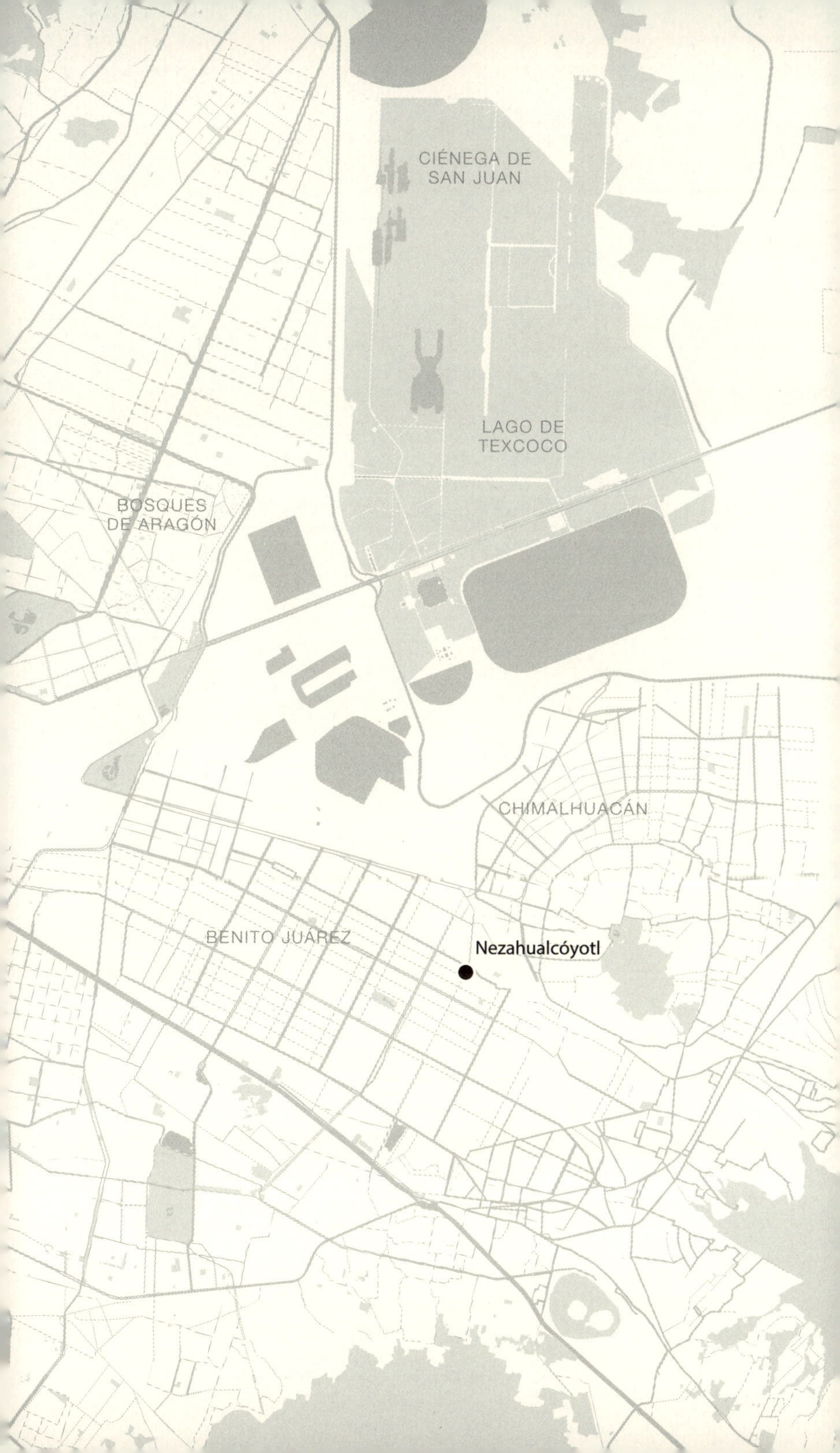
CIÉNEGA DE
SAN JUAN
LAGO DE
TEXCOCO
BOSQUES
DE ARAGÓN
CHIMALHUACÁN
BENITO JUÁREZ
Nezahualcóyotl

O cuadrilátero

En Boborás van pechando os bares pero continúa aberta a todo dar unha oficina bancaria. En Beariz hai dúas. En San Xusto, Avión, outras tres sucursais, con máis movemento que nos mellores barrios de calquera cidade española. E, con todo, todos estes lugares da provincia de Ourense, oficialmente, entre os máis pobres de España. Avión, o cumio da diáspora máis exitosa de toda Galicia, formaba parte dos territorios con menos renda media por habitante en 2023, uns dez mil euros, case a metade que a media xeral, apenas por riba de Ceuta, La Línea de la Concepción e varias localidades de Estremadura.

O Instituto Nacional de Estatística publica mapas interactivos que permiten esmiuzar todos os parámetros socioeconómicos dun territorio. Dunha ollada vense unhas manchas vermellas que corresponden ás zonas con menos renda. Coa lupa interactiva ábrese unha imaxe rechamante: nunha Galicia case que na media española, destaca unha bisbarra en rechamante vermello, en teoría dedicada á actividade agraria de subsistencia. Esa zona compón o chamado cuadrilátero migratorio ourensán, famoso, no entanto, por acoller cada verán un bo número de millonarios con ferraris e lamborghinis no garaxe e o diñeiro por castigo. Onde está o misterio?

A auga ferve, o polbo tállase, pinga o aceite de oliva co pemento nos pratos de madeira, o pan de fariña inmaculada córtase sobre a táboa, o viño vértese en cuncas, a mecha corre veloz pola vara arriba ata que prende a bomba de palenque e estrala no ceo despexado. O festival de aromas é a mellor presentación do evento do verán no Carballiño, en Ourense. É segundo domingo de agosto e celébrase a Festa do Polbo, un banquete popular que atrae decenas de miles de persoas cada ano para festexar a abundancia á galega —o prato forte é a preparación dunha tapa de 500 quilos de polbo— nun lugar chamado con modestia Parque Municipal, un enorme recinto arborado xunto ao río. A Festa é tamén a encrucillada de migracións única que se dá aquí: galegos de Cataluña, Euskadi, Suíza, Alemaña, e Panamá, Venezuela e, sobre todo, de México.

Antonte celebrouse a festa mexicana de Avión, un concello próximo, zona cero da diáspora nese país, con mariachis, música en directo, tacos e *antojitos* nas mesas e tequila e mezcal nas barras, pero desta volta con máis sabor a verbena autóctona ca nunca, porque caeu en día de feira e, con ela, apareceron a comida, a bebida e a música local. É unha ida e volta completa ao planeta pangalaico. No Paseo, a rúa peonil, o cartel dunha botella de Coronita sinala a ubicación do Belmont, local dunha familia de retornados nos anos oitenta e referencia en comida mexicana sen pretensións, tacos, chilaquiles e enchiladas. Non é o único: na zona sucédense os locais de emigrantes, que non se deteñen moito no *naming*: o Mexicano de Beariz, o Mesón Mexicano en Tourón, do lado pontevedrés da montaña, o Mexicano en Brasas nas Airas, perto da capital, ou simplemente O Mexicano, en Abelenda. Nomes simples para receitas sinxelas, materia prima de aquí e elaboración de alá, fusión que xa chaman gal-mex.

Os galegos mexicanos son a esaxeración da diáspora: os máis exitosos —en porcentaxe e en ceros— e tamén os máis discretos. Por razóns obvias —a violencia— no seu país de destino non ensinan nin o nocello. Aquí si, pero, coma se fose unha táctica de guerrilla de millonarios, fano na súa reserva de verán: as súas propias aldeas, onde meten coches deportivos a monte durante dous meses antes de volver ao choio, lucindo orgullosos as súas dúas identidades, con elementos dorsais como a música. Axorda un retrouso coñecido: «*Tanto tiempo sin verte es coma una condena*» e a xente baila entre carteis que anuncian as verbenas das festas, unha bomba de rivalidade.

—Tocou a Orquestra Panorama nunha parroquia de aquí ao lado a semana pasada. E caerá antes de setembro noutra, iso está garantido. Aquí, cada un quere o mellor para o seu —di Santiago Pérez, un exemplo típico da destilación migratoria da rexión: unha vida entre este lugar, México e Panamá—. A competencia de toda a vida transportouse ao exterior. En México, se tes un negocio que che funciona ben, vén un paisano e chántache outro ao lado para intentar gañarche. E logo iso volve outra vez para aquí: se fas unha casa na aldea dun millón fago eu outra de dous. A nosa é máis modesta —e sorrí de medio lado—. Imos aló.

Entramos no seu coche, unha berlina Jaguar branca dos anos noventa, no centro do Carballiño. Capital da bisbarra homónima, nela están os concellos limítrofes de Boborás e Beariz. Ao suroeste, na do Ribeiro, está Avión. E entre todos forman un territorio coñecido polas súas mansións e os seus coches fóra de escala, patrimonio dos mexicanos retornados, para sempre ou un anaquiño ao ano. Entre eses catro municipios concéntrase case a metade dos residentes en México. Podería aumentar a heptágono se engadimos a outros tres concellos limítrofes pero na provincia de Pontevedra: Forcarei, A Lama e Fornelos, o que confirma o elástico das dinámicas sociodemográficas de Galicia, palpables na emigración e ocultas nas dobras dos mapas.

De feito, máis que debuxar un plano comarcal poderíase facer un de relevo que amose a importancia do sistema montañoso que parte esta zona agreste, chea de aves rapaces e parques eólicos e unha vista que lembra á da pintura do camiñante sobre o mar de nubes de Friedrich. Ao norte, a Serra do Testeiro e a de O Cando. Ao sur, a Serra do Faro de Avión; no centro de todo, a Serra do Suído.

Neste outro cuadrilátero opera unha lotaría orográfica: cen metros cara a arriba ou cara a abaixo marcan vidas nunha terra hipermontañosa, de pregues continuos, onde non se pode camiñar cinco minutos sen dar unha curva ou subir unha costa: Leiro ou Ribadavia, á beira do río, con viñedos e froiteiras, non son concellos tan migrantes como Boborás, Avión ou Beariz, máis altos e menos fértiles. A máis metros, menos cultivo e menos vida, só penechairas e ladeiras con pouco que ofrecer.

E entón só queda, como única saída, o barco.

Cemiterio de hórreos, presebe de emigrantes

Se ampliásemos o mapa para buscar o punto máis simbólico do cuadrilátero chegaríamos a unha aldea chamada Barroso, no concello de Avión. De alí saíron os seus veciños cara a todos os puntos cardinais. Chegar, en troques, faise máis complicado despois de trescentas curvas e un respiro en cada redución do motor.

No alto da aldea, onde o vento manda día e noite, descóbrese un campo con trinta hórreos medievais tendidos en simetría cara á serra nunha eira, unha explanada empedrada onde se mallaba o trigo e o centeo para facer o pan e dar de comer aos animais. Nada diso se fai xa. Agora só queda unha fonte de Deus bendiga esta aldea e un banco de pedra rompendo o baleiro. Todo o domina a formación de hórreos. Semella un triste cemiterio de dinosauros, vestixios dunha civilización perdida, tótems con pinta de habitáculo de seres fantásticos ou túmulos monumentais. Son, en realidade, a constatación dunha Galicia que xa non existe. Emigrou e non volveu.

Tamén chamado aquí canastro ou espigueiro, o hórreo é o mellor exemplo da arquitectura popular galega, de varias formas, tamaños e nomes pero tan transversal —e local á vez— como a lingua, o clima ou, tamén, a emigración. Son estreitos e longos, aquí construídos con granito e madeira, con tellado de lousa ou granito. Serven —servían— para secar, almacenar e manter fresco o cereal das colleitas: esta era a acumulación á que se aspiraba. De súpeto unha nena de seis ou sete anos sae de entre os canastros, coma se fose unha película de terror, e di, en castelán de cidade: «Estes hórreos son meus, pero déixovos pasar un pouquiño».

Xulio Durán, natural de Barroso, oitenta e un anos, emigrante retornado do Brasil, o Uruguai e México, espéranos xunto a un dos hórreos, que nada ten de especial, e anuncia:

—Este era dos Vázquez Raña.

Refírese á familia de empresarios máis rica e coñecida da diáspora mexicana, pero da que apenas se coñece a súa orixe. Na rede non hai referencias sobre a aldea e nin se pode visitar, en modo rúa, en Google Maps. A poboación antiga —«300 veciños e 200 vacas»— di Xulio, é un conxunto apiñado de casas deshabitadas. Ten unha rúa central, o Camiño da Carreira, flanqueado por hortensias e algunha vide rala entre as casas. Pedra e máis pedra. Silencio. Sen esforzo podemos imaxinar ese mesmo lugar coa vida de cen anos atrás: familias numerosas, gando, traballo comunal e festa rachada as poucas veces que toca. Xulio tamén toma aire ao chegar a unha casa de muro de cachotaría en ruínas, en realidade dous cuartos con banzos, separados por un tabique ancho de granito: a súa casa e a dos Vázquez Raña, contiguas.

—Aquí durmían Mario, Olegario e os demais irmáns cando viñan de México. Había un forno e facían vida aquí, coa lareira para facer o caldo. E separadas, como se facía antes, as casas onde durmían os pais, Don Venancio e dona María, e a irmá.

A familia de Xulio tiña doce vacas a medias, investimento en parcería que se practicaba incluso desde a emigración, cando os potentados querían darlle saída ao excedente que facían en América. Os Vázquez, en cambio, só tiñan dúas vacas e dous bois. Cando damos a volta á casa dos pais, Xulio descobre un tesouro arrombado no antigo cortello, agora un garaxe con teas de araña.

—Iso que ves aí era o carro dos bois dos Vázquez. Con iso levaban, na época do meu pai, travesas para o ferrocarril, feitas de madeira de carballo. Despois Venancio marchou a México e volveu varias veces, e María chegou para dar a luz o pequeno dos irmáns, Abel, moi metida en idade, e non tiña leite. Miña nai, que acababa de parir tamén, foi quen o amamentou.

Xulio amosa o seu orgullo pola amizade de berce, máis ben presebe, cos Vázquez Raña. Do peto saca unha foto no mesmo lugar no que estamos, pero décadas atrás. É un día de festa e están comendo na súa casa. Alí vese, cun puro na boca e de gravata, con Olegario, en camisa, coa súa nai de loito e mandil de cadros. Noutra só eles, abrazados, diante dun hórreo e da súa casa. Sorrisos de verán nun día especial. O resto era moito máis penoso para quen quedaba.

—A luz eléctrica chegou cando eu tiña dez anos, nos anos cincuenta. Neveira non había, nin baños nas casas. Calzabamos zocas de madeira e poñiamos chatolas para non gastalas. Había un camiño para vacas, pero a Ribadavia, que era o sitio de referencia, iamos andando polo monte. Porcos todos tiñamos para comer. Galiñas para ovos, tomates, leite e pouco máis. Os becerros vendiámolos para mercar azucre e aceite. E claro, vías chegar os de alá e querías marchar. Para mercar a pasaxe sempre había quen prestaba. Despois había que pagalo, eh, ou quedaba coas fincas.

A vida hoxe dáse cen metros máis arriba, nun poboado novo, cheo de casas e mansións, impersonais e sen referencias autóctonas, que se enchen só durante os meses de calor. A riqueza volve á casa un anaquiño e marcha, á inversa da emigración andoriña, deixando pegadas extravagantes: un edificio de tres alturas, uns remates de ladrillo, do tipo «ti vai facendo» sobre unha base de pedra, unha piscina infinita diante dun chalé nunha rúa a medio asfaltar, empinada coma un porto do Tour e, xunto ao cemiterio e a igrexa de Santa Baia, unha esplanada cun gran H pintado en amarelo: un heliporto no medio do monte.

—Pero os Vázquez Raña non fixeron ningunha casa aquí?

—Non, eles marcharon e construíron en San Xusto, a capital —di, coma se fose un lugar afastado e luxoso no seu mapa mental—. Está a unha hora andando, cinco minutos en coche.

Os Vázquez Raña

Din en México que os de Avión se distinguían porque xa viñan con algo (algo) de diñeiro, ao venderen gando e teren mesmo alugado algunha leira. Tiñan tamén un agudo sentido do negocio. Cando se lles pregunta a eles se hai método na súa vida, a resposta sempre é a mesma: «Só traballo».

Venancio Vázquez e María Raña, os da casa de Barroso, os do carro dos bois e as dúas vacas a medias, foron dos primeiros en marchar. Primeiro el, en 1920, a Estados Unidos a traballar ás minas. Volveu e casou con María, e ambos os dous puxeron rumbo a México en 1925. Na década seguinte tiveron seis fillos. Catro deles traballaron desde nenos co pai; dous destacaron de entre o resto: Mario e Olegario. Cando medraron fixéronse cargo da moblaría e arrasaron. Hermanos Vázquez transformouse nunha cadea famosa en todo o país. E desde aí dispararon como ninguén: o pai empezou vendendo cadros polas rúas e os seus fillos amorearon a fortuna (coñecida) máis grande da diáspora, repartida en grupos empresariais conformados por hospitais, hoteis, medios de comunicación e aeronáutica, que agrupan máis de cen mil empregados, tantos como ten a capital da provincia.

A principios dos anos setenta, Xulio Durán, o veciño de presebe dos Vázquez, cumpría unha década en América: dous anos na Bahia, dous en São Paulo e outros seis en Montevideo. Alí tivo familia, pero non era suficiente o diñeiro que gañaba e decidiu volver á aldea para logo pular a Francia. Pero nos tres meses de relax cruzóuselle Olegario nun deses veráns nos que xa se enchía Barroso de emigrantes, e díxolle:

—Onde vas?

—A Francia.

—Non, vés connosco a México. Eu voume pasado mañá e prométoche que en oito días tes o permiso de traballo listo.

Xulio entrou na compañía de mobles, no barrio de Buenavista, e quedou vinte e dous anos con eles. Primeiro na bodega (almacén) e logo nunha tenda ata chegar a xerente xeral dunha empresa. Despachaban miles de colchóns e mobles por día e vían correr o diñeiro fronte aos seus ollos como auga nunha fervenza.

—O que se recadaba na caixa cada día metíase en sacos, e Venancio e os irmáns poñíanse a contar. E ás veces eu tamén, e algúns poucos máis. Colocabámolos en fatos e ás veces quedabamos ata a madrugada contando. Logo pasaba o furgón blindado e levábao.

Os Vázquez Raña, criados na colonia Guerrero, no centro do DF, trazaron boas relacións dende novos. Fixéronse grandes amigos de Luis Echeverría, controvertido secretario de gobernación, e máis tarde presidente do país na década dos setenta. Era o líder máximo da contraditoria «revolución institucional» do PRI, e ao chegar ao poder navegou entre políticas progresistas reactivas a Estados Unidos e a man dura contra movementos estudantís. Cara ao final do mandato de Echevarría, o estado interveu unha cadea importante de xornais cuxa compra disputaban varios grupos. Mario fíxose con ela, en teoría impulsado polo propio presidente.

A súa relación non pasaba inadvertida para Estados Unidos, como amosaron os cables secretos divulgados por Wikileaks, nos que se destacaba a proximidade do empresario con Echeverría, que o designou como mediador coa Cuba de Fidel Castro, e lembraba que seis policías que traballaban de gardacostas seu foran asasinados ese mesmo ano.

Mario sabía como demostrar o seu poder sen ter que exercelo. Parecía que brincaba con el coma se fose unha pelota, impasible tras o bigote en forma de boomerang e as lentes afumadas. Alto dirixente deportivo desde mozo, chegou a ser vicepresidente do COI con Juan Antonio Samaranch. A el deixáballe un dos seus avións, igual que fixo con Manuel Fraga nunha viaxe institucional a México en 1998. Vázquez Raña foi testemuña do primeiro encontro do presidente galego co seu vello amigo Fidel en Cuba. Pola súa casa de Avión tamén pasaron polo menos tres expresidentes mexicanos para ver a Mario. En 2015, o entón presidente Peña Nieto velou o corpo do seu amigo na capela ardente instalada no Congreso mexicano.

O seu irmán pequeno, Olegario, destacou aínda máis nos negocios. Se ben se distanciaron nos seus últimos anos, non foi polas empresas —«co diñeiro entendiámonos de marabilla, prestabámonos vinte millóns de dólares só coa palabra», dixo Mario— senón pola súa visión sobre xestión deportiva. «Podiamos falar de todo menos de deporte», confesou nunha entrevista. Ademais das empresas familiares, a Olegario definíano como un investidor de ollo clínico e don da oportunidade para revivir empresas en quebra. Chamábano o tirador, e non só porque practicase o tiro olímpico: «Expúñanme un negocio e sabía se ía ter éxito ou non en vinte e catro horas», dixo en certa ocasión.

Comprou un hospital famoso e púxolle o nome da súa muller: Ángeles. Tamén se fixo co *Excelsior*, segundo xornal do país, afogado en débedas, por unha regra de tres simple: calculou que os millóns que custaba era menor ao valor dos seus inmobles, e dixo: «Isto é un negocio que non vai ter perda». Despois adquiriu unha cadea de televisión en aberto. Para os seus críticos, grazas a unha concesión a dedo do seu amigo Peña Nieto. Segundo el, por «poxa pública». «Son amigo de moita xente e funo de moitos presidentes, pero nunca na vida utilizamos o poder nin recibín unha milésima de axuda».

Olegario comprou unha das grandes cadeas hoteleiras do país, levou a xestión de decenas de aeroportos, unha construtora e un grupo financeiro, e chegou a comprar incluso o club Querétaro de fútbol. E todo isto sen saír a bolsa. Cando delegou o mando no seu fillo, empezou a viaxar con máis asiduidade a Avión. En 2013 deu unha festa das que fan época na súa mansión polo aniversario de Ángeles e convidou os seus amigos: o arcebispo de México para dar a misa o día santo, e de aí para abaixo, unha colección de millonarios, das dúas beiras, moitos con historias das que gustan ao relato oficial, o triunfo dos dunha man diante e outra atrás.

Houbo cálculos de que aquel día se reuniron en Avión máis de cento vinte millóns de euros, o dobre do PIB de Galicia. Estaban Amancio Ortega e Carlos Slim. O primeiro, invisible, o segundo —tamén migrante, pero de familia siriolibanesa—. cómodo baixo os focos. Foi fotografado xogando ao dominó no Luar, un bar dos de barra de metal e panos de mesa que empapan máis que secan, cartel de xeados e cafeteira de moído ruidoso, un mundo de homes metidos en idade, no que Slim salientaba polas súas camisas negras e pel escura comparado cos autóctonos de pelo branco e rostro pálido encabezados polo propio Raña.

Durante varios veráns repetiron a secuencia: jets privados no aeroporto de Vigo, coches de máximo luxo subindo pistas. Non se vían escoltas, pero si paparazzi empoleirados en valos e árbores a ver se sacaban algo en limpo daquelas festas nas mansións de Avión. Un día Olegario estoupou e prometeu non volver máis: correu o rumor de que desperdiciara comida nos seus aniversarios e tomouno a mal. Resentido, cambiou Avión por Montecarlo un ano, Marbella outro, Mallorca outro máis. Reconciliouse cando lle deron, en 2024, ao compás de «Unha noite na eira do trigo» e do himno galego, o Premio Ourensanía, que outorga a todopoderosa Deputación, un goberno nacional para a Provincia. Durante o discurso, ao elo máis exitoso e lonxevo da familia Vázquez quebroulle a voz, e nunha entrevista posterior sentenciou, a modo de frase lapidaria: «O único do que me arrepinto é de non pasar máis tempo coa miña familia». Finou en marzo de 2025.

San Xusto, quilómetro cero

Derrúbase a tarde sobre as nosas sombras e o sol estala nos cristais das casas dos retornados. Xulio Durán sinala as dos famosos irmáns Vázquez Raña.

—Esta de aquí é a de Mario, a máis grande, dezaoito cuartos. Esa, a de Polo, quedou a palmeira murcha. Aquela, a de Aurelio, o maior. E esa de aí a de Olegario.

Desa contan as lendas urbanas que as billas eran de ouro.

San Xusto, capital de Avión e quilómetro cero da Galicia mexicana, elévase na subida a un dos innumerables montes do concello e ten todo o que necesita a poboación: o concello, o tanatorio, a igrexa, catro bares e tres bancos. Hai mansións de granito, con peches de mármore e soportais tamaño pavillón. Hai casas estrañísimas, de pedra desbastada e tellado de lousa rematado en pico, outras con solaina, columnata e portalón de palacio, pero a maioría agóchanse aproveitando a pendente. Outras sitúanse nas marxes das estreitas estradas que se cruzan na parroquia. A baixada pola principal é un corredor de asfalto entre dous muros verdes, un peche que parece podado a peite e coitela. Só en gastos de xardinaría hai hoxe máis gasto nun mes que o que se facía na comida de todo o ano no Avión de hai medio século. Algunhas casas deixan ver a frota de coches. Na primeira ao alcance da vista, tras a curva, alíñanse un BMW, un Porsche, un Range Rover e un McLaren.

Os hábitos dos emigrantes potentados da aldea, anónimos ou famosos, son comúns cando comen fóra: mesas separadas homes e mulleres, gasto sen reparo e contas avultadas, latas de caviar tamaño familiar e xamón Joselito, e Petrus, Dom Perignon ou Cristal Rosé. Ao marcharen, propinas de ata 500 euros, afeitos ao dez por cento de América, mesmo cando encargan cátering para as mansións. Nesas festas, de centos de comensais, é habitual que se inclúa o concerto privado dalgún músico famoso. Testemuñas viron sobres de cincuenta mil euros para arriba a célebres cantantes como pagamento a un repertorio de media hora.

Hai retornados máis discretos ca outros. Un convidado aos aniversarios dun emigrante topou coa prohibición de entrar co móbil á casa e o control de todos os seus documentos; o dono, con negocios dubidosos, requiría seguridade coma se estivese en México. De Slim contan que chegou a un restaurante do Carballiño, viu unha radio antiga exposta e comprouna para a súa casa de Acapulco. Aos dous anos, cando regresou, díxolle ao dono de restaurante que a radio seguía funcionando. Era a época en que Vázquez Raña dicía que Slim quería comprar unha casa en avión, como un millonario estacional máis.

E aí devélase o misterio, na temporalidade: o diñeiro flúe, de maneira legal, desde as contas de non residentes, coas que poden construír a mansión dos seus soños, comprar coches inimaxinables e pasar un verán máxico. Pero iso non crea riqueza e por iso o mapa da renda continúa vermello. E cando pasa agosto e as nubes tapan o sol e entra o frío, os emigrantes e os seus millóns liscan de novo ata o ano que vén.

Cadeas migratorias

Déronse en toda América, pero a México as cadeas migratorias chegaron de maneira maioritaria de rebote desde Cuba. Empezaron mediado o século XIX, aumentaron coa guerra de 1898 e disparáronse coa crise do azucre. Os caudais migratorios son como globos picados: tápase un buraco por unha banda pero o aire sae por outro, sen que ninguén poida frear o inevitable. Naquela primeira vaga entraban por Veracruz, o gran porto atlántico, e instaláronse por medio país: no norte, en Puebla, con ampla colonia española, en Guadalajara, capital da Nueva Galicia do virreinato, e, por riba de todo, en Ciudad de México ou CDMX.

Dous irmáns adolescentes saíron desde O Chamoselo, unha aldea nas Pontes de García Rodríguez, cara a Cuba. Chamábanse Gaspar e José María Rivera Corral. Este último remigrou en 1870 a Veracruz e abriu un negocio de ultramarinos con cantina, La Estrella de Oro, segundo investigou Elixio Villaverde. Ata alí foi Gaspar anos máis tarde. Cando reuniu capital, José María retornou e abriu unha fábrica de xeo na Coruña, na que tamén empezou a elaborar cervexa. En 1906 patentou unha marca e construíu unha fábrica na zona de Catro Camiños. A cervexa chamouna La Estrella de Galicia, que xa vai pola quinta xeración familiar.

Gaspar proseguiu a súa aventura mexicana, fiel ao espírito que lle fixera entrar no porto coruñés vestido cunha bata branca de enfermeiro cando emigrou a Cuba. Pasou de Veracruz á capital e, como o seu irmán, diversificou o capital: por unha banda abriu unha tenda de abarrotes; por outro comprou terreos baldíos, apoiado polo poder económico da súa esposa, neta dun militar mexicano con facenda. A Gaspar, grandes ollos e bigotón á moda, alcumárono *El Poblador* polo seu devezo por urbanizar. Sobre unha das súas facendas fundouse a Colonia del Valle, hoxe una das zonas máis coñecidas da cidade. Os seus descendentes tamén mantiveron o apelido Rivera no mundo da construción.

Outro obxecto das teses de Villaverde foi Domingo Montes, coñecido como O Brasileiro porque a súa intención era chegar a ese país, pero terminou en Veracruz. De aí saltou a Ciudad de México en 1880, comezou como vendedor ambulante e prosperou ao abrir un caixón de roupa, unha tenda de teas ao metro. O gran negocio era fiar xénero aos acabados de chegar para que á súa vez vendesen na rúa. Ou sexa, dáballes o crédito en especie para botar a andar, e así tíñaos fidelizados, con débeda contraída, ata que eles mesmos conseguían crear un comercio e unha cadea migratoria de seu.

En canto acumulou capital, construíu *vecindades* —vivendas colectivas con decenas de apartamentos— que se multiplicaron cando a demanda empezou a medrar. Convertido en indiano, Domingo retornou á aldea aínda no século XIX, onde proxectou a súa imaxe de pioneiro e alimentou o apetito migratorio de mozos sen futuro. Na súa segunda viaxe a México levou varios paisanos, non só de Avión senón doutros municipios alén da Serra do Suído. Tamén levou o seu curmán Eliseo, que abriu unha moblaría, La Unión, na rúa Donceles, 42, enderezo empregado como referencia de entrada ao país por máis de cincuenta familias. Á parte de tenda, tamén era a vivenda de Montes, noutra *vecindad* de galegos. Todo concentrado, tutelado e con rede.

Domingo, o pioneiro, volvía a Galicia de tanto en tanto. Nunha das súas viaxes mandou construír unha casa enorme na parte alta de Amiudal, Avión. No lugar chamado Barro álzase a Casa do Brasileiro, unha casa grande de dúas plantas con balcón de fundición e unha entrada de forxa co ano de construción, 1905. Dúas casas máis adiante, a un minuto a pé, ao pasar unha bifurcación cunha fonte onde unha señora acalorada verte auga e saúda á vez, descóbrese outro patrimonio perdido: as ruínas da casa natal de Alfonso Graña, o rei dos xíbaros. Agora hai un monólito de medio metro de altura —catro bloques de granito pegados con cemento— e unha placa enriba. O memorial está xunto a un nopal ou chumbera e varias plantas de maguey, coa que se elaboran o tequila e o mezcal. Máis que unha aldea, Barro é un museo da emigración a ceo aberto.

Abono, mobles e baños: a tríade

Era unha desas viaxes de procura intuitiva, na que non sabes se vas coñecer a casa museo de Frida e Rivera ou se che vai cambiar a vida ao virar a esquina. Algo así aconteceu, porque por un amigo dun amigo ourensán acordei un sábado ás seis da mañá e atravesei a cidade, de Coyoacán a unha barriada do norte, fronteiriza co Estado de México, para acompañar un mobleiro galego chamado Juan a cobrar casa por casa letras a crédito. Era aínda un oficio en auxe, cunha base que el explicaba cunha regra de tres básica: canta máis xente por quilómetro cadrado, máis negocio, xa que logo os galegos puxeron a súa moblaría en esquinas da populosa zona metropolitana, en municipios de nomes impronunciables como Tlalnepantla ou Nezahualcóyotl, barrios esaxeradamente grandes con asentamentos informais e toldos de mercado e postos de comida e *peseros* (buses urbanos) e *vochitos* (Volkswagen Escaravello) para levar traer a tanta xente acotío.

A Juan coñecérao en Galicia porque alí pasaba un ano de cada tres, sen traballar, de vacacións, dunha maneira tan natural que a ver quen lle preguntaba nada. Dicía que en México os paisanos vivían nunha rotación constante porque montaban sociedades que lles permitían alternar dúas vidas contrapostas: a aldea e o descanso contra a megalópolis e o traballar de sol a sol. Agora podía comprobalo xunto a el, no negocio que tiña a casa enriba. Subía e baixaba, alternaba comida, traballo, durmida. Dicía nas súas estadías en Galicia que non se podía dar ningún luxo para non cantar moito, e tamén o entendín sobre o terreo: ningún luxo á vista, un coche bonito pero modesto para pasear o domingo, único día libre, e unha pick up para a moblaría. A ela subimos aquela mañá.

Na caixa levaba algúns mobles pequenos, pero o que importaba era o talonario de recibos que levaba suxeito nun cartafol de pinza. Empezamos a subir *cerros*, canto máis alto máis precario. Tocabamos o timbre e cobrabamos o abono, unha letra, un prazo polo que compraba un moble. Era algo case funcionarial, pero en cada parada impartíase un manual de socioloxía e comercio. Juan explicábame que había que ir a primeira hora, porque despois saían de casa e xa non estaban. E tamén que o seu traballo era a continuación lóxica do que fixera a anterior xeración.

Mozos, solteiros con pouca instrución e moito peito para botarlle horas ao reloxo e quilos ás costas. Así era a tarxeta do *abonero* en México, unha versión do autoemprego como vendedor ambulante na que ofrecía artigos, pola rúa ou porta a porta, en barrios populares ou a medio facer, costa arriba e sen asfaltar, baixo o sol inmisericorde de abril, a xeada de xaneiro ou a chuvia de xuño. O catálogo era infinito: mantas, colchas, sabas, farrapos, chuvasqueiros, paraugas, reloxos, cadros de santos. E o gancho, velaquí o distintivo, é que vendían a prazos, por abonos que se cortaban e entregaban como un recibo: un sistema de crédito básico, cunha entrada e un prazo semanal. O oficio determinou unha auténtica estratexia de partida e de rápido ascenso sociolaboral.

A idea do abono xa a desenvolveran os xudeus chegados co novo século (os chamados *cuéntenik* na Arxentina), e espallárona e perfeccionárona os galegos. Estes viron, con criterio, que nos novos barrios de aluvión a xente non tiña como mercar nos grandes almacéns do centro, así que lles levaron a tenda á casa.

O oficio precisaba de pouca cualificación e moita man esquerda para cobrar. Levaban o abono de cartón co número de prazo e facían a rolda. Había marxe dabondo para soportar a morosidade, menor do que se podería esperar, con ese *soft power* do galego para recibir o que lle debían. Así que aforraban, os *aboneros* deixaban o nomadismo urbano e pasaban á seguinte etapa: abrir unha moblaría.

A cantina Los Hornillos, na Colonia Narvarte, está de loito. Veñen de avisar de que morreu, en circunstancias sen aclarar, un empresario galego, así que o saúdo inicial coa miña cita, unha aperta á mexicana (ombro dereito contra ombro esquerdo, dúas palmadas recíprocas nas costas) arrefríase ao recibir a noticia. José Antonio Gulías, ou Choche, así o chaman na casa, viste con elegancia ao estilo local, cabeleira peiteada cara a atrás, barba, camisa metade raias e metade branca, colares, pulseiras, aneis e unhas zapatillas brancas. Podería ser do norte mexicano, ou quizais un cantaor andaluz, pero o certo é que é galego-mexicano de terceira xeración. Saen cervexas e tacos pastor.

—Meu pai veu con once anos ao encontro de seus irmáns maiores e do meu avó, que tiña unha moblaría. En principio viña estudar, pero en canto viu o diñeiro que gañaban, comezou de *abonero* xa con esa idade. Ía cobrar en bicicleta. O importante era o enganche como entrada. Iso xa cubría case todo o que custara o moble ao galego. Chamábana a terceira potencia, tres picos ou terceira zona. Se ao vendedor lle custara trinta, vendíase a noventa, e co que che pagaban de enganche xa asegurabas o gaño. Cando se pagaban todas as cotas a marxe era moi elevada. Había impago, claro, porque non había nada asinado. Pero eran tantos os clientes e a marxe que non había perda, todo era ganancia.

Ao emigrante non lle parecía abusivo. Ao contrario, sempre defenderon que era case un xeito de darlle acceso aos máis humildes aos bens que xamais poderían conseguir vía banco, entre outras cousas porque non tiñan conta. O *abonero* operaba na ampla zona de sombra da desigualdade e así continuou quen puido abrir un comercio: se a roupa e os obxectos de consumo funcionaban na venda ambulante, moito máis funcionarían os produtos aspiracionais: mobles e electrodomésticos. Primeiro traballaban as colonias céntricas onde eles mesmos vivían en vecindades: Lagunilla, Buenavista, Guerrero. Despois, noutras máis retiradas: Tacuba, Tacubaya, Coyoacán. E con ese instinto, miraron cara á conurbación que se ía formando entre o entón chamado Distrito Federal, ou DF, e o Estado de México.

—Cando as moblarías chegaron á súa idade dourada, nos anos sesenta e setenta, montaron o que chamaban unha surtidora: xuntábanse varias moblarías e enchían un almacén de produtos. Entre todos pagaban, por exemplo, douscentos televisores. Aí estaba o negocio. Asociábanse entre dez, quince, vinte paisanos e conquistaban o mercado. Máis tarde, por envexas, separaban camiños.

Disque Moctezuma se aseaba cada día con dedicación, mentres os españois cobrían con locións o cheiro bravo de semanas sen tocar auga. Non é que fose unha excentricidade do último emperador azteca; simplemente era o costume indíxena da hixiene persoal. Na época prehispánica tamén practicaban un rito colectivo de limpeza nos temazcales, unhas construcións en forma de iglú nas que se quecían pedras volcánicas sobre as que se botaban infusións aromáticas, como unha sauna de vapor.

A colonización non cambiou o hábito. De feito, a partir do século XVIII empezaron a construírse baños públicos, para o aseo e tamén para o lecer, con sauna incluída. A finais do século XIX había cincuenta na capital, divididos entre os dos patricios e os dos humildes, sen termo medio. Fíxose drenaxe na cidade, melloraron as construcións e os baños quedaron para os máis pobres. E aínda así, chegou a haber ata mil cincocentos abertos.

Unha escavación atopou un temazcal no centro da cidade, na mesma zona onde os galegos vivían en vecindades con sanitarios colectivos e un lavadoiro no patio. Ataron cabos e uliscaron negocio arredor da auga. Se todos aqueles que vivían nas *vecindades* pagaban unha moeda por ducharse ou, os máis refinados, facer unha sauna ou darse un baño turco, faríanse de ouro.

México medrou a un ritmo pouco visto no mundo: pasou dun millón e medio de habitantes en 1940 a case sete millóns en 1970. A explosión demográfica converteu a cidade na máis poboada do mundo, pero a cambio deixou un panorama desolador na distribución da vivenda e dos servizos. Os paisanos comezaron a abrir baños nas zonas populares máis afastadas, perto do transporte público para que, ao saír de traballar e baixar do bus, moitos se desen unha ducha antes de chegar á casa.

—Eu crieime nos baños do meu pai. Tívoos durante trinta anos. De feito, el foi dos primeiros, porque antes había máis asturianos. E converteuse nun dos negocios máis importantes da colectividade —relata Adolfo Vázquez, corenta e seis anos, nun galego con marcados trazos ourensáns, malia ter nacido en México, perto da cantina onde falamos—. Os nosos abrían ás seis da mañá e pechaban ás oito da noite. Viña un fogueiro que prendía a caldeira de petróleo. El era o único mexicano, xunto con algún limpador. O resto eramos familia, entregada ao traballo todos os días do ano. Máis có baño, o que daba máis diñeiro era o que vendiamos no mostrador: xabón, xampú e *zacate*, unha fibra natural para rascar o corpo, parecida ao esparto. Botaban xabrón e esfregaban. Algúns pensaban que se un se daba moito clareaba a pel. Os gastos eran basicamente a auga, así que a maioría dos baños trataba de trucar o subministro, porque había xente que quedaba media hora debaixo da *regadera* (ducha) ou traía a roupa para lavala. Estaba o vapor xeral e estaba o baño individual, máis caro, un cuartiño no que pagabas e facías o que queiras. Podías ir só ou podías ir coa túa muller ou coa túa moza ou con quen fose, non se preguntaba. Durou así moito tempo. Meus pais morreron en 1986, despois do terremoto que acabou con todo. Moita construción caeu e moitos baños pecharon, coincidindo coa mellora das casas e a obra pública.

A mesa e cama postas

Tlac, tlac, tlac, tlac. Repenica o asfalto quente cando a xente se espreguiza logo da sesta longa dunha tarde de verán. Son os tacóns de dúas señoras elegantes que baixan emperiquitadas a costa vertical. Levan vestidos axustados e estampados e lentes de sol de marca xigantes, vestidas de cea elegante. Unha delas leva un caniche nos brazos, a correa colgando, desprendendo diñeiro segundo camiña. As dúas entran no café, terraza fóra ao fresco, amplo espazo dentro. A vista agora vai ao coche que pasa ao lado e aparca subido á beirarrúa de enfronte. É un Porsche Cayenne de cen mil euros. Detense, apaga o motor e del baixan catro rapaces en bermudas. Ningún pasa dos vinte anos. Entre eles falan castelán con acento mexicano. Un fai unha broma e di «que carallo!», rin e entran no bar, que se chama O Barqueiro. Porque non estamos nun barrio de clase alta da CDMX, senón en San Xusto, capital de Avión.

A oito mil quilómetros, un brazo varudo saca o polbo da auga a ferver na pota de cobre unha vez, dúas veces, tres. Sobre a mesa, unha aceiteira de aceiro inoxidable e un dosificador de pemento. Ao lado, unhas tesoiras enormes e unha torre de pratos de madeira. Fronte á cociña, as vitrinas cubertas de botellas nobres de mezcal e o salón cheo de mesas entre as que circulan, á velocidade dos marchistas olímpicos e sobre música de rancheras, un xeneroso número de camareiros con chaleco e bolboreta negra. Estamos nunha cantina mexicana na avenida Cuauhtémoc, colonia Doctores, no centro sur do DF. Pero de *puro galego*.

Chámase La Número 1 e non ten nada que ver coas cantinas de mala morte que había ata os anos oitenta. É máis ben un restaurante cantina, segundo di o seu propietario, José Antonio Alonso: restaurante porque dá de comer pratos elaborados e cantina porque as mesas non teñen mantel e ademais hai mariachis as fins de semana e pódese xogar ao dominó. Na cociña reina un polbeiro andoriña, un carballiñés metido nun mandil azul. Traballa aquí durante cinco meses ao ano, e fai polbo todos os días: unha tonelada ao mes. Os domingos elabora tamén carne ao caldeiro á vista das mesas, ateigadas de mexicanos e paisanos. Nada que ver, di o propio Alonso, coas casas de comida de antes, onde as mulleres emigrantes cociñaban sobre a base que sustenta todas as salsas mexicanas: tomate, cebola e chile. Alonso axita a cabeza recordando como empezou todo.

—Meu tío Pancho era o dono da cantina Los Portales e alí foi meu pai nos anos cincuenta, con quince anos, traballar de camareiro. Era unha desas cantinas de dominó e botana, onde daba *mojarra* en papel de estraza. Logo mercou o Lar Galego, que aínda existe, un dos poucos restaurantes con comida galega por enteiro. En 1992 mercou este terreo e construíu, instalou a súa casa enriba e aquí seguimos.

Alonso fala baixiño mentres toma un café nunha das mesas da cantina, coñecido na cidade, sempre ollando de esguello as outras mesas. É moi moreno, con trazos marcados e ollada fixa. Naceu en México xunto cos seus irmáns, pero segue sendo de Feás, en Boborás. Fala galego e coa zeta, pero con entoación mexicana.

—Son dos dous lados, porque tamén vivín en Galicia, pero vou menos agora. Noto ás veces que cando chegamos todos no verán din: xa veñen os mexicanos, coma se fose malo que fósemos gastar alí o que non facemos aquí. Se a economía se mantivo moito tempo polo que levabamos de América! E gástase moito máis aquí. Mira, nós damos caldo os mércores e énchese, pero iso non pasaba antes. Cando era a época das moblarías ninguén ía comer fóra: traballabas todo o día, vivías enriba e como moito ías o xoves ao centro galego na *estaquita*, a camioneta con caixa de madeira do negocio. Todo por aforrar. Mira como sería, que nin sequera ían comer a un bar: eles poñían unha botella de litro de brandy Presidente e tomábana con cocacola na propia moblaría. Dicían que non tiñan un peso, e logo ían a Galicia e facían unha casa tremenda e mercaban dous Mercedes. E de súpeto berra : Oes, Manuel!

—E ló!

—Este é Manuel Otero, déixote con el —di José Antonio. Marcha correndo traballar coma se tivese perdido unha hora preciosa falando e deixa a Manuel, que parece saído onte da aldea, pero leva toda a vida en México. É o responsable do comedor da Número 1. E nótase.

—Tráelle unha tapa de polbo, que é mellor que no Carballiño.

Santi Pérez —nariz afiado e cara de lúa chea, cellas en caída pronunciada, a camisa de raias aberta e cadea de ouro— aínda conserva a batuta con punta de prata coa que o seu bisavó dirixía a banda dun rexemento militar en Búfalo (Nova York). Esa batuta é a guía dunha liña migratoria de catro xeracións.

Sentado no Carballiño, aos seus cincuenta e cinco anos, Santi Pérez lembra o ambiente da cantina rexentada polo seu pai en Tacubaya, onde só entraban homes de poucos recursos que bebían ata caer e comían botana, unha especie de tapas que daban por cada tres tragos ou cervexas que pedías.

—Meu pai traballaba todo o día, pero mamá non podía nin entrar. Poñían na porta un cartel: «Prohibida a entrada a mulleres, menores e uniformados». Eu, ás agochadas, traballaba. Volvín estudar ao instituto á Coruña, pero outra vez máis regresei a México —e fai o símbolo do diñeiro cos dedos—. Vía aos meus amigos que viñan de vacacións e traían cochazos, e pensei que estaba perdendo o tempo. Púxenme a traballar nunha cantina de galegos moi famosa. Logo eu mesmo tiven unha. Aquilo era salvaxe. Unha vez houbo unha desas pelexas típicas de borrachos. Eu tiña un empregado, indio da Serra de Oaxaca, e cando viu que eu saltaba a barra para separalos, colleume pola camisa. Eu non me decatei de que era el e pensei —abandona o galego para pasar ao castelán totalmente mexicano—: «*Bueno, la madre, me van a dar un cascarazo antes de empezar*». E non, era o empregado cun machete na man: «Tranquilo, patrón, que me lo van a lastimar». E co machete en plano empezou a repartir e acabou coa liorta en dous minutos. Ese era un día calquera.

Hoxe, sen prohibicións discriminatorias de xénero nin disparates de machos, perviven algunhas cantinas moi recoñecidas. Na rúa Bolívar, entre o palacio de Bellas Artes e o Zócalo, un veciño de Abelenda, Boborás, chamado José Iglesias abriu o Salón Corona en 1928, e co tempo expandeuse en varias sucursais. O seu nome non adiviña ningunha orixe ata que se repara nos vasos, os polos dos camareiros ou o cartelón co logo: unha xerra escumosa rebordando cervexa cunha faixa azul celeste en diagonal. Poucos saberán que significa ese misterioso sinal gráfico e seguirán comendo as súas famosas tortas —bocadillos— sen adiviñalo.

Os baños e as cantinas daban diñeiro, pero había que botarlle moito volume —horas— para gañar a grande. Era, ademais, un modelo de negocio caduco. As moblarías tamén ían perdendo forza fronte aos grandes almacéns. Os paisanos buscaron entón novos negocios que puidesen desenvolverse sen romper o concepto de sociedades familiares ou veciñais: querían sacar diñeiro sen ter que facerse enormes. A fórmula atopárona nos hoteis, e sobre todo nos moteis ou hoteis de paso, que manexan ata hoxe.

Só no Viaducto, no camiño do aeroporto ao centro da cidade, xa se atopa a pista galega á primeira vista, polos carteis que din Portonovo ou Riazor (e a súa cafetaría Bicos). Outros disimulan a súa orixe como o V Motel Boutique, un edificio rechamante con iluminación multicolor. Os hoteis de paso abundan tamén tras os límites do distrito federal e, ao sur, na estrada de Cuernavaca, no formato *quintas*, así chamadas porque parecen casas residenciais con garaxe adosado e a discreción por bandeira. Lonxe da capital, repítese o esquema nas grandes cidades do centro e o norte do país.

Os moteis teñen menos gastos, menos papeis e menos fiscalización dos ingresos: «Aínda que é máis barato ca un hotel, o normal é que se meto catro rotacións nun dormitorio diga que cobrei unha. Non é o ideal, pero aquí faise todo un pouco así», confesa o dono dun no sur da cidade.

Por máis competencia que exista, seguen o principio de solidariedade que opera noutros países: á hora de capitalizarse, préstanse entre socios a cambio de salario máis traballo. E tamén teñen unha asociación de hoteis e moteis que agrupa máis de douscentos establecementos só de galegos. Naceu para protexerse a nivel legal e tamén para facerse valer, o que en México significa facer fronte ás diferentes violencias: a da corrupción policial, que se traduce en *mordidas*, e a do outro lado, patente na ameaza de secuestros e atracos ou nas escenas do crime en que se converten, con frecuencia relativa, os seus cuartos. A iso hai que lle sumar unha dobre arma: perfil baixo e boa letra coas autoridades. A arte de ser invisibles.

A vida circular das Alonso

Laura Alonso —corenta e tres anos, cabelo roxo, alta, delgada e vestido de flores— fala mentres atende a súa filla de tres anos, que bole arredor dunha mesa de restaurante. O escenario é un hotel de grandes cristaleiras nunha esquina privilexiada no extremo da colonia Roma: o Benidorm. Ela é a filla pequena de cinco irmáns que herdaron os bens dos pais e tamén a vida portátil dos galegos. A súa irmá Adela —como Laura, tamén rubia e magra, unha versión vinte anos maior ca Laura— naceu en México e mudárona a Galicia con dez anos. O *shock* resúmeo nun recordo: cada día ao amencer ía muxir a vaca para deseguido repartir o leite xunto ao seu avó, e ao rematar acudía a unha escola rural unitaria.

—Mirábanme como a unha marciana. «A mexicana» chamábanme. Non falaba con ninguén. Despois fun estudar a Vigo e cambiou a cousa. Pero cando xa estaba afeita dixeron: a México. Non! —berra, alongando o o—. A partir de aí alternáronse meu pai e meu tío, dous anos cada un, así que volvemos a Galicia, pero esta vez a Santiago. *¡Otro pinche mundo más!*

—O meu creo que foi igual ou peor, nos oitenta —intervén Laura—. Eu nacín aquí tamén, pero porque miña nai veu embarazada de oito meses para que nacese aquí, porque facer o pasaporte español era moi doado, pero o mexicano moi difícil. Estivemos quince días e volvemos a Galicia. Fixen o parvulario, colexio en Santiago e universidade, Farmacia. Fun empregada mesmo nun laboratorio e nunha farmacia. Iso meu pai non o soportaba, dicíame (e pasa ao galego materno): «A ti gústache traballar para outros». Quería que viñese traballar nos hoteis. E conseguiuno, porque casei cun mexicano de Avión e aquí estou.

Aquí está. Na vida circular.

«Se chego a ter un pai como tedes vós, con diñeiro, non caso nin tola», díxolles a súa nai, o centro oculto desta historia. Referíase a que non deberían ter seguido esas regras tácitas repetidas xeración tras xeración, autoimpostas pola falta de medios e o patriarcado: se casas, adeus vida propia. Fixérono, a tradición torcendo o brazo á vontade. Esa nai, Adelaida Domínguez, recibiu na súa casa, en Cameixa, Boborás, a proposta de matrimonio dun americano de Vilachá, Gumersindo Alonso, que veu de México tras dez anos emigrado.

Á súa familia sorprendeulle que aceptase a proposta, porque ela era unha rara avis: estudara e mesmo fixera o exame de ingreso á universidade. Falaba latín, inglés e tiña a meta de ir estudar aos Estados Unidos, porque nacera na zona da Canle en Panamá de pais emigrados. Pero aceptou, con dezasete anos, e embarcou con outro de vinte e sete. Na diáspora, Gumersindo seguira ao pé da letra o camiño da prosperidade: empezou como *abonero* mercando xénero fiado a un tío, e xa con Adelaida na súa casiña en La Merced, a colonia do mercado de abastos do centro, empezou a mercar pequenos moteis para logo reformalos, traballalos un tempo e vendelos por moito máis diñeiro. Logo mudouse á Colonia Condesa e construíu un edificio con varios dúplex para a familia. Alí medrou Adela.

—Se fose por meu pai tería negociado de todo na Condesa, pero mirou esta esquina e construíu o Benidorm en 1981. Despois foino ampliando e en 1994 fixo a outra torre ata ter case douscentos cuartos. De termos un restaurante a dous. Dun salón a dez. E todo o levamos nós xunto con outro irmán.

—Sabes por que fixo o Benidorm? Por miña nai. Díxolle: «Deixa os moteis, fai un turístico, por favor». E fíxoo e encantoulle, porque aquí viñan os equipos de fútbol e moitos famosos —replica Laura.

—Había un secretario de turismo da nación, Miguel Torruco, que nos dicía: «O voso pai foi o primeiro galego en dar o salto aos hoteis».

Ao mesmo tempo construíu en Tlalpan, na estrada a Cuernavaca, ao sur da cidade, un motel de *quintas* con suites, *jacuzzi* e sauna.

—O Costa del Sol é como un conxunto de vilas en Mallorca. Nin baixas do coche, pagas, entras na túa garaxe e péchase, e unha escaleira sobe ao cuarto.

Gumersindo, segundo as súas fillas, era un home afouto. Construíu no medio das dúas desvalorizacións do peso que deixaron tiritando ao país, pero el non se detiña. Iso chamou a atención das cadeas internacionais. Varias ofrecéronlle comprarlle o Benidorm.

—A resposta foi sempre a mesma: «Aínda que me regalen a cadea non asino».

E todo iso a pesar de estar nunha das zonas máis castigadas da capital polos terremotos. O de 1985 provocou a migración de moitos veciños a outras zonas. El mantívose. E desde entón é o edificio máis alto da Roma, cos seus catorce andares, porque desde aquel ano prohibíronse as construcións de máis de sete. «Este hotel ten máis diñeiro abaixo que arriba», dicía en referencia aos seus sólidos cimentos. En 2017 tampouco sufriu o tremor, outra vez mortífero no barrio. O hotel non hai quen o mova, como ninguén moveu a vontade de Gumersindo nin cando morreu, con oitenta e dous anos. Pedira que o levaran á súa casa na aldea e alí está, nunha capela do século XVI, mentres a vida dos Alonso segue a xirar.

Con G de gachupín

—A min dábanme a carta nun restaurante e non sabía que pedir.

—Por indecisión?

—Non, porque non sabía. Pensei que tivera unha infancia normal. Iba ao cole con galegos, ao club os venres, os domingos a bailar con galegos. Na casa vivía só coas tradicións e a comida e o idioma dos meus pais. Cando medrei decateime de que vivira nun gueto e que non sabía facer nada fóra del. Ata adulta nunca fora comer fóra a un restaurante. Cando o fixen, porque me invitou un rapaz, déronme a carta e non souben que pedir. Eu comía sempre na casa e comida galega. Así que lle dixen: non sei o que quero, pide ti.

O que di esta muller xa nos seus cincuenta, sen nome porque lle dá vergoña que se saiba —todo un síntoma—, resume os comportamentos sociais da Galicia mexicana, especialmente para a muller, polo menos ata hai un par de décadas: unha comunidade pechada e endogámica por motivación propia. Seguindo o símil cos xudeus, un mozo criado entre Galicia e México dío á súa maneira:

—Somos os ultraortodoxos da emigración.

En 1911 creouse a primeira sociedade da diáspora na Ciudad de México, o Orfeón Galego, logo convertido en Centro. Non foi o primeiro entre as colectividades españolas, pero si se converteu co tempo no máis particular. Contan que cando o goberno mexicano promulgou un decreto segundo o cal os centros étnicos tiñan que aceptar mexicanos, todos, os vascos, os leoneses, os asturianos, os montañeses, aceptaron. Os galegos elixiron un atallo: demostraron que os seus fillos xa eran mexicanos, pois naceran no país, e resolveron o tema sen despeitearse.

No mesmo país onde tras a Revolución se estableceron normas antigachupín —así chamaban aos españois que vivían en México— eles pecháronse en si mesmos. O exemplo máis palpable é a distinción na fala: o ceceo, como non ocorre en ningún outro lugar de América Latina. Por exemplo, o de Choche Gulías:

—Eu sempre o tiven, porque tamén vivín en Galicia de pequeno, e quedoume. Na escola eras o gachupín. Eramos dous e metíanse co outro, que era máis discreto, hehe. O estereotipo aquí non é tanto o bruto, senón que vimos conquistalos. Tanto ten que sexas galego ou das Canarias: es gachupín. E non o esquecen, queimástesllle os pés a Cuauhtémoc. Lévano dentro —e cando traen unha orde de *tacos al pastor* a Choche sáelle o «grazas» con ceceo. A outra diferenza é vital: a endogamia, que dura ata hoxe, segundo conta—. Nunca me obrigaron a casar cunha paisana, pero facíannos ver que se non o era, mellor que non viñese á casa. Tamén pasaba cos amigos. Dicíanche: «Ou saes a festas de galegos ou non vas».

Soan as trompetas e os violíns do mariachi na praza Garibaldi. Neste lugar, hai un século, concentrábase o maior número de emigrantes, na venda ambulante, as tendas, as moblarías e as vecindades ou casas colectivas, en rúas como Pedro Moreno, Perú, Allende, Honduras ou Incas. As vecindades foron un símbolo popular do país, reflectido en todo tipo de películas e series televisivas. Na época dourada do cine mexicano fíxose oco a diáspora. Niní Marshall, a actriz que fixera fortuna no papel de Cándida na Arxentina, trasladaba o seu personaxe a unha vecindade en *Una gallega en México*. En ton de comedia recreaba a vida da emigrante vendedora de pan no mercado da Lagunilla e os seus problemas de convivencia cos veciños, que a facían rabiar chamándoa «refuxiada». Ela pelexa co seu acento e os seus modismos e santíguase pensando na súa natal «Pedrafita do Ferreiro (sic)» pero tamén mestura tópicos inexactos, como a corrida de touros na secuencia inicial. Tal foi o éxito que nos dous anos seguintes rodáronse *Una gallega baila mambo* e *Los enredos de una gallega*. O cine facía caixa, unha vez máis, co tópico galaico, por máis que alí fosen simplemente gachupíns.

—Á miña avoa empezou a fallarlle a memoria e pediulle á miña nai volver a Galicia.

Cóntao, con todos os zetas marcados, Fátima Boo, sentada nunha mesa xigante no patio do caserón no que vive xunto ao seu marido Juan Carlos, nunha rúa retirada da Colonia Condesa. Ten pouco máis de corenta anos, cara de nena con nariz redondo, pintas e, tamén, un cabelo roibo natural resaltado por un chándal rosa chicle. A avoa da que Fátima fala con admiración casou con quince anos e emigrou co seu avó, que veu expresamente de México para buscala e ao volver instaláronse en Tacubaya. Se ben nunca houbo barrios étnicos, alí había xente non só do cuadrilátero, senón tamén da Terra Chá ou da comarca ourensá dos afiadores. E alí construíron edificios onde se instalaron exclusivamente familias paisanas, dende o soto ata o faiado. A de Fátima foi unha delas.

—Era un sitio pechado onde non se vía nin a rúa, só a fiestra con reixas. Ás veces xogabamos xuntos trinta nenos, todos paisanos. Lembro no Nadal cando faciamos historias na escaleira todos os fillos das familias que se xuntaban a comer no edificio. Meus pais seguen vivindo alí, coma se estivesen en Galicia.

O restaurante O'Xacobeo ocupa o soto do Centro Gallego da CDMX, un caseirón señorial na rúa Colima da colonia Roma, cuxa elegancia cae esnaquizada co cartelón metálico e a toda cor do local: cruz de Santiago, vieira e unha lenda explícita baixo o nome: «Aberto a todo o público». Dentro, un restaurante con aspecto de taberna, á usanza dos centros da emigración. Vanessa Hermida —corenta anos, cabelo vermello, outra máis, rechamante herdanza de varias xeracións sen mesturar— chega cunha nena dun ano durmida no carriño. No canto de entrar ao restaurante, cambiamos ao portalón principal do Gallego de Colima, como o chaman. En canto franqueamos a porta comezan a escoitarse gaitas e pandeiretas, como se fose preparado. Nun salón enorme no primeiro andar, ao que se accede por unha escaleira da que parece que vai baixar Clark Gable, bailan dez parellas adolescentes.

Retumba a muiñeira, repican as ferreñas e asubían os punteiros da gaita co fol inchado. Vanessa foi unha desas nenas: lembra a ameaza de non vir se non se portaba ben. Pola planta baixa accedemos á sala de xogos de mesa, dominó para os homes, cartas para as mulleres, todo separado. E nunha especie de biblioteca mesturada con sala de reunións vemos nas paredes os retratos de non menos de trinta rapazas, todas ben peiteadas, vestidas de gala e cunha banda cruzándolles o peito: as madriñas das festividades do centro.

—A maioría desas madriñas seguramente non traballaron nunca. De feito, as curmás da miña mesma idade tampouco traballaban. Así que eu me sinto un antes e outro despois, porque puiden facelo, e iso éncheme de orgullo —di rindo, agora sentados nunha mesa do O'Xacobeo, a nena xa esperta—. Eu crieime en Ciudad Nezahuatcóyotl ou Neza, un suburbio. Eu sabía que era diferente, que eramos dun lugar ao que non íamos, pero era coma se fósemos, porque viviamos na Galicia de aquí, porque só te vías con paisanos. De pequena miña nai laiábase: «Esta nena non fala galego, esta nena non fala galego!». E un día escoitoume e dixo: «Ah, pois si que fala». Claro, todo o día convivía coa lingua e as discusións na casa, todo era en galego. Pero aprendín a ler aquí e teño acento de aquí, aínda que os de aquí dinme o contrario, un lío. Á miña nai custáballe moito entender que a tortilla en México era outra cousa. Facía cocido e caldo con verzas, e meu pai cultivaba a súa horta, e tamén tiñamos coellos, galiñas, can. Eu era feliz.

A vida dos adultos era a típica dos mobleiros de barrio e tiñan certo desafogo, tanto como para marchar de vacacións á praia, en Veracruz.

—Iamos todos os paisanos ao mesmo hotel. Todo era Galicia, e ademais non podiamos saír con xente mexicana. Así foi ata chegar á universidade. Cando me licenciei en Actuaría (Ciencias Exactas), díxenlle ao meu pai que ía traballar. «Como traballar?» Porque non estaba ben visto que as mulleres o fixesen. Conseguino e estiven nove anos nunha empresa gringa á vez que daba clase nunha universidade. Pero tiven a nena durante a pandemia, e que cres que pasou? Pois que tiven que deixar todo e púxenme a traballar nun hotel do meu pai, outra vez.

A Merelles roubáronlle a alma

En xuño de 2022 a tristura toma por sorpresa a comunidade en México. Morreu, aos cincuenta e nove anos, Delmiro Pérez Merelles. Nos círculos da colectividade nos que participo como oínte eses días falan dun infarto por secuelas. Outros din que se quitou a vida. «Catro pastillas tomou». Outros indígnanse cando alguén o insinúa. Outros só sentencian: «O diñeiro a el non lle deu a felicidade». En calquera caso, Delmiro morreu de forma prematura e iso todo o mundo está de acordo en atribuilo á experiencia traumática que cruzou a súa vida, unha fenda que nunca pechou do todo a pesar de compartila nun libro con título definitorio, *Ladrones de almas*. A Merelles roubáronlle a súa para sempre cando sufriu un dos secuestros máis soados da diáspora en México, e non a chegou a recuperar. A súa reacción foi escribir un libro para contalo e denunciar unha realidade calada polo medo. No libro desculpábase dicindo que non había pretensión de notoriedade, senón de «deber cumprido» para poder mirarse ao espello e saber que se rebelou para que o suceso non quedase na montaña de expedientes policiais.

Para construír o relato, Merelles trasladouse ao seu propio nacemento, á aldea, aos berros de satisfacción polo nacemento do fillo da Teresa, dando pistas ao lector mexicano sobre a súa orixe: unha aldea, Rubillón, a quince quilómetros de Avión, nun fogar sen pai, porque xa estaba emigrado no Brasil. Non falta nada: a separación familiar, as cartas cruzadas e, finalmente, a reemigración. O seu pai cambiou o Rio de Janeiro por Ciudad de México, en concreto Azcapotzalco, barrio popular cheo de moblarías. Durante a súa crianza pasou anos alternos en Galicia, ao ritmo dos descansos pactados do seu pai cos socios. Pero cando cumpriu dezaoito anos foi reclamado para facerse cargo dos negocios.

Dende o principio tiveron avisos, atracos cíclicos dos que se protexían con machetes disuasorios, ata que os asaltantes empezaron a sacar armas de fogo. Malia todo, a vida prosperaba, e a finais dos oitenta comproulle unha gasolineira de vinte e sete surtidores a outro paisano. Estaba en Ciudad Nezahualcóyotl, o monstro encostado ao distrito federal onde aniñaron milleiros de conterráneos. A continuación, construíu un hotel, Las Fuentes, o primeiro de moitos, ademais de novas gasolineiras. Os domingos, ao Gallego, e no verán, a Rubillón, o manual do emigrante exitoso.

Dende os anos noventa, a violencia foi gañando terreo en México. Alén dos asaltos, os secuestros convertéronse nunha dolorosa moda, máis de mil ao ano. Para un empresario con negocios a decenas, que se empeñaba en visitalos cada día facendo a mesma rolda, de leste a norte da cidade, sen cambiar nunca o percorrido, o resultado estaba cantado. Por máis que se movese nun BMW blindado e con chofer armado, Luis.

O 21 de outubro de 2007, tras unha primeira parada en Neza, sobre a avenida Pantitlán, unha das súas grandes arterias, un Ford Explorer con cinco ocupantes vestidos de policías fixéronlle un aceno a Luis para que parase. Coa desculpa de que o chofer portaba unha arma —«ten permiso», dixo Merelles cando lle preguntaron— os homes puxéronlle unhas esposas ao empresario. Non eran bos os secuestradores no seu traballo; comprobouno o galego ao comezo do seu suplicio, cando logrou pulsar o botón do localizador do coche, que o conectaba a unha empresa de seguridade e que en teoría gravaba o que sucedía. De nada lle serviu. Meteron a Luis no maleteiro, a el cambiárono de coche, e máis adiante a un terceiro coche, e xa en marcha faloulle o xefe da banda coa cerimonia dun xuíz:

—Sabe vostede en calidade de que se atopa?

—Por suposto, en calidade de secuestrado.

—Efectivamente. Faga o favor de quitar toda a roupa excepto os calzóns.

E véuselle o mundo enriba.

Durante os seguintes días viviu todas as etapas dun secuestro en México: primeiro, un interrogatorio violento para solicitar datos da súa familia e así pedir un rescate. Merelles facilitoulle o teléfono do seu irmán. Para entón xa estaba pechado nunha peza de tres metros por dous. Empezou entón a negociación eterna. Pedíronlle ao irmán un millón de pesos, uns cincuenta mil dólares. Mentres, nunha esquina calquera da cidade, atoparon o coche de Delmiro. Cando a policía chegou dixo: «Abran o maleteiro, de seguro que está o chofer morto». Correcto.

As divisións societarias típicas da diáspora xogaron en contra de Merelles: os secuestradores pensaron que todos os hoteis e gasolineiras eran só seus.

—Mire que non só é o dono el, que son moitos socios —suplicaba sen éxito o seu irmán nas chamadas continuadas de negociación para o rescate.

—A min non me andes con *pendejadas* —contestáballe o xefe da cuadrilla, incrédulo.

Os nervios tomaban conta da banda, á vez que Delmiro se ía relaxando e daba espazo mesmo á retranca.

—Díxenlle ao teu irmán o que quero, así que se non se achega á cantidade que quero, sabes que te liquido.

—Bueno. Se non me queren na miña casa, para que quero seguir vivindo —contestou, para pasmo do secuestrador.

—Ja, non sexas *pendejo*. Ándale! Imos seguir a ver que podemos sacar de ti.

O día 25 Merelles escoitou o canto dun grilo. Interpretouno, segundo unha crenza da aldea, que daba mala sorte. Abriuse a porta do cuarto e entrou o xefe, indignado co seu irmán.

—Non logro nada falando con el, así que lle dixen que me tome en serio, e por iso vou enviarlle un regaliño —díxolle.

Suxeitáronlle o pulso dereito cunha cadea amarrada á cintura, vendáronlle os ollos, pedíronlle que estarricase o brazo esquerdo e metéronlle anestesia no dedo maimiño. E deseguido, zas, amputáronlle as dúas primeiras falanxes. Deixáronlle un frasco de auga osixenada e retiráronlle a vendaxe. O horror caeu sobre el, mentres no cuarto contiguo metían o seu dedo nunha bolsa xunto a unha tallada de limón para mandalo como recado.

Catro días e varias chamadas despois, a Delmiro déronlle certa esperanza porque se ían achegando posicións, pero de novo volveu escoitar o grilo. O xefe amarrouno, vendouno, picouno e cortoulle outro dedo. Outro berro xordo, outro lategazo de dor inenarrable, outra bolsa, outro limón, a morte en vida. Era o apertón final. O irmán accedeu a pagar, pero para confirmar que o secuestrado seguía vivo preparou unha batería de preguntas que só el podería responder: cal foi o primeiro coche que tivo de casado, onde se fixo noivo da súa esposa, cal é o seu lugar favorito no mundo.

—Di que o coche foi un Dodge Blanco, que se fixo noivo en Rubillón, en Galicia, e que o lugar máis belo é a paisaxe sentado no balcón mirando cara á casa do tío Sabino.

—De acordo.

Co selo de orixe como proba de vida chegou o desenlace, entregaron o diñeiro o 5 de novembro e liberaron o secuestrado nunha estrada. Quince días despois do rapto, a familia entregou o diñeiro e Merelles foi liberado. Nas semanas que seguiron, queixáronse da diferente atención da policía cara aos secuestrados anónimos e aos mediáticos. El tiña diñeiro, pero non fama. Lamentaron tamén a inoperancia dos políticos galegos e españois. E Delmiro terminou orientando a lóxica xenreira cara ás notas do seu caderno e converteuno en libro.

Quince anos despois, coa súa morte, apareceron necrolóxicas e unha noticia breve na prensa galega lembrando o seu secuestro. Morreu un luns en México e o sábado foi soterrado en Galicia. Centos de persoas despedírono perto do lugar máis belo do mundo para Delmiro Merelles.

Galegos en «nota roja»

O tipo asañado, co pelo grisallo fixado, infundía pavor desde o seu uniforme gris azulado. Chamábase Arturo Durazo, alcumábano o Negro e era o poderoso xefe de policía da CDMX nos anos setenta. A súa vida ofreceu material para películas e libros: corrupción esaxerada —fixose construír dúas mansións, unha delas alcumada El Partenón—, lazos co narcotráfico e violencia contra a violencia.

Daquela policía do Negro Durazo, dan fe os galegos. As irmás Alonso lembran o que contaba o seu pai e outros paisanos: que a policía detiña criminais, levábaos ao lago de Texcoco de noite e tirábanos á auga, a todos menos un, que soltaban para que contase aos seus colegas o que pasaba se seguían secuestrando. Durante unha vaga criminal tocoulles vivir unha desgraza. Cóntao Adela, a maior:

—Unha vez chegaron uns tipos ao noso hotel Costa do Sol cun neno de cinco anos secuestrado na cajuela dun coche. Deixáronos pasar, porque non sabían o que había, claro, pero pouco despois apareceu a policía. Un deles dixo: deme un uniforme de camarista. Cando pediron algo, o policía entrou de camarista e recuperaron o neno. Pero aos delincuentes matáronos alí mesmo nos baños, para manchar menos. Logo no xornal saíu que houbera resistencia á autoridade e por iso lles dispararon.

O Negro Durazo caeu en desgraza unha vez rematou o mandato de Portillo: pasou oito anos no cárcere e morreu en liberdade en 2000. Cambiaba o século, a violencia continuaba como unha guerra xorda cada vez menos muda.

—Hoxe aínda hai que ter policía de man cando se ten un negocio? —pregúntolle a Choche Gulías na cantina Los Hornillos.

—Claro. No meu estacionamento do centro teño policía, porque senón nos deixarían sen camisola nin tenis, a nós e aos clientes, con tanto asalto. Á policía págaselle e listo. É totalmente legal: contrátase o servizo da Policía Bancaria e Industrial. Agora tamén teño seguridade. En realidade o que pago é un uniforme, porque se empezan os tiros non van saír correndo atrás deles —e deixa o furabolos sinalando á fronte como unha pistola.

En xaneiro de 2006, a prensa abriu cun deses titulares repetidos: «Aparece morto un empresario galego secuestrado en México». Avelino Vázquez Ruiz, de Avión, emigrado a Culiacán, fora raptado nove meses antes en Tijuana. Propietario de moteis e restaurantes no noroeste do país, Avelino volvera dunha voda en Ourense e foi secuestrado. A familia pagou rescate, pero nunca foi liberado.

A detención dun grupo de delincuentes, Los Pozoleros, nesa cidade fronteiriza, deu as pistas para atopar o corpo de Vázquez, que tiña corenta e dous anos. O cadáver foi localizado dentro dun bidón con sosa cáustica para tratar de disolver o corpo. Non estrañou o modus operandi cando se soubo que os delincuentes pertencían ao cartel de Tijuana. Tiñan catro armas curtas, dous kaláshnikov e dous AR-15. Segundo a policía, os tres detidos dixeron que pertencían ao cartel dirixido polos irmáns Arellano Félix, dedicados, máis aló do narcotráfico, ao secuestro e aos axustes de contas. Contan que os tres suxeitos, despois de liberados anos máis tarde, foron tamén asasinados.

Chamáronme á miña casa de Buenos Aires a última hora da noite, madrugada en Galicia. Era 4 de novembro de 2008. A esas horas saltaban os urxentes nas axencias das redaccións nas dúas beiras: esnafrouse un *jet* co secretario de gobernación de México e número dous do goberno, Juan Camilo Mouriño, fillo do emigrante e propietario do Celta, Carlos Mouriño. Prepareime para saír ao aeroporto, pero finalmente a cobertura foi abortada. Desde Buenos Aires pasei horas coñecendo os detalles, cada cal máis inverosímil, do accidente. O avión caeu sobre as Lomas de Chapultepec, en pleno centro financeiro, coma se caese sobre a Castellana de Madrid. Viaxaba con el un alto cargo en seguridade que fora fiscal antidrogas, ameazado por distintos carteis. Pouco despois sóubose que faleceran os seis pasaxeiros e tres tripulantes e desatáronse todo tipo de hipóteses e conspiranoias. As causas oficiais aludiron a unha cadea de erros técnicos e humanos.

Juan Camilo, trinta e sete anos, levaba menos de dous na elite da política mexicana. Economista licenciado en Estados Unidos e número dous do goberno, era o home con máis influencia sobre o presidente, Felipe Calderón. Cando accedeu ao cargo de secretario de gobernación e director do gabinete de seguridade xurdiron suspicacias sobre a súa nacionalidade. As quinielas dábanlle opcións a ser candidato presidencial máis adiante, pero só se era mexicano. E si o era, ao ter elixido esa nacionalidade aos dezaoito anos, dado que a súa nai era mexicana. Iso nos papeis, porque nacera en Madrid e Ángeles era filla de emigrantes de Amiudal, Avión.

Durante os once once meses de mandato de Mouriño foi obxecto das críticas do que despois foi presidente do país, Andrés Manuel López Obrador. Aducía que durante a súa época de asesor do ministro de enerxía —xustamente Felipe Calderón—, outorgáranselle contratos da petrolífera pública á empresa do seu pai. A historia de Carlos é a dunha migración tardía e consorte, polos negocios hostaleiros do seu sogro, o pai de Ángeles: en 1978 partiron ao DF cos seus fillos, o propio Juan Camilo —Iván para a familia—, Carlos e Marián. Mouriño creou un grupo con máis de cincuenta estacións de servizo en catro estados do sureste de México e ampliou o negocio ao transporte de petróleo por barco, de aí os receos polos contratos.

Calderón era amigo de Camilo desde moi novo, cando este viviu outro episodio tenebroso. En 1996, con vinte e cinco anos, sufriu un secuestro e foi liberado por unha suma elevada de diñeiro, nunca divulgada. A vida de Mouriño fillo continuou, e xunto a Calderón iniciou unha carreira política fulgurante que só frustrou a desgraza.

Debanhi Escobar, de dezaoito anos, desapareceu nunha noite de festa en abril de 2022 e foi atopada morta trece días despois dentro dun depósito de auga dun motel nos arredores de Monterrey, ao norte de México. O seu caso converteuse en icona da violencia contra as mulleres nun país exasperado pola traxedia cotiá: dez mulleres son asasinadas cada día no país.

Os medios reconstruíron o minuto a minuto da noite que desapareceu e mostráronse imaxes de Debanhi xunto ao motel, multiplicáronse as manifestacións e marchas de solidariedade durante os días que tardou en aparecer o corpo, a súa cara encheu pancartas e murais, mentres a investigación andaba aos tombos entre testemuños cruzados. Cando apareceu o seu corpo, con todo, as miradas centráronse no motel. Fíxose unha análise detallada das cámaras do establecemento. Permaneceron as dúbidas. Varias ONG acusaron os donos de ocultar rexistros de entrada e de encubrimento, xa que lles parecía imposible que non se decatasen do sucedido. Nada novo apareceu.

O motel, chamado Nueva Castilla, tamén foi denunciado polo pai da vítima, por manipular, segundo el, mobles, televisores e outros obxectos nos días seguintes ao suceso. A fiscalía investigou dúas traballadoras por obstrución á investigación. Ao cabo dunhas semanas a prensa deu o nome do dono do hotel, José Fernández. Era de San Xusto de Avión. Non lle sacaron nin media palabra nin media foto, tampouco o acusaron de nada na fiscalía. Practicáronse dúas autopsias; na segunda demostrouse que fora agredida sexualmente e que morreu por asfixia. Ata a escritura destas liñas, a súa familia segue a demanda xustiza e os galegos do hotel continúan a lidar co xuízo público.

En 2020 anunciouse a construción dun cemiterio en Beariz e non foi pola pandemia, senón pola saturación dos camposantos nun concello que ten mil habitantes na casa e moitos máis na diáspora. Como nunha promoción de chalés fronte ao mar, vendéronse todos os nichos antes de que se terminase a obra. A maior demanda chegou de México. Todos queren volver, os que morren naturalmente e as familias dos que o fan de forma prematura pola violencia.

Conta Choche Gulías na cantina:

—Aos galegos van porque manexan sempre *cash*, igual que os xudeus. Fan todo en efectivo e saben que lles poden facer dano. E iso provocou que moitos marchasen de aquí. Xa che digo eu que se non houbese inseguridade, o noventa por cento quedariamos, non volveriamos a Galicia ata morrer.

Algúns, como Santi Pérez, fuxiron da ameaza en canto tiveron fillas, pero seguiron na diáspora.

—Era mediados dos noventa. Viviamos en colonia Los Álamos, logo na calzada Tlalpan: e non había xeito, estaba todo moi mal, así que empezamos unha nova vida en Panamá. En México xa non se podía estar.

Eran tempos de crise e os que quedaron tiveron que aprender a facelo doutra maneira. Aqueles que atoparan o seu sitio nun barrio popular tentaron mudarse a colonias mellores, aínda que seguisen indo traballar ao arrabalde. E os que non, aguantaron como puideron. Como dicía o dono dunha moblaría nun dos barrios máis galegos: «Eu quedo en Tacubaya, por mal que me vaia». O último balance fano Manuel Otero e Adolfo Vázquez, segunda xeración:

—O narco acabou con todo. Tes o negocio e dinche: tes que pagar o dereito de piso. Ou dásllo ou estás fodido. Dinche: sei onde vives, cal é o colexio dos teus fillos, xa te teñen situado, márcante. Din: tes que traerme tanto ao mes… ou pos o pescozo. E se non, secuestran, matan ou quéimanche o negocio. México está pulverizado.

Socioloxía de Avión

Ao retornaren fan o que non poden alá: ostentar. Compran vehículos de luxo que aseguran só dous meses ao ano, o tempo que pasan nas súas aldeas. O resto do ano están parados dentro dun garaxe, e un coidador sácaos polos arredores para non danar o motor. Os emigrantes proxectan a súa riqueza en deportivos de cores rechamantes, berlinas señoriales ou mesmo, como no caso de Vázquez Raña, nun Rolls-Royce —en realidade dous— que apenas entran polos carreiros retortos da zona. Nun deles viuse ao volante en varias ocasións a Carlos Slim, unha extravagancia para un home obcecado coa seguridade. Por iso Avión é Avión: aquí opera a sensación de seguridade que dá o poder mostrar luxo, marcas, diñeiro.

Cada verán celébrase un evento de automóbiles de alta gama no Carballiño. Expóñense coches de concesionarios de Madrid e Barcelona e os mexicanos reservan unha mesa e fan a súa comida cos coches de fondo. Desas enchentas saen sempre algunhas vendas, pero o importante é o lucimento dos propios: reservo mesa para comer e quizais para comprar un coche, pero eu vou nun Ferrari, que todo o mundo o poida ver.

Ostentar ten as súas razóns sociolóxicas, tamén psicolóxicas. De sempre existiu o emigrante fardando de bólido polas leiras dos veciños: era a certificación de que fixera as Américas. Empezáronse a chamar Haiga para burlarse dos novos ricos iletrados que disque chegaban ao concesionario pedindo o coche máis grande «que haiga».

Avión ten trinta e seis aldeas repartidas en nove parroquias. Pero en realidade hai unha máis: a décima parroquia é a máis numerosa, máis habitada e máis rica. E está na emigración.

Son, segundo o censo de 2024, 1727 persoas as que viven no Avión interior —o de Galicia— e 3342 as do Avión exterior, a maioría en México, pero tamén en Venezuela, Panamá ou Suíza. As pirámides demográficas en Ourense son invertidas: anchas na cúspide de máis de sesenta e cinco anos e un bico pronunciado no nacemento de cativos, case inexistente. O crecemento vexetativo é negativo desde hai décadas e só agora, coa inmigración, se mitga minimamente a caída. Pero o envellecemento da provincia é tan evidente que dispara as taxas de lonxevidade. En Ourense hai cen persoas centenarias por cada cen mil habitantes. No caso das mulleres, elévase a 150. En Avión é máis esaxerado o asunto: hai máis persoas de máis de cen anos ca bebés.

Neste século naceu unha media de catro persoas por ano e morreron unha media de trinta e dúas. O resto contémplao a poboación flotante ou circular, vasos comunicantes entre dous mundos, con padróns semellantes alí e tamén aquí, autóctonos do outro lado do mundo, emigrantes pero non inmigrantes. A mestura é perceptible no intercambio de acentos foráneos, tanto ten en castelán ou galego, especialmente de mexicanos. Tamén na fusión de devocións, patente en casas con azulexos da Virxe de Guadalupe, e por suposto no festival de bandeiras que dan a benvida ao visitante durante o verán: moitas mexicanas, algunhas panameñas, moitas galegas e, tamén, moitas españolas, máis do habitual en Galicia: outra distinción.

Se Avión foi coñecido durante moito tempo polas porcentaxes máis elevadas de voto do PP, desde as municipais de 2023 o concello ostenta un fito ata agora inédito en Galicia: Vox sacou aquí a súa primeira —e polo momento única— concelleira entre 3705 concellarías. Chámase Lilian Cerdeira e é filla de emigrantes en Venezuela. Ela mesma regresou pouco antes da pandemia e enrolouse no partido no primeiro inverno que pasou no concello. Cando gañou, os focos e os micrófonos volveron a Avión. Todo o mundo quería entrevistala e facerlle a pregunta chave no lugar chave á persoa chave: cal é a súa postura respecto a a inmigración?

«A miña resposta sobre se debemos regular a inmigración é si».

En 2025, Cerdeira abandonou Vox e deixou o partido de ultradereita sen representación en Galicia.

O exilio

No verán de 1939 chegaron a Veracruz procedentes de Burdeos os tres primeiros barcos de exiliados españois tras a fin da Guerra Civil. En México, o presidente Lázaro Cárdenas, que nunca recoñeceu a España de Franco, abrira as portas sen restricións aos refuxiados. Foron máis de vinte mil.

O Ipanema, con mil persoas a bordo, converteuse en símbolo da evacuación pola cantidade de intelectuais e políticos que transportaba. Ao dobrar as costas de Galicia, alguén acertou a ver o Cabo Fisterra, e alí os galegos leron unhas palabras de adeus á terra, aínda que fose á distancia, e cantaron o seu himno. Na cuberta van deitados Elixio Rodríguez, Ramón Cabanillas fillo, Roxelio Rodríguez de Bretaña e Florencio Delgado Gurriarán, poeta e fundador da revista Vieiros xunto a Luís Soto e Carlos Velo, cineasta de prestixio. No Sinaia chegou o poeta Lorenzo Varela, que pronto marchou cara a Arxentina, tras dous anos, unha revista e un amor perdido, ou os irmáns Souza, tamén coñecidos como Irmáns Mayo, firma colectiva de fotógrafos.

No exilio mexicano abondaban as vidas de cinema, como a de Bibiano Fernández Ossorio-Tafall, cun currículo máis longo que o seu nome: biólogo de formación, foi alcalde de Pontevedra na República con vinte e oito anos, redactor do Estatuto de Autonomía, secretario nacional de Esquerda Republicana, comisario xeral do exército republicano. En México foi profesor, integrou os círculos republicanos e logo trasladouse a Estados Unidos, onde traballou en Nacións Unidas. No ocaso da súa vida, Adolfo Suárez ofreceulle ser presidente da Xunta preautonómica —declinou— e recuperou a súa cátedra en Pontevedra, da que fora desposuído co golpe do 18 de xullo.

A súa vida trazou un arco impresionante, pero nos últimos anos púxose en valor o outro lado do exilio de Tafall: as angurias da familia que deixou en Pontevedra. Josefina Arruti, a súa esposa, sufriu a represión franquista ao quedar en Galicia cos seus tres fillos pequenos. Pasou dezaoito meses en prisión e dous anos de arresto domiciliario cos nenos pechados. Liberada, abriu unha pensión na súa casa para poder saír adiante. Pero Finita, así a chamaban, tamén abriu o panteón familiar no cemiterio de Pontevedra para acoller os restos de represaliados dos que ninguén quería saber nada.

Bibiano retornou a España corenta anos despois coa parella que formou en México. Non se soubo se Bibiano e Finita se reencontraron neses anos. Despois foron soterrados no panteón familiar, o mesmo dos represaliados. Hoxe en Pontevedra reivindícase a Finita Arruti con publicacións, exposicións e o seu nome forma parte do rueiro.

Alexandre de Fisterra

Cando morreu en 2007, cumpríronlle o desexo de viaxar por derradeira vez entre as súas dúas terras. As súas cinzas lanzáronse ao río Douro en Zamora para así ser arrastradas ata o Atlántico, e de aí, corrente arriba, ata Fisterra. Naceu co nome de Alejandro Campos Ramírez e foi coñecido como Alejandro Finisterre ou Alexandre de Fisterra. Foi, por esta orde, ou así o dicía el, bailarín, inventor, escritor, editor. Exquisito, sedutor de ollos saltóns, enxeñoso e fuxidío, a el atribúeselle a invención do futbolín. Pero foi moito máis que iso: quizá o mellor exemplo do exiliado buscavidas e raposeiro, con tantos xiros de guion como detalles por desvelar. Morreu cunha autobiografía escrita que apenas leron en diagonal un par de persoas e das que nunca máis houbo noticia. Ese último detalle brilla nun relato vital vertixinoso, colmado de peripecias, aventuras incomprobables, relatos cheos de sombras e moitos segredos. Mellor que sexa así, di quen se achegou á súa figura, ou se removerían os alicerces familiares e políticos de medio planeta.

Un día solleiro de inverno quedo a falar nun café céntrico da Coruña con Xurxo Souto, unha das persoas que máis o coñeceu nos seus últimos anos. Músico, escritor, profesor e apaixonado dinamizador cultural, sinala co brazo cara a fóra, cara á rúa ou cara ao mar, que alí vén sendo o mesmo, e vaino movendo segundo dá coordenadas.

—Naceu aló en Fisterra, pero a súa familia tivo moitos anos Casa Campos, a tenda de calzados ao final desta mesma rúa: «Se queres moito relaxo / e gran conforto para os teus pés / compra en Calzados Campos / que está na estreita de San Andrés», dicían uns versos de Antroido coruñés. O pai non tardou en mandalo a estudar artes gráficas a Madrid, quince anos tiña. Vivía a toda velocidade, era tremendo.

Que a súa adolescencia foi axitada compróbase en dous recortes de prensa da mesma época: un é un poema publicado; outro, un breve titulado «Un fillo modelo», no que se conta que foi denunciado polo seu propio pai por furtar unha pulseira de ouro con diamantes que gardaba no seu domicilio. Os seus irmáns e el eran da CNT e pensaban que farían a revolución anarcosindicalista. quedaron en *shock* na guerra; aínda máis cando a Alexandre lle caeu un obús nun bombardeo en Madrid e quedou baixo os entullos. Con graves problemas respiratorios, levárono ferido á Colonia Puig, nas abas de Montserrat, un antigo hotel habilitado como hospital de menores feridos e desprazados pola guerra. Tiña dezaoito anos.

O seu xenio de charabiscas levouno a maquinar unha ocorrencia durante as horas mortas no sanatorio. A el gustáballe o ping-pong, e con tantos nenos mutilados ao redor xogando ao fútbol a duras penas nunha esplanada, pensou: por que non inventar un futbol de mesa? Falou cun carpinteiro vasco, tamén refuxiado, comprou mesas de madeira e bólas de cortiza e pediulle moldear cun torno uns anacos de buxo ata darlles aspecto de xogadores. Xa había antecedentes do futbolín, pero el quería que tivesen as pernas separadas para darlle realismo, cinco dianteiros atravesados por barras de aceiro ben engraxadas, que permitisen ser movidas ata por un neno amputado. Animado por un membro da CNT en Cataluña, patentou o invento. Fixo o mesmo cun pasapáxinas a pedais, para que unha enfermeira que lle gustaba puidese pasar a partitura sen parar de tocar o piano. Todo iso contouno el en entrevistas. Tamén dixo que unha vez terminada a guerra, ao cruzar a fronteira na súa fuxida cara a Francia —a primeira de moitas—, unha choiva torrencial molloulle as patentes ata malogralas.

Volveu a España catro anos despois e mandárono ao servizo militar en África, pero desertou e fuxiu de novo cara á península.

—E aí el díxome que cambiou de identidade e pasou a ser Alejandro Finisterre, e gañou a vida dando charlas, de cidade en cidade, sobre baile tradicional e folclore —conta Souto no café de Macondo, nome como luva á man para o relato.

Pode soar a fantasía, pero hai hemeroteca dabondo para apoiar os choutos vitais de Finisterre. Volveu a Francia e alí reencontrouse cunha vella amiga da infancia coruñesa, a actriz María Casares, filla do expresidente Santiago Casares Quiroga. En París, Alexandre publicou varios poemarios, pero volveu unha vez máis a España nunha nova encarnación: como compoñente da compañía do Marqués de Cuevas, con quen se lle atribúe un *affaire*. O seu nome aparece no programa do Liceu de Barcelona como autor do libreto que adapta o ballet.

—Era un dandy, unha mestura entre o Corto Maltés e Valle Inclán, e tiña o don da picardía e a rapidez. Porque de súpeto marchou a Ecuador —prosegue Xurxo arroutado, o que resulta nun relato aínda máis interesante—. Díxome: «Eu tiña grandes amigos poetas en Ecuador e pensei: hai que facer algo. E fundei a revista de poesía *Ecuador Latitud 0º 0' 0"*». E claro, o nome era moi bonito, pero non lle daba para comer.

A inicios dos anos cincuenta recalou en Guatemala. Alí montou unha fábrica de xoguetes e futbolíns xunto a varios dos seus irmáns: Campos Ramírez e Compañía. Patentou un basketball de mesa e seguiu ligado ao futbolín, alí chamado futillo, facturado con madeira de caoba. Sempre dixo que o Che Guevara xogou con el. A República abrira unha oficina diplomática no país centroamericano, xusto cando Estados Unidos patrocinou un golpe de estado contra Jacobo Arbenz co pretexto dunha expropiación á United Fruit, e a Finisterre detivérono. Segundo as súas palabras, secuestrárono e metérono nun avión con destino a Madrid. Nun movemento insólito, pediu permiso para ir ao baño, envolveu unha pastilla de xabón en papel de aluminio e saíu ameazando con explotar a bomba que levaba entre mans a menos que desviasen o voo a México ou Panamá.

Tras outra elipsis, Campos xa fixo pé en México e conseguiu fundar a súa propia editorial, de nome inequívoco: Finisterre Editor. Publicou uns douscentos títulos de poesía e varios autores destacados, entre outros, o primeiro libro de Ernesto Cardenal ou León Felipe, de quen era amigo desde a Guerra Civil e terminou sendo o seu testamenteiro. El mesmo asinaba a súa propia poesía co pseudónimo insuperable de Simplicio Revulgo. Pese ao prestixio do catálogo, a viabilidade económica chegou coa publicación dunha novela de Mario Moreno, Cantinflas, que vendeu decenas de miles de exemplares.

En 2020 a web *Adiante Galicia* publicou que recibira unha documentación remitida por un doante anónimo. Nela revelaba unha relación amorosa descoñecida entre Frida Kahlo e Alexandre. Varios expertos na artista mexicana expresaron serias dúbidas sobre a autenticidade dos documentos. Eran, segundo o autor, Rafael Lema, diarios, debuxos, fotos e cartas de amor de puño dela, no final da súa vida, confinada nun hospital, facendo balance da súa vida e do amor que supostamente se estendeu desde 1948 ata 1954, cando faleceu.

Un exemplo do achado: «*Alejandro "Fin de terra"; mi niño amado me preguntas si te quiero y yo te digo que eres de mis amores uno de los que más he querido, claro es que mi gran amor es mi niño sapo, mi niño gordo mi Diego, pero tú Álex eres uno de mis grandes amores*». Neses papeis a artista dicíalle a Finisterre que lle mandaría polo seu chofer un enxoval de cousas persoais nas que había, amais de cartas, debuxos, notas, dous poemarios e un libro de receitas no que aparecen fotos dos dous. «*Si algún día piensas que estorban, quémalos, al fin y al cabo las cenizas son resultado del fuego de la vida que se apaga. Sé que muy pronto el Señor Mictlantecuhtli* (deus azteca da morte e o inframundo) *vendrá por mí, ojalá sea pronto*».

Apagouse Frida, tamén León Felipe, nos sesenta —Max Aub deulle a noticia por teléfono—, pero Alexandre continuou unha vida de viaxes na que non faltaron regresos a Galicia apuntados na prensa: un ano é unha estancia no Hostal dos Reis católicos, outro unha visita con intelectuais ao faro do Cabo Fisterra, outro unhas charlas. Non sempre eran recortes de loas ao gran intelectual: en 1975 publicouse que fora detido e condenado polo Tribunal de Orde Pública en Ourense, despois de editar en México a Colección León Felipe con insultos a Franco: «Sapo iscariote e ladrón». Por iso pasou cinco días no cárcere de Ourense. Tiña xa sesenta e seis anos e poñía proa cara a España. Traía a obra de León Felipe con el e pouco máis.

En 1994 Xurxo Souto e os seus compañeiros de Os Diplomáticos de Monte Alto compuxeron unha canción titulada *Oda ao futbolín*, na que se repasaba a historia de Fisterra, nun videoclip no que aparecía tamén Manu Chao, descendente da diáspora europea, fillo do intelectual Ramón Chao. Todos xuntos mantiveron a idea de facer algo máis. E Xurxo propúxose coñecer a Alexandre.

—Citoume en Madrid, no edificio Capitol, o da Schweppes. Como nos imos recoñecer?, pregunteille. «Eu sempre recoñezo un galego cando o vexo», díxome. E así foi. Non tiña un peso, pero era todo ideas. Eu levábal1e outra: queriamos facer un evento circense e musical no que se celebraba un Mundial de Futbolín. Dixo que si encantado.

Así foi como en 1998, tamén eu tiven a oportunidade de ver de perto a Alexandre, coa admiración de quen ve ao inventor da pólvora, nun evento delirante que se chamou A Feira das Mentiras, no antigo mercado de gando de Santiago de Compostela. Alí Alexandre deu o premio aos gañadores do Mundial celebrado neses dispositivos de ferro con bonecos de pernas separadas que creara seis décadas antes.

A vida tíñalle reservada unha reviravolta máis. Por unha vez feliz para o seu peto. A finais de 2002, o concello de Zamora aprobou a compra da obra de León Felipe. 2500 manuscritos, cinco libros terminados pero inéditos, fotografías e correspondencia. Por todo iso desembolsou ao testamenteiro 920 000 euros, ademais dun soldo vitalicio de 3000 euros ao mes.

—E foi entón cando me chamou —lembra Souto— nunha visita á Coruña na que se aloxou nun dos mellores hoteis da cidade. Viña coa súa noiva, unha soprano moito máis nova ca el, e entregoume, sen deixarmos levar, dous montes de fotocopias: as súas memorias. Lin alí o primeiro como puiden, toda a parte de Europa. Era un relato enxeñoso como el, retranqueiro, emocional, e a última frase de cada capítulo enfiábase coa primeira do seguinte. Díxome que quería coñecer a Manolo Rivas. Citámonos no bar La Barra e tamén o deixou ver os folios. Levou os manuscritos e eu quedei tranquilo, pensando que se publicarían pronto. Ao cabo dun tempo morreu e nunca se soubo máis. Sempre me quedou esa espiña. Pero ese manuscrito ten que aparecer.

9. PANAMÁ

Non eran gold *nin* silver. *Eran «non negros», como foron bautizados polos xerarcas da Canle*

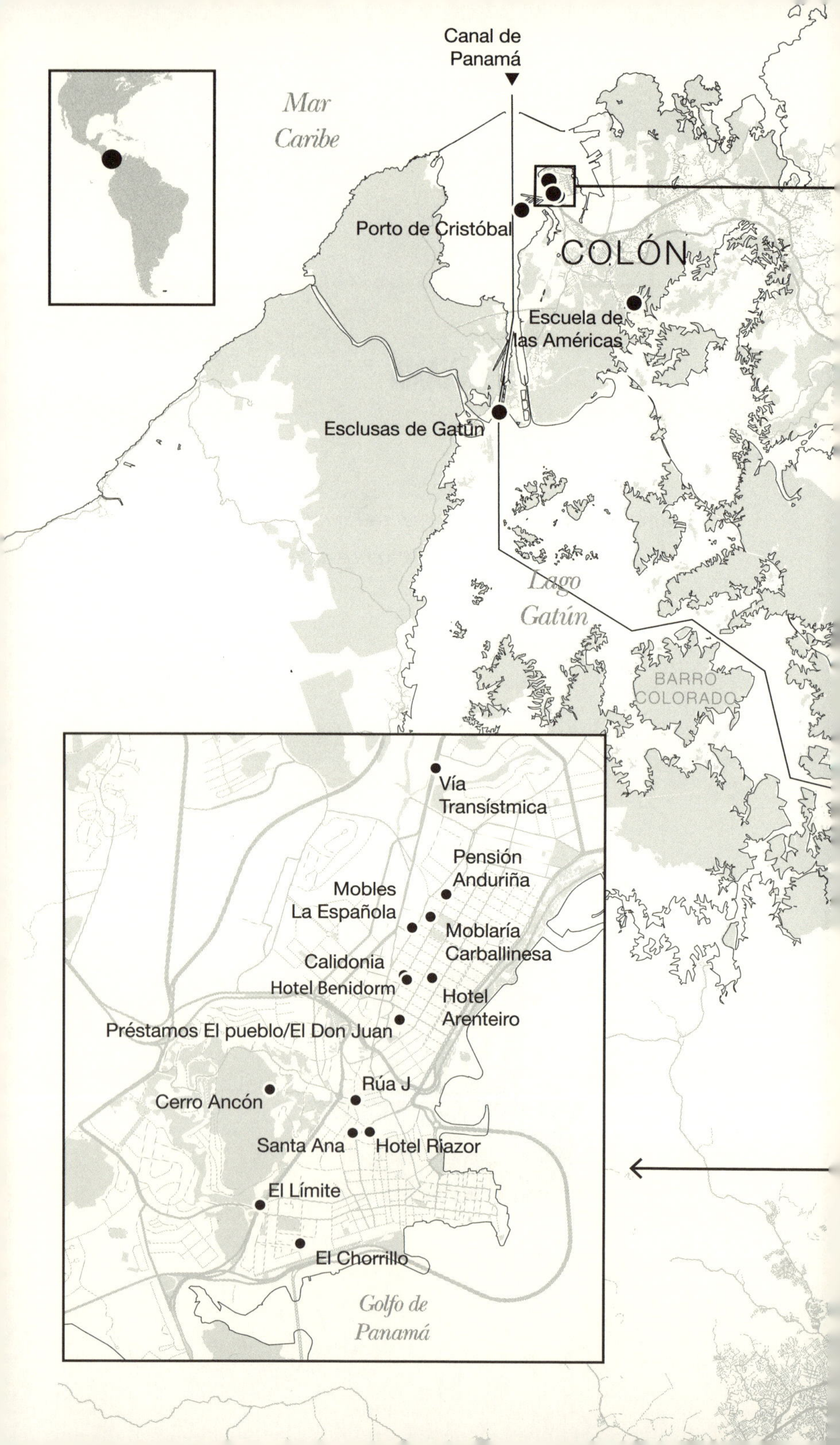
Canal de
Panamá
Mar
Caribe
Porto de Cristóbal
COLÓN
Escuela de
las Américas
Esclusas de Gatún
Lago
Gatún
BARRO
COLORADO
Vía
Transístmica
Pensión
Anduriña
Mobles
La Española
Moblaría
Carballinesa
Calidonia
Hotel Benidorm
Hotel
Arenteiro
Préstamos El pueblo/El Don Juan
Rúa J
Cerro Ancón
Santa Ana
Hotel Riazor
El Límite
El Chorrillo
Golfo de
Panamá

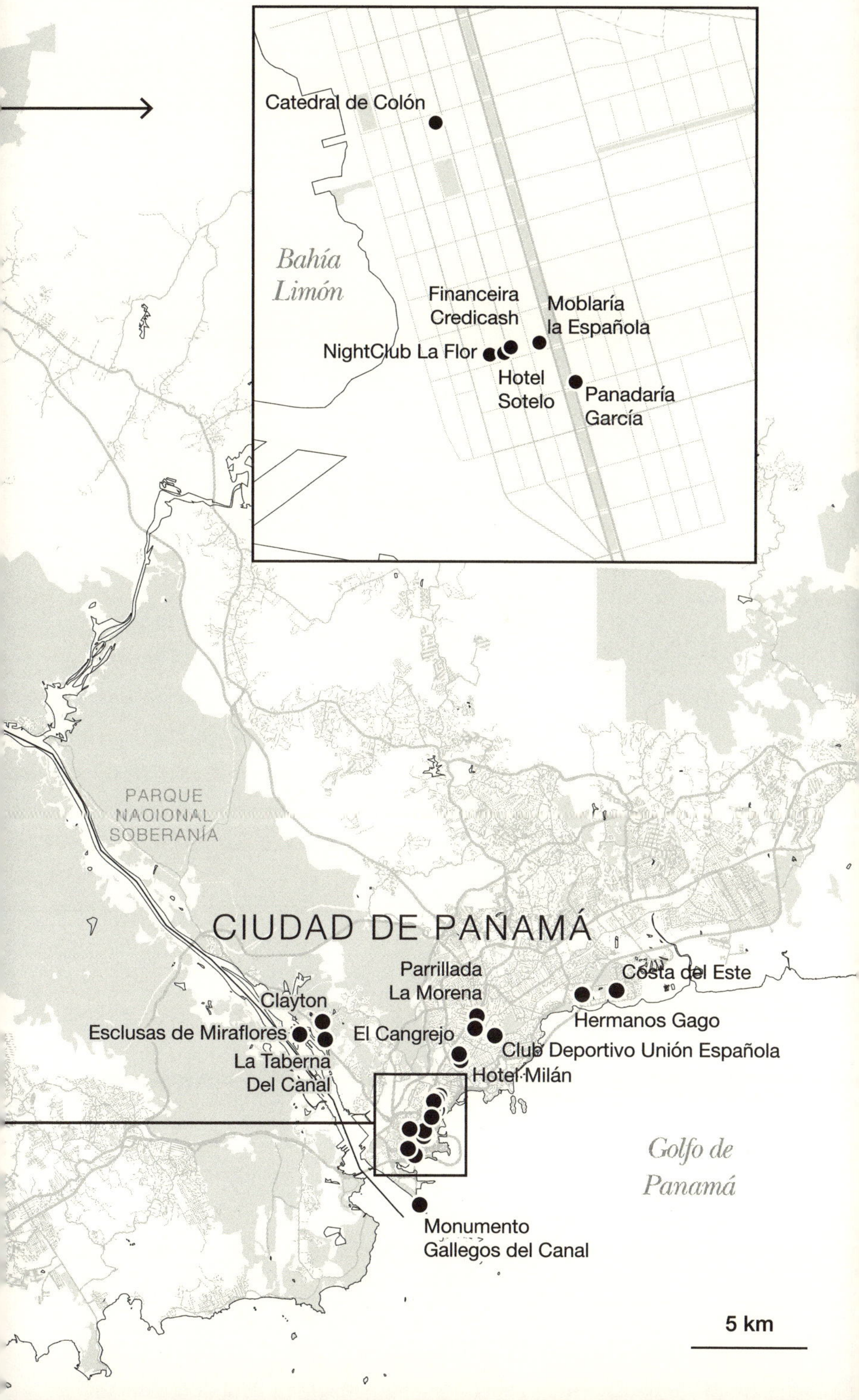

Catedral de Colón
Bahía Limón
Financeira Credicash
Moblaría la Española
NightClub La Flor
Hotel Sotelo
Panadaría García
PARQUE NACIONAL SOBERANÍA
CIUDAD DE PANAMÁ
Parrillada La Morena
Costa del Este
Clayton
Esclusas de Miraflores
El Cangrejo
Hermanos Gago
Club Deportivo Unión Española
La Taberna Del Canal
Hotel Milán
Golfo de Panamá
Monumento Gallegos del Canal
5 km

As «charreteras» de Noriega

Ás veces o éxito é contraproducente.

A Higinio e María o novo emprendemento no centro de Panamá traballáballes de marabilla. Era unha cantina, que neste país significa bar de mala morte aberto vinte e catro horas, portas abatibles de *saloon* e puro home a puro grolo dentro, con alterne feminino —«pero non prostitución», dicían—. Nos anos oitenta, a vida pública dominábaa Manuel Antonio Noriega, militar caricaturesco, de traxe verde oliva e rostro picado pola varíola, envolvido no narcotráfico cos carteles colombianos. E casado cunha galega. En realidade, filla dun emigrante de Vilariño, Soutelo de Montes, chamada Felicidad Sieiro. O *home forte* de Panamá tiña unha forza de choque chamada os Doberman, que amedroaban manifestantes e contrarios ao réxime, pero que tamén se lucraban, algúns deles, con negocios na sombra.

Un dos seus altos mandos puxo o ollo na cantina dos galegos, situada a cinco minutos do cuartel central das forzas de defensa no popular barrio do Chorrillo, e pareceulle un lugar ideal para vender droga, así que foi, cos ollos de trapo, por Higinio. Primeiro suxeriullo de palabra. Despois empezaron as ameazas e as extorsións directas. Ou nos deixades vender ou vai dicindo adeus. Prata ou chumbo. Higinio, sacrificado emigrante do Carballiño, calaba. E María, que pasaba as horas tecendo, tomou a directa. Deixou a sobrecama que estaba calcetando, fíxose cun nobelo de fío de ouro e comezou a bordar catro estrelas douradas sobre unha charretera, o distintivo militar que se coloca sobre o ombreiro. Quedou divina, así que fixo outra igual e seguiu co seu plan. Coa mediación da rede de paisanos conseguiu unha reunión con Sieiro, a muller de Noriega, a soas:

—Felicidad, como paisanas que somos vouche pedir un favor que vas entender. Nós viñemos gañar a vida e o único que queremos é que nos deixen traballar. Por favor, fai que se cumpra e que nos deixen en paz.

E sen moita cerimonia entregoulle, coma se fose un prato de filloas, o presente que traía feito para o seu marido: as *charreteras* coas estrelas douradas que despois Noriega luciu durante anos en eventos e cerimonias. Os Doberman non volveron pasar pola cantina.

Os galegos chegaron desde as montañas que dividen Ourense e Pontevedra a un país pequeno e despoboado á súa chegada, arredor de 1960. O hábitat xerou unha proximidade dobre: se o curmán do meu veciño ten un problema, eu axúdoo. E nutriu de nomes galegos, máis que en ningún outro lugar, as máis altas esferas de poder.

Só hai que botar un ollo á nómina dos últimos presidentes do país. Entre 2019 e 2024 gobernou Laurentino Cortizo —coñecido polo diminutivo familiar, Nito—, cuxo pai emigrou desde a aldea de Ricovanca, parroquia de Xirazga, en Beariz. Entre 2014 e 2019 fixoo Juan Carlos Varela, cuxo avó saíu de Montecelo, Bergondo, para converterse nunha celebridade en Panamá, debido a que deu nome á destilaría máis famosa do país, ron Abuelo. E entre 2009 e 2014 gobernou Ricardo Martinelli, cuxa «amante oficial», así a denominou a prensa, Aurora Muradás, nome influente e controvertido, é de Soutelo de Montes, como Felicidad, a muller de Noriega.

Din os propios emigrantes que a diáspora de aquí é unha economía de escala, saca recursos e nomes por riba do habitual. «Aquí hai máis negocios ca xente», aseguran. E a diferenza doutras latitudes, os descendentes, perfectamente integrados, sacan peito da súa orixe. Se o deus da salsa, Rubén Blades, sempre enxalzou á súa avoa galega nada en Cuba (a ourensá Carmen Caramés, con quen o seu avó tivo vinte e dous fillos), Los Rabanes, un grupo gañador do Grammy, lanzaron unha versión ska d'*A Rianxeira* con gran éxito en redes e medios. Esta onda foi a última en chegar a América e axiña se sumou á pequena burguesía estranxeira que ía copando postos chave no país. Pero non sempre foi así.

Os galegos da Canle: os «non negros»

Panamá é a república máis nova de América. Aínda que se independizou de España en 1821 para unirse á Gran Colombia, só foi soberana en 1903. Ao ano seguinte —nada casual, moi causal— comezou a construción da canle de Panamá, un curso de auga que atravesa o istmo para conectar o océano Pacífico co Atlántico. O fito que supuxo na historia da humanidade evidénciase cando un se debruza nas esclusas de Gatún, no extremo atlántico. Ao ver as manobras dos prácticos para subir o nivel de auga; ao comprobar a entrada dos navíos acugulados de contedores por unha estreita liña de auga medida ao milímetro; ao seguir co dedo, en fin, o mapa ata o lado pacífico, enténdese a obsesión dos donos do comercio mundial —primeiro os españois, logo os franceses, ao final os estadounidenses— por construír unha canle interoceánica.

A primeira idea matinouna Carlos V seguindo o trazado do Camiño Real aberto por Núñez de Balboa, que conectaba por terra os dous mares. Tres séculos máis tarde, no XIX, os estadounidenses construíron un ferrocarril para acurtar o transporte de ouro da febre californiana. Os franceses compráronllelo en 1881, cando emprenderon o proxecto de conectar os océanos para evitar o rodeo de América do Sur dobrando o perigoso Estreito de Magallanes. Á fronte puxeron a Lesseps, o famoso enxeñeiro que dirixiu a obra da Canle de Suez, pero fracasou, por falta de financiamento e descoñecemento do clima e das enfermidades: calcúlase que morreron máis de vinte mil traballadores. Apareceu de novo Estados Unidos, que acababa de facerse con Filipinas, Porto Rico e Cuba, e foi pola concesión francesa. Non foi fácil, polas reticencias do congreso colombiano a ceder territorio. Pragmáticos como sempre, os gringos interesáronse pola causa independentista de Panamá e, *voilà*, ao ano seguinte alumeouse unha nova república patrocinada por Washington. País novo, canle nova: en cuestión de meses asinouse o acordo e empezou a obra que convertería Estados Unidos en superpotencia mundial. Para construíla serviuse das migracións, porque naquel territorio só vivían trescentas mil persoas.

O historiador Juan Manuel Pérez, da Biblioteca do Congreso de Estados Unidos, nutriuse das fontes oficiais sobre a historia da Canle para escribir o seu libro sobranceiro *Pro Mundi Beneficio*. Nel detállase que foron contratados máis de 40 000 estranxeiros, a maioría afroantillanos, e arredor de 12 000 europeos, cunha maioría de galegos. O cálculo oficial fala de 8298 españois, dos cales 6483 eran galegos, entre os que había 500 chegados desde Cuba. Por comparar, había 1941 italianos, 1101 gregos, 19 franceses e 14 armenios.

Existían dúas categorías de traballadores: os que cobraban a *gold roll* (nómina de ouro: estadounidenses con traballos cualificados) e os da *silver roll* (nómina de prata: obreiros caribeños e europeos que facían o traballo de pico e pa ou *pick and shovel*). Dentro desta última categoría existía unha segregación pecuniaria, pois os europeos gañaban vinte centavos ouro (ou corenta centavos prata) á hora, pero os antillanos só dez de prata.

John Frank Stevens foi nomeado enxeñeiro xefe da canle, un ano despois do inicio —e moitos desgustos e baixas despois—. Era un líder feito a molde. Na súa alocución inaugural dixo: «En Panamá hai tres enfermidades: a malaria, a febre amarela e o medo. Das tres, a última é a máis seria». O primeiro que fixo foi fumigar con toneladas de insecticida. O segundo, contratar os primeiros galegos, pero en Cuba. Era 1905.

Á illa mandou un axente chamado Leroy Park, que coñecía do seu traballo na construción do ferrocarril cubano. Alí comprobara como eran os que se encargaron da obra: duros coma o mármore, disciplinados coma formigas, calados coma frades, maleables coma o caucho. Nun cruzamento de cartas entre xefes dicíanse: «Ningún traballador no mundo tivo éxito en países tropicais, tanto na súa aclimatación como no seu rendemento, como o galego». A oferta que lles fixeron era sinxela: en Cuba pagábanlles un dólar por día; en Panamá ofrecíanlles dous.

O enxeñeiro Stevens foi gráfico na súa conclusión: «Estiven a velos moi de perto e un deles fai o traballo de tres dos nosos antillanos», pero só lles pagaban o dobre, beneficio evidente co *apartheid* laboral. Non eran *gold* nin *silver*. Eran «non negros», como foron bautizados polos xerarcas da Canle. Cuba só permitiu a saída dun feixe deles, así que para buscar máis galegos foron ao manancial de orixe. Leroy Park chegou a Vigo en xuño dese ano e dirixiuse á consignataria Estanislao Durán, representante da Royal Mail, unha das grandes navieiras internacionais. Estas tiñan cen ganchos repartidos por

Galicia, axentes que prometían unha vida mellor a través de publicidade, moitas veces enganosa, que xa recrutaran miles de emigrantes cara a América en décadas anteriores. Axiña fixo o propio na Coruña con Rubine e Hijos, outra consignataria influente.

O seguinte era convencer a España, receosa de Estados Unidos tras a perda de Cuba. O enviado especial escribiu unha carta ao goberno na que pintou unha escena idílica, e prometía traballo ben remunerado, sen risco de saúde nin laboral. Park mandou imprimir dez mil folletos con ilustracións e fotos das obras e unha listaxe de condicións que lles daba fame só vela aos candidatos para emigrar. Non gustou a España a manobra da misión, pero tampouco podía poñerlle cancelas ao campo. Galicia converteuse nun mercado de carne paga ao mellor ofertante e agora a Canle auspiciaba unha nova e intensa ondada.

O 14 de setembro de 1906 embarcaron os primeiros obreiros a bordo do buque Orinoco. Nun só ano embarcaron 5309 homes. Leroy Park resumía así o seu traballo ao Washington Herald: «Asegurei gran cantidade de homes durante o ano das provincias do norte de España. Esa parte coñécese co nome de Galicia. A xente é chamada Galegos —pronúnciase *Gy-a-goes*—. Non son moi grandes, pero si musculosos e fortes, e moi afeitos ao traballo. Son pobres no seu país e páganselles dous centavos ao día en ouro no Istmo, o que os fai estar dispostos a emigrar».

Aí deu coa clave: a necesidade. O encargado de negocios de Estados Unidos en España, William H. Buckler, reduciuno a un terrible diagnóstico: «Toda a prosperidade de Galicia depende en gran medida da emigración».

Algo lle remexeu a Juan Carlos Barreiro nas entrañas. Era setembro de 2019 e acababa de rematar o Camiño de Santiago.

Antes de volver ao seu Panamá natal, citouse cun tío seu, Xosé Luís Barreiro Barreiro, catedrático de filosofía na universidade compostelá, que estaba a solicitar datos para escribir un libro sobre a súa familia e Panamá. O bisavó de Juan Carlos foi un dos obreiros recrutados en Galicia. Non había moitos datos: que participou no Corte Culebra, o treito máis importante da obra, e que logo marchou a Nova York e Delaware contratado por un gringo da Canle.

Cando Juan Carlos subiu ao avión de volta a casa levaba consigo unha urxencia e unha obsesión: contar a historia dos obreiros galegos. Chegou a Panamá e correu a ver o seu amigo Manuel Pico, produtor de televisión de familia ourensá, home xeneroso e expansivo, que agora sorrí xunto a el lembrando toda a historia.

—Cando viñeches e contáchesme que houbera tantos galegos na Canle quedei tolo, nunca o oíra. Sempre pensei que só fora algunha cuadrilla.

As fotos son hipnóticas. Os seus protagonistas posan con cara de traballadores saudables e ben alimentados: diante dun vagón de tren usado como aloxamento, traballando no Corte Culebra, onde se rebentou unha montaña de roca e pedra volcánica durante sete anos, xunto á vía do tren cunha máquina de vapor á beira e o campamento de fondo, acompañados por capataces norteamericanos, nun comedor ou nun barracón con camas de campaña.

En moitas non aparece pé de foto. Pero noutras non hai lugar a dúbidas: chámanos, aínda sendo en inglés, «Gallegos» como xentilicio diferenciado de «Spanish», en diferentes situacións: «Galegos vivindo nos vagóns do ferrocarril», «Galegos descargando vagóns de plataforma», «Galegos mesturando morteiro en Las Cascadas, decembro 1906».

Todos son pequerrechos, delgados e sen aparente robustez. Case todos co bigote á moda, os pómulos entremetidos e mirada de ollos baleiros, dun rancor íntimo, co gorro característico da obra, de aba ancha, ou polo menos unha boina de aldea para aguantar doce horas, seis días á semana de picar pedra á intemperie. Agás algún atrevido, non deixan centímetro de pel ao descuberto, unha tentación para os mosquitos portadores de enfermidades. Visten camisa de botóns ou camiseta de manga cumprida, faixa ou cinto e pantalón de traballo destinxido e botas de caucho repelentes á auga. Levan unha placa de metal co seu número de obreiro gravado nela, identificación obrigatoria para o economato, o comedor, o día de pago e, tamén, polos temidos accidentes.

As imaxes, que idealizaban as condicións de traballo, serviron de reclamo para outros. Eles xa gañaron nome como man de obra bruta e en teoría mansa, como se reflectiu nunha mensaxe do presidente Theodore Roosevelt ao Congreso estadounidense en decembro de 1906: «Os capataces informáronme de que fan o dobre dos traballadores das Antillas. Mantéñense sans e non hai dificultades con eles en ningún sentido (...) Un esforzo constante está a facerse para asegurar italianos e sobre todo españois, debido aos resultados tan satisfactorios que tiveron, e o seu número incrementarase na medida do posible».

Nos primeiros anos de obra, os máis duros, a achega galaica foi o pivote sobre o que se apoiou a Comisión. O seu traballo repartíase entre a escavación e o ferrocarril, fundamental para transportar o desmonte. A gran maioría non tiña idea de maquinaria. Adaptáronse, igual que se tiveron que acostumar a durmir amontoados nos vagóns sen ventilación —e non naquel idílico hotel que prometía a propaganda que lles daban en Galicia—, igual que aturaron os berros dos capataces nun idioma descoñecido. O traballo era case o de menos; se a algo estaban afeitos era a dobrar o lombo.

As condicións obxectivas eran extremas: nove meses de choiva continua e frecuentes chuvascadas torrenciais, tres de sol de aguillón e sempre unha calor de suor a eito, a febre amarela e a malaria á espreita. No libro de Pérez danse detalles de reclamacións de indemnización desde Galicia por mortes por accidente ou enfermidade de parentes, e as medidas tomadas por España. En 1908 aprobouse a nova Lei de Emigración prohibindo a emigración a Panamá. Non afectou demasiado á Canle, porque había trampas: os ganchos conseguían meter os mozos en barcos a Costa Rica e a Brasil para logo redirixilos ao istmo. Ademais, para entón a cota de obreiros estaba case cuberta.

—O primeiro era buscar persoas con máis nome ca nós —di Manuel Pico, rememorando os primeiros impulsos da homenaxe aos galegos da Canle—. E pensamos primeiro de nada en Daniel Pichel e Ricardo Gago, dúas figuras recoñecidas no país. Chamei a Ricardo e díxenlle: «Non nos podes fallar». Os dous sumáronse de inmediato. Tamén pensamos na irmá do presidente da República, Dorinda Cortizo, militante de todo o relacionado coa súa terra de orixe. E tamén engadimos a Francisco Sieiro, un mozo historiador e investigador que escribiu sobre a súa familia en Panamá.

Era febreiro de 2021 e de súpeto tiñan un grupo de xente decidida a facer realidade unha idea. Organizáronse ata crear unha fundación con nome inequívoco: Nosa Terra. O obxectivo era construír un monumento que conmemorase os galegos da Canle na Calzada de Amador, unha estreita lingua de asfalto a modo de paseo costeiro que une varias illas da baía de Panamá coa cidade. Hoxe é un centro de lecer moi popular, pero o importante é que o chan que pisan miles de persoas provén da terra removida no Corte Culebra. Para erixir a escultura había que financiala e conseguir os permisos. De novo operou a diáspora: o ministro de obra pública panameño era neto de emigrantes de Forcarei, terra de canteiros.

En xaneiro de 1908, inquietos polos relatos das condicións na obra, o Centro Gallego e o Casino Español da Habana mandaron unha expedición para investigar a situación dos seus conterráneos. Xa se sabía que a Canle non era un paraíso, e que se os emigrantes vivían mellor era grazas á loita obreira. Primeiro, a comida: chegáronse a importar toneladas de garavanzos desde Galicia para que os preparasen cociñeiros galegos. Xa non terían que engulir sen mastigar *pancakes* e hamburguesas, pratos extraterrestres. Segundo, a convivencia: houbo pelexas con paus e armas brancas cos antillanos, abortadas pola policía da canle, que eles chamaban, por acurtar, Garda Civil. E terceiro, a xerarquía. En agosto de 1907, logo do despedimento de catro galegos, os seus paisanos convocaron unha folga. Dous meses despois, outro paro. Algo tivo que ver tamén a chegada de anarquistas como o ourensán Manuel Rodríguez, que axitaron o continxente obreiro con mitins, actividades e publicacións. En 1911 varios foron suspendidos por comer durante o traballo. Ao día seguinte non se presentaron a traballar máis de 500 compañeiros. Queixáronse ás autoridades e obtiveron unha pausa para un petisco a media mañá, que os gringos traduciron como «o *coffee break* dos galegos».

O 15 de agosto de 1914 o buque Ancón atravesou a Canle por primeira vez. Abriuse unha arteria de auga atravesando montañas ao longo de oitenta e dous quilómetros, grazas ao traballo e ás vidas derramadas nunha escavación que moveu tanta terra como para construír sesenta pirámides de Keops: unha das grandes obras de enxeñaría da humanidade, que cambiou o mundo e ata o mapa do continente. Panamá non se entende sen a Canle e esta non se entende sen os galegos, aínda que non saísen nos libros de historia.

O logo destaca na fachada dunha nave nun polígono perto da Panamericana: Hermanos Gago, co mapa das Américas integrado nun G, que doutra banda podería ser un anagrama da diáspora, e quizais o sexa. Detrás, furando o ceo pesado de Panamá, adivíñase o *skyline* de Costa del Eeste, o millonario emprendemento inmobiliario doutro galego, Casimiro López. En fronte está La casa del jamón, cun touro por cartel, reclamo de produtos de importación. Este é o reino Ricardo Gago Salinero, a chave mestra da Fundación Nosa Terra para levantar o monumento dos galegos. Recíbeme no seu despacho no edificio principal, co corpachón graúdo inclinado cara a adiante para o saúdo protocolario pero amable. El senta do outro lado da mesa, chea de cousas como o propio despacho, un bazar de obxectos relacionados coa Canle.

Leva camisa azul de raias brancas, arremangada ao milímetro por baixo do cóbado, o pelo ralo e rapado e lentes azuis. Ten ao seu lado o libro de Juan Manuel Pérez como unha biblia, marcado con corenta etiquetas de cores, e máis aló un gran libro de mesa, editado con materiais de categoría, que leva a súa sinatura: *Celebrando los 100 años del Canal de Panamá*. Foi presentado no Teatro Nacional co plantel maior do país convidado e Gago no centro da escena. En trescentas páxinas móstranse obxectos da súa colección persoal de cinco mil pezas —cartuchos de dinamita, mapas, chifres, mistos, naipes, moedas—, que doou ao Museo da Canle.

O despacho cheira a humidade e terra. Apoio a miña mochila no chan e vexo, xusto á beira, varias pas oxidadas, expostas como rifles nun armeiro. Tamén hai fotos enmarcadas e outras que me amosa na man.

—Estes son negativos orixinais, non son copias; menos mal que os gardaron os gringos —di nun ataque de sinceridade—. Estas son travesas das vías do ferrocarril da Canle, e estes, cravos orixinais dos raís. Teño gardados miles. E esta é unha *metal check*, a placa de traballador, mira —e afástaa para sortear a presbicia—: numero 4252, Eugenio Álvarez Rodríguez, un galego que chegou a traballar o 9 de xaneiro de 1907 ao porto de Colón. Está todo detallado.

E así é como o despacho muda a museo. Agora Gago amosa a maqueta da estatua que queren construír, e insiste en que debe ser o máis parecido á realidade, en tamaño e realismo, non importa o prezo. O monumento representa catro obreiros con pico e pa, pucho ou boina, camisola suada e pantalóns con botas, os trebellos a imaxe e semellanza das que nos rodean.

—Fixemos un estudo en función das fichas, nas que se di a idade, a altura, o peso e se ten algún trazo significativo en cara ou corpo. De aí tomamos unha mostra de cen e achamos o aspecto medio para representar catro obreiros. Estamos en fase de financiamento, custará máis de medio millón de dólares. Non haberá problema con todos os galegos que somos.

E non o houbo. Tardaron un ano en poñer a primeira pedra cunha pa orixinal e en febreiro de 2024 o presidente Nito Cortizo inaugurouno. Acudiu toda a fundación Nosa Terra, vestidos con guayaberas de gala e retratáronse diante da escultura: catro obreiros de bronce e silicio, ao contraluz do solpor, a bregaren ferramentas idénticas ás reais sobre terra real panameña, coma se fosen saír da peaña e poñerse a traballar.

Morte en Las Siete Vidas

Os destinos dos Doberman, Felicidad Sieiro e a familia Vázquez, coa súa cantina do Chorrillo, foron de todo menos venturosos. O cuartel xeral dos militares que acosaban os galegos foi bombardeado na invasión estadounidense que en 1989 expulsou a Noriega do poder e pechouno ata a súa morte en 2017. Tres anos despois da invasión, Sieiro foi detida en Miami por roubar nunha tenda de luxo. Higinio parecía salvarse da historia retorta do país pero, a finais dos noventa, tres mozos entraron roubar á súa cantina, chamada Las Siete Vidas, e matárono de varios disparos cando tentaba defender a caixa. Tiña sesenta e dous anos.

Higinio Vázquez fillo, director dunha empresa de seguros, maldí aquela noite.

—Mil veces falara co meu pai de que iso podía pasar e mil veces díxenlle que lle facía unha póliza de vida. «Non penso darlle a miña prata a un seguro», así era de galego túzaro. E fóiseme así.

Higinio ten agora case a idade do seu pai cando morreu. Elegante, co pelo ondulado e fixado, a barba recortada perfecta, lentes de pasta e camiseta de marca, transmite tranquilidade e simpatía. Todo o contrario daquel tempo en que estivo tentado a saír por vinganza.

—O tipo que asasinou o meu pai tíveno ao meu carón para queimalo, para dispararlle, porque eu tiña arma. E, mira, tamén tiña unha xente que me facía o favor, porque tiñamos moitos amigos policías e militares: «Higinio, queres que saia no xornal? Dime». E houbo un momento que me enchín tanto de ira que o pensei, pero logo vin as repercusións, coa miña muller embarazada, e tiven a fortaleza mental de dicir, hei, para. Aqueles mozos si que o pagaron, estiveron vinte anos dentro. E nós botamos o peche de Las Siete Vidas.

Aínda que se graduou en Farmacia, Higinio seguía vinculado ás cantinas e ao hotel dun tío, o Riazor, en Santa Ana, un barrio de rúas angostas e húmidas, hoxe máis decadente que entón, de fachadas balorentas e aires acondicionados pendurados. Pero daquela os emigrantes triunfaban alí.

—Estaba cheo de xente dos peiraos e dos cuarteis. Moi perto estaba a rúa J e arredores, cos seus luminosos dos cabarets, os seus locais de baile e de alterne, as súas pensións, sempre de paisanos ou de gregos: La cueva del zorro, Las Vegas, Maravilla… era como o Strip de Las Vegas pero en cutre. Aí empecei eu a traballar, picando xeo, ata que o meu pai prohibiume estar neses sitios. Era como unha tenda de caramelos sendo eu o fillo do xefe. Eu tiña vinte e catro anos e díxenlle: papá, eu tamén quero traballar aquí e gañar diñeiro. Contestoume levándome ao almacén: «Aquí hai un inventario de cen mil dólares. Non sei cal é o teu problema se todo isto vai ser teu cando eu morra». Pois ben, matárono e eu aparteime dese camiño.

La Morena

O barrio de Vista Hermosa non ten vista nin é fermosa. A cambio, vive un día a día estridente e veloz. Antiga zona de italianos, agora está ocupado polos indostanos, —así chaman a indios e paquistanís—, que manexan talleres de coches e venda de ocasión. De noite, o ruído sae de restaurantes e establecementos de galegos, como El Encanto, o Tom Si e La Morena, unha parrillada, ou así lle din. Ofrece comida rápida e menú e tamén *cubetazos* de cervexa e retransmisións deportivas na pantalla xigante; corren o ron e os vasos con xeo picado e remexedor, tremen os bafles con vallenato, salsa, merengue e bachata e, cando baixa o sol, prenden as luces que o achegan a un club máis que a un restaurante, con actuacións musicais e camareiras colombianas con polo apertado negro e minisaia amarela. Pecha ás tres da mañá e segue a festa a porta pechada, pero á hora da tarde que chego está aínda baleira, agás na mesa central, onde agarda o propietario, un galego con mil batallas vividas. Chámase Avelino Salceda e non deixa unha poza sen pisar, aínda que se chapique. A súa narración torrencial, con voz rota e fonética galega con acento centroamericano, dalle aínda un toque máis interesante á súa vida.

—O meu bisavó materno era de Gabián, perto do Paraño, en Boborás. Prestáballe diñeiro ao veciño para que mandase o fillo para aquí, se non como cres que viña a xente? Aforros? Que aforros! Viñan todos coa débeda enriba. Dáballe o diñeiro ao pai do que emigraba, e este poñía unha leira como sinal. Se logo o fillo lle era un toliño e non arrincaba, entón perdía a leira —frea para tomar un grolo longo e pide outra copa. Agora avanza unha xeración—. Meu avó paterno xa estaba aquí e trouxo o meu pai cando tiña dezaséis anos. Abriu cantinas no Chorrillo, pero en 1969, despois de subir Torrijos ao poder, tivo que marchar do país. Unha noite tivo unha discusión de tráfico cun tipo, baixaron do coche e o meu pai bateu nel e resulta que era un capitán dos golpistas. Foise a México, onde nacín eu. As miñas irmás, maiores, casaron con galegos mexicanos. Pero cando chegou a crise alá, no 82, viñemos a Panamá. As miñas irmás e os seus maridos non se afixeron a este lugar e volveron a México. Eu quedei cos meus pais.

Avelino controla o bar mentres fala e, de vez en cando, para. Ten cincuenta anos e viste un polo rosa Calvin Klein. O pouco pelo lévao ao un e ten unha mirada diferente, de ollos azuis con fondo acuoso. Agora chega á súa vida sen deixar o idioma familiar.

—Nós sempre fixemos a vida en galego, non como o do libro, pero sempre en galego. E ademais tamén estudei dous anos nun colexio en Boborás. Cando chegamos a Panamá era adolescente e xunteime cunha cuadrilla na Sociedade Española que xa tiña un xefe. Veume agarrar o primeiro día, tireino ao chan e entón o xefe pasei a ser eu. Cando tiña vinte anos, mandáronme a España outra vez: querían botarme de aquí e que buscara unha moza galega. Eran anos moi tolos. En 1992, xusto cando inauguraron a Expo, saímos de carallada polo Carballiño e ás sete da mañá alguén di: imos a Sevilla. A que non hai collóns? Subimos a un Porsche e fomos a todo trapo, iamos cos dólares na man. Nun momento dado adiantounos un Ferrari. Logo vimos o Ferrari en Sevilla: era un mexicano de Avión.

Volveu a Panamá e seguiu coa súa vida a velocidade de Porsche. A país salvaxe, actitude salvaxe.

—Eu pistoleei a dous por aló abaixo. Un díxome que me esperaba fóra para pelexar, saíu buscar a pistola ao coche e eu adianteime e metinlle un tiro na perna. Dende rapaz vou armado.

—Agora mesmo téla enriba?

—Téñoa no caixón, pero ao saír para casa lévoa no coche. Meu pai foi cazador e na casa sempre houbo armas. A min dáme igual todo —descansa un momento e, coma se fose un reconto, continúa—. Outra vez estaba pelexando cun e veu a irmá e botouse enriba do lombo. Eu non me decatei de nada, pero de súpeto vin que tiña o xersei manchado de vermello: a rapaza cortárame as costas cun cúter. Teño 215 puntos aquí atrás. Fun ao hospital, coséronme e volvín ao bar. Este ano, na festa que fago sempre en Noiteboa, entroume unha dor no costado. Estábame sentando mal a copa, pensei. Era un infarto, pero o trinta e un xa estaba tirando foguetes outra vez aquí fóra.

—Andarías máis amodo ese día.

—Si, si, só bebín seis copas. Tomo oito pastillas diarias: para o ritmo do corazón, o colesterol, etc. O médico xa me dixo que sabe que en dez anos van ter que poñerme outros *stents*. Xa terei sesenta e haberá que ir parando —pausa e tilinguear de xeo— Pero ninguén morre na véspera!

El Límite

Unha fronteira cruzaba polo centro de Ciudad de Panamá. Seguía a liña dunha rúa de nome acaído, 4 de xullo, e separaba, dende 1914, o barrio do Chorrillo da Zona da Canle, é dicir, territorio estadounidense. Da banda de alá víase todo ordenado, coa herba verde clorofila e limpo coma unha patena. Ollando cara a arriba, despois do valado de arame, estaba o cerro Ancón, símbolo da discordia neocolonial, ferida pola que sangraba a soberanía desdourada do novo país. Da banda de aquí levantábase a zona de cantinas e tugurios, empozada de alcol, botella rota e a morte no gume da coitelo. Ese mundo indómito e arrabaldeiro chamábase El Límite, e nel os galegos reinaban.

Nas cantinas desa avenida movíase máis diñeiro que no resto dos barrios do casco de Panamá, porque non só se gañaba pola bebida, senón tamén polo préstamo informal. Os galegos facían o agosto cada quince días, cando cobraban aos traballadores do Canal e aos soldados gringos da Zona. Ao chegar a noite, aparecían pola cantina e pedían fiado para beber, porque tiñan un cheque, pero non diñeiro.

Cantineiros coma Francisco, un veciño do Carballiño moi querido polos seus paisanos, fiáballes toda a noite cun recargo, co cheque como prenda, ata que o cobraban ao día seguinte. Pero despois da cantina os traballadores querían seguir a noite, así que os emigrantes empezaron a cambiar eles mesmos os cheques por efectivo, con comisións do cinco por cento. Era unha roda de hamster que beneficiaba a todos, incluído o cliente: por unha comisión o galego dábache o diñeiro, abrazábalo e logo vendíache o licor polo que o luns o maldicías, ata o seguinte día de cobro, no que volvías sen falta á cantina a querelo e insultalo nun bucle sen fin.

Din os panameños antigos que, malia non haber xa fronteira, aínda senten que ao pasar por El Límite existe algo máis que unha rúa de separación. A que antes era 4 de xullo hoxe é Avenida Mártires, en homenaxe ás vítimas dos enfrontamentos entre panameños e estadounidenses en 1964. Esa foi a semente da transferencia da soberanía da Canle, iniciada coa entrada en vigor dos tratados Torrijos-Carter, nos anos setenta, e culminada o 31 de decembro de 1999.

O *lobby* (non tan) invisible

O anuncio, inserido na prensa, dicía: «A colonia española de Changuinola, fielmente identificada coa Revolución do 11 de outubro de 1968». E, debaixo, as fotografías e os nomes dos dirixentes galegos nesa cidade. Na conmemoración do primeiro aniversario da subida ao poder de Omar Torrijos, os galegos querían deixar clara a súa adhesión á nova orde. O xefe do Exército na provincia de Chiriquí —con alta presenza de emigrantes— chamábase Manuel Antonio Noriega, e converteuse en man dereita do novo gobernante, a quen sucedería dous anos despois da súa misteriosa morte nun accidente aéreo.

En toda esa etapa, a de maior desenvolvemento da colectividade, os emigrantes amosaron gran sintonía cos militares, o que lles permitiu exercer unha influencia para os seus florecentes negocios. A presión non empregaba os xeitos dun lobby organizado, senón que era o resultado de accións individuais, moitas veces caladas e reviradas, traballadas en corredores de palacio e en conversas improvisadas en despachos de plantas nobres.

En 1969 abría o seu primeiro hotel Ildefonso Riande, orixinario de Boborás —onde din que gardaba un Rolls Royce branco que sacaba a pasear cando ía pasar os agostos ourensáns—, pertencente á xeración que empezou vendendo cadros e alfombras porta a porta. El, que chegou a durmir na rúa, non parou ata montar un imperio hoteleiro cando comezaba a desenvolverse o sector. Del participou como socio na sombra, segundo testemuños directos e medios galegos, co propio Noriega e o seu círculo. O seu apelido continúa no alto dos hoteis de Panamá (tamén en Miami ou Orlando) e tamén na política: o seu fillo Noel chegou a postularse como candidato a alcalde polo partido fundado por Torrijos e continuado por Noriega.

O expresidente Nito Cortizo tamén milita nesa formación. Del chegou a dicirse que polo seu parecido era «coma unha copia ao carbón» do propio Torrijos. En 2013, antes de chegar á presidencia, publicou en Facebook unha foto súa xunto á do militar, na que saía ao paso dos rumores convertidos xa en mito popular: «O meu suposto parecido físico con Omar Torrijos é, en todo caso, unha mera coincidencia, xa que non son fillo biolóxico (en maiúsculas) do xeneral. Ideoloxicamente? Si o son». Rubricaríao se publicase unha foto do seu pai galego, outro calco seu, pero de vida moi diferente. Este foi o enésimo emigrante feito a si mesmo que pasou de conducir unha *chiva* (un transporte colectivo), a manexar unha frota de autobuses e abrir unha fábrica de ladrillos. O fillo superouno na política ao chegar a presidente.

De El Cangrejo a Calidonia

Se non tivesen emigrado, os pais de Ana Lorena Carballeda xamais se terían coñecido. Un era de Borraxas, Boborás. A outra, de orixe (porque xa naceu en Panamá), do Seixo, Forcarei: vinte e cinco quilómetros, media hora en coche hoxe, poñamos o dobre hai sesenta anos, monte arriba por pistas e curvas, suficientemente lonxe para que fose máis doado que se coñeceran nun centro galego de Panamá e non en Galicia.

Aurelio, o pai, di que emigrou porque o progreso chegou tarde á aldea. Que se tivese chegado antes a luz, a calefacción, o teléfono, ninguén se tería ido. Lóxico e fondo á vez, xa o dicía tamén a súa nai: «Aquí fixeron estradas cando xa non había xente na parroquia».

Aurelio non senta a falar, pero en dous minutos di que está farto de españois buscavidas que aínda hoxe van a Panamá pensando que América se gaña ao minuto, e non, é todo o contrario. Adivíñase a contradición do emigrante e un punto de enfado á hora de saldar contas.

—A España non lle debo nada porque España non me deu nada.

Pero a Panamá si —«traballo e traballo»—, coa cantidade de negocios que foi abrindo. Unha moblaría, pensións, *push buttons* (moteis de premer o botón do garaxe e entrar sen ser visto) e hoteis coma este, o Milán, un tres estrelas de máis de cen dormitorios, moi ben situado. A súa filla Ana Lorena espérame no *hall*, con présa por contarme entusiasmada a historia do país. Leva as chaves na man, pelo negro brillante cortado à la garçonne, cellas arranxadas, vestido floreado longo. Subimos ao coche e arrincamos.

O barrio de El Cangrejo é un agradable distrito de edificios dos setenta en diante, algunhas caixas de mistos, outros de deseño moderno e curva caprichosa, a maioría con estilo panameño de tellado a dúas augas e balcón, que quedaron pequenos ao lado da piña de rañaceos da cidade. Aquí hai hoteis de galegos, restaurantes e algúns edificios que apelan á orixe do construtor (Samil, Sobredo). Pola rúa, con beirarrúas mínimas ou sen elas, todo feito para o automóbil, pódese recoñecer paisanos polos seus trazos e xeito de vestir.

—Estas son as rúas polas que veño todos os días, e agora que viña baixando decátome e dáme a risa: está cheo de galegos. Hai portugueses, italianos, gregos, pero nós temos invadido o barrio —di Ana xusto antes de aparcar nunha esquina desta veciñanza de clase media, bulideira e barulleira.

Déixalle diñeiro ao aparcacoches e entramos nun café moderno, despexado, con aroma a torrado e un menú a prezo de Estados Unidos, e sempre en dólares. Mentres agardamos, Ana reflexiona en alta voz sobre a globalización. Hoxe todo parece igual en todas partes, pero antes eran mundos opostos e saíase adiante. Aos seus pais, ao pouco de chegar, déronlles unha bebida con *carrizo* —palla— e non sabían que facer con ese pauciño oco para sorber líquidos. Porén, en poucos meses xa conseguiron abrir un negocio; pura supervivencia.

Era unha tenda de ultramarinos que Ana quere ensinarme, ou o que queda dela.

Desprázamonos en coche —sempre en coche— a Calidonia, o barrio máis galego de Panamá, con moblarías (La carballinesa, Mueblería española), hoteis (o Benidorm, o Caribe ou o Arenteiro, co seu cartel luminoso «24 horas» e a súa marquesiña sorteando o cableado), residenciais (Compostela, Anduriña, Alameda, clásico nome en Galicia transportado a un lugar onde non hai álamos, senón palmeiras).

Ao revés que en Europa, nas Américas as zonas céntricas sofren un proceso de degradación. O que un día foi un barrio con expectativas e pulso comercial, hoxe fatiga pola decadencia, sobre todo ao caer a noite: prostitución, lixo, consumidores de *piedra*. Un día calquera de semana coma hoxe tamén está apagado e desapracible, aínda máis coas nubes negras que acaban de descargar e non alivian a terrible humidade.

—Aos turistas ensínanselles as zonas bonitas de rañaceos e modernidade, pero hai barrios coa nosa historia dentro. Mira, xa non queda ninguén de alá, pero aquí viviu a miña familia. —di Ana, diante dun edificio azul de balcón corrido facendo esquina en curva, con reixas e os baixos de portas reforzadas—. Estas eran casas de protección oficial. A idea do proxecto era que os baixos se destinaran a servizos para os veciños. E así conseguiron facerse coa tenda de ultramarinos, comprando o traspaso a outro galego, un albanel a quen non lle gustaba o negocio. Era o pai do presidente Cortizo.

No lugar do ultramarinos hai tamén unha zapataría. Ao lado, unha xastraría «pero non como as de antes», di Ana, e un tipo con cara de poucos amigos sentado nunha cadeira. Unha toma de auga enferruxada pingando no chan. Vexetación a monte nas beirarrúas irregulares. Dentro, o patio que daba ventilación e servía para secar a roupa, agora está asolagado de auga negra. Ana amosa no seu teléfono fotos daqueles anos, nos que está a avoa Hermelinda e o avó Manuel, *guayabera* e pantalón ancho, no casco vello de Panamá, sentados sobre un coche americano cos seus tíos. Parece que lles vai moi ben e manexan moito diñeiro. Pregunto case por acto reflexo.

—E onde vivían?

—Na parte de atrás da *abarrotería* ata que alugaron o piso de arriba. En 1982 vendérono e con ese diñeiro fomos de vacacións a Galicia —agora amosa dúas imaxes desa viaxe á aldea: nunha comen caldo, a xerra de barro co viño no medio. Noutra aparecen a súa bisavoa con todos os seus fillos vivos. E segue con aceno triste—. Esta foto foi a última vez que se reuniron todos os irmáns. Logo nunca máis.

Ana ten familia en Chicago, Canadá, Uruguai e Brasil. Do outro lado, en Cuba e Colombia, aparte de Panamá. O seu tío traballou na zona da Canle e renunciou á nacionalidade americana: «Eu son de Presqueiras», dixo cando lle deron a posibilidade. Ana Lorena e a súa irmá, xa nacidas en Panamá, foron criadas coma se estivesen en Europa.

—Aínda na miña xeración se lle daba máis importancia a estar nunha contorna só de paisanos, de amigos, logo mozo e marido. De feito, cando empezaba a medrar algunha filla nunha familia galega mandábana rápido para alá. Eu sempre me sentín orgullosa da miña orixe, pero tamén sentín unha crianza diferente. Cando comiamos na casa dos meus avós, que facían filloas e empanadas coma quen torra un pan, meu pai falaba galego con eles e castelán con nós. Pero sei que segue pensando e soñando en galego.

Queda limpo o ceo por primeira vez xusto cando anoitece, e Ana avisa de que é mellor marchar antes de ver o desfile de zombis na noite ventureira de Calidonia.

José Carlos Blanco divide o seu cerebro por xeografía. Ten un hemisferio panameño e outro galaico. E aínda non decidiu cal manda sobre o outro. Nado en 1975, tivo que asumir dende neno a súa dualidade, porque repartiu o seu tempo case a partes iguais ata que foi adulto. O seu avó materno enfermou en Galicia e a súa nai e a súa tía —emigrante en México— decidiron alternarse un ano cada unha para coidalo.

—Así que fixen primeiro, terceiro e quinto de primaria en Galicia e segundo, cuarto e sexto en Panamá —di José Carlos, que conduce co seu corpo e os seus brazos grandes caendo sobre o volante, a fronte brillante de suor, o perfil afiado, cabelo grecorromano e barba castrista, mentres enumera edificios e negocios de Calidonia—. Este edificio é de galegos. Ese hotel e esa financeira tamén. Unha moblaría, outra máis aquí. Este hotel é de marido galego e muller asturiana. E este é o meu, o Benidorm.

Ten catro plantas e unha terraza chea de vexetación, e nel alóxanse pasaxeiros que queren quedar perto do centro e das zonas turísticas. Mentres pechamos o coche, conta que a súa nai leva máis de medio século en Panamá e nunca se adaptou, ao contrario que o seu pai José, un señor de Leiro, Ourense, que marchou tarde, con vinte e sete anos, porque non era a necesidade o que o expulsaba, senón as ganas de saír da casa, e fixoo aonde todo o mundo. Tamén foi innovador ao chegar: sen papeis, instalouse nunha provincia do interior chamada Aguadulce, onde non había controis e o traballo non faltaba, como relata o propio José.

—Eramos coma os inmigrantes venezolanos que agora ninguén quere aquí. Empecei de cobrador dun mobleiro paisano por localidades do rural onde non se podía entrar en época de choivas, porque estaba todo inundado. Era xente humilde e moi hospitalaria. Todos ofrecían algo cando os visitabas, froita, *chicha, guarapo*, e ademais encantáballes o meu acento. Para pagar dependían do corte de cana do verán, pedíanche máis tempo, pero pagaban. Se non era en diñeiro, en especie. Había xente que me abonaba en galiñas. A primeira vez pensei que o meu xefe me ía matar. Todo o contrario. «Xa teño ovos para min por fin», díxome.

Gañaba un vinte por cento de comisión da venda. Eu ía aforrando. Mandeille diñeiro ao meu pai para devolver a débeda do pagamento da pasaxe e abrimos unha conta na Caixa de Aforros en Avión. Un día vin un vendedor de lotaría e ocorréuseme comprar non un, senón catro billetes. En total, dous dólares, un diñeiro. Tocáronme as dúas últimas cifras e gañei 200 dólares. Con iso merquei unha moto para o reparto. Tamén me apareceu a oportunidade de comprar parte dunha moblaría en Ciudad de Panamá. Precisaba o diñeiro que enviara a Avión, así que fixen que mo trouxera alguén que viaxaba. Ao meu pai non lle gustou.

Coa prosperidade volveu a casa un verán, coñeceu a Carmen, levouna con el, pero ela non se adaptou, nin o primeiro ano nin o segundo nin o terceiro.

—E eu seguía gañando diñeiro. Entre varios amigos construímos o edificio Leiro en El Chorrillo, todo para alugar. Carmen quería volver a Galicia, así que decidimos vender a miña parte da moblaría e con ese diñeiro e as rendas poderiamos vivir cómodos na aldea. Sentamos a negociar os tres socios. Ofrecín a miña parte por un prezo.

—Ti estás tolo, como vai valer iso? É moito —díxome.

—Entón canto vale? Por canto venderías a túa parte? —respondinlle.

—Por tanto.

—Ah si? Pois entón comproche eu a túa parte en vez de ao revés.

—Feito.

E así foi como ía vender e acabei comprando. Cando cheguei xunta a Carmen, que estaba coa muller do meu socio, parecía teatro: ela choraba porque quería ir a Galicia, e a muller do meu socio, que marchaba ao vender, porque quería ficar. Ao ano seguinte naceu José Carlos. E aquí seguimos, no Benidorm. Creo que Carmen xa está case afeita a Panamá.

Estraperlo gourmet

A Canle inaugurouse en 1914, pero as cidades de Panamá e Colón non se uniron por autoestrada ata case cen anos despois. Eses oitenta quilómetros percorríanse antes, aparte do ferrocarril, pola Vía Transístmica, unha estrada cobregueante de dúas faixas que tiña unha parada ineludible no camiño: o restaurante Las Cumbres, da familia de Paco Muradás, das Ventelas, Beariz. Aberto nos anos setenta, ofrecía ao público comida panameña e algúns pratos galegos —empanada, polbo— pero a realidade é que se comía coma na casa. Dous eran os motivos: conseguiran que a terra dese froitos e o mar traía o resto. Mais non pola pesca.

Ao porto de Cristóbal, en Colón, chegaban barcos con emigrantes ata 1969. O derradeiro foi o Begoña, que durante anos chegaba cheo de emigrantes, e con eles, os seus víveres: chourizos, xamóns e, nalgún caso, sardiñas. Sempre sen declarar ante a Autoridade da Canle.

—Estaba todo falado cos que viñan. Meu pai tiña un Chevrolet que era unha lancha enorme. Coa tapa do motor podías facer unha cama de grande que era, e nela metía as caixas de sardiñas camufladas. Detrás viña a caravana de paisanos cos que chegaban e iamos asalas no restaurante. Non sabes como cheiraba aquilo. Así o fixemos ata que alguén soprou a cousa e houbo que pasar pola garita do gringo. Abriron o capó e ao meu pai caeulle unha multa tremenda e non puido entrar máis ao peirao. Pero como a gozamos.

Entrementres, a súa nai empeñábase en comer de casa e facía chourizos, e ensinaba a facelos aos cociñeiros locais. Tamén pedía sementes de produtos galegos. Tentouno con repolo e verzas. Pouco se deu. Probou con fabas: poucas botaron vaíñas. Pero a señora, criada nos eidos da aldea, secounas e gardounas. E ao ano seguinte polas mesmas datas volveunas sementar para que nacesen desas mesmas. E estas si, aclimatadas, reproducíronse. Enxeñaría xenética caseira para o bandullo dos expatriados.

Co paso dos anos diversificaron en produtos e a historia do estraperlo de manxares da terra para consumo propio foi tamén afinándose, incluso cando comezaron a poder viaxar en avión de vacacións, á ida baleiros, á volta coa maleta a rebordar.

—Non nos cortabamos: xamón, augardente… E sempre había contactos na aduana —conta Paco Muradás—. Algunha vez dabas uns dólares e deixábano pasar. Dicíase que co incentivo axeitado podías pasar un porco atado cun cordel. Pero logo cambiaron as cousas, e cando había voo de Iberia ían coma leóns a rexistrar. Era coma un xogo. Un coronel amigo recoñeceu que era así porque querían levar un botín para casa. Amaban a nosa comida. Rindo, díxome que en certa ocasión pensaron que requisaran un gran queixo e logo ao probalo botaban as mans á cabeza de mal que sabía. Non era queixo, era unto.

Os «mueblicultores»

Aos galegos que comezaron a vender mobles en zonas populares e rurais, onde o chan das casas era de terra, puxéronlles un nome certeiro: os *mueblicultores*, agricultores do moble.

A historia da familia Pico, de Albarellos, Boborás, é un bo exemplo, logo dunha encerellada historia de diáspora que se estende ata Celsa e Ramón, dous irmáns cos que arrinco dende Ciudad de Panamá ata Colón, o polo oposto do país e entrada da Canle polo Atlántico. Teñen corenta e algo, lévanse un ano e gardan un parecido razoable. Ela combina un gran bolso coa camisola estampada. El, igual de sorrinte, leva camisa de cadros e vaqueiro coma se estivese en Ourense no inverno e non nunha sauna tropical.

Os dous cruzan o país cada día, unha hora escasa de camiño na que non haberá un minuto de silencio.

—É mellor comezar polo final: eu estou casada co fillo do mellor amigo do meu pai. Ambos os dous, moi novos, emigraron dende As Pontes, do outro lado do mapa, á nosa bisbarra, porque ao lado da nosa aldea, Salón, empezábase a construír o encoro de Albarellos e había traballo. Alí coñeceron dúas rapazas, tamén amigas, era miña nai e a que sería miña sogra, pero esa é outra historia. O que importa é que meu avó chegou a Colón, fundou a nosa moblaría e trouxo toda a familia. Nós nacemos en Galicia e viñemos de pequenos. Na invasión de Panamá, en 1989, a min mandáronme a Ourense.

—Pero non por medo á invasión, cóntalle —di Ramón.

—Non, non, esa foi a escusa. Mandáronme por algo típico aquí: non querían que casara cun panameño. Peor, cun de Colón. E alá fun interna ás Carmelitas.

—Cando eu ía alá de vacacións e ía buscala ao internado non podía crer a cantidade de nenas fillas da emigración: de Panamá, de México, de Venezuela. E á parte de Alemaña, de Suíza, de Francia.

—E ao final, mira. Casei cun panameño de Ourense e vivo aquí.

—Os rapaces, en cambio, o que quixésemos. E ao final eu estou casado cunha galega.

Atravesamos a tupida selva, tamén o río Chagres, e cando estamos entrando en Colón, Celsa fai unha reflexión.

—Parece incrible que isto fose o primeiro que visen os que saían da aldea.

Eu xa coñecía ben ese lugar fascinante, pero a sensación de mundo á parte seguía presente. Dun lado ten o porto de Cristóbal, en dirección á entrada da Canle. Do outro lado, a Zona Libre, o porto franco máis grande do mundo tras Hong Kong. Nas augas pantanosas desta beira do Caribe hai unha ringleira permanente de barcos xigantescos, cos contedores amoreados, esperando para entrar na Canle e atravesar o istmo. E no medio, a cidade, unha grella de rúas planificada e decadente dende hai demasiado tempo. Colón ten partes que parecen ter sido tiradas ou bombardeadas, as xanelas dalgunhas casas sen cristais, a vexetación saíndo dos caleiros, táboas cravadas nas portas, fachadas a medio pintar con estadas desertas, fronte a outros edificios arrebentados con regueiros da chuvia pertinaz e aínda así coa roupa tendida e as señoras apoiadas nos marcos e, iso sempre, as parabólicas, co mesmo encanto e melancolía salvaxe de dúas primas próximas, A Habana e Nova Orleans.

En realidade, Colón foi, na orixe, unha illa chamada Manzanillo, o punto xeográfico chave para entender as Américas, onde se cruzaron todas as culturas do continente: indios, españois, africanos, afroantillanos, estadounidenses. Os últimos construíron, nas bases militares da Canle, a Escuela de las Américas, «centinela avizor do comunismo», onde se instruíron os que logo serían ditadores apoiados pola potencia do norte no seu patio traseiro —e máis tarde foi un hotel onde me hospedei unha semana e polas noites miraba de esguello a porta do cuarto por se entraban Banzer, Galtieri ou d'Aubuisson.

Moito antes diso, os americanos xa rechearan aquela illa para comezar a construír o ferrocarril. Chamárona Aspinwall, pero as autoridades locais —aínda pertencentes a Colombia— cambiáronlle o nome por Colón. O centro desa illa é o lugar onde estamos agora, a catedral, o único cadrado de terra firme. Ao redor dela deseñaron unha retícula de cadrados do mesmo tamaño circundados por unha avenida marítima cortada por unha avenida central. *La Tacita de Oro*, bautizárona, un conxunto harmónico dos anos vinte, época vizosa nas rúas e negocios puxantes. Os potentados vivían mesturados coa burguesía foránea, como a árabe ou a xudía, volcada ao comercio da zona libre, ademais dos gringos, instalados nas súas bases, e os afropanameños, descendentes de escravos que se radicaron na costa, igual que os fillos ou netos dos antillanos que construíron o Canal xunto aos galegos.

Estes chegaron e integráronse na sociedade colonense grazas aos seus emprendementos, como farmacias ou panadarías, como a dos García, pero sobre todo moblarías de nicho popular e algunhas máis céntricas como La Española, na avenida Central.

A mestura foise esluíndo cando os adiñeirados locais marcharon a Ciudad de Panamá, os gringos ao norte e a Zona Libre quedou triste e soa. Os edificios do centro baleiráronse e foron ocupados por afrodescendentes de asentamentos próximos. Tomaron as casas condenadas, como chaman ás ocupadas, nunha cidade que ve pasar os dólares cos ollos sen que queden na cidade, parada e baleira, como se queixan os colonenses, incluídos os paisanos, produto do abandono, o clientelismo político e a falta de propostas.

A encrucillada panameña

De tantos paisanos, a certa altura do século había que andar con ollo cando se falaba en voz alta en galego: era doado levar un susto. Pasoulle a un personaxe famoso da colectividade en Panamá. Contan que un día levou a probar a toda velocidade un coche deportivo á ponte das Américas, que conecta os dous subcontinentes partidos pola Canle. A policía norteamericana, que xa o tiña controlado de facelo outras veces, deixou poñer o automóbil a tope de velocidade e á volta bloqueárono e parárono. Pedíronlle a licenza especial do Canal, que non tiña, e un dos axentes sacou o bloc para poñerlle unha multa. Entón empezou a murmurar polo baixo. «Cagho na cona, se te collo onde o lobo mata a ovella desfágote». O policía seguiu cubrindo o formulario, arrincou a folla e deulla. Cando se ía ir preguntoulle: «E loh, onde é que o lobo mata a ovella!».

Panamá é unha encrucillada pola que pasan trece mil barcos ao ano con mercadorías industriais e de consumo —tamén ilícitas—, que levan e traen do Atlántico ao Pacífico e viceversa na ruta máis importante do planeta. O mundo pasa por Panamá e historias coma a de Javier, o marido de Celsa. Nado en Vigo en 1972, alí estudou Enxeñaría, pero pasaba as vacacións na aldea, en Boborás. Un verán atopou unha rapaza que coñecía de toda a vida, a filla do mellor amigo do seu pai, Celsa. Namoráronse e decidiron casar. Só había un problema: ela vivía en Panamá.

A familia de Javier tamén estivera no istmo. O seu avó, de feito, tivo dobre familia en Panamá. En Galicia só se decataron cando enfermou e os avisou de que tiñan irmás e tías panameñas. No país centroamericano tamén estivo Javier unha época de adolescente. A súa nai empeñouse en facerlle os papeis. «Nunca se sabe», dixo con previsión materna. Cando a crise europea azoutou as zonas industriais como Vigo, Javier mirou cara ao outro lado do mar. Lera que se ampliaba e presentouse para un emprego, grazas aos papeis que lle fixo a súa nai, porque na canle só poden traballar cidadáns panameños.

Conseguiu o traballo e dende entón vive con Celsa e co seu fillo en Clayton, a antiga base norteamericana, a dez quilómetros do ruidoso centro da cidade e a un paso do seu traballo.

—Fixen todo o que pensei que non ía facer: vivir en Panamá e ter familia —di nunha mesa de bar da Taberna do Canal, xunto ás esclusas de Miraflores.

A Javier e Celsa súmase outra amiga, Luz Brito, que pide unha Estrella Galicia e pide un polbo á feira. Ao redor do bodegón arrinca a tertulia fronte ás esclusas de Miraflores.

—Eu tamén vin por amor a un galego de Colón e xa levo vinte e cinco anos. E tamén podo dicirche que sei de dobres familias sen que ninguén mo dixera. Cando cheguei levábanme de moblaría en moblaría. E chamábame a atención que vía sempre algunha foto dalgunha rapaza ou rapaz co dono, ou unha estudante recén graduada con birrete, ou unha foto en Miami, ou na praia. Non me contaban nada, pero tampouco facía falta preguntar. Eran fillos doutra nai.

—É que aquí nunca se pediron explicacións, e tampouco na emigración —di Celsa—. Miña avoa Alejandrina, por exemplo, nunca chegou a vir a Panamá. Veu meu avó Felisindo, e tal como veu, retornou sen dicir nada. Era tan personaxe que marchou sen avisar a ninguén e apareceu ano e medio despois dicindo que estaba aquí. Miña pobre avoa quedou viúva ese tempo e despois quedou tocada dos nervios para sempre.

—En calquera momento aparecen familiares —di Javier—. Aínda hoxe veñen panameños, moitos de cor, dicindo que o seu avó era galego.

—Un amigo da familia, Julián, soubo de maior que tiña un irmán panameño, porque llo dixo o seu pai. E como se chama? preguntoulle. E o pai contestoulle: Como ti, Julián. Púxenvos o mesmo nome, así non me trabuco chamando a un polo outro.

A noite escura de Colón

O 13 de febreiro de 1987 un sicario colombiano viaxou á localidade de Portobelo, en Colón, e meteulle dous tiros de escopeta á Manuel Vázquez, un galego millonario nado en Guillar, Rodeiro. A investigación policial non tardou en capturar o matón e o seu colega, un militar panameño. As pescudas determinaron que detrás da acción dos pistoleiros se agochaba un autor intelectual: Pepe Beladino Vázquez. En 1996 foi declarado culpable de encargar o asasinato e condenado a vinte anos, sentenza que nunca cumpriu porque fuxiu a España. O crime converteuse en materia predilecta dos medios locais, porque reunía todos os ingredientes da *nota roja* que arrasa en quioscos e televisións. Os dous protagonistas eran coñecidos en Colón: Pepe Beladino, promotor de boxeo; Manuel, propietario da Gruta Azul, un dos prostíbulos máis importantes do país. Pero o sorprendente é que o asasinado era o pai de quen o ordenou matar.

«Fundado en 1903. Más antigo cá República de Panamá», presume aínda hoxe a web. «Por máis dun século o club gañou unha gran reputación entre todos aqueles cabaleiros que desexan gozar da compañía dunha dama, sempre con total seguridade e discreción», pódese ler. Nun antigo anuncio de televisión disparaban sen filtro: «Se non sabes onde queda a Gruta Azul, pregúntalle ao teu marido, ao teu irmán ou a calquera membro masculino da túa familia».

O libro de historias sobre o cabaret, así era chamado, é avultado. Meses despois de que abrise as portas, empezou a construción da canle e a instalación de bases militares americanas (ata 25 000 soldados na capital e 25 000 en Colón), todo a tiro de pedra de bares e bordeis como a Gruta Azul. En Panamá abondan as anécdotas sen fonte fiable sobre próceres e gobernantes do país que pasaron polo local, como quen asina o libro de ouro nunha visita de Estado. Cando chegaron os galegos, o local amplificou o seu nome. Manuel fixo millóns co negocio e iso foi a súa condena: segundo o tribunal que investigou o asasinato, o seu fillo contratou os sicarios para asegurar a herdanza.

—Para os de Colón ir ao puteiro era como ir tomar café, porque non había máis nada para facer —di un emigrante.

Nunha cidade que vivía dun porto e dunha zona libre comercial xigantes, a prostitución ocupaba o centro da escena. E nese mundo escuro mandaban os galegos, que falan do negocio coma se fose unha moblaría ou un forno de pan.

Lembran os emigrantes cando as «*cholitas*», así chamaban as mestizas en Panamá, facían fila diante da base norteamericana e marchaban con mariñeiros ebrios ás rúas de atrás da cidade. Na década dos setenta funcionaba un macroclub que chegou a ter catrocentas mulleres baixo o mando dun coronel asociado con paisanos. Xa non eran autóctonas, senón colombianas, un fluxo que non se detivo.

Nos anos oitenta, Rubén Varela, de Lugo, traballaba no Olimpia, un club moi coñecido en Colón. Durante un tempo cambiouno por unha panadaría e logo volveu á noite na pensión e bar La Flor. Tívoo vinte anos, ata 2015. Logo deixouno.

—Tiven un problema grande e saín da sociedade, non quixen saber máis.

Cando o entrevistei, en 2022, descoñecía a historia á que se refería, pero máis tarde atopei o seu nome relacionado, xunto co doutros conterráneos, nunha trama de trata pola que foi xulgado e absolto en 2013. Dezaseis mozas colombianas foron captadas por unha rede que as levou aos bordeis de Colón. Segundo a policía, catro galegos «explotaban as vítimas e xiraban recrutadores de Colombia o diñeiro para trasladalas». Un diario de Colón falou co socio de Rubén, tallante na súa resposta: «Nunca trouxemos mulleres á forza. Todas saben a que veñen, se queren traballan e senón, non. En Panamá é legal o que facemos». O Código penal panameño tipifica o delito das relacións sexuais non autorizadas, pero deixa un baleiro ao redor. E por iso a Corte Suprema declarou inocente a Varela e ao resto.

—Eu entrei no negocio porque había un galego que vendía a súa parte en La Flor, estaba maior e metido na relixión. Daba moito diñeiro. Aquí en Colón movíase todo con mafias. E con toda esa xente gañabamos cartos porque, así como gañaban diñeiro, tamén o queimaban rápido. E porque estaba a base gringa e os militares eran os mellores clientes. Ás veces había liortas e entraba a policía militar deles a buscalos. Outros se namoraban e casaban, ou elas quedaban embarazadas. Eran os famosos Usnavy: o tipo facíalles un fillo, pero como elas non sabían como se chamaba e sempre lles vían o U. S. Navy no peto da camisa, poñíanlles Usnavy ao rapaz.

No bar só cos gringos xa facías caixa. Viñan quince de vez para beber, e cando xa ían tocados marchaban coas mozas. Tiñamos trinta dormitorios, aí estaba o negocio: cobrabamos o cuarto ao cliente. E o que cobrase ela, para ela ía. Coma se llo regalaba, o servizo era todo delas. Pero como lles pagabamos a viaxe desde Colombia e faciámoslles os trámites migratorios e o contrato de traballo, todo legalizado e autorizado polo goberno, tiñan que devolvelo. Cando ían á base elas pagábanme a saída, 50 dólares. Esa era a lei que tiñamos. E logo viñan dicindo: «Leváronme aos Estados Unidos, estaban todos os letreiros en inglés». Viñan desde Colombia e volvían forradas. Eran como os galegos cando volvemos á aldea cargados de diñeiro.

Para Varela o traballo era lexítimo, e insiste varias veces en que todo o facían con permiso laboral e de migración.

—Eu marchei e logo pecharon. Agora é da filla dun socio que tiven naqueles anos, pero eu xa non teño nada que ver.

Rubén rexenta agora un hotel de sesenta cuartos, o Sotelo, un edificio de cinco alturas como cortado cun machado, de ladrillo pintado de azul e xanelas colmea. Próximo á zona libre, nútrese de homes de negocios e ultimamente moitos cubanos que, axudados polos seus familiares no estranxeiro, xuntan tres ou catro mil dólares e van comprar roupa interior ou pezas electrónicas a prezo de custo. Coa roupa fan grandes pacas, como bólas xigantes, para levar de volta a Cuba en avión, onde a venden co prezo multiplicado. Chámanos mulas. Moitos deles traen pasaporte español e case sempre apelido galego. E ao final Rubén pasa horas tentando conectar as aldeas dos seus avós coa súa propia.

Financeiros no país dos bancos

Jaime Penedo é o porteiro máis grande do fútbol panameño. Defendeu a meta da selección durante vinte anos, incluído o único mundial xogado por Panamá, o de Rusia 2018. Nas fotos de equipo destacaba pola súa faciana pálida entre os seus compañeiros, por iso sempre foi considerado o *yeyé* (rico) da selección. En realidade, a súa cor de pel só falaba da súa orixe galega. O seu pai, Manolo, expresidente da Sociedade Española, escachou a rir o día que lle expuxeron esa pregunta: «*Yeyé* é imposible que fose, realmente aquí pasamos moito traballo». Puido engadir que llo poderían preguntar ao seu avó, tamén chamado Jaime Penedo. Era un anónimo comparado co seu neto, e no entanto foi o inventor, segundo os seus paisanos, dun sistema de préstamos e cobranzas revolucionario no corazón financeiro do hemisferio occidental. Chamábase desconto directo.

Se en México os galegos instauraron o negocio dos mobles a prazos, «un Ikea sen o fashion», como define José Carlos Blanco, en Panamá afiaron o enxeño e converteron as moblarías en entidades financeiras. Os emigrantes pensaron que para facilitar a cobranza dos produtos unha forma infalible sería sacar a letra de pago da nómina do cliente, coma se fose un imposto ou a seguridade social. Elevaron unha proposta ao goberno de Omar Torrijos, pola que en troques deixaría un tres por cento de comisión para as arcas do estado. Adxudicado: o Código de Traballo de 1972 sentou as bases para que a práctica puidese desenvolverse dentro da lei.

Penedo e os demais lograron cambiar a forma de traballar nas moblarías. Xa non había que ir de casa en casa cobrando; agora retirábase vía cheque da empresa de cada traballador. E máis adiante, por transferencia. Na empresa privada podía descontarse ata un vinte por cento do salario para as deducións comerciais. Na pública, os funcionarios podían reservar ata un trinta e cinco por cento para as súas compras.

Tamén abriron negocio cun invento de orixe incerta —non se sabe se foron os galegos ou os xudeus— chamado *club de mercancía*, un xogo de azar mesturado con aforro, ou viceversa. Nas mesmas moblarías onde un podía comprar a crédito adquiríase unha cartilla á que se asignaba un número de dúas cifras, do 00 ao 99. Comprometíase unha cota semanal a convir durante un prazo. Por exemplo, cinco balboas —dólares— durante vinte e cinco semanas. Á vez que pagaba, o comprador debía estar atento ao sorteo da lotaría, porque se as dúas últimas cifras do primeiro premio coincidían co club (a cartilla), o comercio entregáballe no momento mercadoría polo valor total do que pagaría en todo o ano, sen necesidade de seguir achegando cotas. E se non saía premiado, o cliente tiña acumulado un diñeiro que trocaba pola mercadoría elixida. Era como como unha rifa paga semana a semana, un produto a débito coma se fose un crédito diferido, ao que sumaron o belisquiño do azar. Os clientes entraron en masa e a súa vixencia continúa ata hoxe nos grandes almacéns.

As moblarías, grazas á experiencia crediticia, foron cambiaron o seu negocio orixinal e agora son entidades financeiras que prestan diñeiro sen que os clientes teñan que ir ao banco. Os irmáns Pico, de Colón, mantiveron o negocio familiar, pero agora se chámanse Credicash. Desde alí compiten cos bancos no país do gran capital. E non son os únicos: ese camiño emprendérono a gran maioría dos mueblicultores, tolerados no sistema, aínda que sexan unha pedra no zapato dos bancos. En principio non lles daban importancia, porque o valor do crédito que ofrecían era baixo e porque só apuntaban ao sector de poboación que non estaba bancarizado. E porque o capital bancario é inesgotable e os galegos respondían co seu propio capital, que para máis ironía gardaban nos propios bancos.

Celsa dá unha clase práctica de economía panameña de consumo en catro pinceladas:

—O paso ás financeiras é lóxico, porque os bancos aquí traballan de forma moi diferente e a sociedade tamén o é. En España un electrodoméstico cómprase ao contado. Pero aquí non, porque os salarios son máis baixos e ademais é unha sociedade moi consumista, gástano todo. Mira, onte era quincena, día de cobranza, e non se collía nos sitios. Non son como os nosos avós —di rindo.

O interior dunha financeira galega é coma o dun banco, pero sen brillo nin moquetas: aquí a xente vén ao que vén. Tres, catro cubículos para facer os trámites, co seu respectivo empregado e unha sala de espera. Juan Manuel Casares, fillo de emigrantes e criado entre Galicia e Panamá, viviu a progresión do sector. De feito, el desdobrou en dous o seu negocio, na rúa 25 de Calidonia: a antiga moblaría (El Don Juan) e, doutra banda, a casa de préstamos (El Pueblo). Os dous aparecen no seu cartón de visita.

—É máis caro que un banco, porque cobramos intereses altos, pero tamén é moito máis rápido. Non hai toda esa burocracia de papeis para arriba e para abaixo nin todas esas trabas que poñen. Aquí nós facemos todo: recibimos, somos comerciais, analistas de riscos e caixeiros.

Ás inxentes bases de datos de clientes que manexaban empezaban a saírlles pretendentes. Os bancos tentábanos con ofertas suculentas, porque debullaban o sector máis difícil de mapear e dimensionar. Aqueles apuntamentos a man do emigrante eran ouro en po para os donos do diñeiro, porque nos cadernos non só había nomes, senón comentarios sobre frecuencias de pago, morosidade, reacción ás notificacións, incluso como era a súa casa no seu barrio. Tiñan case un perfil psicolóxico de cada persoa á que durante décadas trataran con mimo cada sábado de cobranza. Na xestión de datos, un dos eixos que move o mundo de hoxe, os galegos foron uns adiantados.

Para blindarse, agrupáronse. Crearon a Asociación de Moblarías, da que din con retranca que podería celebrar as súas xuntas no Carballiño. Pero todos están en Panamá e funcionan coma un lobby. Nela están sindicadas case duascentas moblarías (as que subsisten con ese nome) e financeiras, cada unha formada por unha, dúas ou tres familias de emigrantes. É dicir, non menos de cincocentas familias galegas forman un tecido indestructible no paraíso das finanzas, sen necesidade de embarcarse en grandes sociedades instaladas nos rañaceos espellados da City de Panamá.

A Asociación foi o gromo de algo máis grande e rimbombante: Cooperativa de Ahorro y Crédito Empresarial. Baixo este paraugas empezaron a funcionar case como un banco en moitos produtos: préstamo hipotecario, *leasing*, créditos persoais. A pedra no zapato converteuse nunha molestia maior. Os bancos déronlle a volta e comezaron a disputar mercado cos galegos da forma máis directa: crearon as súas propias financeiras. A competencia miraba cara a abaixo.

—Sentíronse ameazados. E é normal, porque hai financeiras de paisanos que as ves e son un lugarciño pequeno, pero moven diñeiro a esgalla, catro e cinco millóns de dólares ao mes —di Ramón Pico—. Iso non é nada para os bancos, pero queren máis mercado, aínda que nós seguimos sendo referencia para o pobo e eles son máis para empresas e grandes capitais. É tremendo, porque nós abrimos o creto á xente que non podía e agora os bancos tamén se interesan por eles.

Sen o invento de Penedo e compañía, ou sen os cupóns de cartón que cobraban a pioneiros outeiro arriba nos barrios marxinais, non tería sido posible.

Os Gago: Panamá diferente

Ao pasar por unha rúa céntrica obríganos a parar unha tubaxe rota convertida en *geiser*. Canle, choiva, Pacífico, Caribe. Auga e auga. Atasco e bucina que me atrasan a cita co representante dunha familia que cruza a historia de Panamá, os Gago, coñecidos en todo o país como donos dunha histórica cadea de supermercados. A súa historia empezou nun barco cara á Habana en 1936. Ricardo Gago, de Moraña —avó do coleccionista da canle e impulsor do monumento aos galegos—, fixo tres amigos nos camarotes de terceira. Parecía un chiste: un vasco, un catalán, un castelán, e el, galego. Non se separarían ata décadas despois.

En Cuba os catro amigos oíron falar de Panamá, onde todo estaba por facer, dixéronlles, e cruzaron o Caribe. Atopáronse cun lugar virxe onde non había abarrotes nin ultramarinos. Así que fundaron o primeiro supermercado do país, no barrio de Santa Ana. Chamárono La Byzcayna, así escrito. Era 1940.

O negocio funcionou tan ben que Gago reclamou o seu fillo Lázaro, pai do noso Ricardo, e dous fillos máis —pero non a súa muller, Rogelia—. Abriron varios supermercados máis ata que o avó Ricardo morreu. Lázaro abandonou o negocio e volveu a Galicia coa súa familia.

—Chegamos á nosa parroquia, Amil, cun coche cheo de maletas e dúas papagaias, que case morren de frío no inverno —conta o seu fillo Ricardo—. Tivéronas que meter dentro da casa. Tamén plantamos dúas palmeiras. Unha delas aínda sobrevive. Tamén foron a Alemaña a mercar un Mercedes para ter na aldea. Pero meus pais xa estaban panameñizados e aos oito meses decidiron regresar aquí e comezar de novo. El dicía que o dólar nunca quebra.

Lázaro mercou un terreo para montar un supermercado propio. Conseguiu un crédito e levantou un edificio que non conseguiu encher de mercadoría. Político sen ser político, segundo di o seu fillo, falou cun emigrante grego, dono dos supermercados El Rey, e este abasteceuno de stock. A partir de aí abriu novos supermercados, con nomes variados ao principio, despois unificados baixo o apelido Gago. Nos anos setenta convertéronse nos máis populares do país, impulsados polo marketing, dende o logo —unha cadea de elos para ilustrar a cadea de supermercados— ata recordadas campañas publicitarias televisivas nas que se apelaba a un «Panamá diferente», sen nomear a marca, sobre unha música pegadiza de letra patriótica.

Cando chegou aos 1600 empregados mentres procuraba novas formas de expansión, Panamá viviu o seu peor revés. O 20 de decembro de 1989 as tropas dos Estados Unidos invadiron o país para desaloxar o seu *home forte*, Manuel Antonio Noriega. Testudo, nunha carreira sen fin a dobre ou nada, aparecera nun mitin brandindo un machete longo coma un brazo, «o machete que representa a dignidade do pobo panameño», e con el díxolles aos estadounidenses, batendo a arma contra o atril: «Atrévanse a vir». E abofé que foron: bombardearon El Chorrillo e outros barrios populares de Panamá, e mortificaron o xeneral, agochado na Nunciatura, con música heavy metal a toda voz durante tres días ata que se entregou.

Nos días posteriores á invasión, as rúas viviron un caos de roubos e incendios que arrasaron cos comercios de moitos galegos. Aínda que segundo un emigrante ao que lle saquearon o negocio, «o que ninguén tocou foron os puticlubs. Aí seguiron abertos coas rapazas dentro». Os supermercados correron peor sorte: Gago perdeu case todo.

—Só salvamos tres supermercados. Perdemos nove millóns de dólares. Ningunha compañía de seguros pagou porque non nos cubría a posibilidade dunha guerra. Como unha guerra, se foi unha invasión? Pois non, porque as compañías xustificaron a imaxe de Noriega co machete como unha declaración de guerra para non pagar. Conseguimos que nos comprara Ricardo Martinelli, dono dos Súper 99 —e que acabaría sendo presidente do país— e tomamos un ano sabático. Pero logo pensamos: como imos deixar de traer as árbores de Nadal a Panamá? Porque tamén fomos os primeiros en traelas.

Imposibilitados para abrir novos supermercados, optaron por crear a distribuidora Hermanos Gago en 1997. Dende aí venden todo tipo de produtos españois e galegos de importación, mentres Ricardo continúa a súa colección do Canal e unha investigación sobre a familia, con especial atención á vida novelada do seu avó Ricardo.

Se o galego casa con galega (e viceversa) en todos os países receptores, aquí a endogamia é aínda máis intensiva: as unións son case sempre parroquiais dentro dos concellos máis panameños: Boborás, Castro Caldelas, Soutelo de Montes, Forcarei. Emigraban, volvían cando tiñan algo de diñeiro a buscar mulleres da aldea ou da parroquia, onde apenas quedaban homes, e volvían casados ou facíano por poderes. Pero ás lugareñas non se achegaban, polo menos nos papeis, ata que ás veces saía á luz e nese momento cadaquén que se amañase como poidese. Así lle ocorreu a Ricardo Gago Vázquez, avó de Ricardo e fundador da rede de supermercados. Logo dunha vida de empresa, enfermou e aos seus tres fillos pediulles que fose velo ao leito de morte Matilde, unha señora panameña que fora a súa compañeira sen que o soubese ninguén. Con ela tivo outros catro fillos, aos que lles deu o apelido e a mantenza mentres viviu. Cando morreu, a esquela dicía, con equidistancia:

«Faleceu o señor Ricardo Gago. Os seus deudos: Rogelia López García, os seus fillos e netos. E Matilde Pérez e fillos. Agradecerán a asistencia á misa de corpo presente na Igrexa do Carmen en Vía España».

Nas fotos do enterro vese á familia de Ricardo xunto a Matilde e descendentes, todos recibindo o pésame xuntos. A súa esposa galega, Rogelia, só foi a Panamá cando morreu el, coma unha declaración de intencións a vida pasada.

Puñadas e coitelos en Vía España

A Sociedad de Beneficencia Española en Panamá fundouse en 1885, cando os franceses detiveran por primeira vez a construción dunha canle atravesando o istmo, vinte anos antes de que o intentasen os estadounidenses. Aquel fracaso deixou miles de traballadores na rúa. A Beneficencia converteuse nunha seguridade social de auxilio: un día gañaban diñeiro, outro non. E protexeunos.

140 anos despois, o edificio que a acolle é un centro galego recreativo máis en América Latina. O interior é amplo e elegante, con continuas referencias a Galicia, incluída unha foto de Manuel Fraga cun grupo de gaiteiros e un bombo coa banda azul celeste: «Aires do Miño, Panamá». Fóra hai unha piscina xigante, pistas de tenis e un campo de fútbol de herba natural. Pero a súa historia non sempre foi tan apracible: coa Guerra Civil e o exilio enconáronse as posicións políticas, a semellanza do outro lado do Atlántico.

Os republicanos expulsaron os franquistas da sociedade e retiveron o poder durante quince anos, pero na década de 1960 foi cambiando a tendencia dos cargos, apoiados pola embaixada franquista. Esta redactaba informes dirixidos á Dirección de Seguridade en Madrid alertando dos «*elementos rojos*» da Beneficencia. A Sociedade trasladou eses anos a súa sede a Vía España, unha das arterias da cidade de Panamá, e na inauguración do novo edificio a directiva negouse a izar a bandeira *rojigualda*. E estourou a rifa.

—Foron ás mans e logo *al filo*, como se di aquí —conta Ricardo Gago—. Ou sexa, pelexaron a coiteladas, houbo varios feridos graves. Era unha loita xeneracional e a mestura non daba máis de si. Foi moi lembrado, porque eu tiña un ano e miña nai díxome sempre que ese día comecei eu a andar.

As autoridades panameñas chegaron a pechar a Sociedade polos disturbios, xusto antes de que os republicanos consumasen a escisión inevitable.

—Foron os vellos da sociedade, incluídos os meus. Como non tiñan onde reunirse comezaron a patrocinar un equipo de fútbol da liga local rebautizado como Club Deportivo Unión Española. Dos vinte fundadores, doce eran galegos. E ao seu redor montaron este club social —di na mesa dun reservado no club. É máis pequeno cá Beneficencia, pero non lle falta piscina, campo de fútbol e, por suposto, restaurante—. Meus pais e avós non volveron á sociedade. Na casa dicíase que meu pai tiña tres fillos: miña irmá, eu e o club. Esa seguinte xeración xa non pisou o centro antigo. Nós medramos con esa rivalidade. Xa se sabe: onde hai galegos hai polo menos dous bandos.

Pérez Medín: a odisea do alcalde e albanel

En Galicia non houbo fronte na Guerra Civil, só represión fascista, así que os cargos de calquera concello sabían que en calquera momento podían ser paseados. En Miño, o novo alcalde, Ricardo Pérez Medín, albanel e militante socialista, cruzou a ría de Betanzos para chegar a Sada e de alí saltou ata A Coruña para agocharse tras o Alzamento. Coa súa muller, Paca López, armou un plan de fuxida por mar con outras nove persoas. En febreiro de 1937 partiron aproveitando a noite a bordo de La Golondrina, unha barca a vela e motor dun amigo, coa pouca gasolina que conseguiron e un pan, dous queixos, unha ducia de ovos, algo de chocolate e uns cantos litros de auga. Saíron a mar aberto e tomaron rumbo a Francia. Era a única vía para fuxir. «Porque se nos collían os falanxistas, fusilábannos no mesmo barco», di Pérez Medín nas súas memorias.

Recibiron axuda de barcos franceses no Cantábrico e despois de catro días atracaron perto de Burdeos. Alí descubriron que había ducias de barcos de fuxidos. Deixaron La Golondrina e tomaron un tren a Barcelona. Pasaron a guerra a traballaren para a República e volveron fuxir a Francia cando as tropas franquistas entraron en Cataluña. Foron separados en campos de refuxiados cando Paca quedou embarazada. A súa filla Cuca naceu nos campos e a parella só se reencontrou cando a nena tiña nove meses, e decidiron marchar a Santo Domingo a comezos de 1940.

Ricardo traballou na construción durante un ano. Chegáronlles rumores de que en Panamá se ía construír unha ampliación da Canle —que nunca se levou a cabo— e tomaron outro barco, con pouco máis que as mesmas moedas que levaban uns meses antes no traslado a América. Cando Medín puido aforrar, converteuse en *chivero*, dono dun coche colectivo. En 1945 xa tiña tres. Ao mesmo tempo, seguía vencellado á república, da que foi representante diplomático no país. Pero en 1968 enfermou seu pai en Miño. Pasaran trinta e un anos dende a súa partida e decidiu volver arriscándose a ser detido. A Garda Civil deulle algún susto, pero non o molestaron demasiado.

Pérez Medín morreu en 2009 con cen anos e once meses en Panamá, aínda que a súa vida cundiu por douscentos. Era un dos últimos alcaldes da República vivos e, para non deixar nada sen atar, relatou as súas memorias á familia. O seu neto, Daniel Pichel, coñecido cardiólogo en Panamá, entregoume o escrito do seu avó nun xantar no Club Unión, como testemuña dunha odisea que é un pouco a de todos.

Changuinola, patria bananeira

Dende a xanela dun avión DeHavilland de catro motores víase unha pequena fenda marrón no medio dunha chaira verde sen fin. Segundo baixaba, víase máis: a incisión era unha rúa con casas nas marxes e a alfombra verde, bananos sen interrupción dende a montaña ata o mar Caribe. María Elena pensou entón para dentro: «A onde me trouxeron?» Sabía o nome e pouco máis. Ese lugar chamábase Changuinola, perto da fronteira con Costa Rica, un dos grandes centros bananeiros de América. Pertence á provincia de Bocas del Toro, hoxe destino de milleiros de turistas, pero en Changuinola non paran porque non hai praias nin *resorts*.

Ata o século XX era un pantano. Os indíxenas ngäbe-buglé levaban unha vida de subsistencia e perto de alí, na costa, grupos de afrodescendentes vivían da pesca. Pero chegou a United

Fruit Company, o símbolo do extractivismo estadounidense, a vea aberta de América Latina, a triloxía de Miguel Ángel Asturias. A froiteira, como lle dicían, era coma un polbo que a todos lados chegaba na cintura de América e controlaba as economías de países enteiros. Naceran as repúblicas bananeiras.

Non era só economía, senón xeopolítica ao servizo dos Estados Unidos. E neste caso o veciño do norte decidiu que non abondaba coas plantacións de plátano que tiñan en Costa Rica e que había que abrir máis. O beneficio era esaxerado e había milleiros de quilómetros para explotar. Dicían que era ouro verde. Tras el viñeron os galegos, buscatesouros ata no fin do mundo. Xa o fixeran por todo Panamá, do Darién a Chiriquí, unha provincia que en certo modo se asemella a Galicia, pois ten a maior e mellor despensa do país, e un clima igual de húmido que a terra de orixe. Logo traspasaron o seguinte límite e chegaron a Changuinola. Máis tarde chegaron as galegas como María Elena, que durante meses seguiu preguntándose a onde a levaran.

Viña detrás de seu home, Jaime, outro nivel de emigración: primeiro foi a Alemaña traballar nunha fundición e aforrou durante tres anos para poder mercar un billete a Changuinola. Un familiar, coma el de Feás, Boborás, facilitoulle a chegada e axudouno a entrar como socio nunha moblaría, Santa Fe. Arredor da Mamita Yunai, como chamaban a froiteira norteamericana e as súas subsidiarias centroamericanas, había negocio. Aos seus empregados vendíanlles mobles a creto, unha engrenaxe máis da economía, onde collía xente de todas partes: unha maioría indíxena coa súa lingua, xamaicanos que falaban guari guari, mestura de inglés e español, indostanos e tamén galegos, os únicos europeos.

Vivir en Changuinola era facelo nunha illa verde cunha calor abafante de invernadoiro e a poboación dunha vila galega.

As plantacións de monocultivo non autóctono crecían sen parar, tamén o facía a cidade, en realidade unha avenida —a Omar Torrijos— con cadrados alongados e planificados en barrios chamados *fincas*, porque iso eran, rodeadas por un mar de plátano. O capitalismo bananeiro non se paraba en trapalladas. En vez de nome, ás *fincas* poñíanlles números. Atravesaba en diagonal a avenida, no medio da cidade, unha pista de aterraxe. Non había moito máis. Ata que os emigrantes se organizaron e fundaron un Centro Gallego, para celebraren xantares e festas o 25 de xullo e demais datas infaltables no calendario da aldea ourensá e, dende entón, tamén a de Panamá.

Boborás: pechado por emigración

Por toda a bisbarra do Carballiño altérnanse as vivendas abandonadas do centro da aldea cos novos chalés mastodónticos, case sempre pechados, das aforas. Esta postal fantasmagórica só se enche de vida nas festas estivais, cando os emigrados retornan de vacacións ás súas grandes casas.

Do concello de Boborás saíu o corenta por cento dos seus habitantes nos anos sesenta e setenta; a maioría, a Panamá. O tecido produtivo do concello desapareceu, e só regresa no verán en forma de mansións e cochazos. De tanto péndulo, hai aldeas e parroquias mortas, onde non se abren as casas nin en agosto. Parroquias e aldeas pechadas por emigración. Como Borraxas, unha aldea agochada entre corredoiras, nun desvío sombreado por centos de piñeiros altísimos. Alí non vive ninguén de maneira habitual dende hai anos. Quedan unhas quince casas de pedra semiderrubadas, co tellado caído ou reformadas pero pechadas. Vexo un bosque onde antes había unha cociña, unhas escaleiras que ascenden entre as silvas. Perto, botada a perder, está a casa que foi escola algún día, e do lado outras dúas que abren os propietarios de tanto en tanto.

O sol métese por entre a xanela sen cristal, e unha enredadeira domina a porta das antigas cortes, trabes de madeira á vista, unha solaina rachada e un cartel de prohibido o paso, porque aquí xa non hai nada agás o risco de derrubamento. Unha desas casas, apontoada con pranchas, é a de Ana Lorena Carballeda, que responde as miñas fotos con audios dende Panamá.

—Á nosa casa dinlle a adega, porque abaixo estaban as cubas do viño, onde está a porta co pau atravesado, e arriba vivía a mestra da aldea. Agora ten a uralita posta para que non lle entre auga e non caia, porque a casa do lado caeu hai sete anos.

Axiña manda unha foto antiga cunhas trinta persoas á entrada da aldea, moito vello e pouco neno, descendentes dos que marcharon, algunhas panameñas casadas con galegos —non ao revés—. Son os que transportaron a vida de toda unha aldea a oito mil quilómetros, pero a súa identidade resiste no seu interior. Boborás é a zona cero de Panamá en Galicia desde que a crise vinícola polas pragas —en terras do Ribeiro— obrigou a moitos a emigrar. Os que foron a Cuba e a México coas cadeas migratorias foron o gancho para o grande éxodo de metade de século. Cada punto no mapa desprega historias que remiten aos nosos protagonistas.

Santiago Pérez, hai unhas páxinas mexicano, agora é panameño. En 1994 deixou o DF pola inseguridade, xunto a súa muller e dúas nenas pequenas.

—Estaba *psicoseado*, como din en Panamá. Rodeábame a violencia. Un día chamo un curmán á súa cantina e dime:

«Espera, que algo pasa aquí». Foran cobrar e el non estaba polo labor. Media hora máis tarde chegou unha camioneta e abriu fogo. Outro día entraron a roubar no meu edificio e non lle tocou á miña muller de milagre. Ela tiña a seu pai en Panamá e díxome que nos traspasaba o negocio. E non o dubidamos. —Santiago fala no seu galego panameño-mexicano coa síndrome da reixa na cabeza e a tristeza de fondo, pensando na súa muller, finada uns meses atrás—. Era un hotel, e facíame graza, porque os galegos dicían que había inseguridade en Panamá, e iso era un *kindergarten* comparado con México.

Nun circuíto por Boborás non cansa de explicar onde emigrou cada casa que nos cruzamos, entre piñeiros, carballos e castiñeiros, pero tamén entre sinais de obra ou de perigo, regos sen rozar e follas secas, combustible forestal que non lle parece importar a ninguén. Primeiro en Féas: «Estes, a Panamá». «México». Por Almuzara repite «Panamá, Panamá. Mira, de aquí saíu a familia Riande, o dono dos hoteis». Cara a Cameixa: «Esa mansión con capela e piscina teñen moblarías». «Aqueles viven en Veraguas, Panamá». Seguimos por Sobredo, San Andrés, Eiravedra, Lamela, Vecoña (ou Becoña), «a aldea de Aurora Muradás», e Albarellos, sen parar de enumerar como un pregoeiro.

Todos marchaban, pero non era o mesmo ser de Avión, onde rifaban por un metro de leira, onde apenas podían plantarse catro cebolas, que ser do Ribeiro, terra de viño e cereal. Paco Muradás, da mesma zona, pero dos montes máis altos e menos produtivos de Beariz, resumiumo ben en Panamá:

—Eu son dun sitio onde as xeadas nunca estragaron o viño. Sabes por que? Porque onde eu vivo nin sequera hai vides.

Sentamos a tomar un segundo café no bar Nictron, ancorado no século pasado, cun toldo e dúas mesas de terraza que fan máis agradable a tarde. El segue a mostrarme a orixe de cada casa que se ve ao redor: «Aí están uns que viviron en Changuinola». E antes de que poida dicir nada, Santiago grita por sorpresa: «Falando do rei de Roma! Este é Fernando, foi o rei de Changuinola e antes estivo emigrado en Suíza e xogou a Copa de Europa contra o Madrid».

Con semellante presentación, antes de saudar apártolle a cadeira para que sente. É un tipo rexo, alto, con cara de pasar mil vidas e pouca gana —aparente— de falar. Logo pon o *play* en marcha, aos tombos pero con prestancia.

—Ponme algo, Aurora, unha desas cousas que emborrachan —berra. E aclara—. Xamais tomei alcol. Só cocacola, auga e café. Con iso xa estou. A ver que queres saber?

—Como era Changuinola.

—Unha terra de *puta madre*. Pero ao principio… miña nai querida. Nos anos setenta só se chegaba en avioneta, non había estrada. O aeroporto era un galiñeiro, todo de madeira. Eu baixei e xa quería marchar, pero agarroume o meu curmán, que era o que me chamaba estando eu emigrado en Suíza, e convenceume. Ao final quedei unha chea de anos. Fíxenme socio dunha moblaría. Eramos vinte e dúas familias, e todos co mesmo negocio. Tiñamos como clientes os traballadores da Chiriquí, subsidiaria da United, que era de Rockefeller naquela época, e funcionarios públicos, mestres, policías. Eran bos pagadores. Primeiro porque se facía todo por desconto directo, así que estaba todo asegurado. E segundo porque moitas veces compraban unha cama para a amante e iso non o ían a deixar de pagar, pola conta que lles traía —risos—. Os paisanos que chegaron antes, como os meus tíos, vendían pola rúa reloxos e colchóns. Nós montamos os negocios e iso nos integrou máis. Viviamos nas *fincas* 6 e 41, pero faciamos máis vida na 8, porque estaba o campo de golf dos gringos. E rematamos xogando campionatos con eles.

Golf nunha plantación de bananas nunha zona inaccesible das Américas logo dunha reemigración global. Nesa frecuencia funciona a vida de Fernando, que xa quere marchar sen contar máis nada, como se abrise a tapa do desaugadoiro. Fréoo un segundo.

—Espera. Como era iso do Real Madrid?

—Nada. Só foi que cando estaba en Suíza xogaba no xuvenil do Grasshopers e cheguei a ser convocado nun partido de Copa de Europa contra o Madrid.

E marcha coma se iso fose o menos importante. E, de feito, éo.

UNHA SATRAPÍA NO CARIBE

As mellores historias están tan perto que viven agochadas para que non as atopemos. Aconteceume en 2004 cando dei cun libro fotocopiado nun andel perdido dun armario embutido na biblioteca da casa familiar. Titulábase *Una satrapía en el Caribe*. Estaba xunto a unha xoia, outro libro de tapa dura verde cun guion cinematográfico dedicado: a versión de *Pedro Páramo* do cineasta Carlos Velo, un dos nomes máis importantes do exilio en México e amigo dos meus pais. Chamábame máis a atención o outro, polo título hipnotizador, droga dura para as miñas teimas latinoamericanas. Cando lle preguntei ao meu pai polo autor, un tal Gregorio R. Bustamante, bufou e díxome que era unha longa historia, e que ademais tiña que ver de lonxe connosco. Levantei as cellas ao ver que o subtítulo do libro era *Historia puntual de la mala vida del déspota Rafael Leónidas Trujillo*. Que teremos que ver co ditador dominicano, lembro que lle dixen. El riu e volveu dicir: «Só o vas entender se investigas este nome: José Almoina Mateos». E abriu un melón que aínda hoxe non pechei.

José Almoina Mateos era o tío do meu padriño, Juan José Quevedo Almoina. A el e á miña madriña acudín os meses seguintes para empezar a tirar do fío. Eles facilitáronme os contactos de Helena, unha das fillas do Pepe. En xuño de 2005 visiteina na súa casa en Parque Hundido, en Ciudad de México. Foi unha tarde extraordinaria na que durante horas contou a historia atribulada do seu pai e da propia familia, mestura de galeguidade e exilio, atravesada pola política, a literatura e o realismo tráxico máxico. Tomei notas, gravei as horas de conversa coa gravadora de cassette que me acompañaba a todas partes e despois perdín todo nalgunha mudanza entre países.

Nos anos seguintes a súa figura foi obxecto de estudos e libros, tanto na República Dominicana como en Galicia, e celebreino. Pero chegados a este punto quixen poñer en orde o que sabía del e contalo, axudado polos recordos da miña madriña, Rosa —o meu padriño morreu en 2007— para completar todas as arestas do retrato inacabado que empezou aquela tarde en Parque Hundido, ou antes, naquelas fotocopias do armario.

José Almoina, nacido en Lugo en 1903, afiliouse á UXT e ao PSOE nos anos trinta. Era un funcionario de correos con vocación de intelectual, formado en filosofía e letras, estudoso de Erasmo de Rotterdam, políglota e masón. casou con Pilar Fidalgo, mestra en Benavente, onde estaba destinado. A guerra sorprendeunos na zona *nacional* e iso case lles custa a vida. El trasladouse a Francia, mentres ela foi detida coa súa filla Helena en brazos cuns días de vida. Os seus sete meses no cárcere contounos nun texto, valente e triste, publicado en Francia: *Una madre joven en las prisiones de Franco*. A Pilar intercambiárona por unha familia do bando fascista e púidose unir ao seu home en Francia, onde Almoina traballou nos consulados de Burdeos, Toulouse e Marsella. Alí tiveron outro neno, e en 1939 tomaron o camiño do exilio americano.

Ademais de México, República Dominicana acolleu varios miles de exiliados republicanos, nunha xogada maquiavélica de Leónidas Trujillo, ditador próximo a Franco (agora tamén: ambos os dous están enterrados en Mingorrubio). Daquela, ao acoller refuxiados, limpaba a súa imaxe internacional despois do *masacre do pirixel*, perpetrado na fronteira de Haití no que morreron miles de persoas, e de paso branqueaba a elite intelectual do país.

En novembro de 1939 o continxente de exiliados chegou a Santo Domingo —rebautizada Ciudad Trujillo— a bordo do Flandre. A familia viviu descolocada a chegada ao novo mundo. Pilar deu a luz a súa filla menor e Pepe, que entrara con pasaporte diplomático, empezou dando clases de historia, lingua e literatura na universidade, apoiado por contactos da diplomacia e a masonaría. Ao mesmo tempo, reviravolta do destino, foi nomeado preceptor de Ramfis, o fillo máis vello do ditador. Ao entrar na corte trabou boa relación con María Martínez, a muller de Trujillo. Ela preparoulle o terreo para que se convertese no secretario particular do *generalísimo* dominicano.

Non pasaran nin cinco anos dende a súa chegada e Almoina vivía na maior das contradicións: fuxiu dunha ditadura para entrar no corazón doutra, a un metro dun déspota de novela. A cambio, tiña estabilidade económica e administrativa, pois lle foi outorgada a cidadanía dominicana, que o blindaba para hipotéticos problemas políticos.

—Os que o criticaban dicían que fora un chaqueteiro, pero como ía ser iso, imposible. De se negar, expoñíase a consecuencias imposibles de imaxinar vindo do que viña —di Rosa, coñecedora de toda a historia familiar.

Un documento desclasificado do Departamento de Estado estadounidense aseguraba sobre o novo secretario que «á luz do carácter estraño e a ascendencia que se di ten sobre o presidente, o seu nomeamento é, sen dúbida, rexeitado polos altos funcionarios do goberno». Parecía difícil encadrar a un personaxe enigmático, afable e cariñoso coa súa contorna, retraído en público e sen unha aparencia salientable. Era un home alto, de rostro estarricado, pouco pelo peiteado cara a atrás e rostro grave, sempre con libros e cartafoles ao seu redor. Foron case dous anos xunto a Trujillo, ata finais de 1946, á vez que escribía libros que logo asinaba como autora a primeira dama, María Martínez: un ensaio titulado *Meditaciones morales* ou unha obra de teatro titulada *Falsa Amistad.*

Para daquela a maioría de exiliados saíran en dirección a outros países latinoamericanos. Non tardaría en facelo Almoina, pero antes tivo que argallar un plan para fuxir do líder dominicano sen levantar sospeitas de deslealdade ou, peor, de disidencia. Coa complicidade dun médico español, finxiu sufrir unha tuberculose que debería tratarse en México. Fíxoo, para non levantar sospeitas, en varias viaxes, sen abandonar do todo a illa da Española, de onde tiña que extraer tamén a súa familia. Pilar e os nenos atravesaron o Caribe meses despois, na primavera de 1947.

O galego arremangouse para desmontar o réxime que coñecera por dentro das súas tripas. Ao chegar redactou un extenso informe confidencial, de case cen páxinas, onde falaba das agresivas intencións do dominicano en relación a outros países da rexión. A alegación entregouna a varias embaixadas deses países, pero caeu nas mans de diplomáticos dominicanos, que o reenviaron a Ciudad Trujillo. Comezou unha vixiancia sobre el que dous anos despois se convertería nunha condena.

En 1949 apareceu publicado en Ciudad de México *Una satrapía en el Caribe.* Asinábao un descoñecido, Gregorio R. Bustamante, e nel desenvolvíase, ao longo de 250 páxinas, a personalidade de Trujillo, nun retrato que non aforraba adxectivos nin intimidades, desde as súas orixes ata o seu ideario racial e político e as súas relacións familiares e afectivas. Tamén se debullaban, como só podería facer alguén que o vivise en primeira persoa, os círculos de poder da corte do *generalísimo*. No libro falábase mesmo do propio Almoina, ao que se tacha de «miserable e indigno galego». O xogo ao descoido puido enganar a algúns, pero non a Trujillo, de quen se di que cando caeu o libro nas súas mans, bramou: «Isto é obra de Almoina!». E era, claro, amasado con tanta dedicación que el mesmo pagou a edición e usou o nome dun traballador da imprenta. Desde ese momento estaba sentenciado a morte. Só había que poñer data, lugar e forma.

No xogo oculto entre o ditador e o intelectual, Trujillo reservaba un último caneo: meses despois de editarse a Satrapía, fíxolle chegar, a través da súa esposa, coa que mantiña aínda unha boa relación, unha oferta que non podía rexeitar: escribir un libro laudatorio sobre el. O galego accedeu como unha última manobra crendo que así mantería afastado o perigo. O libro titulouse *Yo fui secretario de Trujillo* e así o resumiu anos despois o propio escritor: «Eu sabía o alcance que tiña negarme a resolver o asunto da satisfacción de Trujillo, así que optei por redactar o citado libro».

Sobre el caera a ameaza mortal, pero ao mesmo tempo tiña que vivir. En México escribía sen parar e deixou unha produción enorme de libros sobre arte e literatura, así como traducións desde varios idiomas, case sempre publicados na editorial UTEHA, do galego José González Porto. As urxencias metafísicas tamén o empurraron a traballar nunha editorial católica. O socialista ateo buscaba na relixión o que non atopara nos seus mergullos filosóficos.

A fe tamén lle serviu de sustento cando a ameaza se volveu real. Avisárono primeiro de que había grupos de sicarios buscándoo pola cidade. Mudou varias veces toda a familia para evitar que o localizasen. De Lindavista á colonia Roma e de aí Colonia del Valle.

Todo empeorou aínda máis en maio de 1956 co secuestro en Nova York, o traslado a República Dominicana e posterior desaparición do militante vasco Jesús de Galíndez, co que tivera unha próxima pero tirante relación en Santo Domingo. Aparecían nos mesmos eventos de exiliados sempre separados, cada un nunha esquina. Trataban a mesma xente, pero non se caían ben. O vasco era expansivo, o galego vivía cun pé atrás. E ademais tiñan un asunto íntimo que seica era o motivo dos seus rancores: o profesor Almoina suspendera un exame na universidade á noiva do vasco e este nunca llo perdoou. Había unha razón de moito máis peso no fondo: ademais de ser un cadro do PNV, traballaba tamén como axente de intelixencia para o goberno dos Estados Unidos, e daba información puntual —e ferinte— sobre o lugués. Nun informe da embaixada norteamericana falábase do secretario como «inescrupuloso e afable, que impresionou o presidente Trujillo coas súas educadas calidades».

A pesar das súas diferenzas, Almoina tomou partido por el cando se coñeceu que desaparecera. Chegou a mandar unha carta á policía mexicana esixindo a aparición de Galíndez, «un home probo, escrupulosamente honesto e fanaticamente idealista».

O vasco foi sentenciado pola súa tese de 700 páxinas titulada *La era de Trujillo*. O galego sabía que o destino del anticipaba o seu. Eran como dúas caras dun espello, mesmo na repercusión que tiveron as súas figuras: a vida de Galíndez deu pé a novelas —como a homónima de Vázquez Montalbán—, documentais e películas, e del quedou a imaxe dun personaxe atractivo e poliédrico, mentres que do exiliado de Lugo só se recolleron, ata os últimos anos, textos históricos pouco dados á aventura narrativa. No seu retrato quedou o sinal dun contraditorio personaxe ao que lle penduran diferentes adxectivos pouco amigables. En *La fiesta del chivo*, Mario Vargas Llosa describe unha escena entre Trujillo e a súa muller: «Esqueces que esas *pendejadas* non as escribiches ti, que non sabes escribir o teu nome sen faltas gramaticais, senón o galego traidor de José Almoina, pagado por min. Non sabes o que di a xente? Que as iniciais de *Falsa Amistad* queren dicir *Fue Almoina*».

A persecución sobre el non cesaba e a súa saúde resentíase, avellentado e de ollada fuxidía. Nos últimos anos levaba sempre un revólver, ata que cambiou a arma por un rosario que, conta Rosa, dicía que o protexía máis ca nada no mundo. O 4 de maio de 1960 José Almoina saíu da súa casa moi cedo. Ás 7.40, cruzando Miguel Laurent e Tenayuca, na colonia Narvarte, un coche grande achegóuselle a uns metros e pisou forte o acelerador ata pasarlle por riba. Despois do atropelo, aínda no chan, os sicarios dispaláronlle tres tiros. Camiño do hospital ía burburiñando: «Foi Trujillo, foi Trujillo». Tentárono salvar cunha cirurxía, pero morreu ao día seguinte. Viñéronlle á cabeza as palabras que el mesmo escribiu na *Satrapía*: «Trujillo non perdoa».

O ditador tampouco foi perdoado no seu país despois de trinta anos de autocracia: foi asasinado un ano despois nunha emboscada na cidade que levaba o seu nome. Por eses meses de marxe non se salvou Almoina, un personaxe complexo, cheo de voltas e curvas, condensadas na escritura de *Una satrapía en el Caribe*, a obra que lle deu a vida e que logo lla quitou. Á súa filla Helena díxolle: «Calquera galego que lea este libro saberá que foi escrito por outro galego», pero confiaba en que a súa retranca non fose captada por un dominicano. Trujillo desmentiuno.

O QUE CHANQUETE NOS DEIXOU

Do barco Juan de Garay lembraría a vida enteira o neno da foto, Juan Calo, Juansiño, Chanquete, o que se descubriu a si mesmo nun porto de Irlanda camiño do Gran Sol a pescar, a outra grande epopea galega. Aquel día de 2022 en Fisterra, recostado no sofá de medio lado, fronte a min, entre coxíns coloridos, acenaba contando todo o que lle veu despois da foto, o que nunca relatou porque ningúen lle preguntara: a súa propia vida.

—Aos vinte e un anos enroleime no barco-factoría Galicia de Pescanova para traballar nos caladoiros de África do Sur. Ese navío era o antigo cruceiro Habana, que era como o Juan de Garay, pero dunha soa cheminea.

Nese tempo xa pasara o trauma do adeus familiar no porto coruñés, a súa experiencia no Gran Sol e o servizo militar en Ferrol, na Armada. Pero mentres estaba en África do Sur, os familiares de quen sería a súa muller, María Jesús, dixéronlle: «Queres ir a Suíza? Se casades e vides, aquí hai traballo». Así fixeron. Casaron o 29 de maio de 1971 e tres semanas despois chegaron a Suíza. Primeiro traballou na construción, subido a un guindastre. Pouco despois entraron ambos os dous en Hero, a multinacional de alimentación. El, home para todo, resolto e directo, axiña se fixo man dereita do xefe de persoal, que axiña ascendeu a director. E con iso prosperou. En once meses tivo contrato fixo e mando na empresa, e axiña levou dende Galicia ata Suíza o seu sogro, unha cuñada e unha irmá. Todos á mesma compañía.

—Eu dicíalles: quen queira vir que veña, non necesitan contrato. O contrato son eu. E viñeron e coloqueinos. O meu sogro de xefe de cociña. A miña cuñada de axudante. E miña irmá, no mellor sitio: en etiquetaxe. Cando se acababa o rolo de papel, cambiábao e ala.

Como se fose unha bisagra da diáspora galega, Juan despediu a súa familia cando era neno e máis tarde el mesmo acudiu á chamada do ciclo migratorio europeo levando, de peche, o coprotagonista da foto:

—En 1973 levei o meu pai. Díxenlle que tiña traballo para el. E veu. Traballabamos nove horas cunha pausa dunha hora no medio. Gañabamos moito diñeiro, 11 francos suízos por hora. Todo foi perfecto ata que pelexei con aquel xefe. E retornei, coa pensión asegurada, iso si.

Tiña menos de trinta anos e regresou ao mar. Primeiro cun familiar. Logo, co seu pai, sempre presente: compraron un barco. Non lles saíu ben a xogada, así que volveu ao Gran Sol, esta vez en barcos con base en Celeiro.

—E alí seguín durante moitos anos ata que me rachou este cabrón con cincuenta e catro anos —dixo levando a man ao peito.

Juan atravesou un cancro e quitáronlle un pulmón, estabilizouse e viviu xubilado durante moitos anos na súa vila, Fisterra.

—Que foi máis duro, o Gran Sol, Suíza, África do Sur ou ver saír a xente a América?

—A miña propia experiencia en Suíza. A emigración dun sempre é a máis dura.

Quedou calado e deu a entender que xa lle daba a hora de ir á taberna tomarlle os viños da tarde. Eu despedinme dándolle un agarimo, pasándolle a man polo lombo. Uns minutos máis tarde, cando abandonaba Fisterra, decateime de que acababa de abrazar a nosa propia historia invisible.

Chanquete finou o nove de xuño de 2024. Tiña setenta e cinco anos, pero os xornais titularon todos coa mesma frase contraditoria: «Morreu o neno da foto».

Arturo Lezcano entrevistando Chanquete en febreiro de 2022. Foto de Emilio Fernández.

AGRADECEMENTOS

Estou fondamente agradecido ás cento cincuenta persoas entrevistadas ex profeso para este libro e ás incontables que coñecín ao longo de varias décadas na Galicia americana. A súa memoria gárdase aquí para sempre.

Á María, a Lila e ao Cibrán, polos catro anos de paciencia. A Emilio Sánchez Mediavilla, por non desfalecer. Ao Óscar, a fonte infinda. A Pablo de Llano e Daniel Iriarte, por prender faíscas. Ás miñas familias porteñas, galegas aínda que non o saiban.

Na Galicia territorial

Nacho Carretero, Bibiana Santiso, José Antonio e Manoli Calo, Familia Díaz Arias, Familia Paz-Andrade, Ana Miranda, Xosé Antón Ferreiro, Kepa Pagazaurtundua, Fernanda Tabarés, Belén Regueira, Moncho Fuentes, Teresa Fernández, Raúl Piñeiro, Rosa Campos, Rodri Suárez, Francisco Orsini, Begoña Cabado, Antón Lezcano, Raquel Peláez, Xoel López, Jose Precedo, Ana Viqueira, Carlos Lezcano, Moncho e Mariluz, Manuel Domínguez, Xosé Hermida e Ana Viqueira.

Na Galicia exterior

Arantxa e Liberato, Jorge Tena, Sebastián Varela del Río, Maricarmen e José Antonio Gastón Quiroga, Centro Arzuano Melidense, Juan Ramos, Julio Rey, José Luis Nogueira, Mariano López, Santiago Saponi, Alfonso Vázquez, Madiane Míguez, Pau Ramírez, Carlos Taran, Francho Barón, Joan Biosca Mariano Castillo, Fernando Miranda, Cláudia Avena, Laura Ohman e Carla Neira.

Este libro conta cunha extensa bibliografía. Co obxectivo de consumir menos papel, xuntamos todas as ligazóns nun documento que atoparedes escaneando o seguinte código QR.